이 사람을 아십니까? 3

| 이승하 지음 |

쿰란출판사

머리말

먼저 이 책을 출판하게 해주신 하나님께 영광을 돌린다. 2010년에 《목회자》란 책을 통해 목사가 어떤 사람이며, 교회가 원하는 목사 상과 교인들이 원하는 목사 상이 무엇인지에 대해 말했다. 지금까지 한국교회에는 여러 가지 목사 상이 있었다. 그러나 정확하게 말하면 '진정한 목사 상'은 함부로 말할 수 없다. 진정한 목사는 예수님이 인정하셔야 하기 때문이다.

한국교회 역사에서 나타난 목사 상은 다음 몇 가지로 구분해 볼 수 있다. 첫째, '성공한' 목사다. 이는 교회를 크게 부흥하게 하고 성도들을 잘 다스리는 사람이다. 이는 누가 보아도 목회에 성공한 사람이다. 둘째로, '훌륭한' 목사다. 누구보다 지식과 명예를 많이 얻은 사람이다. 그래서 이들은 다른 목사들을 가르칠 만한 권위를 지니고 있다. 셋째로, '유명한' 목사다. 이는 이름이 널리 알려진 사람이다. 한마디로 많은 사람이 아는 목사다. 마지막으로 '참된' 목사다. 이는 드러나게 인정받는 사람은 아닌 듯하다. 그러나 맡은 직책을 바르게 수행해 주님 앞에서 인정받는 목사다.

영국의 청교도 신학자이자 목회자인 리처드 백스터(Richard Baxter)는 우리말 《참된 목자》로 번역된 자신의 책 《*The Reformed Pastor*》(개혁된 목사)의 서두에서, 목회자들이 무엇으로 자아 성찰을 해야 하는지에 대해 질문했다. 그 답으로 "구원의 은혜의 역사가 자신의 영혼 안에서 온전히 이루어지고 있는지 살펴야 한다"라고 말했다. 즉, 구원의 역사가 자신 안에서 확실히 이루어지고 있는 것이 참된 목사의 조건이다. 그리고 다른 사람들이 구원의 확신을 얻도록 인도하는 것이다.

'참된 목사'는 바로 여기서 출발한다. 계속해서 그는 말한다. "목사들이 세상을 향해 구주의 필요성을 역설하면서 정작 자신은 마음으로 주님을 무시하고 그에게서 떨어져 나와 구원의 은혜를 받지 못하면 어찌하겠는가? 다른 사람들에겐 구원받으라고 하면서 자신은 멸망하는 일이 없도록 해야 한다."

오늘날 '참된 목사'는 누구인가? 나는 한국교회 역사에서 '참된 목사'로 인정되는 몇 명의 인물을 이 책에서 소개하고자 한다. 과거 한국교회에는 '참된 목사'가 많이 있었다. 그중에서도 모두가 인정하고 주님도 그렇다 하실 만한 이들을 선별했다.

오늘날 한국교회에 '유명한' 목사나 '훌륭한' 목사, '성공한' 목사는 많다. 그러나 '참된' 목사로 인정받을 수 있는 사람, 주님이 그렇다 인정하실 만한 목사가 얼마나 있는가? 주님은 지금도 그런 목사를 간절히 찾고 계신다.

이 책을 쓸 수 있게 허락하신 주님께 무한한 감사를 드리며, 이 책이 세상에 나올 수 있도록 수고해 주신 쿰란출판사 대표 이형규 장로님과 오완 부장 그리고 편집부 모든 직원들에게 허리 굽혀 감사의 마음을 전한다. 샬롬.

2023년 여름
이승하 목사

목차

머리말 … 2

한국교회 첫 선교사 ǀ **이기풍 목사**(1865~1942)	7
평양교회 개척자 ǀ **한석진 목사**(1868~1939)	33
평양 대부흥 운동의 주역 ǀ **길선주 목사**(1869~1935)	56
선천 복음화와 민족 교육의 주역 ǀ **양전백 목사**(1869~1933)	83
산정현교회를 부흥하게 한 ǀ **강규찬 목사**(1874~1945)	108
서문밖교회와 평양 3·1운동의 주역 ǀ **김선두 목사**(1876~1949)	125
마부 출신의 위대한 목회자 ǀ **이자익 목사**(1879~1958)	146
성자의 지팡이 ǀ **최흥종 목사**(1880~1966)	169
신지식 유생이자 독립운동가 ǀ **이원영 목사**(1886~1958)	191

- 화해와 선교를 외친 교회 언론인 | **김인서 목사**(1894~1964)　　216
- 한국 근대 교육의 기둥 | **백낙준 목사**(1895~1985)　　246
- 제주의 성실한 믿음의 종 | **강문호 목사**(1899~1986)　　270
- 한국교회의 대표 목회자 | **한경직 목사**(1902~2000)　　287
- 한국기독교 역사의 소명자 | **김양선 목사**(1907~1963)　　311
- 한국인의 친구 | **오다 나라지 목사**(1908~1980)　　332
- 십자가 신앙인 | **방지일 목사**(1911~2014)　　357
- 안동교회의 선한 기틀을 세운 | **김광현 목사**(1913~2006)　　379
- 신구약 성경 전권을 강해한 | **이상근 목사**(1920~1999)　　405

한국교회 첫 선교사
이기풍 목사(1865~1942)

　1960년대 초 여러 종교 지도자들이 함께한 크리스찬아카데미 세미나에서 불교 정신문화원 원장 스님이 "기독교는 왜 그렇게 좌충우돌하면서 선교합니까?" 하고 질문을 던졌다. 기독교 지도자 중 누군가가 "기독교가 들어왔을 때 불교나 유교 같은 큰 규모의 종교 틈에서 선교하려니 좌충우돌할 수밖에 없었습니다"라고 답했다. 그렇다. 기독교는 한국에서 선교할 때 선교사들이 역동적인 태도를 갖지 않으면 선교할 수 없었다. 초기 한국교회의 특징에 대해 역동성이라고 말한 박명수 교수의 설명은 옳다.

이기풍(李基豊)은 1865년 12월 23일 평양의 한 가난한 농부의 가정에서 태어났다. 증조부는 홍경래의 난에 가담해 세도정치에 대항하다 역적으로 몰려 평양성을 떠나 황해도 구월산에 피난해 있었는데, 나중에 조부가 평양으로 돌아와 동문 밖에서 농사를 지었다. 이기풍은 전형적인 평양 사람으로, 돌팔매질을 잘했고 수영도 잘했다. 당시 평양 불량배는 전국에서 유명했다. 그는 영리해서 여섯 살 때부터 사서삼경을 외우고, 열두 살에는 붓글씨로 백일장 장원에 뽑히기도 했다. 성격은 조부를 닮아 직설적이고 괄괄하며 적극적이어서, 어쩌다 비위에 거슬리는 일이 있으면 참지 못하고 사고를 냈다.

당시 평양에서는 평양감사 민병석이 유교 복고 운동과 위정척사(衛正斥邪) 운동으로 서양인을 배척했다. 이기풍은 정의감에 불타 양민들을 착취하는 탐관오리와 서양 귀신을 전하는 선교사들을 싫어했다. 한번은 장터에서 전도하는 선교사 마펫을 보았다. 키가 크고 몸집이 커다란 사람이 서툰 조선말로 전도하는 모양이 거슬렸다. 그는 냅다 돌을 던졌고, 선교사는 턱에서 피를 흘리며 쓰러졌다. 이기풍은 재빨리 도망갔다. 그는 그냥 단순히 불량배 짓을 한 것이 아니라 서양 사상에 대항하는 의협심이 있었다. 그는 또 장대현교회의 건축 현장에 가서 물건들을 부수고 난동을 부리기도 했다.

그러다 청일전쟁이 일어나 조선이 쑥대밭이 되었다. 당시 조선은 중화사상이 지배적이었는데 일본이 승리했다. 이는 이기풍에게 큰 충격이었다. 그는 원산으로 피난을 갔다. 원산에서 스왈른(William Swallen) 선교사가 거리에서 전도하는 것을 보면서 그는 과거 자신이 마펫 선교사에게 돌을 던진 것이 떠올라 '왜 내가 아무 죄도 없는 사람에게 돌을 던졌던가?' 하며 죄책감에 시달렸다. 그러다 밤에 꿈을 꾸었는데, "기풍아, 기풍아, 왜 나를 핍박하느냐? 너는 나의 복음을 전해야 한다" 하는 음성을 듣고 벌떡 일어났다. 다음 날 아침 스왈른 선교사를 찾아가 진정으로 회개하고 1896년 31세에 세례받고 전도 보조원이 되었다.

한국교회의 부흥 운동은 회개로부터 시작됐다. 그것이 곧 성령 운동이었다. 성령의 역사하심으로 죄 고백과 신앙 체험이 뒤따랐다. 다른 종교에는 죄 고백과 용서에 대한 체험은 물론 그 이후에 찾아오는 기쁨과 평화도 없다. 선교사 무어(J. Z. Moore)는 "이런 회개 운동을 통해 한국인들이 지은 죄를 회개하고 뉘우치는 신앙 체험을 하자 선교사들이 놀랐다"라고 했다. 그들은 한국의 기독교인은 참 그리스도인이 되었다고 믿었다. 선교사 그레이엄(W. G. Graham)은 각성 운동을 통해 "하나님의 성령이 한국교회의 성격을 형성하셨다"라고 말했다.

이기풍은 평양으로 돌아왔을 때 마펫을 찾아가 신심으로 용서를 구했다. 그는 참된 회개의 의미를 알았다. 참으로 회개한 사람은 전도한다. 이것이 예수의 첫 선언이었다. 그는 마펫과 함께 함경도 전도에 나섰다. 그리고 1903년 마펫의 권유로 평양신학교에 입학해 5년 동안 열정적으로 성경을 배운 뒤, 1907년 6명의 학우와 평양장대현교회에서 평양신학교 제1회 졸업생으로 졸업했다. 졸업생 7명 중에서 나이로는 세 번째였다.

1907년 조선예수교장로회 독노회가 조직되었을 때 평양신학교 제1회 졸업생 7명이 모두 목사 안수를 받았다. 노회 사흘째 되는 날에 길선주 목사가 제주에 선교사를 파송할 것을 제안했다. 이때 이기풍 목사가 자원했다. 하나님께서 "내가 누구를 보내며 누가 우리를 위하여 갈꼬"(사 6:8)라고 하셨을 때 이사야가 "내가 여기 있나이다 나를 보내소서"(사 6:8)라고 한 것처럼 그는 하나님의 부르심에 응답했다. 1907년은 한국교회에 성령 운동이 일어나고, 독노회가 조직되며, 첫 선교사를 파송한 해가 되었다.

이기풍은 1907년 선교사로 임명받았다. 1907년 9월 독노회 회의록에는 "전도국에서 제주에 선교사를 파송하되 그 봉급과 費用(비용)은 전국 노회가 담당하기로 작정하고 선교사는 이기풍 씨 내외로 선정하다"라고 기록되어 있다. 백낙준에 따르면 이기풍이 선교사가 된 것은 그의 자원함 때문이었다. 찰스 클락 선교사는 이기풍이 "조선예수교장로회 독노회를 조직하게 하신 하나님께 감사하는 마음에서 퀠파트(제주도) 선교사로 기쁘게 나섰다"라고 기록을 남겼다.

이기풍이 선교사로 파송되던 1907년이 평양 부흥 운동이 시작되던 해라는 점을 생각하면, 복음이 아니면 조국 조선이 있을 수 없다는 비장한 각오를 그에게서도 엿볼 수 있다. 이기풍 이후로 '외지 전도'는 '선교'라는 공식어가 되었다.

그러나 이기풍은 정작 선교사로 떠날 생각을 하니 두려워졌다. 그때 아내 윤함애가 "우리가 가지 않으면 누가 저 불쌍한 영혼들을 구하겠어요? 주저 말고 떠납시다"라고 하는 말에 다시 용기를 얻었다.

이기풍과 윤함애는 1908년 평양을 떠났다. 인천으로 가는 두 사람을 보고 모든 여전도회원이 눈물을 흘렸다. 이기풍 목사 가족은 조그마한 목선을 타고 인천항을 떠나 여러 번 풍랑을 만난 뒤 간신히 군산항을 거쳐 목포에 이르렀으나, 거센 풍랑으로 더는 가족이 함께 갈 수 없었다. 그래서 사모와 아기는 목포에 남겨 두고 이기풍 목사만 먼저 제주로 떠났다. 그 배가 난파되어 많은 사람이 익사했으나 이기풍 목사는 간신히 헤엄쳐서 추자도에 닿았다.

이기풍 목사는 1908년 2월 제주도 산지포구에 도착했다. 당시 산

산지포구는 제주와 육지의 문물 교역이 활발한 곳이었다. 제주에서 기독교 선교를 펼친 이기풍 목사는 이 산지포구를 통해 들어왔다. 그런 점에서 산지포구는 제주 기독교 선교 역사에서 의미가 크다. 그러나 그를 반기는 사람은 아무도 없었다. 더구나 많은 장애물이 전도의 길을 가로막았다. 같은 민족이지만 언어가 많이 달라 말이 잘 통하지 않았고, 미신을 믿는 주민들의 반대로 고통을 겪었으며, 잘 곳도 없어 산기슭이나 바닷가, 마구간에 쓰러져 잠을 청하기도 했다. 길 가는 사람을 붙잡고 전도하면 그들은 손을 내저으며 "설러 버려, 설러 버려, 야기가 끊어지갠" 하면서 도망쳤다. 이 말은 '그만두어라, 그만두어라, 내 목이 달아난다'라는 뜻이었다. 그는 10여 년 전 마펫 선교사처럼 어린아이들이 던진 돌에 맞기도 했다.

외국인들이 탐라국(耽羅國), 곧 외국 땅과 같은 그곳에서 선교를 시작했을 때는 신축교난(辛丑 敎難)이 막 지난 20세기 초였다. 천주교는 '신축교난'이라 부르고, 제주에서는 '이재수의 난'이라고 불렀다. 1901년에 발생한 이 사건은 천주교와 제주도민 간의 갈등이 발단이 되었으며, 양쪽 모두에게 큰 상처를 주었다.

이기풍 목사는 전도자로 죽을 고비를 넘기며 제주도에 도착했으나 전도는 너무나 어려웠다. 그는 제주 방언을 알아듣지 못했고, 제주도민은 평양 사투리를 이해하지 못했다. 또 천주교인 학살 사건의 영향으로 모두 증오에 찬 눈으로 그를 보았다. 제주에 개신교가 들어올 때는 1901년에 일어난 '이재수의 난' 때문에 제주도민들 사이에 천주교에 대한 부정적 인식이 퍼져 있었다. 이런 이유로 이기풍 목사는 성재장터에서 전도하다 주민들에게 둘러싸여 위협을 당했고, 가는 곳마다 쏟아지는 적개심 가득한 눈빛에 전도가 너무나도 어려웠다.

한국교회 첫 선교사 이기풍 목사(1865~1942)

이런 상황에서 아무 일도 할 수 없던 이기풍 목사는 우선 제주를 익히려고 조랑말을 타고 한라산을 돌기 위해 나섰다. 그러나 인적이 드물어 사람을 만나기가 어려웠고, 또 만나도 상대해 주지 않았다. 영양 부족으로 인해 육체적으로 몹시 힘들고 사람이 없어서 전도도 할 수 없었기에 그는 해변으로 발길을 돌렸다. 극심한 영양실조 상태였던 이기풍 목사는 이때 모래사장에 쓰러져 정신을 잃었다. 한참 후에 누가 깨워 일어나니 어느 해녀의 집이었다. 이기풍 목사는 처음으로 제주인과 말할 수 있게 해주신 하나님께 감사기도를 드렸다. 그곳에서 며칠 머물며 그 해녀에게 전도했다. 사도 바울이 빌립보 바닷가에서 자주 장사 루디아에게 전도했을 때 그녀가 구원받았던 것처럼 하나님은 그 해녀를 구원해 주셨다.

이기풍 목사는 17년간 제주에서 선교했다. 그는 네비우스 선교 정책을 채택했다. 이는 19세기 말 미국 북장로교회가 한국에서 채택한 선교 정책으로 자진 전도, 자력 운영, 자주 치리(治理)를 기본 이념으로 한다. 전도와 목회에는 인간관계가 중요하다. 이에 이기풍 목사는 섬김으로 진정한 복음을 전했다. 그는 농번기에는 농민들을 도왔다. 제주도민들은 엽전을 돌려 운수를 정하곤 했는데, 이기풍은 엽전 한쪽은 천국, 다른 쪽은 지옥으로 정하고 돌려 천국과 지옥을 설명했다. 이때 홍순홍이 예수를 믿었다. 제주는 미신이 많았다. 특별히 뱀을 숭상했는데, 뱀을 뒷집 '하라방'이라 했고, 뱀을 위해 밥도 지었다. 그러나 이기풍은 몽둥이로 뱀을 때려잡았다. 사람들은 놀랐으나 이기풍은 끄떡하지 않았다.

제주도민들은 외지 사람에게 쉽게 마음을 열지 않았다. 이기풍 목사는 평안도 사투리가 심했고, 제주도민들은 특이한 사투리를 사용했기에 서로 간에 소통이 매우 어려웠다. 그런 상황에서 복음을 전하려니 더욱 힘들었다. 다행히 당시 경성에서 세례를 받은 토박이 김재원을 만났고, 자신이 전도한 홍순홍과 함께 김행권의 집에서 예배드리면서 성내교회 설립과 제주 선교의 길이 열렸다.

김재원은 하나님의 치유를 경험하고 예수를 믿게 된 사람이다. 김재원은 복막염 진단을 받았다. 의료 시설이 열악한 제주에서는 방법이 없어 그의 아버지는 아들을 업고 소문으로 들은 서울 제중원으로 갔다. 거기서 캐나다 출신 미국 북장로교 의사 에비슨(O. R. Avison)을 만난 그는 아들을 살려 달라고 애원했다. 검사 결과는 좋지 않았다. 에비슨이 병이 깊어 수술을 할 수 없다고 하자, 그는 살리든 죽이든 알아서 하라며 아들을 제중원에 두고 돌아갔다. 이를 딱하게 여긴 에비슨은 김재원에게 "이 병의 치료는 하나님만 하실 수 있다"라고 말했다. 그러면서 이렇게 덧붙였다. "먼저 당신이 예수를 영접하시오. 그리고 모든 일을 하나님께 맡기고 수술을 해 봅시다." 이에 응한 김재원은 일곱 번의 수술 끝에 소생했다. 김재원은 몸소 체험한 하나님의 치유로 예수를 영접했다. 그리고 마태복음 쪽 성경을 한 짐 지고 제주로 돌아왔다. 그는 제주에서 전도하면서 몰매나 멍석말이, 치도곤 등을 당하며 많은 박해를 받았다. 그러나 그는 하나님을 향한 믿음을 굳게 지켰다. 특히 그는 자신의 수술 자국을 보여 주면서 자기가 직접 경험한 기적을 간증했다.

김재원은 자신의 살고 있던 이호리에서 열심히 전도했고, 이를 통해 예수 믿는 사람이 한 사람 두 사람 늘기 시작했다. 그래서 그는 에비슨 선교사에게 목회자를 보내 달라고 편지했다. 그때 마침 조선예수교장로회 제1회 독노회에서 목사 안수를 받은 이기풍 부부가 제주도로 파송 받으면서 본격적으로 전도가 시작되었고 교회가 세워졌다. 이때가 1908년 2월이었다.

이 무렵인 1907년 철종의 부마인 박영효가 제주로 귀양을 왔다. 그는 갑신정변으로 두 차례에 걸쳐 20여 년간 일본 망명 생활을 했다. 그러면서 박영효는 일본 개화사상의 영향을 받아 일본의 조선인들을 위해 '친린의숙(親隣義塾)'을 세웠으며, 조선이 개화하려면 교육이 필요하다는 신념을 가졌다. 박영효는 제주에서 귀양살이를 하면서 과수원을 조성하고 학교를 세웠다. 일본에서 신지식을 배운 만큼 제주도민들에게 귤나무 재배법을 가르쳤다. 그리고 자신이 직접 조성한 과수원을 통해 제주 감귤 생산에 공헌했다.

1908년 6월 귀양살이가 풀렸으나 박영효는 돌아가지 않고 제주에 의신학교를 세우고 1910년 9월까지 제주에 머물렀다. 이기풍 목사가 이 박영효를 만나게 되었고, 둘은 함께 농림학교를 세웠다.

3명의 신자와 함께 향교골의 허름한 초가집에서 모이던 기도 모임이 교회가 되었다. 교회가 성안에 있어서 교회의 이름도 '성내교회'로 했다. 옛 출신 청 앞에 목조 52평으로 예배당을 지었고, 교회설립계를 내면서 '제주 성내교회'라 칭했다. 이기풍 목사는 성내교회 외에도 금성교회, 한림교회, 모슬포교회 등 약 15개의 교회를 세웠다.

1909년 5월 큰 홍수가 났을 때 이기풍 목사가 물에 떠내려가는 40대 여인과 몇 사람을 구했다. 이 일로 제주도민들은 "야소교 목사라는 자가 과히 나쁜 사람은 아니다"라고 말하기 시작했고 조금씩 복음의 문도 열렸다. 특히 윤함애 사모는 희생적으로 봉사했다. 불신자가 하나둘 교회로 왔다. 그녀는 그들을 도왔고, 이로 인해 여러 사람이 예수를 믿었다.

이기풍 목사는 성령의 치유와 영적 능력으로 전도했다. 열한 살 된 앉은뱅이 아이를 위해 7일 동안 기도했더니 그 아이가 걷게 되었다. 하루는 사람들이 귀신 들린 자를 데려왔다. 쇠사슬로 묶어 놔도 풀고 도망가고, 지나가는 사람의 머리에 꽂힌 은비녀도 감쪽같이 훔쳐 내는 도둑 미치광이였다. 이기풍 목사는 그 사람을 묶어 놓고 기도했다. 평소에는 묶은 것을 풀고 달아났는데 그날은 힘없이 앉아 있었다. 이유를 물었더니, 늘 대장이 와서 도망가게 해줬는데 오늘은 천군 천사가 창을 들고 집을 둘러싸서 대장이 못 들어온다는 것이었다. 이기풍 목사 가족은 이 말을 듣고 식음을 폐하고 합심 기도를 했다. 그러자 한밤중에 그가 갑자기 거품을 물고 쓰러지더니 한참 후 제정신으로 돌아왔다. 이후 그는 교회에 나와 복음을 받아들이고 집사가 되었다. 이같이 이기풍 목사는 제주에 많은 복음의 씨를 뿌려 교인 410명, 예배당 3곳, 기도처 5곳, 매주 모이는 성도 300여 명이라는 열매를 거두었다.

처음에 향교골에서 시작된 기도처가 제주 최초의 서문통(성안, 城內)교회가 되었다. 이기풍 목사는 조랑말을 타고 촌락을 다니며 교회를 개척했다. 1908년에 성내교회 외에도 금성교회가 설립되었고, 1909년에는 조천교회·모슬포교회, 1914년 중문교회, 1915년 한림교회·세화교회·삼양교회, 1916년 고산교회, 1917년 법환교회, 1918년 용수교회, 1919년 제주 성지교회가 설립됐다.

조천교회에 있는 이기풍 목사 기념관 전시관 자료 중에는 "예수 죽음 내 죽음, 예수 부활 내 부활, 예수 승천 내 승천, 예수 천국 내 천국, 사모하는 천당 집 지금 찾아가오니 영원무궁하도록 주와 같이 살리라"라는 시가 있다. 윤함애 사모가 지은 찬송 시다. 이 외에 자녀에게 남긴 유언에서도 그가 이 땅에서 어떤 믿음과 가치관으로 하나님을 섬기며 살았는지가 잘 드러나 있다.

지금은 누구나 한번쯤 가 보고 싶은 곳이 제주다. 그러나 100년 전 제주는 유배지 그 이상의 의미가 없었다. 제주도로 유배 온 사람 중에 유명한 추사 김정희가 남긴 〈세한도〉만 떠올려도 당시 제주도의 이미지는 명확하다. 게다가 1901년 제주도 토착민과 천주교도 사이에서 일어난 '이재수의 난'으로 당시 제주도는 얼어붙어 있었다. 이 난으로 인해 제국주의와 결탁한 '야소쟁이'에 대한 반감, 외국인과 이방인에 대한 반감이 제주도민들에게 깊이 뿌리내려 있었다. 그래서 한반도가 외국인 선교사에 의해 방방곡곡에 복음이 전해지는 때도 유독 제주는 복음 전파가 더디었다.

이기풍 목사가 설립한 성읍교회는 종탑을 비롯한 옛 건물을 잘 보존하고 있을 뿐 아니라, 지금도 성읍 마을의 예배 처소로 쓰이고 있다. 민속마을 안에 있어서 개발에 제약이 있었으나 100년을 이어 왔다. 교회 담 안에 자리한 나무 한 그루가 있는데, 족히 수백 년을 제주도의 바람을 이겨 내며 교회와 함께한 나무로 역사가 매우 깊다.

민속 마을에 들어온 이방 종교의 구심점으로서 성읍교회는 예수 그리스도가 이 세상에서 박해받은 것처럼 1909년 세워진 이래 모진 비바람을 감내했다. 이기풍 목사가 기도처로 매입했던 건물은 이전에 정의읍성 천주교회였다. '이재수의 난' 이후 빈 교회가 되면서 이기풍 선교사와 당시 그와 동역했던 천아나 전도사가 인수했다. '야소쟁이'에 대한 주민들의 엄청난 불신과 반감을 생각할 때, 교회를 세우는 것은 "죽으면 죽으리라" 하는 믿음이 없었다면 불가능했다. 그리고 이러한 믿음은 1948년 4·3사건과 한국전쟁, 그리고 이후 제주도가 휴양지로 변모하는 세월의 맞바람 속에서도 계속 이어졌다.

이기풍 목사가 성안교회를 세우고 성안으로 들어왔다고 해서 '성내교회'라 이름했다. 김재원 장로의 묘지는 이기풍 목사의 증손자인 이준호 목사가 발굴했다. 이준호 목사는 "김재원 장로의 정보를 찾는 과정에서 그 후손들과 연결되었으며, 묘를 찾기 위해 교회 공원

묘지를 일일이 대조했다"라고 말했다. 한국교회사에서 선교사를 제외한 국내인들의 정보는 매우 적다.

이기풍 목사는 처음부터 향교골을 찾았고 조봉호, 김재원, 김홍련, 홍순원과 기도회를 시작했다. 그렇다면 왜 향교골이었을까? 이기풍 목사는 제주에 왔을 때 공부하는 사람들이 있는 곳을 제일 먼저 찾았고, 훈련받은 대로 학교를 먼저 세웠다. 그리고 그는 당연한 듯 향교골로 갔고 거기서 조봉호를 만났다. 조봉호는 금성리에서 태어나 서울의 숭실학교를 졸업했다. 이런 교육적 배경을 가진 조봉호가 제주에 와서 한 일은 후진 양성이었다. 이기풍 목사와 조봉호의 만남은 여기에 그 접촉점이 있었다.

이기풍 목사는 소학교를 세워 제주도민과 선교의 접촉점으로 삼았다. 〈사기〉 교육 편에 "1908년 제주도 성내교회에서 남녀 소학교를 설립하여 자녀들을 교육하니라"라고 기록하고 있다. 이 기록은 성내교회가 1908년에 설립되었음을 확인해 준다.

이기풍 목사는 의료 선교도 했다. 미국 남장로회선교회는 1909년부터 해마다 군산, 전주, 목포, 광주, 순천 다섯 지역 선교회의 의사와 목사들이 각 지역 미션스쿨 및 교회 학생들과 함께 제주에 있는 교회 유치·유년부의 성경학교를 돕는 등의 교육과 의술 봉사를 했다. 1910년 목포의 변요한 선교사와 의사 포사이트 선교사가 제주에 와서 복음을 전하며 매일 400~500명 씩 진료했다. 포사이트 선교사는 함께 온 협력자 중 일부를 제주에 남겨 계속 진료하게 했다. 이런 의료 활동은 이기풍 목사의 선교에 큰 힘이 되었다.

1912년 5월에는 윌슨(광주기독병원 원장) 선교사가 한국인 조수들과 함께 제주에 와서 오전에는 70명 정도의 외래 환자를 진료하고, 저녁에는 3~4회 수술을 했다. 한번은 윌슨이 성내교회에서 진료하고 있는데 어떤 사람이 곧 죽게 됐다고 왕진을 간청했다. 그는 그 말을 듣고 두말없이 환자에게 달려가 열과 성의를 다해 진료하기도 했다.

한편 이기풍 목사는 목회에 열정을 쏟았다. 매년 1~2월에 성경학교를 열었고, 육지부 각 선교회가 보낸 목사와 사모, 미션스쿨 학생, 의사들과 사역을 협력했다. 동시에 육지 교회에서도 성경학교에 이기풍 목사를 초청하는 일이 많았다. 이기풍 목사는 제주 선교 이야기를 전하면서 선교비를 모금했다. 사람들을 제주로 초청하기도 했다. 3월에는 도내 각 학교 졸업식에서 강연을 했다.

조선예수교장로회 총회는 1913년을 기점으로 제주 선교를 전라 노회가 전담하도록 했다. 그리고 1914년 전라 노회는 제주 선교를 전적으로 위임받았다. 전라 노회로서는 부담이 컸다. 이기풍 목사는 이 노회에 참여했다.

이기풍 목사는 육지부 미션스쿨 학생들과 목사들을 초청해 한 달 동안 도내에서 선교학교를 운영하기도 했다. 또 7~8월에는 여름성경학교를 열심히 진행했다.

9월이면 정기적으로 열리는 노회와 총회에 참석해 선교 보고를 했고, 전국 교회를 다니며 설교하고 선교비를 모금했다. 그러면서 제주 교회를 방문해 달라고 간청했다. 이어 겨울이 되면 성탄절을 준비했다. 성탄절 행사를 위해서도 육지부의 도움을 받아야 했다. 당시 목포 양동에 있는 교회의 교인들과 전주 신흥학교 학생들, 평양 여전도회원들이 와서 성탄절 행사를 성대하게 치렀다. 성탄절이 끝나면 곧바로 겨울성경학교가 열렸다.

이기풍 목사는 바쁜 선교 일정을 보내다 1913년에 과로로 6개월간 휴가를 얻어 평양에서 휴식을 취했다. 이때도 평양 지역 여러 교회에서 말씀을 전하고 제주 선교 후원을 요청했다.

그러다 1915년에는 더 이상 사역을 감당할 수 없게 되었다. 말할 때 발음이 정확하지 않았고, 성대가 소리를 내지도 못했다. 이 치료를 위해 휴가를 얻어 제주를 떠났다.

이기풍 목사는 본래 평양 사람이었고, 그곳은 당시 교세가 가장 확장된 곳이었다. 이 평양에서 제주 선교에 후원을 많이 했다. 이선광 여선교사 후원도 평양 여전도회가 맡았다. 이기풍 목사가 1913년 휴식하는 동안에 선교비가 끊겼는데, 이선광 선교사가 다시 제주에 올 수 있도록 후원해 주었다.

또 강병담 숭실대 학생이 평양 노회의 후원으로 이기풍 목사와 제주 선교를 함께 했다. 강병담은 후에 순천 지역에서 목회했다. 목포에 있던 줄리아 마틴(Julia Martin, 한국명 '마율리') 여선교사가 제주에 와서 제주 여성들의 안타까운 사정을 보고 이들의 삶을 돕기 위해 이재순 여선교사를 파송하기도 했다.

당시 제주 교회가 전라 노회 소속이었기 때문에 이 노회가 여러 가지로 제주 선교를 도왔다. 이기풍 목사의 약해진 몸을 걱정해서 전라 노회는 1914년 산북 지방은 이기풍 목사, 산남 지역은 윤식명 목사에게 맡기기로 하고 그를 파송했다. 윤식명 목사는 모슬포교회에 자리를 잡고 모슬포 인근의 모든 교회를 돌보았다. 이때 함께 온 김영진 영수가 그를 많이 도와주었다. 이기풍 목사는 목회자들에게 이러한 협력자들을 얻을 수 있도록 연결고리가 되어 주곤 했다.

1915년 휴식 차 제주를 떠난 이기풍 목사를 대신해 최대진 목사가 제주에 왔다. 그는 자비량으로 목회했다. 이기풍 목사는 결국 다시 제주로 오지 못하고 1916년 광주 양림교회 담임목사가 되었다.

1953년 교단 분열로 서부교회는 기독교장로회, 성안교회는 대한예수교장로회 통합 측 소속이 되었다. 성안교회(초기 성내교회에서 교회 이름이 변경됨) 뜰에는 2008년도에 세운 제주 선교 100주년 기념비 및 이기풍 목사와 김재원 장로의 공적비가 있다.

또한 사라봉 자락에 독립운동을 대표하는 제주의 인물로 '순국지사 조봉호 기념비'가 세워졌는데, 조봉호는 일찍부터 한학을 배웠다. 한양에 가서 경신학교와 숭실학교에서 공부하는 중에 기독교인이 되었다. 그러나 집안 사정으로 학업을 중단하고 귀향했고, 주변 사람들과 신앙을 나누며 금성리에서 기도 모임을 했다. 이기풍 선교사가 제주에 도착한 후 신앙과 교육으로 민중 계몽에 앞장선 일꾼이 되었으나, 제주 성내교회 조사로 있던 1919년 5월 독립군 자금 모금을 주도한 일로 체포되어 대구 교도소에서 수감 중 순국했다.

이기풍 목사의 딸 사례는 아버지가 새벽기도에 가서 아침 식사 때가 되어도 돌아오지 않아 교회에 가 보면 아버지가 늘 강단에 엎드려 큰 소리로 울면서 "하나님 아버지의 은혜에 감사합니다. 나는 죄인 중의 괴수외다" 하며 기도하고 있었다고 한다.

이기풍 목사는 제주도 해안선을 따라 여러 교회를 세웠다.

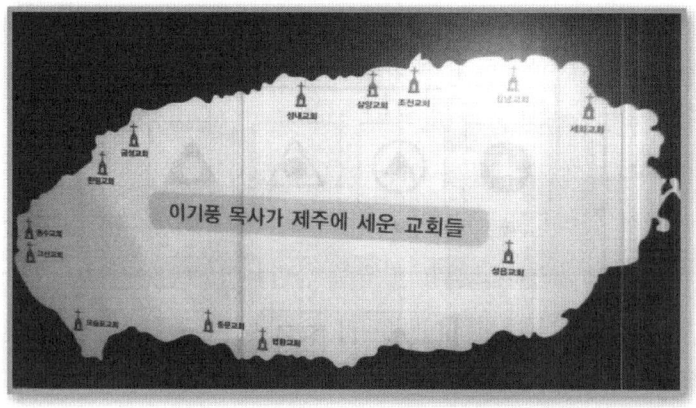

교회가 세워진 지역은 총 13곳으로, 각 교회가 세워진 배경에는 이기풍 목사에게 복음을 듣고 동역하게 된 이들이 있었다. 선교사들은 제주를 '퀠파트'(Quelpart, 반란)라 불렀다. 인구 10여 만이 사는 제주는 전주, 남원, 나주로 이어진 전라도의 행정 중심지 4개의 목(牧) 가운데 하나로 정치인들의 단골 유배지였지만 많은 인재를 배출했다. 또 육지와 거리가 있어서 언어나 풍습의 측면에서 한국 민속 문화의 보고(寶庫)였다. 그래서 오히려 복음 전파가 어려웠다.

이기풍 목사는 지역 토착 기독교인들과 잘 어울려 협력했다. 그들은 이기풍 목사가 오기 전에 이미 기독교인이 되었지만, 그가 온 후 그를 도와 열심히 선교했다. 이승훈 장로도 제주로 유배되었을 때 그에게서 신앙적 용기를 얻었다. 이들은 제주도민에게 근대문명을 알렸고, 제주도민들은 이들의 영향으로 근대문명에 마음을 열었다. 이런 영향으로 기독교에 대한 기대도 커졌다.

이기풍 목사는 선교사들뿐 아니라 한국의 유력 인사들과도 교류해 제주도민들로부터 존경을 받았고, 그로 인해 신축교안(辛丑敎案) 후 배척받던 기독교가 제주에 뿌리를 내릴 수 있게 되었다. 신축교안은 천주교와 제주도민 간의 반목과 갈등이 그 원인이었다. 당시 천주교인뿐 아니라 많은 제주도민이 희생되었다.

이로 인해 아직 기독교에 대한 반감이 팽배한 제주도에서 선교를 한다는 것은 참으로 어려운 일이었다. 그러나 이기풍 목사는 좌절하거나 포기하지 않고 끝까지 인내하며 여러 교회를 세웠다.

1908년에 세운 조천교회의 지금 위치는 1914년 지적도에 이기풍의 대지로 되어 있다. 천아나라는 이름의 여성이 1908년 이기풍 목사의 전도로 예수를 믿고 1909년에 세례를 받으면서 자신의 집을 예배당으로 헌납해 조천교회가 시작되었다. 그녀는 자식을 못 낳아 두 번이나 소박을 당하고 궂은일을 하면서 어렵게 살아가던 중 57세에 이기풍 목사의 전도로 예수를 믿게 되었다. 조천을 떠나 성읍에 와서는 또다시 자기 집을 교회에 바쳤는데, 이곳이 성읍교회의 기틀이 되었다. 또 그녀는 법환교회의 개척에도 참여했다. 1921년에 조천으로 돌아와 교회 일을 하다 1930년에 79세로 소천했다.

이기풍 목사의 가장 큰 후원자는 아내 윤함애 선교사였다. 윤함애는 황해도 중골 윤진사의 셋째 딸로 태어났다. 어려서부터 몸이 약해 문밖출입이 어려웠고, 이를 불쌍히 여긴 부친은 딸이지만 특별히 글을 가르쳐 책을 읽을 수 있게 했다. 열다섯 살이 되었을 무렵 윤함애는 말라리아에 걸렸다. 당시 치료 방법이 없어 오랜 병치레를 했고, 열여덟 살이 되었을 때는 뼈와 가죽만 남고 움직일 수도 없게 되어 죽을 날만 기다리고 있었다.

그때 그 지역에서 전도하던 김채봉(언더우드 선교사의 조사)이 윤함애에게 "예수를 믿어야 구원을 얻는다" 하고 전한 한마디에 그녀는 지푸라기라도 잡는 심정으로 기도하기 시작했다. 그러던 중 어떤 빛이 온몸을 비추고 방 밖으로 나가는 꿈을 꾼 뒤 굳었던 몸이 풀리며 시체와 같던 사람이 자리에서 벌떡 일어나 앉았다. 그 후 음식도 먹을 수 있게 되고 힘을 얻어 병이 나았다. 윤함애는 주님의 구원의 은혜에 감격했다. 그래서 자기를 살려 주신 예수를 더 깊이 알고 싶어 한 달에 한 번 안악에 전도하러 오는 마펫 선교사를 찾아가 성경공부를 했다.

윤함애는 몇 달 후 세례를 받았는데 이것을 본 어떤 사람이 그 부모에게 "양코배기가 처녀의 몸에 손을 댔다"고 고자질하는 바람에 외출복을 빼앗기고 방에 감금됐다. 그러나 성경책 한 권만 허리춤에 묶고 남자 변장을 하고는 집을 빠져나왔다.

15일 만에 평양에 도착한 윤함애는 거지꼴이었고, 동상으로 발에 피가 나서 하얀 버선이 피로 벌겋게 물들었다. 마펫 선교사 부부는 자신들을 찾아온 그녀를 반가이 맞아 주었다. 그 후 윤함애는 이길함(G. Lee) 선교사의 양녀가 되었고, 6년 동안 평양 숭의여학교에 다닌 뒤 제1회로 졸업했다. 그리고 평생 주를 위해 독신으로 살 것을 결심했다.

그러던 어느 날 마펫 선교사가 결혼을 권했다. 하나님의 종으로 부르심을 받은 어떤 사람이 아내와 사별하고 갓난쟁이 아기로 인해 신학을 계속하기 어렵게 되었는데, 주를 위해 그가 신학을 잘 마치도록 결혼해 도우라는 것이었다. 그 사람이 이기풍이었다. 독신을 결심했던 윤함애는 마펫 선교사의 말에 금식하며 기도하던 중 "네가 이 십자가를 져야 한다. 네가 이기풍과 가정을 이뤄야 한다" 하는 음성을 들었다. 윤함애는 순종하는 마음으로 이기풍 선교사와 결혼했고, 이후 그가 제주 선교의 어려움에 흔들릴 때마다 끝까지 순종하도록 붙잡아 주는 역할을 했다.

윤함애는 결혼 전 서양 의술과 기초적인 산파술을 배웠다. 제주에서 이기풍 선교사가 전도할 때 가까운 동네 산모의 출산을 도운 것이 소문나 동네에서 산파 역할을 했다. 그뿐 아니라 몹쓸 병에 걸려 죽은 동네 사람들의 시신을 정성껏 처리해 주고, 부녀자들에게 글을 가르쳤다.

윤함애는 당당하게 자신이 져야 할 십자가를 졌다. 그녀는 체험적인 신앙인이었다. 그리고 기도와 사랑의 수고와 봉사의 여인이었다. 항상 머리맡에 돌림병 치료 상자, 조산을 위한 가방과 성경책을 두고 자다 누가 찾으면 벌떡 일어나 가서 도왔다. 남편의 사역을 적극적으로 후원하고 협력했다. 부부가 함께 사역했기에 더 풍성한 전도의 열매를 얻었다.

전라도로 사역지를 옮겼을 때 이기풍 목사는 낡고 헌 자전거를 타고 벌교와 무만 동, 잣고개, 낙성, 낙안 다섯 곳을 두루 다니며 새벽부터 밤까지 전도했다. 산꼭대기에 있던 목사관은 대문이 없었는데 소록도에서 나온 한센병 환자들이 수시로 윤함애를 찾아와 밥을 먹었다. 윤함애는 이들을 반겼으며, 동리에서는 이기풍 목사의 관저를 '환우들의 식당'이라고 불렀다. 이런 섬김 후에는 항상 기도로 그 영혼을 하나님께 부탁했다. 1959년 대한예수교장로회 제44회 총회는 이런 윤함애 선교사에게 표창을 했다. 신여성으로 평생 이기풍 목사를 도와 헌신한 윤함애 선교사는 1962년 12월 25일 84세를 일기로 소천했다. 윤함애의 유언장에는 그리스도와 교회를 향한 이러한 헌신적인 신앙이 잘 담겨 있다.

이기풍 목사의 선교 후원은 계속되었다. 1910년 제4회 독노회에서 제주에 파송된 전도인인 김창문과 목포 선교부의 줄리아 마틴 여선교사가 두 여전도인의 선교비를 담당함으로 1911년까지 선교 활동을 지속했고, 여성과 어린이들을 위한 선교에 윤함애 사모와 이선광 전도사, 마틴 선교사가 보낸 두 사람을 합해 네 사람이 전도했다. 예배당 세 곳, 곧 성내교회와 금성교회, 조천교회 설립 후 모슬포와 성읍리에도 예배 처소가 세워졌다.

이처럼 제주 선교는 조선예수교장로회 전도국 소관이었고, 1912년 9월부터는 전라 노회가 제주 선교를 전담하게 되었다. 코이트(R. T. Coit, 한국명 '고라복') 목사가 선교부의 교회들이 제주 선교에 관심을 보였기 때문에 전라 노회로 넘어왔다. 그리고 1913년에 광주 성경학교에서 300원 이상의 후원을 약속했다. 노회도 1년 전에 예산을 편성했다. 처음에 제주 선교는 불가능한 것으로 보였으나 놀라운 열매를 거두었다. 이기풍 목사는 돌에 맞고, 홀대를 받고, 박해당하고, 쫓겨났으나 그럼에도 계속해서 교회들을 세웠다. 그러자 한때는 무섭고 게으르고 무지했던 사람들이 학식 있고 하나님을 두려워하며 부지런한 사람으로 변했다. 사람들은 이렇게 눈을 밖으로 돌릴 뿐 아니라 자기 지역도 돌아보아 축호 전도와 전도 쪽지를 통해 복음을 전했다.

이기풍 목사의 감동적인 설교와 강의로 많은 사람이 제주 선교를 후원했다. 무만동교회의 김일현 장로는 보성군 무만동교회의 설립자로서 한센병에 걸렸다가 완치되어 새 삶을 살고 있던 신앙인이다. 그는 1912년과 1913년에 이어 제주 선교에 많은 후원금을 냈다.

1912년까지는 제주 선교의 초창기였으므로 선교의 열매가 크게 나타나지 못했고, 예배당이 있는 곳도 성내, 대정읍, 조천 3곳에 불과했다. 1913년에 이르러서도 교회나 기도처(6곳)의 수에서는 큰 변화가 없었으나, 다만 피택 장로 1인과 영수 3인, 집사 2인이 세워졌는데, 이는 제주 교회가 점점 조직 교회로 성장하고 있었음을 보여 준다.

"전라남도 제주군 선교사 이기풍이 제주에 교회를 여러 곳 설립하고 수고를 많이 하시다가 과로로 5~6개월 쉬기 위해서 부인과 자

한국교회 첫 선교사 이기풍 목사(1865~1942)

녀 3명을 데리고 상경해 5월 3일에 연동교회에 머물게 되었다. 그 날 밤 연동교회가 여러 형제의 의복과 물품을 보낸 것으로 제주에서 큰 사랑과 유익을 받았으니, 새로 믿고 열심히 주를 섬기는 자가 60여 명이 되어 전에 90인이 모이던 예배당은 지금 150여 명이 예배 보고 있다"라고 이기풍 목사가 보고했다.

이기풍 목사는 1913년 5월부터 연말까지 휴식했다. 그러나 휴식 기간에도 매우 바빴다. 그는 황해도와 평안도 지역의 교회에 다니면서 제주 선교를 보고하고 선교비 후원을 받았다.

이기풍 목사의 사역은 전라 대리회의 사역으로 진행됐다. 1911년 전라 노회가 창립되면서 그는 노회에 협력했다. 1912년과 1914년에 부노회장으로 선임됐다. 전라 노회가 제주 선교를 전담하기로 한 것은 1912년 8월이었다. 이 결정은 1913년 9월에 열린 제2회 대한예수교장로회 총회에서 그대로 받아들여졌다. 1년 동안 선교비는 총회와 전라 노회가 각각 절반씩 부담했다. 《사기》(史記)에도 총회의 의안으로 정리했다. 이기풍 목사는 평양에서 열린 총회에 참석해 제주 선교 상황을 보고하며 제주에서 예배드리는 교회는 성안교회, 모슬포교회, 조천교회라고 전했다.

제주 선교를 전담하게 된 전라 노회와 남장로교 한국선교회는 1914년 여름 전주의 테이트(L. B. Tate, 최의덕) 부부와 목포의 니스벳 부부와 함께 제주에서 7일 동안 전도 집회를 열었다. 테이트 선교사의 부인은 현지의 인상을 이렇게 기록했다.

"8곳의 예배처와 90명의 세례교인이 있다. 니스벳 부인과 나는 49명의 여성반을 가르쳤다. 니스벳 목사와 테이트 목사는 25명의 선발된 남자반을 가르쳤다. 매일 저녁 부흥회가 있었다. 부흥 집회에는 250~400명 정도가 모였다. 날씨가 무더워 집회는 교회 뜰에서 진행됐다. 신자들이 불신자들을 데려왔다. 그들 중 믿는 사람이 생겼다. 교회는 좋은 공동체라는 인상을 남겼다. 제주 사람들은 미신의 습관을 버리고 기독교인이 되기가 쉽지 않으나, 일단 결심하면 낙심해 이탈하는 경우가 드물다."

선교사 일행과 이기풍 목사는 특별 집회를 잘 마쳤다. 이기풍 목사는 1914년 8월 제4회 전라 노회에서 제주교회에 대해 보고했다. 이기풍 목사가 보고한 내용 중에 특별히 주의를 끄는 부분이 있었다. 제주의 초기 교인들이 주민들로부터 인심을 얻을 정도로 믿는 형제자매들의 성품이 굳건했다는 표현이다. 인심을 얻었다는 말은 제주 초기 교인들의 도덕성이 제주인들의 표준보다 훨씬 높았다는 뜻이다. 이는 초기 한국교회에서 볼 수 있었던 기독교인의 우월한 도덕성이 선교와 전도의 필수 요소로 작용했음을 보여 준다. 또 형제자매의 성품이 굳건했다는 표현은, 제주의 토속적·미신적인 신앙을 버리고 기독교로 개종하는 데 대한 토착민들의 반발이나, 가족에게 배척받음으로 기독교인이 되는 데 따른 각종 불이익을 잘 견뎠다는 뜻이다.

1914년 8월 15일 제4회 전라 노회가 광주군 양림동 숭일학교에서 개최되었다. 이때 전도는 노회가 담당, 경영하되 전도 목사 1인을 더 파송해 1인은 제주, 1인은 대정에 위치하게 하고, 약 1천 원의 경비는 노회의 교회 감사 연보 중 3분의 2와 성탄주일 연보로 충당했다.

전라 노회는 총회로부터 제주 선교를 위임받아 첫해부터 예상했던 933원을 모금했다. 그리고 그해 9월에 열린 총회에 헌의해, "제주 선교의 완전 위임과 감사절 연보의 3분의 2를 제주 선교비로 사용하도록 허락을 받았다."

제주 전역의 선교를 혼자서 감당하는 것은 이기풍 목사에게 매우 힘든 일이었다. 결국 그는 과중한 사역으로 몸이 약해졌다. 이후 광주 북문안교회에 청빙되어 초대 한국인 위임목사로 부임하고, 장로 2인으로 구성된 당회를 조직했다. 당시 광주 제중원(기독병원) 원목을 맡았고, 순천의 중심인 순천읍교회를 비롯해 가는 곳에서마다 부흥 성장을 일궈 냈다. 1920년에는 제6회 전남 노회 노회장, 1921년에는 조선예수교장로회 제10회 총회에서 총회장에 추대됐다.

이기풍 목사가 제주에 오기 전 모이던 이호리 공동체(1904)와 성내동교회(1910)가 새롭게 출발하였고, 금성리 공동체(1907)도 교회의 면모를 갖추었다. 또 조천교회(1909), 성읍교회(1910), 모슬포교회(1910), 중문교회(1910)가 세워졌다. 이기풍 목사에게 전도 받고 신앙인이 된 이들이 이기풍 목사가 떠난 후에 세운 교회는 한림교회(1915), 고산교회(1916), 용수교회(1918)다.

이기풍 목사는 성내교회에 남녀 소학교를 세워 아이들을 교육했다. 선교사와 목사, 의사들을 계속 초청해 제주도민들의 영혼을 깨우치며 질병과 미신을 타파했다.

건강 악화로 3·1 독립운동에는 전혀 나서지 못했다. 이후 다시 목회를 계속했고, 1921년 총회장을 역임했다. 1927년 다시 제주에 가서 열심히 선교했고, 1932년에는 돌아와 전남 순천 지역을 중심으로 목회했다. 특히 그는 약하고 어려운 교회를 다니며 목회했다.

이기풍 목사는 성령 충만한 전도자로, 복음을 믿음으로 얻는 능력을 전파했다. 그 사역을 통해 많은 사람이 병의 나음을 입었고, 영적인 구원을 받았다.

1937년 10월 이기풍 목사가 부임한 마지막 목회지는 전남 여수 남쪽 섬에 있는 우학리교회였다. 이 교회를 중심으로 돌산, 안도 등 인근 섬들을 순회하며 복음을 전했다. 이기풍 목사가 우학리교회를 담임했을 때 일제의 박해가 심했다. 1937년 일본이 내선일체를 위해 신사 참배를 강요할 때 이기풍 목사는 이를 거부해 끌려가는 교우들에게 "여러분, 신사에 절해서는 안 됩니다. 절대로 하나님 외에 다른 신을 섬기면 안 됩니다" 하고 강력하게 말하곤 했다. 그때 일본 경찰이 총 개머리판으로 이기풍 목사를 후려치고 구둣발로 차기도 했다.

대한예수교장로회는 1938년 제27회 총회에서 일본의 강압에 굴복했다. 그러나 모든 교회가 항복한 것은 아니었다. 이기풍 목사는 끝까지 신사 참배를 반대했다. 처음부터 우상숭배를 반대해 온 한국교회가 신사 참배를 반대하는 것은 그에게 당연한 일이었다.

이기풍 목사는 전남 도서지방에서 전도하고 목회할 때 신사 참배를 반대했는데, 딸 이사례 역시 신사 참배를 반대해 불온 학생이 됐다. 그래서 광주 수피아여고로 전학했으나, 곧 이 학교는 신사 참배 거부로 폐교됐다. 다시 호주 장로교가 운영하는 일신여고로 전학해 어렵게 졸업했다. 당시 일신여고는 전국에서 신사 참배를 반대하는 교역자 자녀들이 오는 학교였다. 하지만 결국 일신여고도 폐교됐다.

1940년 11월 15일 새벽 2시 순천 노회 산하 목회자 17명이 체포됐다. 신사 참배 거부와 지상천국 주장이 그 이유였다. 특히 지상천국을 주장하는 것은 일본 국체를 모독하는 것이라고 판단한 것이다.

이기풍 목사가 우학리교회에서 목회할 때는 이미 70세가 넘은 나이였다. 우학리교회 뒤에는 신사가 있었고, 신사 참배를 거부하는 이기풍 목사는 일제의 감시 대상이었다. 이기풍 목사는 신사 참배를 거부하고 미국 선교사의 스파이 노릇을 했다는 이유로 체포되었다. 미국 선교사와 협력해 개척 목회를 했기 때문에 그런 죄명을 덮어씌운 것이다.

한국교회 첫 선교사 이기풍 목사(1865~1942)

그러나 이기풍 목사는 이에 굴하지 않고 담대하게 말했다. "나는 죽어도 일본 귀신에게 절할 수 없다. 너희가 지금 총을 쏘아 죽인다고 해도 나는 하나님 외에 다른 신을 절대로 섬기지 않겠다." 70세가 넘은 사람은 취조나 고문이 법으로 금지되었으나 이기풍 목사는 뼈와 가죽만 앙상하게 남을 때까지 심한 고문을 당했다. 생명이 위태로워지자 이기풍 목사는 출감 조치 되었으나 다른 목사들도 함께 내보내 주기 전에는 절대로 나갈 수 없다고 소리쳤다. 그러나 결국 이기풍 목사는 우학리교회 사택으로 돌아왔다. 이기풍 목사는 한반도 땅끝까지 복음을 전하기 위해 칠순의 노구를 이끌고 우학리교회에서 목회하면서 이처럼 일제의 신사 참배와 싸우며 모진 고문을 당했다.

우학리교회는 지역 유지들의 힘으로 설립됐다. 1908년 4월 5일 예배당을 신축했으며, 초대 최진막 조사의 인도로 본격적인 교회 활동이 시작되었다. 이 교회는 1938년 1월 이기풍 목사가 5대 목사로 자청해 부임한 후 순교자의 신앙을 이어가는 교회로, 지금까지 110년 역사를 잇는, 여수에서 제일 먼저 설립된 교회다. 남면에는 우학리를 비롯한 인근 마을에 22개의 교회가 있다. 수평선 넘어 동터 오는 새벽이 되면 새벽기도를 알리는 종소리가 사람을 깨우던 시절에는 섬 전체의 인구가 1만 5천 명을 넘었다. 우학리교회에는 이기풍 목사 기념관과 순교 기념비가 있다.

이기풍 목사는 미국 선교사들이 한국에서 추방당할 때 순천역에 배웅하러 나온 유일한 목사였다. 일제는 이기풍 목사를 악질로 몰아 모든 서류를 갖추어 광주 형무소로 보내려 했으나, 1942년 6월 10일 오전 8시 이기풍 목사는 하늘나라로 떠났다. 윤함애 사모는 이기풍 목사가 나이가 많아 광주 형무소에 가지 못하고 순교하게 된 것을 안타까워했다.

이기풍 목사는 한국교회 첫 선교사로서 미국 남·북장로교 선교사들과 타 교단 목사들에게서도 존경을 받았다. 특히 미국 장로교 선교사들 중에는 평양신학교에서 가르침받았던 스승이 여럿 있었다. 그 또한 그런 선교사들과의 교제로 후원을 받을 수 있었다. 특히 그의 은인 마펫 선교사는 훌륭한 스승으로서 그에게 세례를 주고 신학교 입학을 권면했으며, 윤함애를 소개해 결혼에도 도움을 주었다. 이기풍 목사는 그의 신앙과 신학을 바탕으로 선교했다.

1940년 미국 선교사들이 철수하자 순천 노회는 총회에 헌의해 원로목사의 지원을 요청했다. 이기풍 목사는 길선주 목사와 묵시록을 강론하고, 천년왕국설을 믿고 가르쳤다.

이기풍 목사의 순교에는 몇 가지 의미가 있다. 첫째, 그는 평생 신사 참배를 반대했고, 이것을 자녀 교육에 있어서도 실천했다. 둘째, 일제 말기 기독교인들은 친미주의자로 몰렸고, 이것이 일제의 기독교 박해의 주요 원인이었다. 셋째, 일세 말 한국 기독교인들은 전천년설을 믿었고, 이것은 일본의 지배에 대립되었다.

이기풍 목사의 초기 빛이 선교였다면, 마지막 빛은 순교였다. 이기풍 목사는 한국교회 초기 역사에서 빼놓을 수 없는 인물이다. 총회가 처음으로 파송한 선교사였던 그는 여러 교회를 개척하고 약한 교회를 섬긴 훌륭한 목회자였다. 이기풍 목사는 예수를 사랑한 충성된 제자요 사도였다.

세상의 불량배가 예수를 믿어 이처럼 기질도, 습관도, 삶도 바뀌었다. 이것이 많은 예수의 제자들에게서 찾을 수 있는 역사적 사실이다. 이기풍 목사는 마펫 선교사에게 돌을 던져 다치게 하고 장대현교회 건축을 엉망진창으로 만들었던 불량배였으나, 예수의 제자가 된 후 전도자로서 많은 박해와 수모를 인내함으로 성인이요 순교자가 되었다. 사울이 바울로 변한 것처럼, 또 패륜아요 신앙의 회의주의자였던 어거스틴이 위대한 신학자로 변한 것처럼 그 역시 예수로 인해 크게 변화되어 한국 교회사에서 중요한 인물로 남고 성인으로 승화했다.

  이기풍 목사는 철저히 회개해 예수를 구주로 믿고, 예수를 사랑해 그를 위하여 수난과 고달픔을 이겨 내며, 마지막에는 목숨까지 제물로 삼은 한국교회의 한 알의 밀알이었다.

평양 교회 개척자
한석진 목사(1868~1939)

평양 장로회신학교 제1회 졸업생 일곱 명은 모두 개성이 강했다. 그중에도 한석진(韓錫晉) 목사는 가장 개혁적이고 진취적인 사람으로 삶과 사역을 통해 자신의 독특한 달란트를 유감없이 발휘했다.

한석진은 1868년 9월 6일 평안북도 의주읍에서 한지운(韓祉云)의 셋째 아들로 태어났다. 9세 때 서당에서 한문을 배웠으며, 엄격한 유교 가정에서 자랐다. 남달리 총명했던 한석진은 서당에서 시험을 보면 항상 장원이었다. 그러나 형식적인 유교적 도덕 관념에 염증을 느껴 한때 의주 금강사를 찾아가 불교에 몰입했다. 불경을 외우고 거기에 마음을 쏟았으나 거기에 생명력이 없음을 깨닫고 하산했다. 그는 진리의 길을 찾아 방황했다. 19세에 백두산에 도인이 있다는 소문을 듣고 찾아가려 했으나 부친의 책망으로 포기했다.

조선은 1882년 미국과 통상조약을 맺었다. 이에 선진국 문물을 시찰하고 점차로 내정을 혁신하기 시작했다. 1884년 미국의 의료 선교사 알렌이 입국했고, 1885년 언더우드와 아펜젤러 목사가 첫 정식 선교사로 입국했다. 당시 조선은 국운이 기우는 때였다. 극도로 부패한 지배층의 관리들은 사리사욕에만 눈이 어두워 대세 조류에는 아랑곳하지 않았다. 1884년에 개화파가 주도한 갑신정변은 삼일천하로 끝났으나, 1894년에 일어난 갑오개혁은 정치, 경제, 사회 등 여러 분야에 큰 개혁을 이루었다. 특히 주목할 만한 것은 계급 타파, 고문·연좌법(連坐法) 폐지, 조혼(早婚) 금지, 과부의 재가 허용 등이었다.

한석진은 1884년 16세에 이일심(李一心)과 결혼했다. 1887년부터는 장사를 하기 위해 중국 산동성에 자주 왕래했다. 이때 서상륜, 백홍준, 이성하 등 의주 출신 성경 매서인(賣書人)의 쪽복음을 사서 읽었다. 성경에 관심이 깊어진 한석진은 서상륜의 집을 몰래 출입하면서 성경 강해를 들었다. 이때 한석진은 열심히 그 집회에 참여했는데, 친구인 김관근과 그의 부친 김이련에게 여러 번 전도를 받았다.

한석진은 주일마다 모임에 참석했고 서상륜과 백홍준의 가르침을 받았다. 부친이 기독교를 반대했기 때문에 잠시 주춤했으나 그의 마음에 떨어진 복음의 씨앗은 자라고 있었다. 그는 부친의 반대와 만류에도 서상륜과 계속 만났고, 성경 공부 모임에 열심히 참석했다. 1890년 가을 마펫 목사가 의주에 와서 묵으며 복음을 받은 사람들에게 세례를 베풀었다. 이때 한석진은 백홍준의 안내로 마펫 목사를 만났고, 마음을 결심하고 예수교를 믿기로 했다.

1891년 4월 마펫 목사와 게일 목사가 평양을 거쳐 의주에 와서 전도하던 때 한석진은 김정호, 김석례와 함께 마펫 목사에게 세례를 받았다. 그 후 그는 서울에 살면서 기독교 신앙에 더욱 심취했고 결국 전도인이 됐다. 그는 조선이 다른 나라처럼 잘살고 올바르게 살 수 있는 길은 예수를 믿는 것밖에 없다고 생각했다. 그리고 먼저 믿은 사람은 믿지 않는 동포들을 깨우치고 전도하는 것이 가장 큰 사명임을 깨달았다. 그는 모든 반대와 핍박 중에도 굳게 결심하고 고향 의주를 떠났다.

1892년 3월 평양에 온 한석진은 전도를 시작했다. 그리고 6월에 서울에서 신학반에 입학했다. 이때 그는 성경공부가 너무나 재미있고 구구절절이 신기하고 오묘하며 꿀같이 달게 느꼈다. 성경공부를 마치고 돌아오는 길에 만나는 사람마다 붙들고 전도했고, 숙소에서도 예수를 믿으라고 전도했다. 그러다 9월에 평양에 돌아와 전도를 계속했고, 전도하다 봉변을 당한 일이 한두 번이 아니었다. 낮에는 어디서나 전도하고, 밤에는 배운 성경 말씀을 다시 상고하거나, 마펫과 게일 그리고 언더우드 선교사에게 받은 한문 전도서로 기독교에 관한 서적들을 탐독했다.

한석진은 마펫 목사와 함께 평양과 의주를 오가며 선교지를 개척했다. 마펫 목사에게 조사의 직분을 받아 평안남도 지방을 순회하며 전도사 직무를 감당했다. 그는 이때 많은 사람을 전도했다.

그는 평양에서 최치량 집에 숙소를 정한 뒤 마펫 목사와 같이 평양 사정을 살폈다. 어느 날 그들이 머물고 있던 여관 벽지가 한문 성경인 것을 발견하고 깜짝 놀라 그 연유를 물어 보았다. 그 집 전주인인 박영식은 영문(營門) 주사였는데, 약 27년 전에 대동강 연안 만경대에서 토머스 목사가 주는 성경책을 받았고, 돌아와 얼마 동안 감추어 두었던 것을 벽지 대신 사용했다는 것이다. 그는 대동강에서 복음을 전하다 순교한 토머스 목사의 순교의 피 위에서 교회를 설립하게 된 기이한 인연에 한없이 기뻐하고 감사했다.

한석진은 더욱 열심히 전도했다. 밤낮을 가리지 않고 집마다 다니면서 손을 붙잡고 예수 믿으라고 권하고, 자기 숙소로 찾아오는 사람에게도 '우리가 살길은 예수 믿고 하나님 섬기는 길밖에 없다'고 말했다. 집회 시간에는 열렬한 웅변으로 전도 설교를 계속한 결과, 몇 달 후인 1893년 10월에는 마펫 목사와 한석진, 최치량 등 4~5명이 집 근처에 있는 새로 얻은 장소에서 예배를 드리기 시작해 교회가 설립됐다. 그러므로 1892년 한석진이 네 번째로 평양에 왔을 때 최치량의 집에 교회를 설립하면서 홍종대의 집을 사고 그곳에서 4~5명이 모여 예배드린 것이 평양에서의 최초의 공식 예배가 되었다. 이 교회는 평안남도와 평양의 첫 교회로서 첫 교인은 최치량이었고, 선교사는 마펫 목사, 조사는 한석진이었다.

이곳 널다리에 마련한 예배당을 중심으로 마펫 목사의 놀라운 설교와 한석진 조사의 밤낮없는 전도로 신자는 곧 20여 명이 되었고 이듬해 정월 7명에게 세례를 베풀었다. 맨 처음 세례 받은 최치량은 나중에 장로가 됐으며, 그 교회의 초대 교인 중 장차 한국 기독교를 짊어질 역군인 길선주, 양전백, 송인서, 이기풍이 마펫 목사와 한석진 조사의 전도로 처음 예수를 믿은 신자로서 목사가 됐다. 한석진 조사는 새로 믿기로 작정한 사람에게 성경과 교회 규례를 가르쳐 그들 역시 전도인이 되게 했다.

한석진 조사는 널다리교회 신축을 계획했다. 그러나 외국인의 이름으로는 땅을 살 수 없어서 의주에 있는 가족들을 평양으로 이사 오게 해 한국인 이름으로 땅과 집을 사서 예배당을 건축했다. 마펫 목사는 한석진 조사에게 월급을 주기로 했다. 그러나 한 조사는 "내가 우리 일을 하면서 외국 사람에게 봉급을 받으면 말이 안 되는 일이요"라며 단연 거절했다. 그는 노방 전도를 열심히 했다. 노방 전도에는 두 가지 큰 효과가 있었다. 첫째, 복음을 널리 전파할 수 있었고, 둘째로 평양에 서양 선교사가 왔다는 것을 알릴 수 있었다. 주일 오후에는 주일학교를 개설해 어린이들에게 신앙 교육을 했고, 주일 밤에는 한석진 조사의 인도로 저녁 예배를 드렸다.

짧은 기간에 평양 선교가 눈부신 발전을 이루자, 이를 시기한 수구파 세력인 평양 관찰사의 지원을 받은 자들이 교회를 습격했다. 1894년 4월 어느 수요일 저녁에 한석진 조사와 김창식 전도인 외 몇 사람이 기도회로 모였을 때였다. 김창식은 감리교의 첫 목사가 된 사람이었다. "몸을 죽이고 그 후에는 능히 더 못 하는 자들을 두려워하지 말라"(눅 12:4)라는 성경구절을 읽고 기도할 때, 통인(通引, 조선 시대 지방관아에 딸려 수령의 잔심부름을 하던 사람)들이 예배당 문을 박차고 달려들어 한석진, 김창식, 송인서, 최치량, 신상호, 우지룡 외 1명 등 7명을 결박해 관찰사 아문으로 끌고 갔다.

평양 감사는 "국법을 어기고 서양 사람들의 사교를 전하는 너희들의 죄를 용서할 수 없다. 너희뿐 아니라 성내에 있는 야소교 놈들은 한 놈도 빼놓지 않고 모조리 잡아 죽일 터이니 그리 알아라" 하고 호령하며 위협했다. 그러면서 한석진 조사에게 "하늘을 향해 주먹을 쥐고 하나님을 한 번 욕하면 놓아 주겠다"라고 회유하자, 그는 도리어 감사에게 주먹질하면서 감사를 꾸짖었고 감사는 대노하고 격분했다. 이같이 한석진 조사와 김창식 조사는 끝까지 믿음을 지키

평양 교회 개척자 한석진 목사(1868-1939)

고 굴하지 않았다. 결국 두 사람은 사형 선고를 받았다. 이때 마펫 목사는 서울에 있었다.

감리교 의료 선교사 홀(Hall)이 관찰사 아문으로 가서 잡혀간 교우들의 석방을 위해 교섭하려 했으나, 평양 관찰사 민병석은 그를 상대하지도 않았다. 홀 선교사는 서울에 있는 고종 황제의 어의 알렌 의사와 같이 일하는 스크랜턴 의사에게 알리는 동시에 영·미 양국 공사에게도 호소했다. 그 결과 고종 황제가 "내가 허락했는데 그대가 어찌 금하느냐?" 하는 내용의 칙명을 내려 한석진, 김창식 두 사람의 석방을 명령했다. 마펫 목사는 이 칙명서를 들고 직접 평양까지 왔다.

마펫은 평양으로 내려와 한 조사를 만나 "핍박은 교회가 왕성해지는 기회"라고 하면서 많은 위로를 했다. 두 사람이 풀려난 것은 마펫 목사와 홀 선교사의 희생과 적극적인 활동, 그리고 널다리교회와 술라 청 감리교회 교인들이 철야로 기도한 결과였다. 한 조사는 고문으로 허리를 다쳐 평생 고생했고, 김 조사는 눈을 다쳤다. 홀 의사가 치료해 주어 실명은 면했으나 한쪽 눈에 흉터가 남게 됐다. 한석진 조사의 순교적 신앙의 열정은 한국교회 초창기에 교회 설립의 원동력이 됐다.

청일전쟁으로 평양이 일본군에게 점령되자 널다리교회는 한때 모이지 못했다. 그러나 시골로 피난 간 한석진 조사는 그곳에서 열심히 전도했다. 황해도 수안군 공포면에 강진교회가 먼저 개척된 것은 한석진 조사가 피난 시 전도한 열매이고, 옹진리교회도 한 조사의 전도로 설립됐다. 황해도 재령에 교회가 설립된 것도 한국교회 역사에 특기할 만한 일이었다. 한 조사와 마펫 목사는 전도하는 동안 관리의 몰이해와 핍박 때문에 압박도 많이 받았거니와 민간인들이 너무나 몽매하고 이해가 없어 민망하고 곤란한 일도 많았다.

전도 열매는 첫째로 서양 선교사들의 열정의 결과였다. 둘째는 패망하는 나라의 부패한 관리들에 대한 반작용으로 인한 것이었다. 셋째, 국가의 패망으로 민족의 살길을 찾는 데서 얻은 것이었다. 마지막으로 전도인의 열정의 결과였다.

1897년 8월 5일 서울 구리개(현재 을지로 1, 2가 부근) 에비슨 의사 집에서 전국 장로교 '미순회'가 모였는데, 그곳에서 보고된 기록에는 전국에 예배 처소가 101개, 세례교인이 932명, 원입교인이 2,344명인데, 그 가운데 평양 지방의 세례교인이 377명, 원입교인이 1,723명이었다. 또 지난 11개월 동안 얻은 전국의 세례교인 347명 가운데 평양에서 세례받은 교인이 173명이었다. 1898년에는 평양의 세례교인이 1,050명이 되면서 널다리교회가 좁아 그 인원을 수용할 수 없게 됨에 따라 임시로 집을 얻어 두 곳으로 나누어 모였다.

특히 토머스 목사를 죽인 사람 중 하나인 박춘권이 마펫 목사와 한석진 조사의 전도로 회개해 그해 가을에 널다리교회에서 세례를 받았다. 그는 후에 영수가 되어 교회를 위해 열심히 봉사했다. 한석진 조사는 열심히 전도했을 뿐 아니라 민족운동의 중요한 모임인 만민공동회 관서지부의 회원이 되었고, 그 후 유력한 간부로서 지도적 역할을 했다.

널다리교회는 날로 부흥해 앉을 자리가 없었다. 2부로 나누어 예배를 드렸으나 여전히 좁았다. 그래서 1899년 3월 마펫 목사와 한석진 조사는 제직과 상의해 예배당 건축을 계획했다. 그동안 갖은 박해와 고난에도 굴하지 않고 전도한 결과 교인의 수가 날로 증가해 새 예배당을 짓게 된 것은, 하나님께서 이 땅에 개척정신을 가진 그분의 사자들을 보내셔서 많은 은혜를 베푸신 결과이므로 하나님의 은혜에 감사했다.

평양 교회 개척자 한서진 목사(1868~1939)

선도(仙道)를 전하던 김종섭은 청일전쟁 무렵 한석진의 소개로 널다리교회 학당 선생이 됐다. 아직은 그가 기독교인이 되지 않았을 때였다. 그는 주변에서 '천주학쟁이'로 알아볼까 조심스럽게 행동했다. 한석진은 그에게 열심히 전도했으나, 그의 고집도 만만치 않았다.

하루는 한석진이 그의 흰 두루마기에 글씨를 쓰겠다고 제안했다. 설마 남의 옷에 글씨를 쓰겠나 싶어 장난삼아 써 보라고 했더니, 한석진은 정말 붉은 물감에 붓을 담그더니 김종섭의 두루마기 안자락에 '성'(聖) 자를 써놓았다. 한석진은 한문 신약전서 한 권을 그에게 주었다. 김종섭은 그에게 받아 온 성경을 읽었고, 그러던 중에 서서히 믿음이 생겨났다. 1년 후 그 역시 교인이 되어 교인들을 지도했다.

마펫 목사는 교회 건축이 한국인의 힘만으로는 불가능하다고 여겨 본국 선교부에 청원할 계획이라고 했다. 이때 한석진 조사는 한국인의 손으로 지을 것을 주장했다. 온 교인이 각자 주머니를 뒤집어 헌금에 동참했다. 자기 집이나 토지 문서를 바치기도 하고, 부인들은 금반지, 은반지, 머리의 쓰개를 바치기도 했다. 그 연보가 5천 원 가까이 모였다. 나중에 선교사들의 후원 헌금도 2천 원이 들어왔다. 교인 중 목수와 석수장이는 기술과 시간을 바쳐 일하였고, 어떤 교인은 직접 가서 좋은 목재를 구해 왔다. 교인들의 건축헌금은 3년에 나누어 내게 했다. 교인들이 첫 헌금을 작정했는데 3천 원이나 되었다. 교인들 스스로도 많은 헌금에 놀랐다. 이것이 그들의 믿음이었다. 미국 샌프란시스코의 트리니티 교회에서는 신축될 교회에 풍금을 보내기 위해 250여 명의 주일학교 어린이들이 10센트씩을 냈다. 예배당 건축이 거의 완성됐을 때 샌프란시스코의 모튼(H. D. Morton)과 가레트(S. T. Garrett) 여사가 큰 종과 종루를 기증했다. 그들은 주님 오실 때까지 그 종소리가 평양성과 근교까지 들리기를 희망했다. 이로써 새벽기도회 시간과 주일 예배 시작을 알리는 초종과 재종이 울리게 되었다. 한 번 울리면 30리까지 퍼졌다. 그러나 장대현교회의 종은 왜정 말기에 소위 공출(供出)로 빼앗겨 영영 자취를 감추었다. 이것도 기독교 박멸의 한 수단이었다.

한석진 조사는 자기 손으로 창설한 널다리교회와 장차 발전해 큰 교회가 될 장대현교회를 전도한 후배들에게 넘겨주고 농촌인 소우물에 나가 개척을 했다. 그 이유가 무엇일까? 기도하는 중에 늘 "이제는 새로운 일꾼이 많이 생겼다. 이 교회는 새 일꾼에게 맡기고 나는 다시 교회를 개척한다. 개척 사업이 내게는 적당한 일이다"라고 다짐했기 때문이다. 본래 독립심과 자립심이 강한 그는 당시 교회를 설립하고 지도하는 일이 선교사들의 주관으로 되는 것에 은근히 불만을 느꼈다. 또 농촌 사람들과 가난한 이들도 예수를 믿어야 한다고 생각했다. 일본 침략의 마수가 점점 가까워 오는 것을 알고, 농촌에서 무지몽매한 사람들을 깨우치고 교육하고 예수 믿게 해야 한다는 생각이었다. 그래서 농촌에 교회를 세우고 교육하기로 했다.

한석진 조사는 1897년 가을부터 소우물 선교에 힘을 쏟았다. 1903년 이미 전도해서 터를 닦은 장천에 가서 교회를 개척했다. 예배당을 지은 후 신의학교를 설립했고, 뒤이어 구동학교와 명의여학교, 신애여학교까지 세워 근방의 어린이들을 위해 소학교를 시작했는데, 이것이 농촌에 설립된 초등교육 기관의 시초였다. 특히 여학교의 효시라 할 수 있다.

이때 채필근의 부친 채응빈과 평양 근방에서 이름이 높은 학자로 교인이 된 전군보를 신의학교와 신애여학교에 초빙했다. 그는 청년들을 전도해 기독교인이 되게 했으며, 애국정신과 독립사상을 불어넣고 교육열을 고취하는 강론과 토론회를 자주 열었다. 이에 남녀

평양 교회 개척자 한석진 목사(1868~1939)

청년들이 많이 모여 한석진 조사와 전군보 선생에게 신앙과 애국정신을 지도받았다. 한 조사는 10년 동안 평양 동부 변두리 지역에서 사역하며 그곳에 일곱 교회를 세웠고, 300여 명이 모이는 소우물교회에서 장로로 봉직했다.

1904년 마펫 목사는 이길함 선교사, 웰스 의사와 평양 공의회를 조직하고 신학교를 개교했다. 1900년 서울에서는 이미 언더우드가 사랑방 신학반을 시작했다. 그것을 인정해 1904년 그 학생들을 추천해 공부하게 했으며, 그해 평양 공의회는 마펫 목사를 평양 장로회신학교 교장으로 추천해 그가 초대 교장이 됐다. 처음에는 2년을 임기로 했으나 그 후 계속해서 교장의 자리에 있으면서 이 신학교를 훌륭하게 육성했다.

1907년에 75명의 학생이 1~5학년으로 나뉘어 공부했고, 같은 해 6월 20일 한석진은 서경조, 양전백, 길선주, 방기창, 이기풍, 송인서와 함께 평양신학교 제1회 졸업생이 됐다. 1907년 9월 17일 조선예수교장로회 제1회 독노회에서 한석진은 함께 졸업한 6명과 함께 목사 안수를 받았다. 이로써 한국 장로교 역사상 처음 임직식을 하게 됐고, 한석진 조사는 첫 번째 7명의 목사 중 한 사람이 됐다. 이 졸업생 7명 중에서 제일 먼저 예수를 믿고 신앙생활한 사람은 한석진 목사였다.

1907년 9월 17일 평양 장대현교회에서 노회가 조직됐다. 노회장은 마펫 목사, 서기는 한석진 목사, 회계는 이길함 선교사가 선정됐다. 이때부터 한석진 목사는 계속 대한예수교장로회 노회 역사를 기록하는 소임을 맡아 성실하게 감당했다. 이 같은 역사적 대한예수교장로회 독노회 설립에 임해 최초 7인 목사 중 대표인 한석진 목사와 길선주 목사가 함께 대한예수교장로회 노회 회록 서문 전문을 기록했다.

1909년 9월 제3회 조선예수교 독노회는 평양신학교에서 모여 〈예수교회보〉 발행을 계획했다. 신문위원회 조직에서 한석진 목사가 8명의 위원 중 한 사람이 됐고, 9월 7일에 신문사 사장으로 선출됐다. 한석진 목사는 한국교회 신문사상 초대 사장이었다. 한편 일본 동경에 있는 한국 유학생들의 예배 모임이 한국교회에 지원을 요청했고, 이것이 제3회 총회에 정식 안건으로 상정됐다. 여기서 한석진 목사를 1개월간 파송해 교회 설립을 돕도록 했다.

이때 독노회가 요구했던 일본 선교사의 조건은 이러했다. 첫째, 서구화된 일본 문화를 상대할 만한 인물, 둘째로 일본의 한국 침략 야욕으로부터 유학생들을 보호할 수 있는 민족의식이 강한 사람, 셋째, 한국보다 먼저 기독교를 받아들인 일본의 수도에서 활동할 수 있을 만한 인격이 탁월한 인물, 넷째, 앞선 문명을 배우러 온 유학생들이니 그 지식에 있어서 탁월한 인물이어야 했다. 인물을 선정하기 위해 정사 위원회에 위촉했으며, 이 위원회는 숙의한 끝에 한석진 목사를 이에 적합하다고 지명했다.

한석진 목사는 이때 〈예수교회보〉 사장으로 선임되어 장천교회를 떠나 단신으로 서울에 와서 신문 창간을 준비 중이었다. 당시 일본은 명치유신 이래 서구문화를 받아들여 크게 발전했고, 그 실력을 뒷받침으로 우리나라를 강점하려는 야욕을 드러내어 보호조약을 구실로 내정 간섭에서 병탄(倂呑)으로 급진전하는 때였다. 이런 상황에서 동경 유학생의 위치가 미묘한 데다 적어도 동경에서 일본에 굽히지 않는 지도자가 되려면 그 인격이나 지식에 있어서 탁월하지 않으면 안 되었기에, 독노회는 신문사 사장의 중임을 맡은 한석진 목사를 일시나마 동경에 파견하기로 결정했다. 1909년 예수교장로회 노회 제3회 회의록은 그 사실을 자세히 기록하고 있다.

1909년 9월 노회를 마친 후 10월에 한석진 목사는 동경으로 갔다. 한석진 목사는 마펫 목사의 소개로 동경 주재 헵번(J. C. Hepburn) 선교사를 만났으며 일본인 우에무라(植村正久) 목사의 알선으로 셋집을 얻어 처음으로 한국인 예배를 시작했다. 한석진 목사는 간다(神田)에 가옥을 세내어 한국 YMCA 사무실 겸 예배당으로 사용함으로, 일본 동경 YMCA에 더부살이로 있던 유학생들의 '자생적 신앙 공동체'를 독립시켰다. 이것이 일본 한인교회의 시작이었다. 처음에는 기한을 1개월로 약속했으나, 3개월 후에야 귀국했다. 한 목사는 우에무라 목사와 친교를 맺고 지내면서, 교역자 양성을 위해 한국에서 유능한 학생을 보내면 자기가 경영하는 신학사에서 공부하게 해주겠다는 약속을 그에게서 받았다. 귀국 후에 한 목사의 추천으로 이 신학교에 가서 공부하는 사람들이 생겨났다.

    한 목사는 신문사 창설에 필요한 1천 원 모금에 나섰고, 심혈을 기울인 결과 성공했다. 1910년 2월 28일 〈예수교회보〉 첫 호가 발행됐다. 〈예수교회보〉 제1권에 발표된 수많은 사설 중에서 사장 한석진 목사의 뜻과 주체성을 가장 뚜렷하게 나타낸 것은 '합일론'(合一論)이었다. 그는 이 합일론에서 교회의 단합을 강조했다. 그리고 그 전 해에 동경에 가서 일본 문부대신과의 면담에서 얻은 인상을 노골적으로 피력하기도 했다. 그는 인간은 먼저 하나님과 합해야 함을 강조했다. 그런 다음 인간이 인간으로 더불어 합할 때 모든 일을 합리적으로 이루어 갈 수 있다는 것이다. 하나님과 합하지 못하면 고해(苦海)가 되고, 인간은 상중하 세 단계로 나뉘므로 사람과 사람이 합하기 어렵다고 했다.

    "상류는 권위, 중류는 보수에 몰두하며, 하류는 낮은 처지에 골몰해, 어떤 이는 태평가를 부르며, 또 어떤 이는 실망과 탄식이 그치지 않으므로 세상일의 흥망성쇠를 모르는 척하는 태도로 장차 패망에 이르는 것을 알지 못한다고 했다. 남녀 두 사람이 합쳐 일체가 됨 같이 하나님과 사람이 합해 둘이 하나 됨으로 무궁한 신비의 행복을 누릴 것을 기약하고 믿게 하는 것이 종교의 사명이요 원칙이다. 천하의 이치가 합한즉 이롭다는 것은 이것을 말함이니 사람으로 합하는 동시에 하나님으로 더불어 합하기를 힘쓸 것이라"라고 했다. 1911년 2월부터는 연동교회의 김종상이 총무가 되어 1914년 폐간될 때까지 계속 시무했다.

북촌 가까이에 승동교회나 연동교회가 있었기에 북촌의 양반들이 이미 그 교회에 상당수 출석하고 있었다. 신앙을 통한 민족운동이 두 교회에 나가는 인사들을 중심으로 여러 형태로 진행되고 있었기에, 교회 설립이 시급한 것은 아니었다. 그래도 교회 설립을 추진한 것에는 몇 가지 이유가 있었다.

첫째, 교회를 많이 설립하는 것을 일송의 민속 운동으로 생각했고, 둘째로 지리적 여건을 들 수 있었다. 셋째, 복음을 상류 계층인 양반에게 전하기 위해서는 그들이 많이 사는 북촌에 교회 설립을 서두르지 않을 수 없었다. 연동교회는 양반과 상민이 섞여 있었다. 승동교회 형편도 비슷했다. 소실로 있는 여인들과 백정들이 많아서 '첩장 교회'라는 별명이 붙었다.

1909년 봄, 완고한 양반들만 살고 있던 서울 북촌에 복음의 빛이 비쳐서 전도의 문이 열렸다. 승동교회와 연동교회에 다니던 교인들이 재동 김창재의 집에서 주일 저녁과 삼일 저녁 기도회로 모였는데, 이 기도회에 참석한 사람들은 김창재, 조중완, 이주완, 장석윤, 유성준 등이었다. 그 후 얼마 안 되어 박승봉, 황기연, 서경덕, 이수삼 등이 참가하고, 박승봉의 주선으로 소안동에 있는 초가를 매수해 예배당으로 사용했는데 이것이 안동교회의 출발이었다. 한석진 목사는 신문 제작 관계로 서울에 체류했다.

대한예수교장로회 노회는 1910년 가을부터 한석진 목사를 안동교회의 전도목사로 파송키로 하는 동시에 〈예수교회보〉 사장 일은 게일 목사에게 맡기기로 했다. 한 목사는 〈예수교회보〉를 맡은 후 1년 만에 사장에서 물러나 교회로 돌아갔다. 이때부터 한석진 목사는 안동교회에서 목회했다. 그 후 1911년 5월 17일 수요기도회 시 박승봉을 장로로 선출하고, 같은 해 9월 10일 주일 오후에 박승봉 장로 장립식과 성찬식을 거행함으로 안동교회는 조직 교회가 됐다.

한석진 목사가 안동교회에 부임한 후 첫 번째로 한 일은 교회 안의 남녀 석 사이에 쳐놓은 휘장을 없애는 일이었다. 한 목사는 어느 날 삼일 기도회가 끝난 뒤 교회 직원들을 소집해 돌연 남녀 반을 가로막는 휘장을 철폐하자고 제의했다. 갑론을박 끝에 한 목사의 제의를 받아들인 제직이 많아져 결의했고, 이로써 남녀 반 휘장을 철폐한 최초의 교회가 됐다. 예배당 신축 때 이미 안동교회는 남녀 출입문도 구별 없이 하나로 만들었다.

이 휘장 철폐는 1913년 9월 7일에 개회된 예수교장로회 제2회 조선 총회에 헌의했으나 개교회 형편에 따라 하도록 결의했다. 이때 이미 안동교회는 휘장을 철폐한 상태였는데, 한석진 목사의 과단성 있는 목회의 일면을 엿볼 수 있다.

또 한번은 장덕창이 불의에 모친상을 당했으나, 매우 가난해 남의 행랑 한 칸을 빌려 사는 형편이었으므로 장례를 치를 수 없는 처지였다. 이것을 알게 된 한 목사가 박승봉 장로와 같이 그 행랑방에 가서 손수 시신을 다루며 장례의 모든 일을 처리해 주었다. 이때 그 집 주인 민경호는 양반의 지체로 보아 박승봉 장로를 우러러보는 처

지었는데 그러한 분이 행랑방에 들어가 하는 일들을 보고는, 이것이야말로 예수를 믿기 때문에 생기는 일이 아닐 수 없다며 탄복하였고, 이 일은 북촌 일대에 사는 양반들 사이에 큰 화제가 됐다.

개화주의를 주장하던 외무대신을 지낸 유길준도 이 일 후 안동교회에 출석했다. 한석진 목사는 안동교회에서 뜻있는 젊은이들을 여러 명 양육했다. 그중 윤상훈, 김은호, 윤상찬, 박칠량, 김인식, 이정섭, 정경덕, 이수삼 등이 있다.

휘장 철폐가 남녀 간의 차별을 극복하는 노력이었다면, 장례 사건은 계층 간의 차별을 넘어선 예수 사랑의 실천이었다. 안동교회는 북촌에 사는 양반들 사회에 조용한 의식 혁명을 일으켰다.

안동교회의 건축 계획은 1911년부터 본격화되어 6월에 '소안동 예배당 건축위원회'가 조직됐다. 이 계획도 여러 번의 예배당 건축 경험이 있는 한석진 목사가 아니면 생각할 수도 없는 일이었다. 예배당 건축을 결정하고 모금한 돈으로 대지를 샀지만 한 목사가 설계한 벽돌집 예배당 건축에는 많은 금액이 부족했다. 김창제와 같은 위원들이 각각 힘닿는 대로 친구나 기관에 건축헌금을 청연(請捐)했으리란 것을 미루어 알 수 있다. 그 결과 정동감리교회 교인이었던 윤치오가 1천 원을 헌금했고, 연동교회 교인이었던 민준호도 1천 원을 헌금했다. 황기연은 계동에 있던 자기 집 한 채를 헌납했다.

그때 정동에 중국인 건축업자인 모문서(慕文序)라는 사람이 살았는데, 이 사람에게 교섭해 우선 약간의 전도금만 먼저 내고 잔금은 준공 후에 줄 테니 예배당을 건축해 달라고 요청했다. 1만 원이나 되는 거액의 건축비를 외상으로 한 것이다. 하루는 박승봉 장로와 외무대신을 지낸 박제순을 찾아갔다. 그는 박승봉 장로와 가까운 친척이었다. 국운이 기우는 때 민족과 국가를 건질 수 있는 길은

평양 교회 개척자 한석진 목사(1868~1939)

예수 그리스도의 복음을 전하는 길밖에 없으니 예배당 건축을 위해 헌금해 달라고 간청했다. 이에 그는 두말없이 8천 원을 연보했다. 이로써 모든 빚을 청산했다. 그리하여 2층 벽돌 건물인 예배당을 지어 아래층은 주일학교 예배실로 사용했고, 이어 벽돌로 된 2층의 목사관도 건축했다.

한석진 목사는 웅장한 예배당을 건축하는 데만 뛰어난 것이 아니라, 인재를 양성하는 데도 열심이었다. 진취적이고 뛰어난 그의 지도력에 감동한 많은 청년이 그의 지도를 받았고, 훗날 한국교회와 사회의 지도적 인물이 됐다. 한석진 목사는 시골에서 올라온 가난한 선비 오건영과 이정로를 박승봉 장로의 사랑에 식객으로 머물게 하여 그들을 신앙적으로 지도했다. 오건영은 1913년 경충 노회의 추천을 받아 평양신학교에 입학해 1923년 졸업하면서 목사가 됐다. 한석진 목사는 동경신학사 교장인 우에무라와 교섭해 1917년 이정로를 입학시켜 1922년에 졸업하게 했다. 그 외에도 윤상훈, 윤상찬, 박칠양, 김인식, 이정섭, 정경덕, 서정우, 이수삼 등 청년들이 한석진 목사의 지도를 받았다. 한석진 목사는 안동교회에서 6년 4개월간 목회했다. 비록 짧은 기간이었으나 안동교회를 세우고 건축하고 혁신적 개혁으로 북촌의 양반들을 역사의 진취적인 인물들로 성장시켰다.

한석진 목사는 안동교회에서 목회할 때 각 지방 교회에서 초빙받아 사경회를 인도하곤 했다. 1916년 정월에 마산교회에서 사경회를 인도했는데, 이때 한 목사의 사경회에서 많은 은혜를 받고 이 교회에서 한 목사를 청빙했다. 마산교회에 부임하니 창신학교 강당을 빌려서 예배하고 있었다. 한 목사는 이만한 교회가 하나님께 예배를 드린다고 하면서 남의 학교를 빌려 사용한다는 것은 제직과 교우들의 무성의라고 질책했다. 그러면서 조속히 예배당을 건축할 것을 권했다. 한 목사는 미약한 마산교회의 부흥을 위해 1919년 2월 사임하기까지 3년 동안 뜨거운 신앙과 열성으로 온갖 힘을 다 쏟아부었다. 그리하여 무악산 기슭에서 석재를 실어다 석조 예배당을 짓기 시작했다. 일부가 완성되어 창신학교에서 옮겨 예배당에서 예배를 드리게 되자 교인들이 매우 기뻐했다. 결국 준공을 못 하고 떠났으나 현 문창교회 석조 예배당은 한 목사의 설계이며 노력의 결정체였다.

한 목사는 마산교회 재임 중인 1917년에 장로회 총회장에 피선됐다. 한석진 목사는 총회에서 천주 교인과 결혼하는 일은 위태한 일이기 때문에 당회가 성혼되지 않도록 권면하는 일을 결의했으며, 이때 불신자와 혼인한 사람에 대한 책벌과 면책 기한은 각 당회에 맡겨 처리하도록 했다. 당시 불신자와 결혼하는 경우는 당사자는 물론 부모까지 책벌을 받았고, 그 불신자가 예수를 믿고 교회에 출석하면 벌을 면하도록 했다.

한석진 목사가 마산교회에 부임한 지 1년 반 후인 1917년 10월 21일 이일심 사모가 3남 3녀를 남기고 별세했다. 그 후 1918년 늦은 봄에 친구 김천일 목사의 주선으로 평원군 출신인 오선신과 재혼했다. 1919년 초 마산교회를 사임하고 고향인 의주에서 가까운 백마로 이사했다. 마산교회를 사임할 때 후임자로 평양에서 한 목사에게 전도 받고 후일 목사가 된 박정찬 목사를 천거했다.

한석진 목사는 한동안 모든 시름을 잊고 농촌 생활을 하며 심신을 휴양할 기회를 얻었다. 그러나 이때 1919년 봄 3·1운동이 일어났다. 많은 교회 지도자들이 이 운동에 가담했다가 체포되어 옥고를 치렀다. 신의주 교회 김병농(김관근 목사의 조카) 목사도 수감됐다. 한석진 목사가 백마에 은거한다는 소식을 듣고 그를 청빙하자, 한 목사는 교회를 위해 신의주 교회에 부임했다.

교회 형편을 생각하여 목자 잃은 교우들을 불쌍히 여겨 위로하며 신앙적 용기를 돋우었다. 한 목사는 예배 분위기를 쇄신했다. 예배 시간에 이야기하거나 여름철에 부채질을 못 하게 하는 것은 물론, 졸거나 헛기침을 하거나 머리를 흔드는 사람에게는 "하나님 앞에서 그런 불경스러운 짓이 어디 있느냐?"라며 소리쳐 꾸짖었다. 하나님의 성전에서는 어디까지나 단정하고 엄숙한 태도를 지켜야 한다는 것이었다. 그래서 그때 "신의주교회에서 예배드리는 사람들은 마치 부처님을 모셔다 놓은 것 같다" 하는 말이 돌았다.

이것은 한 목사의 인격이요, 선진국 집회에서 갖는 태도를 가르쳐 처음부터 교인들에게 정숙한 습관을 길러 주었다. 교인들이 신의주교회로 모여들기 시작하여 교회는 전국에서 가장 많이 모이는 교회 중 하나가 됐다.

1921년 공사비 1만 3천 원을 들여 총 건평 125평의 벽돌 2층 예배당을 건축하고, 다음 해 인접한 땅 약 200평을 사서 부속 건물을 증축한 뒤 소속 교육관으로 신명유치원과 신명학원을 설립했다. 한 목사의 특징은 외부 원조를 받지 않고 본 교인들의 힘으로 건축하는 것이었다. 이때 전국에서 가장 큰 예배당을 건축했다. 1921년 신의주 제2교회를 분립했다. 한석진 목사는 신의주교회에서 10년 동안 목회하고 서울로 올라왔다. 교회 목회로는 가장 오랜 기간이었다. 한 목사나 교회 성도들이나 헤어지기가 섭섭했다. 그러나 그는 자신의 마지막 사명이 금강산 수양관 건축이라고 여기고 결단했다.

1927년 총회에서 금강산 수양관 건축을 강력히 주장해 결의하고 건축 책임을 맡았다. 예산은 3만 원이었다. 금강산 수양관 건축의 의의는 세 가지였다. 첫째, 불교 사찰만 있는 곳에 기독교 수양관을 건축함이요, 둘째, 목사들이 기도할 수 있는 집 또는 노년에 거할 곳을 마련하고자 함이었다. 마지막으로 금강산을 세계적 명소로 소개한다는 것이었다.

이에 총독부에 수양관 대지 대부를 신청해 10년간 사용할 수 있도록 허락받았다. 금강산 온정리에 8천여 평의 국유지 임야를 대부받아 석조 2층 강당과 기숙사를 세우기로 하고 1927년 건축 기성회를 조직했다. 한석진 목사는 한 손에는 성경책, 다른 손에는 환등기를 들고 전국을 돌며 사경회를 하면서 모금했다. 사경회에서 금강산 수양관의 필요성을 강조한 것이 많은 성도에게 큰 반응을 일으켰다. 결국 순수 한국 교인들의 헌금으로 금강산 수양관을 완공했다. 공사 1년 만인 1930년 가을 9월, 만물상의 삼선암을 서쪽으로 바라보며 높이 솟은 수정봉 밑에서 동해를 눈앞에 내다보는 한하계(寒霞溪), 맑은 시냇물이 쉬지 않고 흐르는 계곡 중앙지대 가장 좋은 위치에 한 목사가 오래 꿈꾸던 수양관이 준공되었다.

1931년 9월 11일 제20회 장로교 총회를 금강산 수양관에서 열어 헌당식을 거행했다. 명칭을 '장로교 수양관'이라 하지 않고 '금강산 기독교 수양관'이라 했다. 이는 여러 교파가 공동으로 사용하도록 하기 위함이었다. 그러나 10년 계약이었으므로 1941년 일본인들이 철거하고 말았다. 초석에 있던 한 목사 자작, 자필의 '정초문'(定礎文)은 현재 기독교 박물관에 진장(珍藏) 보관되어 있다.

1937년 한 목사는 자녀들의 도움으로 서울 당인리에 간소한 가옥을 신축하고 도화동에서 다시 이곳으로 이사했다. 서울에 살면서 평양 장대현교회 분규 사건을 조정할 사명을 띠고 잠시 평양으로 간 것이 한 목사가 만년에 한 일 중의 하나였다. 한 목사는 말년에 간경화로 고생했다. 말년을 금강산 수양관에서 휴양하려고 가족들의 만류에도 부인과 함께 금강산으로 갔다. 그러나 일주일 만에 서울로 되돌아왔다. 채필근 목사가 편찬한 《한석진 목사와 그 시대》에는 한석진 목사를 "본시 실행가요 활동가였고 학자나 사상가는 아니었다. 그러나 사상 없는 실천과 신념 없는 활동이 어떻게 크고 좋은 결과를 맺을 수 있으랴"라고 기록하고 있다. 한 목사는 성실한 예수 그리스도의 제자였으며, 진정한 애국자였다. 전도할 때도 복음을 믿어 구원받고 잘사는 나라가 되어야 한다고 말하곤 했다. 그는 애국 운동을 한 때도 있었다. 한 목사는 금방 회개하고 예수를 믿은 사람이 아니었다. 몇 차례 망설임이 있었고 매우 신중했다. 그것은 유교와 불교에서 실망한 일이 있었기 때문이었다. 그러나 기독교에 귀의한 후에는 절대 신앙인이 됐다.

그는 특별히 전도에 탁월했다. 이것은 구원받은 확신에서 나왔으며, 또 인간을 사랑하는 확실한 증거였다. 그러므로 그가 전도한 이들과 신학교에서 함께 공부했다. 남강 이승훈이 한일 합방된 직후 평양에서 한석진 목사의 "십자가의 고난"이란 설교를 들었다. 그 설교의 내용은 이스라엘 백성이 애굽에서 겪은 고통, 모세의 출애굽, 예수의 가르침, 그리고 예수께서 인류의 구원을 위해 십자가에 죽었다는 것이 요지였다. 그 내용은 우리 민족의 현실이기도 했다. 그의 설교 한마디 한마디가 나라를 잃고 슬퍼하는 민족의 심정을 드러냈기에 남강 이승훈에게 깊은 감명을 주었다.

또 한석진 목사의 능력은 건축에서도 빛을 발했다. 그는 장대현교회, 장천교회, 안동교회, 마산교회, 신의주제일교회, 그리고 금강산 기독교 수양관을 건축했다. 모두 성도들의 헌금으로 자신의 설계도에 따라 건축했다. 더욱이 외부나 선교사들의 도움이 아니라 순수 교회 성도들의 헌금으로 지었다. 그는 금강산 기독교 수양관을 건축하기 위해 제주도까지 가서 모금 운동을 벌여 이를 완공했다.

한석진 목사가 선교사를 반대하는 운동을 한 흔적이 있으나, 그것은 선교사를 배척하는 것이 아니라 선교 방법의 개선을 주장한 것이었다. 한석진 목사는 마펫 선교사에게 전도 받아 예수 믿은 후 세례 받았으며, 신학교에서 그에게 교육을 받아 목사가 됐다. 마펫 선교사와 협력해 평양을 중요한 선교구로 수립했으며, 게일 목사가 재혼할 때 주례도 했다.

다만 한 목사는 한국교회가 한국인의 지도로 부흥해야 한다고 말했다. 이것이 토착화요, 민족 교회 형성의 기본이다. 그는 조사로 있을 때 선교사에게 봉급을 받지 않았으며, 교회나 수양관을 건축할 때 모금이 어려워도 한국인의 헌금으로 감당해야 한다고 주장했다. 곧 한국교회의 자립을 주장한 것이다.

한석진 목사는 또한 개혁가였다. 그래서 총회에서 헌법을 제정한 일이 있었으나, 교회는 법에 매인 기관이 아니라 법 없이도 바르게 개선되어야 한다고 주장했다. 불필요한 선풍을 깨기 위해 먼저 상투를 자르고 양복을 입었으며, 예배당의 남녀 석 휘장을 철폐했다. 그리고 여자집사 제도를 도입하기 위해 총회에서 토론을 벌여 통과시켰다. 그는 한국교회 초기에 단연 두각을 나타낸 목사였다.

안동교회 유경재 목사는 "한석진의 진보적인 사고는, 당시 기존 교회에서 금주·금연을 가르쳤음에도 담배를 피우고 포도주를 공공연하게 마시는 일을 개의치 않았다. 그는 교회 규칙을 이것저것 정하는 것을 원치 않았고, 그것을 별로 중히 여기지 않았다. 자기 양심에 거리낌이 없다고 생각하면 제도나 의식이나 계율에 매이지 않았고, 그래서 그는 흡연이나 술 마시는 일을 굳이 감추려 하지 않았다"라고 말했다.

한 목사가 주초(酒草)를 하자 선교사나 교인들이 이를 지적했다.

그러나 그는 그것을 숨어서 하는 것이 잘못된 것이라고 주장했다. 주초는 교리적인 것은 아니었으나, 절제를 권하던 것이었다. 그러므로 그는 지도자로서 모범을 보였어야 했다. 사도 바울은 "만일 음식이 내 형제를 실족하게 한다면 나는 영원히 고기를 먹지 아니하여 내 형제를 실족하지 않게 하리라"(고전 8:13)라고 했다. 이것이 교회 지도자의 모범이다.

한석진 목사는 평양교회, 장천교회, 일본 동경 유학생 교회의 개척자이자 서울 안동교회, 마산교회, 신의주제일교회를 중흥케 한 목사, 교회 신문 개척자, 금강산 기독교 수양관의 창설자로서 언제나 선견의 사명과 혁신으로 교회를 새롭고 넓은 곳으로 이끌었다. 그는 한곳에 오래 머물지 않고 전국적으로 여러 사업에 관여했다.

한석진 목사는 한국교회의 큰 지도자였다. 그가 여러 교회를 개척하고 건축하고 목회한 삶 가운데 신의주제일교회에서 10년 동안 가장 오래 목회했으며, 또 목회에서 가장 성공했음을 알 수 있다. 그래서 그곳을 떠날 때 한 목사나 성도들 모두 매우 섭섭해했다. 그러면서 그는 목회의 보람을 느꼈다. 그는 진정 한국교회를 위한 지도자였다. 한경직 목사는 한 목사를 '선각자'라고 하면서 신학교 동기생 일곱 중 "오직 한 목사만 벌써 머리를 깎고 안경을 쓰고 단장을 가진 모습을 볼 수 있었다"고 말했다. 또 백낙준 목사는 그에 대해 '한국교회의 개척자'라고 하면서 두 가지 특징을 들었다. 첫째, 한 목사는 내외국 동역인들과 같이 협력해 장로교회의 정치제도를 우리 문화 환경에 맞게 제정했다는 것이다. 둘째, 독립 교회가 되는 데는 자진 전도, 자력 운영, 자주 치리라는 세 가지 조건이 구비되어야 한다며 "한 목사는 이 세 가지 조건을 성취했다. 선교사들이 전도하기를 기다리지 않고 자기의 신앙의 확증대로 전도해 교인을 구했고,

예배당 건축비와 교회 직원들의 봉급도 선교사에게 의뢰하지 않았고, 교회의 모든 사업도 자력으로 운영했다"라고 하였다.

이렇듯 바르게 굽힘 없이 살아온 한석진 목사는 1939년 8월 20일 오후 10시 "사는 것도 주님의 뜻이요, 죽는 것도 주님의 뜻이다"라는 말을 남기고 가족들과 마침 문병차 온 김명선 박사, 고병간 박사 외 몇 교우들과 작별한 후, 73세를 일기로 괴롬 많고 수고 많았던 이 세상을 고요히 떠나 주님의 품으로 돌아갔다. 그는 온 생명을 온전히 한국교회 개척과 발전을 위해 바쳤다. 그의 뛰어난 혁신적 사상과 사업 중 어떤 것은 오늘에 이르러서야 겨우 실천에 옮겨지고 있다. 이로써 그의 너무나 밝은 선견지명, 너무나 위대한 모습을 새삼스럽게 다시 한번 우러러보게 된다. 그는 진실로 예수의 참 제자였다. 한국교회에 이런 선견자, 새로운 지도자상을 보여 준 데 대해 감사할 따름이다.

평양 대부흥 운동의 주역
길선주 목사(1869~1935)

　길선주(吉善宙) 목사는 '가장 위대한 한국 개신교의 한 사람'으로 조선 기독교의 대표적인 인물이라 할 수 있다. 한국교회 부흥 운동의 핵심 길선주 목사는 대표적 부흥 운동인 1907년 평양 대부흥 운동의 주역이었다.
　길선주는 1869년 3월 15일 평안남도 안주 후장동에서 길봉순의 차남으로 태어났다. '자'(字)는 '윤열'(潤悅), '호'(號)는 '영계'(靈溪)다. 어려서부터 한학을 배워 시화(詩畵)에 능하고 음악을 좋아했다. 어릴 적 그의 집은 무척 가난했다. 수리하지 못한 초가집은 쓰러져 가고 마음은 한없이 우울했다. 자기만 그런 것이 아니라 동무들의 집이 모두 그런 데는 더욱 질색했다. 길선주는 열두 살에 서재에서 나와 안주 부사의 통인이 됐다. 관가는 넉넉한 줄 알았는데 거기도 돈이 없기는 마찬가지였다.

집도 이웃도 관가도 모두 가난한 것을 본 길선주는 몹시 안타깝고 서글펐다. "차라리 새였더라면 마음대로 훨훨 날아다니면서 먹고 싶은 것이라도 먹어 볼 수 있을 텐데, 차라리 꽃이었더라면 아무 근심 없이 예쁜 옷을 입어 보았을 텐데" 하며 한탄하기도 했다.

이때 길선주는 이웃집에 시집온 새색시가 가난과 싸우는 가련한 모습을 보고 '빈부'(貧富)에 관한 시 한 수를 지어 가난이란 운명을 탓해 보기도 했다. 그러나 이것은 새색시의 설움만은 아니었다. 자신과 이웃과 나라의 설움이었다. 길선수는 가난을 극복하는 길은 돈을 버는 데 있다고 생각해 푼푼이 모은 돈 얼마로 장사를 시작했다. 스무 살이 되도록 장돌림 노릇을 하며 갖은 애를 썼으나 여전히 가난했다.

길선주는 고려 말 유학자 야은 길재의 19대손으로 어렸을 때부터 영성과 감성이 예민해 이미 12세에 주위를 놀라게 한 한시를 지었고, 청소년기에 인생의 고뇌에 빠져 구도자로 방황했다. 그는 젊은 시절 근 10년간 삼국지의 관우를 모시는 관성교(關聖敎)에서 창일도 사인 김순호의 산신 차력 주문을 외우며 차력에 도통했고, 그 후 평양의 도사인 장득한의 문하생으로 선도(仙道)를 수련했다.

길선주는 11세에 신선달의 외동딸 신선행과 결혼하고, 17세 때 평양 용악 산기슭에서 관성교의 차력술을 연마했으며, 25세에 친구와

평양 대부흥 운동의 주역 길선주 목사(1869~1935)

선도에 입문해 입산 수행했으나 3년 만에 실패했다.

길선주는 기독교를 연구하려고 중국성서공회에서 발행한 관주성경을 읽기 시작했다. 그러면서 구약도 읽으려고 한문 구약성경를 사고, 성경 주석과 그 밖의 기독교 서적도 구했다. 당시에는 한글로 된 기독교 서적이 없었고, 그는 오히려 한문이 이해하기 쉬웠다. 그러나 성경을 아무리 읽고 또 읽어도 그 뜻을 알 수 없었다. 전설이나 신화 같기도 하고, 심지어 무당의 독백 같기도 해 종잡을 수가 없었다. 불교와 같이 오도(悟道)의 지름길을 설파하거나, 유학처럼 깊은 인륜 도덕을 논한 것도 아니고, 선도의 주문처럼 신비의 묘리(妙理)를 제시한 것도 아닌 아리송한 내용으로, 표현은 쉬운데 읽기는 어려웠다.

그러다 선도를 권했던 김종섭이 마펫 선교사를 통해 기독교에 입교했다는 소식을 들었다. 이때 김종섭이 매일 찾아와 예수를 믿으라고 권했다. 하루는 김종섭이 《이선생전》이라는 책 한 권을 주며 읽어 보라고 했다. 아편 중독자로 방탕한 생활을 하던 어떤 중국 사람이 잘못을 뉘우치고 예수를 믿게 된 이야기였다. 길선주는 이 책을 읽고 그처럼 방탕했던 사람이 예수를 믿고 착해졌다는 이야기가 신기했으나 별로 감동은 없었다. 며칠 후 김종섭이 다시 찾아와 《장원양우상론》(長遠兩友相論)이라는 책을 주었다. 이는 스코틀랜드 출신의 중국 선교사 윌리엄 밀른(William Milne)이 지은 19세기 동아시아 베스트셀러 전도지로, 기독교의 교리에 대해 주고받은 두 사람의 대화였다. 이 책을 읽고 길선주는 매우 감동을 받았다. 김종섭은 또 다른 책 한 권을 주었다. 그것은 17세기 영국의 작가이자 침례교 유명 설교가인 존 번연의 우화 시리즈로, 성경 다음으로 많이 읽히는 기독교 서적인 《천로역정》(天路歷程)이었다. 그는 뜻밖에도 이 책을 읽고 큰 감동을 받아 눈물까지 흘렸다. 그는 또 〈그리스도 신문〉의 언더우드 칼럼을 읽고도 크게 감동했다.

그러나 그는 그때까지도 하나님이 어떤 분인지 깨닫지 못했고, 예수를 믿을 생각도 없었다. 하루는 밤이 깊어 새벽 1시쯤 되었을 때 사방에서 귀뚜라미 소리가 구슬피 들렸다. 그는 방바닥에 무릎을 꿇고 "상제님이시여, 저는 지금 심한 번민에 빠져 헤어날 수 없습니다. 예수가 참으로 인류의 구세주인지 아닌지 분명히 가르쳐 주옵소서!" 하고 기도했다. 기도를 마치기도 전에 하늘에서 "길선주야! 길선주야! 길선주야!" 하고 세 번 부르는 소리가 들렸다. 그는 너무나 놀라고 두려워 감히 고개도 들지 못하고 엎드린 채, "사랑하시는 아버지시여, 저의 죄를 용서하시고 저를 살려 주옵소서!" 하고 기도했다. 그는 이때 마음 문이 열려 하나님을 '아버지'라 불렀다. 윗방에서 자던 점원인 이정식이 이 소리에 깨어 무릎 꿇고 길선주가 가르쳐 준 경의 주문을 외우고 있었다.

길선주의 기도는 오래 계속됐다. 그는 무아지경에 이르러 마음에 기쁨이 용솟음치고 감사의 눈물이 샘솟듯 흘렀다. 선도의 도인이 하나님의 성도로 변화되는 순간이었다. 그는 하나님을 '아버지'라 부른 것과 때를 같이하여 그리스도의 포로가 됐다. 김종섭이 찾아와 물었다. "상제님께 기도한 결과가 어떻게 됐소?" "이제부터 나는 예수를 구주로 믿기로 작정했어요." 길선주는 그동안 일어난 이야기를 들려주었다. 김종섭은 너무 기뻐서 길선주를 얼싸안고 어찌할 줄 몰랐다. 두 사람은 엎드려 감사의 기도를 했다. 그날은 마침 주일이었다.

길선주는 그 길로 김종섭을 따라 널다리교회에 가서 예배드렸다. 길선주가 교회 안에 들어서자 교인들은 깜짝 놀라 일제히 그에게 시선을 돌렸다. 예배를 인도하던 김종섭이 그에게 대표 기도를 청했

평양 대부흥 운동의 수역 길선주 목사(1869~1935)

다. 교인들은 다시금 깜짝 놀랐다. 교회에 처음 나온 사람에게 기도를 부탁했기 때문이다. 교인들은 혹시 길선주의 기도가 막히거나 실수라도 하지 않을까 몹시 불안했다. 그러나 성령에 감동된 그의 기도는 유창하고 간절해 매우 은혜로웠다.

그는 9년 동안 선도에 열중하면서 여러 가지 신비로운 체험을 하고 영생의 도리를 체득하려고 무던히 노력했으나 끝내 인간의 욕구인 영생의 문제를 해결하지 못했다. 그러나 예수가 인류의 구주인지 알게 해달라고 매달린 끝에 하나님을 인격적으로 만난 순간 그는 하나님을 '아버지'라 부르는 자신을 발견했다. 그는 이때 자신이 죄인임을 깨달았고, 속량의 의미를 알게 되면서 생명의 길이 열렸다. 그리스도 안에서 영생을 찾은 것이다. 그는 찾아오는 손님을 피해 100일 동안 기도와 성경 연구에 열중했다. 전에는 아리송하던 성경 구절을 깨닫게 되면서 그것을 자신을 생명의 길로 인도하는 하나님의 신령한 말씀으로 받았다. 그 후 성경을 읽으면 읽을수록 말씀이 꿀처럼 달아 밤을 새우며 읽었다.

그는 성경을 손에서 놓지 않았다. 예수의 동정녀 탄생도 하나님의 권능으로 이루어진 감격스러운 역사적 사실이었다. 전에는 고개를 갸웃했던 성경 구절이 아무 거리낌 없이 그대로 가슴에 박혔다. 선지자들의 활동, 그리스도의 십자가, 오순절 성령의 역사, 제자들의 사역, 복음을 중심으로 일어난 교회 운동 등 모두가 하나님의 사랑의 역사로, 영원한 하나님이 이루시려는 원대한 경륜이었다.

길선주는 하나님의 은총으로 성령이 충만한 새사람이 되어 생각과 말과 행실이 변했다. 이 기쁨은 선도에서 신비로운 체험을 했을 때와는 전혀 달랐다. 그는 잠자코 있을 수 없었다. 먼저 자신의 가게 일을 돕는 이정식에게 전도했다. "이 사람아, 전에는 선도가 제일인 줄 알고 내가 자네에게도 권면했으나, 알고 보니 기독교는 선도와는 비교도 되지 않네. 그러니 자네도 하나님을 믿고 축복받도록 하세." 이정식은 그의 말을 듣고 진실한 신자가 되었고, 후에는 영수까지 되었다.

1897년 8월 15일, 길선주는 29세의 나이에 이길함(Graham Lee) 선교사에게 세례를 받았다. 길선주는 그리스도를 믿기로 한 징표로 상투를 잘랐다. 그리고 사람들을 만날 때마다 눈물로 그리스도의 복음을 전했다. 그들은 어리둥절해했다. 어제까지 선도의 도인이었던 사람이 난데없이 예수를 믿어야 한다고 하니 그럴 수밖에 없었다. 그들은 길선주 도인의 배교가 민족의 긍지를 손상시켰다고 비난했으며, 그가 상투를 자른 것을 미풍양속에 역행하는 일이라고 비웃었다.

1897년 그는 선천으로 이주한 본가로 돌아왔다. 그의 부친은 본래 예수교를 못마땅하게 여겨 선교사와 교인들을 핍박했다. 그러나 가 아들이 오랫동안 신봉한 선도를 버리고 예수 교인으로 상투까지 자른 모습을 보니 기가 막혔다. 그가 보기에 아들은 중도 아니요, 도인도 아니며, 선비도 아닌 꼭 미친 사람 같았다. 노기로 가득해진 그는 정중히 인사드리는 아들을 외면하고 한숨을 쉬었다. 길선주는 말없이 부친의 방에서 나왔다. 밤이 되자 그는 다시 부친의 방에 들어가 꿇어 엎드렸다. 노년의 아버지에게 영생의 도리를 전해 화평과 기쁨을 누리게 하는 것이 자식 된 도리였다. 방안엔 한동안 침묵이 흘렀다. 이윽고 부친이 입을 열었다.

"뭐 하러 집에 돌아왔느냐?"

싸늘한 목소리였다. 길선주는 부친에게 자기가 기독교에 귀의하게 된 경위를 자세히 아뢴 다음 《장원양우상론》이라는 전도 책자를

평양 대부흥 운동의 주역 길선주 목사(1869-1935)

한 권 놓고 조용히 나왔다. 그의 부친은 그날 밤 그 책을 다 읽고 큰 감동을 받았다. 이튿날 길선주가 아침 문안을 드리러 갔더니 부친이 부드러운 목소리로 말했다. "네가 놓고 간 그 책을 다 읽었다. 그리고 생각해 보았다. 역시 네가 가는 길이 옳다고 생각된다. 나도 이제 구주가 되시는 예수를 믿기로 작정했다." 부친은 전에 아들에게 받은 《구령삼정주문》(九靈三精呪文)을 버리고 성경을 탐독해 이듬해 세례를 받았다. 그는 말년에 노환으로 병석에 눕게 되자 벽에 성경을 붙여 놓고 읽을 정도로 기독교에 심취했으며 1911년 83세로 세상을 떠났다.

길선주는 어머니에게도 전도했다. 그의 어머니는 후처였다. 선친의 전처는 그의 이복형 희주를 낳고 안주에서 세상을 떠났으며, 어머니는 후처로 들어와 선주 하나를 낳았다. 그러므로 그는 소망을 선주에게 걸고 살았다. 어머니는 아들의 전도를 받고 "네가 믿는 교를 내가 어찌 마다하겠느냐? 나도 너를 따라 예수를 믿겠다" 하고는 그 자리에서 《구령삼정주문》을 버리고 예수를 믿었다. 이듬해 그의 부친과 함께 세례를 받았으며, 그 이듬해 61세로 세상을 떠났다. 그는 아내에게도 전도해 하나님 앞으로 인도했다. 온 식구가 한자리에 모여 가정예배를 드리며 하나님께 합심 기도 하면 성령으로 충만해져 회개와 감사의 눈물이 기쁨으로 바뀌었다.

가정예배에서는 매일의 기도 제목을 정했다. 월요일은 가족을 위해, 화요일은 불신 친척과 불신자를 위해, 수요일은 불신 친구들을 위해, 목요일은 나라와 민족을 위해, 금요일은 교육기관과 자선단체를 위해, 토요일은 외국 동포와 혁명 유지를 위해, 주일에는 군 내외 교회를 위해 하루도 빠짐없이 기도했다.

1898년 길선주는 30세에 평양 널다리교회의 영수(領袖)로 피택됐다. 그는 전도에 탁월했다. 교회는 점점 부흥해 1900년 장대현 언덕에 2천 명을 수용할 수 있는 한식 교회당을 건축했다. 온 성도들이 힘겹게 헌금해 5천 원을 모으고, 미국 선교부에서 2천 원을 기부해 총 7천 원으로 평양 최고의 성전을 지었다. 이것이 1907년 평양 대부흥 운동의 발원지 장대현교회였다.

당시 정국은 매우 혼란스러웠다. 일본은 조선을 에워싼 청·일 두 나라의 이권 다툼에서 빚어진 청일전쟁에서 승리한 여세를 몰아, 친로(親露) 정책을 취하는 민비를 살해하고 러시아의 세력을 조선에서 몰아내려 했기에 러·일 두 나라 사이의 분위기가 험악했다. 이렇듯 강대국들 틈에서 부대껴 날로 기울어져 가는 국운을 걱정한 길선주는 이길함 선교사와 당면한 국내외 정세에 대해 환담하고, 조선을 포함한 미국의 극동 정책을 파악했다. 당시 조선은 국제적으로 고립되어 정치·군사적으로는 민족의 비극을 돌이킬 수 없었다. 이제 남은 길은 민족의 복음화로 하나님의 능력에 의지하는 것뿐이었다. 그에게 그리스도는 민족의 유일한 희망이며, 기독교는 현실적으로 국제무대에 나설 수 있게 해주는 좋은 교량이었다.

길선주가 시무하는 널다리교회는 크게 부흥했다. 지금까지 평양에서 민간인들이 그렇게 큰 건물을 세운 일이 없었다. 사람들은 예수쟁이들이 과연 그런 거대한 건물을 세울 수 있을지 지켜봤다. 1900년 마침내 웅대한 건물이 복음의 전당으로 모습을 드러냈다. 선교회 본부에서 기증한 커다란 종은 그 소리가 10리 밖까지 울려 퍼졌다.

한편, 길선주는 안창호 등 17인이 발족한 독립협회 경성본부에 알려 널다리교회를 평양지회로 인정받아 발족하고 사법부장이 됐다. 협회가 평양 대동관 뜰에서 개최한 민중대회는 평양 관찰사와 부윤

평양 대부흥 운동의 주역 길선주 목사(1869~1935)

을 비롯해 남녀 5천여 명이 운집한 가운데, 안창호와 길선주가 정치 연설을 해 청중을 감동시켰다. 길선주는 1919년 3·1 독립선언서에 서명한 민족대표 33인 중 한 명이었다.

1900년 거의 4년 동안 서서히 시력을 잃어 가고 있던 길선주 영수는 화이팅(Harry C. Whiting) 선교사의 수술로 실명을 면하고 시력을 다소 회복했다. 그는 수술 후에는 돋보기를 써야 성경을 읽고 사람을 알아볼 수 있었다. 하나님께서는 아나니아를 사울에게 보내 주셨던 것같이 그에게 화이팅 선교사를 보내 주셨다. 하나님은 사람을 세우시고, 그를 통해 일하시며, 그 사람에게서 영광을 받는 분이심을 길선주와 화이팅 선교사를 통해 스스로 증명하셨다.

1901년 장대현교회의 장로가 된 길선주는 이듬해인 1902년에 조사(助事)가 되어 황해도와 평안도로 목회 지역이 몇 배 확장됐다. 당시 길선주는 약국을 운영하고 있었다. 그런데 장대현교회 전임 조사가 되면서 약국을 접어야 했다. 그는 약국을 통해 월 80원을 벌었으나, 조사의 급여는 월 6원으로 생활이 어려워졌다. 그즈음 그의 아내 신선행은 선도에 몰입해 가정을 떠나 있었고 집안의 우환으로 약국이 위기에 처했을 때도 선도에 전념했으나, 예수를 믿은 후에는 생계를 염려하지 말고 하나님의 일을 굳건히 하라며 남편을 격려했다.

아내의 위로에 힘을 얻은 길선주는 전도, 교육, 문맹 퇴치의 3대 사업을 실행했다. 개인 전도에 주력해 교인 1인이 1명씩 전도해 교회로 인도하게 하고, 구역을 나눠 심방대가 가정 방문을 함으로써 결석자를 권면하게 했으며, '부인교회'를 세워 여성 개방 운동을 주도하고 해마다 전도대회를 열었다. 또 교회 주간 학교를 세워 교회 일꾼을 양성하고, 극빈자들의 자녀들을 위해 야간 학교를 열어 교육사업을 추진했다. 더 나아가 성인 야간 학교를 세워 한글과 성경을 가르치고, 계절 사경회를 개최했다.

　길선주 조사는 이 사업을 위해 교회를 개방했다. 이 계획이 실행되면서 장대현교회는 빠르게 부흥했고, 성도들의 믿음도 강해졌다. 그러나 시대적 분위기와 유교적 관습으로 인해 관청과 민중에게 박해를 받았다. 야유와 비방, 폭언, 폭행이 있었으나 참았다.

　특히 조선 시대의 여성들은 규방에서 살았는데, 이곳은 외간 남자의 출입이 통제됐다. 가옥도 안채와 사랑채로 나뉘어 여성은 하녀라도 사랑채에 갈 수 없었다. 여성에게는 출입도 제한했다. 남성들이 모이는 곳에 얼굴을 내놓는 일은 상상조차 할 수 없다. 1893년 조선의 초기 교회는 완전히 남성들만의 교회였다. 교회가 사랑방에서 모였는데 여성들은 사랑방에 갈 수 없었기 때문이다. 여성들은 오직 남편이나 친척들의 전도로 기독교에 입신했으며, 그 후로도 교회를 다닌 것이 아니라 개인의 집에서 별도로 모임을 가지며 신앙생활을 했다. 이에 길선주 조사가 선교사와 상의해 평양에 '부인교회'를 세운 것이다. 후에 이 교회는 장대현교회와 병합되었다.

　길선주 조사는 매일 성경을 읽었다. 기독교인이 되어 조사가 될 때까지 성경 전체를 20회 읽었으며 예언서, 대선지서, 소선지서, 복음서, 로마서, 요한1·2·3서는 각각 50회씩 읽었다. 그는 성경의 심오한 진리에 감동해 성경 안에서 살았다. 사람들은 길선주를 '기도와 성경의 사람'이라 불렀다. 그는 매일 새벽 5시와 밤 10시에 기도하고, 교회와 나라를 위해 금식 기도와 철야 기도도 했다. 그에게 그리스도의 십자가는 인간을 대속하는 마침이 아니라 하나님께서 인류를 구원하시는 경륜을 펼치는 과정으로 부활의 전제이며, 예수의 부활은 그리스도의 재림에 필수조건이었다. 또 그리스도는 인간의 몸을 입으신 하나님이며, 성령은 자연계와 인간세계에 스스로 내재하시고 하나님의 뜻을 이루기 위해 역사하신다고 믿었다.

　길선주 조사의 기도와 말씀 선포, 그리고 하나님의 역사로 장대현교회는 크게 부흥했다. 장대현교회는 값없이 받은 하나님의 은혜를 값없이 주기 위해 힘썼다. 추수감사절에는 농작물과 의류가 교회에 산처럼 쌓였고, 성탄절에는 성도들의 헌금으로 자선사업을 했다. 교회 내외의 빈곤한 200세대를 구제하고, 직업 없는 교인에게 일자리를 알선하는 등 공동체를 위해 일했다. 또 지방에 전도 대원을 파송해 지역마다 교회를 세웠다. 길선주 조사는 장대현교회를 중심으로 황해도와 평안도 각처의 교회를 살피는 '도 조사' 직을 맡아 지방 순회와 전도 여행으로 대중에게 복음을 전하는 것을 자신의 사명으로 삼았다. 민족 구원과 새 희망으로 사람들을 하나님 앞에서 하나로 묶었다. 오직 하나님만이 주시는 구원을 위해 누구든지 나아오라는 그의 감동적인 설교에 사람들은 감동했고, 교회는 계속 부흥했다.

　1901년 길선주 조사는 평양신학교에 입학했다. 평양신학교는 대한예수교장로회 선교부와 공의회가 평양에 설립한 교역자 양성기관으로 장로회신학대학의 효시였다. 초대 교장으로 미국 북장로교 선교사 마펫(S. A. Moffett)이 취임했다.

　1905년 길선주 조사는 영국 웨일스에서 성령의 불길이 일어나 서방교회가 부흥하고 있다는 소식을 듣고 충격을 받았다. 제1차 세계대전의 참화에서 새로운 희망과 구원을 이루어 가시는 하나님의 특별한 은총임이 분명했다. 길선주 조사는 우매하고 미개한 동방을 개발하시는 하나님의 경륜에 먼저 교회를 부흥시키는 역사가 있을 것으로 확신했다. 1903년 원산의 하디 선교사의 부흥회는 1906년 평양으로 이어졌다. 평양 집회를 본 존스턴 선교사는 장대현교회에서 설교했다. 그해 가을 황해도 재령에서 길선주 조사가 사경회를 인도했다. 그때 김익두는 길선주 조사의 설교에 큰 감동을 받았다.

집회를 마친 후 길선주 조사는 박치록 장로와 새벽기도회를 시작했다. 민족의 위기 앞에서 평양의 새벽을 깨우려 시작한 새벽기도회에 성도들이 나오면서 평양의 새벽 4시 30분 새벽기도회가 됐고, 매일 이 시간에 새벽종을 울렸다. 기도하고 모이기를 힘쓰던 교인들은 새벽 1시부터 모여 2시가 되면 수백 명이 되었으며, 새벽기도회 시간인 4시 30분에는 500여 명이 모여 통성으로 기도했다. 교인들은 기도만 한 것이 아니라 새벽기도 후 전도했고, 이는 참으로 놀라운 역사였다.

장대현교회는 날로 부흥해 4개 교회로 분립했다. 1903년에는 남문밖교회를 분립해 스왈른 부부와 스눅 선교사를 파송했다. 1905년 12월에는 사창골교회를 분립해 블레어 선교사를 파송했으며 이는 450명이 모이는 대형 교회로 성장했다. 1906년 1월에는 세 번째로 산정현교회를 설립하고 편하설 선교사를 파송했다. 1909년 마지막으로 분립 개척한 서문밖교회에는 마펫 선교사를 파송했는데, 2년 만인 1911년에 1천 명이 모이는 교회로 성장해 평양을 대표하게 되었다.

하나님과 인간의 중보자로 탄생하신 예수는 피조계에 존재하신 분이며, 부활하신 그리스도는 하나님으로서 삼위일체인 그 본래의 위치로 환원하셨다. 그래서 영원한 세계 완성을 위해 인류 가운데서 역사하시며 재림을 기다리고 계신 것이다. 성경에 기록된 모든 예언은 세상을 구원하시는 하나님의 경륜을 사람에게 알리려는 말씀으로, 전도자들이 위탁받은 대로 성령의 감화로 기록됐다. "성경은 하나님의 뜻을 인류에게 공개하신 말씀으로 그리스도를 구주로 받아들인 성도에게 위탁된 것이다." 이는 길선주가 성령에 힘입어 기도와 성경 연구로 영적인 경지에 도달해 터득한 신학 사상이었다.

그는 교역자로서 대중의 갈채를 받았지만, 한편으로는 일제에게 달갑지 않은 인물이었기에 감시를 받았다. 그는 우선 신학을 체계적으로 공부하기 위해 신학교에 입학했다. 이 신학교는 조사를 위해 3년제 예비과를 두었고, 이 예비과를 마치고 나서 본과를 계속하는 5년제로, 졸업자에게는 목사의 자격을 부여했다. 길선주, 방기창, 양전백, 한석진, 이기풍, 송인서 등이 추천되어 이 학교에 입학했다. 갓을 쓰고 도포를 걸친 30~40대의 수염이 덥수룩한 신학생들의 모습은 상상만 해도 가관이나, 영생의 도리에 눈뜬 이들의 향학열은 대단했다. 길선주 장로의 신학교 시절은 목자의 수련 기간으로 보람찬 시기였다. 하나님의 이 훈련도장에서 그는 많은 것을 새로 익히고 배웠다.

한편, 그는 언제나 성령으로 충만하도록 기도와 성경 읽기에 힘썼다. 한번은 존스턴 박사가 평양을 방문해 길선주 장로가 시무하는 장대현교회에서 설교를 했다. 그는 회중을 향해 성령의 은총을 충만히 받아 교회를 부흥시킬 자신이 있는 사람은 손을 들라고 했다. 그러나 회중은 잠잠했다. 아무도 감히 손을 들 엄두를 내지 못했다. 그런데 이윽고 길선주가 손을 번쩍 들었다. 그러자 존스턴 박사는 앞으로 조선 교회가 크게 부흥하리라고 예언하고 길선주 장로와 교회를 위해 기도했다. 그해 가을 길선주 장로의 황해도 재령 사경회 때 성령의 역사가 일어났다. 사람들은 눈물로 자기 죄를 회개했고 은혜를 받았다. 이 성령의 불길은 한반도를 휩쓸었고, 이 소식은 전 세계로 퍼졌다.

1907년 1월 6일 새벽부터 장대현교회 부흥회가 시작됐다. 낮에는 선교사들이 성경을 가르쳤고, 저녁 집회 때는 뜨겁게 성령의 역사를 체험하며 은혜가 충만했다. 새벽녘에 길선주 장로가 설교하다가 "나는 아간과 같은 죄인이로소이다" 하고 외쳤다. 그때 갑자기 어떤 사람이 "아이고!" 하는 외마디 소리를 지르더니 눈물로 통회 자복하다 그 자리에서 거꾸러졌다. 길선주 장로는 설교를 계속했다. 여기저기서 "아이고!"를 외치며 이내 교회는 울음바다가 됐다. 숨겨 왔던 치부가 드러나고 부패한 냄새가 진동하는데도 그 사람들을 향해 정죄하지 않고 용서와 화해를 보여 주는 놀라운 역사가 일어났다. 어떤 이는 아내를 죽였다고 고백했고, 어떤 이는 사기꾼이었음을 자백했으며, 또 어떤 이는 강간의 죄를 뉘우쳤다.

길선주 장로는 "맛을 잃어 말라빠진 사람들아!" 하고 외치며 설교했다. 회개를 촉구하는 길선주 장로의 외침에 교인들은 모두 회개하는 심령이 됐다. 모두가 오순절 성령 운동에서처럼 성령의 임재하심을 체험했다. 한 사람씩 일어나 죄를 고백했다. 회개한 사람은 고꾸라지고 넘어졌고, 하나님께 간절히 용서를 구했다. 이런 성령의 임재에서 하나님은 그들의 죄 용서하기를 거절하지 않으셨다. 모든 사람이 죄를 회개하고 평화를 얻었다. 하나님의 은혜가 아니면 이 사람들의 죄는 용서받을 수 없는 것이었다. 이로써 그들은 모든 사람은 죄인이고, 오직 예수만이 흠 없고 죄 없으신 분임을 깨달았다. 성령의 역사는 놀랍고 일방적이었으며, 장대현교회에서 시작되어 이는 전국으로 퍼졌다.

길선주 장로의 복음 전도 사역은 1907년 성령의 불길이 평양교회에 임한 때부터 본격화됐다. 성령의 불길은 전국으로 퍼져 나갔다. 성령이 임하기 전에는 신자들의 생활이 자유하지 못하고 거리낌이 있었다. 아직 죄와 악습의 잔재가 남아 있었기 때문이다. 그러나 이제 모든 사람이 이 대부흥의 역사를 통해 죄를 청산했다. 강단 아래

평양 대부흥 운동의 주역 길선주 목사(1869~1935)

는 꼬꾸라져 죄를 자복하는 선교사, 기절한 신사와 강도, 불치병을 고친 자가 가득했다. 길선주 장로가 서는 곳마다 기적이 나타났다. 그 후 3년 동안 전국적으로 대부흥 운동이 이어졌다. 이것은 한국교회 역사상 획기적이었다. 이때부터 교회는 진실한 봉사자가 되어 크고 작은 민족적 수난에 앞장서서 한국 사회를 이끌었다.

1907년 6월 10일 평양신학교 제1회 졸업식이 장대현교회 뜰에서 거행됐다. 대한예수교장로회 제1회 독노회에서 길선주(40, 평양), 양전백(39, 구성), 서경조(58, 의주), 한석진(41, 의주), 송인서(40, 평양), 방기창(58, 평양), 이기풍(40, 평양)의 7명이 한국 최초로 목사 안수를 받았다. 한국교회의 부흥이 시작된 장대현교회에서 길선주 장로가 목사 안수를 받는 것을 본 교인들은 감격의 눈물을 흘렸다. 길선주 목사에게는 '한국 기독교의 아버지', '한국의 사도 바울'이라는 별명이 붙었다. 그러나 길선주 목사는 자만하지 않았다. 그에게 이 모든 일은 하나님의 은혜였다.

길선주 목사는 기도의 사람이었다. 그리고 말씀의 사람이었다. 구약성경 30독, 신약성경 100독, 요한계시록 1만 독 등 평생 성경을 읽고 연구했다. 그는 또 전도의 사람이었다. 길과 집에서 예수를 전했고 평생 가족과 친척, 친구, 이웃, 다른 종교인에게 전도했다.

방은덕 순경은 범인을 잡으려고 길선주 조사가 인도하는 집회에 참석했다가 자신의 죄를 회개했다. 김덕화 스님은 기독교에서 흠을 찾아내려고 길선주 목사의 설교를 듣다가 회심하고 전도자가 됐다. 한 가톨릭 신부도 길선주 목사의 집회에서 은혜를 받아 구원의 진리를 믿고 기독교인이 됐다. 유교에 빠졌던 부모를 전도하고, 불신 아내와 자녀들을 복음의 일꾼으로 세운 길선주 목사의 전도는 열정과 헌신이었다. 길선주 목사가 전도한 이들 중 다수가 교회 목사와 지도자가 됐고, 주일이 되면 평양은 상거래를 하기 어려울 만큼 한산했다.

이길함 선교사는 이때를 이렇게 회상한다. "우리는 모두 뭔가 임하고 있다는 것을 느꼈다. 사람들이 연이어 자리에서 일어나 자기의 죄를 고백하면서 울기도 하고 거꾸러지기도 했다. 새벽 2시까지 회개와 울음과 기도가 계속되었다." 이러한 성령의 역사는 '평양의 오순절' 역사였으며, 그 후 지방에서도 성령의 역사가 일어나 한국의 초기 교회는 튼튼한 반석 위에 서게 되었다. 길선주 장로는 게일 선교사에게 보낸 편지에서 "만일 하나님께서 그의 성령을 이처럼 나타내지 않으셨다면, 한국교회는 외관상으로는 커졌으나 사탄의 지배 아래 있었을 것이며, 몇 사람이나 구원을 얻게 될지 걱정스러웠을 것이다"라고 말했다.

평양은 대한예수교장로회의 본거지가 됐고, 길선주 목사가 시무하는 장대현교회는 그 중심 교회로서 교계에 크게 공헌했다. 길선주 목사는 "모든 교회는 보틈시기 기도하는 교회, 성경 읽는 교회, 전도하는 교회가 되어야 한다"는 일념으로 목회했다. 하나님과의 영적 교제가 깊어질수록 그의 교역자로서의 신념은 더욱 강해졌다. 목회는 하나님의 뜻을 준행하는 것이며, 자신은 그리스도의 손에 붙들렸다고 확신했다. 길선주 목사는 교파를 막론하고 집회에 초청받으면 기꺼이 응해 복음을 전했으며, 집회는 언제나 은혜로웠다. 그는 자신이 교회를 위해 하는 모든 일은 인간 길선주의 행위가 아니라, 성령이 자신을 통해 행하시는 것이라고 확신했다. 그러기에 모든 영광을 하나님께 돌리고, 어떤 영예나 찬사도 자신이 받으려 하지 않았다.

길선주 목사는 항상 성령으로 충만하도록 심혈을 기울이며 날마다 기도를 계속했다. 그는 이 세상의 시대는 5개로 구분된다고 보았다. 첫째는 구약 시대로, 이때는 하나님께서 율법과 예언으로 역사

평양 대부흥 운동의 주역 길선주 목사(1869~1935)

했으며 메시아의 탄생으로 성부의 역사는 끝났다. 둘째는 구속의 시대이며, 예수께서 하나님의 진리를 전하시고 대속의 제물이 되어 부활 승천하심으로 성령이 강림해 하나님 아들의 역사가 끝난다. 셋째는 교회 시대로, 성령께서 교회의 발전을 위해 역사하시다 주의 재림으로 역사가 끝난다. 넷째는 천년 시대이며 이는 곧 사랑으로 이루어진 지상 낙원의 시대이다(사 11:1-9). 하나님이 주관하시는 인간의 최후 심판으로 이 천년 시대는 끝날 것이다. 다섯째는 영원한 안식의 시대로, 이때는 그리스도를 중심으로 하나님의 영광 가운데 모든 성도가 영원히 안식한다. 아울러 하나님이 창조하신 우주가 하나님께로 완전히 복귀하고, 사탄은 무저갱에 갇혀 활동할 수 없다. 이는 길선주 목사의 신앙 체험에 근거한 신앙관이나, 천년 시대와 영원한 안식 시대에 대해서는 논란의 여지를 남겼다.

1911년 일어난 '105인 사건'은 일제가 민족 운동가를 탄압하려고 그들에게 누명을 씌운 사건이었다. 이 일로 김홍양, 김구, 최명식, 이승길, 도인권, 김용제, 이유필 등 여러 민족 지도자들이 투옥됐다. 이 과정에서 평양 숭실대학을 졸업하고 선천읍 신성중학교에서 교사로 근무하던 길선주 목사의 장남 길진형이 일본 경찰에 체포되어 온갖 고문을 받았다. 단지 신민회 회원이라는 이유로 가죽 채찍과 몽둥이에 온몸이 부서지고 담뱃불에 생살이 탔다. 장남이 일본 경찰에 체포되었다는 소식에 길선주 목사는 기도했고 하나님의 뜻을 찾았다. 길진형은 고문을 이기지 못하고 중태에 빠져 석방되었고 선교사의 도움으로 미국에 가서 수술을 했으나 귀국한 지 3일 만에 소천했다.

그에게 장남은 한국교회를 이끌 하나님의 종이었기에 1917년 장남의 사망은 길선주 목사에게 큰 충격이었다. 둘째 아들 길진경도 독립신문에 관여해 18세에 고문을 받고 1년 6월의 징역을 살았으며,

후에 아버지를 이어 목사가 되었다. 3남인 길진섭은 화가가 되었다.

  길선주 목사는 목회하면서 한국 전통음악에 많은 관심을 가졌다. 길선주가 예수를 믿은 후 예배하면서 가장 먼저 느낀 것은 회중 찬송가의 신선함이었다. 선교사가 부르는 찬송가는 유불선에는 없는 특별한 것이었다. 그런데 당시 한국교회 교인들은 서양에서 가져온 찬송가를 제대로 부르지 못하고 모두 5음계에 맞추어 민요적인 가락으로 불렀다. 또 우리 음악에는 화성 개념이 없었기에 4성부의 찬송가 악보는 무용지물이었고, 찬송가는 모두 단음으로 불렀다. 결국 서양 찬송가는 악보를 무시한 채 모두 한국적 가락으로 자연스레 편곡해 불렀고, 그 편곡자는 회중이었다. 누가 가르치지도 않고 시키지도 않았으나, 회중은 전국 교회 어디서나 거의 비슷하게 5음계로 편곡된 우리 식의 찬송을 불렀다.

  이러한 상황에서 서양 선교사와 조선인 지도자들은 점차 전통음악의 요소를 찬송가에 노입해 예배 찬송을 한국화해야 한다고 생각했다. 당시는 교회의 모든 것이 조선식이었다. 예배당도 한옥, 건물 안팎의 정취도 우리의 정서로 가득했다. 목사 가운이나 교인들의 옷도 한복뿐이었다. 성경 언어도, 설교 예화도, 기도 내용도 모두 '우리 예배'의 정체성이 분명했다. 다만 예배에서 가장 중요한 요소인 음악만 서양식 노래였는데, 이것을 우리 회중은 주체적 수용 능력으로 전통음악적인 멜로디로 바꾸어 불렀다.

  길선주 목사 시절 한국 전통음악을 교회 찬송에 적극적으로 활용하려 했던 사람은 게일(James S. Gale) 선교사였다. 그는 '조선 음악 연구회'를 조직해 조선 교인의 정서에 맞고 잘 부를 수 있는 가락과 가사 개발에 힘썼다. 또 번역 찬송가의 한계를 지적하고, 한국인이 부를 찬송가는 한국 전통음악 가락에 한국인의 시를 붙이자고 주장했다.

길선주 목사가 예배음악에서 한국 전통음악의 활용을 주장하고 실천한 동기는 자신의 종교적 이력과 체험이었으나 게일 선교사의 영향도 컸다. 길선주 목사는 1909년 자신이 시무하던 평양 장대현교회에 국악 연주자들을 초청해 예배 찬송가를 만드는 데 필요한 의견을 들었고, 교회의 특별한 행사에 국악인들을 초청해 음악과 춤이 있게 했다. 그리고 모우리 선교사와 협력해 한국교회에 맞는 찬송가를 개발했다. 길선주 목사는 기독교가 민족의 마른 정서를 기름지게 할 예술을 개발하도록 했다.

> 어떤 소리가 그 이름을 이처럼 떨치는가
> 과연 영계가 콸콸 흘러내리는구나
> 바위에 부딪친 장한 기세가 성산을 울리고
> 달빛 어린 화평한 마음은 만 리까지 밀고 나가
> 증기는 하늘에 올라 구름을 띄우니
> 인간의 갈증과 수심을 쓸어 버리네
> 물고기가 뛰고 갈매기 나는 그 넓은 가슴에
> 나는 춘풍에 낚싯대를 띄우고 싶어라.

이것은 한상호 목사가 길선주 목사를 두고 읊은 시다. 길선주 목사는 복음주의자이자 민족주의자였다. 1907년 평양 대부흥 운동의 특징이 복음과 문화요, 1919년 3·1 만세운동도 이 두 가지가 축이었다. 그는 이 둘의 만남을 위해 노력했고, 이 둘의 융합으로 교회가 민족종교가 되기를 소원했다. 이런 생각은 아들 길진경 목사의 《영계 길선주》에 잘 나타나 있다.

길선주 목사는 자신의 생각을 실천하는 데 주저하지 않았다. 그는 교회의 노래를 민족음악의 토양에서 만들려고 노력했다. 이러한 노력은 한국교회에 서양 곡조보다 전통음악 곡조를 담은 찬송가의 출현을 고대하게 했다.

한국교회 역사상 최초의 한국 가락으로 만들어진 교회 노래는 1901년 5월 9일 〈그리스도 신문〉에 실린 "뱃노래"였다. 이 노래는 1913년 "쇼회챵가"의 멜로디로 재이용됐고, 1917년 김갑순의 가사에 의한 노래인 "만경창파에 적은"에도 사용됐다. 이 밖에도 1908년 발행된 최초의 연합 찬송가인 〈찬송가〉에는 한국 음악이라 할 수 있는 한국적인 가락이 등장했다. 그러나 이러한 길선주의 노력과 사상은 일제의 민족문화 말살 정책으로 국악에 대한 사회적 인식이 약화되면서 계승되지 못했다.

복음을 전하는 길선주 목사에게 이는 큰 고난이었다. 그는 민족의 회복과 독립을 위해 기도했다. 가족과 자녀의 안전을 위해 기도했고, 성도의 평화를 위해 기도했나. 민족의 아픔은 백성의 고난함으로 이어졌고, 사람들은 기근과 질병으로 죽어갔다. 그런 가운데서도 하나님은 우리 민족에게 믿음을 주셨다. 하나님의 역사는 민족의 해방이나 압제자들의 처벌보다, 길선주 목사와 하나님의 자녀들이 신앙을 지키고 성장하는 것을 더 중요시했다. 길선주 목사는 민족의 독립을 위해 헌신했다. 그는 1919년 3·1 독립운동에 가담한 기독교 대표자였다. 이는 독립운동을 넘어 하나님의 진리에 역행하는 일본제국을 향한 정의의 선포였다.

길선주 목사는 이승훈 장로와 함께 독립선언서에 서명했으며, 평양 숭실대학교 기숙생 100여 명을 집에 모아 배포 구역을 정하고, 독립선언서를 서문 거리와 종로, 신창리에서 일제히 낭독하며 만세를 부르고 시위하는 것을 계획했다. 길선주 목사는 그해 2월 20일

가정예배를 드린 후 장연읍교회에서 부흥사경회를 인도하고 서울로 향했으나 3월 1일에 늦게 도착했다.

독립 선언식에 참여하지 못한 길선주 목사는 서울역에서 경찰서로 직행했다. 이때 평양 장대현교회에서도 독립선언서를 낭독하고 시위에 참여한 사람들이 무차별 구타를 당하고 구금됐다. 그러나 이들은 낮에는 성경을 읽고, 밤에는 기도하고 요한계시록을 암송하면서 하나님과의 영적 교제를 굳건히 했다.

"진리를 알지니 진리가 너희를 자유롭게 하리라"(요 8:32).

사람은 죄와 죽음에서 완전히 구원받고, 무지와 질병과 가난과 온갖 속박과 억압에서 해방되어야 자유를 얻는다. 진리만이 인생을 모든 속박에서 풀어 준다. 자유는 진리의 본질이 된다. 그러므로 진리의 본질인 자유를 거스르는 일은 그 어떤 것도 죄악이다. 자유를 추구하는 기독교는 언제나 죄악과 싸워야 하며 또 그것을 이겨야 했다.

죄악과 싸울 때 그것을 피하는 사람은 실패해 반드시 죄에 매인다. 그러므로 길선주 목사는 우리나라가 일본의 부당한 간섭과 구속에서 벗어나야 하며, 기독교인이 이 일에 앞장설 것을 주장했다. 민족의 감정을 억압하는 상황에서 진리 수호를 위해, 자유를 위해 싸울 것을 역설했다. 길선주 목사가 쟁취하려는 자유는 진리에 속한 자유였다. 그러므로 그가 민족 대표 33인으로 서명한 것은 당연한 일이었으며, 그는 교회와 사회의 지도자로서 조국의 독립과 자유를 갈구했으며 그 쟁취를 위해 선두에 섰다.

독립운동가 48명에 대한 일본의 재판 기록에는 길선주 목사가 했던 "나는 조선 독립이 하나님의 뜻이기에 독립운동을 했소"라는 말이 남아 있다. 이 말은 백만 신자의 정신을 대표한 것이요, 하나님의 종으로서 그 뜻을 분명히 표현한 것이며, "하나님이 보호하사 우리

나라 만세"라는 건국 정신을 투철하게 표명한 것이다.

1921년 2년간의 감옥 생활을 이겨 낸 길선주 목사는 고문으로 한동안 집에서 휴양했다. 어느 정도 회복되었을 때인 1923년 11월 14일부터는 다시 순회 전도를 했다. 평안북도 강계읍 교회 사경회를 시작으로 순회하며 전도 집회를 했다. 그러다 안동교회에서 요한계시록과 말세론에 대해 교육하는 중 일본 경찰에 연행되어 조사받았다. 일본 경찰은 요한계시록과 말세론을 유언비어로 치부했으며, 이것이 일본제국의 종말과 연관성이 있으므로 세기말적 강의를 경계했다.

말세론

길선주 목사의 말세론은 선풍적이었다. 그는 말세의 징조로 여러 사건과 경향을 지적했다. 요한계시록을 1만 독 했으므로 성경의 어느 책보다도 말세에 관심이 컸고 그것을 외치는 데 사명이 있었다. 당시의 사건과 징조 및 교회의 타락상을 이 요한계시록에 비추어, 말세의 징조이므로 때가 가까웠다고 외쳤다.

그는 말세의 징조로 국제 정세, 특히 전쟁 무기 준비를 들었다. 각국이 국비의 7~8할을 군수품 제조에 쓰니 말세의 징조라고 했다. 실제로 칼을 쳐서 보습을 만들지 않고 군수품만 제조하고 있었기에, 이는 분명히 묵시록에 예언된 말세의 징조였다. 그는 "곳곳에 큰 지진과 기근과 전염병이 있겠고 또 무서운 일과 하늘로부터 큰 징조들이 있으리라"(눅 21:11)라는 말씀을 근거로 당시의 천재지변을 말세 현상으로 보았다.

이어서 일어나고 있는 가뭄과 기근, 그리고 각처에서 일어나는 수재, 한재 등 중국을 휩쓰는 대기근 현상과 너무 배가 고파 사람끼리 서로 잡아먹는다는 러시아의 대기근 현상을 가리켜 불가피한 징조라고 했고, 이에 더하여 아모스가 말하는 영적 기근은 가장 뚜렷한 말세의 징조라고 했다. 또 유행병은 "구주 대전란(歐洲 大戰亂) 이후 1920년경 소위 유행성 감기가 세계적으로 확산돼 천만 명의 생명이 희생되는 사실로 세상은 공포에 휩싸였다. 그 후부터 오늘까지 전 세계에서 이 무서운 병마는 쉬지 않고 유행했으며, 이름도 모를 유행병이 수십 종이 됐는데도 병은 줄지 않고 더해 가고 있다. 암울한 현실을 외면하는 현대인은 거의 신경병 환자가 되니 육체적인 질병보다 영적 병세가 더 심했다. 예수께서 예언하신 말세의 징조"라고 했다.

해타론(懈惰論)

'해타(懈惰) 또는 '해태'(解怠)는 게으름을 뜻하는 한자다. 길선주 목사가 《해타론》을 쓴 때는 1901년 5월이고, 이는 1904년에 대한성교서회에서 출판했다. 그는 서문에서 이 책을 쓰게 된 배경과 목적을 이렇게 설명했다. "동양의 지혜 있는 사람이 말하기를 '한결같이 부지런한 사람에게는 천하에 어려운 일이 없다' 했으니, 이로 보아 만사 성취는 부지런한 데 있고, 천 가지의 해로움은 게으름에 있다. 그런고로 이 해타론을 1901년 5월에 지었으니, 실제는 아니나 그 뜻이 있는 것이니 구독자는 그 뜻을 깊이 생각해 보시오." 이 글은 사실적 얘기가 아니라 소설로, 그가 기독교인이 됐을 때 영향받은 존 번연의 《천로역정》과 비슷하게 자기 나름대로 구성해 민중 계몽을 위해 지었다.

그의 해타론에 따르면, 신앙과 나라를 좀먹는 게으름을 쫓아내야 하고, 말세가 됐으므로 온갖 육체적인 집착을 버리고 사랑과 봉사에 힘써야 한다. 《해타론》은 후에 《만사 성취》로 표제를 바꾸었다.

가난은 게으름에서부터 온다. 관료들의 부패는 곧 일하지 않고 백성의 것을 빼앗는 것이었다. 그것은 스스로 노력하지 않고 남의 것을 빼앗는 탐욕이다. 이것이 곧 게으름의 결과다. 해타론은 부지런하고 노동을 신성시하는 것이었다. 신앙인은 항상 부지런하도록 자신을 채찍질해야 했다. 그래서 성경을 열심히 읽고, 전도하며, 기도를 쉬지 않고, 서로 사랑해야 했다. 믿음은 예수를 열심히 따르고 실천하는 것이었다.

많은 신앙의 위인들처럼 길선주 목사도 자기 손으로 세우고 키운 장대현교회에서 배척당했다. 사람들은 위인을 배척할 때 그의 결점을 지적해 허를 찌른다. 길선주 목사의 경우도 마찬가지였다. 그는 의를 행함에서 굳세었고, 진리를 말하는 데 주저하지 않았으며, 죄를 책하는 데 엄했다. 그에게 잘못이 있었다면 눈이 어두워 보지 못하므로 그릇된 행동이 없었고, 전국 교회에 바친 몸이었으므로 자녀 교육의 열기가 없었던 것뿐이었다. 그런데 그들은 왜 자녀들의 잘못은 덮어 두고 자신들의 잘못만 꼬치꼬치 캐내느냐는 것이었다.

그는 진실하고 공리에 뜻이 없었으므로, 공적은 다른 사람이 취하고 자신은 실패자와 같이 보여도 개의치 않았다. 그러나 그는 행운을 누리는 것보다 오히려 그의 불운을 극복했다. 그는 자신에게 오는 시험과 싸워 이겼다. 예수께서 말씀하셨다.

"너희가 환난을 당하나 담대하라 내가 세상을 이기었노라"(요 16:33).

기생으로 이름난 사람을 '평양 색향(色香)'이라 했다. 이 평양에 예수교가 들어와 세상을 바로잡기 시작하자 평양의 기생들이 예수쟁이 때문에 장사가 안 된다고 들고일어났다. 평양 기생들은 "큰일 났다. 빨리 예수쟁이들을 잡아라. 예수쟁이를 잡으려면 길선주 목사부터 잡아라" 하며 난리가 났다. 말 그대로 유명한 평양 기생들과 유명한 길선주 목사 사이에 싸움이 붙었다. 길선주 목사는 평양을 온통 예수 판으로 몰고 가는 불세출의 전도사로 평양의 중심 장대현 교회를 중심으로 전국에 힘을 방출했고, 이로 인해 평양이 빛바랜 색향이 되자 기생들의 발등에 불이 떨어졌다.

이때 한 기생이 "내가 꼭 길선주 목사님을 서방님으로 모시도록 하겠습니다" 하며 나섰다. 이 기생은 장대현교회에 출석하며 새벽기도회도 나갔고, 진실한 교인으로 보여 마침내 길선주 목사의 눈도장을 받았다.

어느 날 저녁 길선주 목사는 그 기생이 준비한 식사 자리에 초대됐다. 의심 없이 초대에 응한 길선주 목사는 버선발로 뛰어나와 맞이하는 기생을 따라 방에 들어갔다. 신방같이 아늑하게 꾸민 방에는 잔칫상처럼 잘 차린 밥상이 하나 있었고, 목사가 안 마시는 술병도 보이는 푸짐한 밥상 가까이에는 비단 이부자리가 깔려 있고 그 머리맡에 원앙침이 놓여 있었다. 순간 모든 것을 알아차린 길선주 목사는 갑자기 나뒹굴며 소리를 질렀다. "아이고, 사람 살려! 길선주 살려! 나 죽는다." 길거리까지 울려 퍼져 나간 다급한 구명의 절규에 길 목사를 서방님으로 모시려던 그 기생은 기절하고 말았다. 길 목사는 지나가던 행인들에게 구출되어 구사일생으로 교회로 돌아왔다. 이후로 평양 기생들은 예수쟁이라면 고개를 흔들었고, 길선주 목사를 정말 존경하는 참한 기생들은 일을 그만두고 예수를 믿게 되었다.

1927년 원산 석우동교회 부흥사경회에서 길선주 목사는 교인들에게 믿음을 굳건히 할 것과 현재의 환난을 신앙으로 이겨낼 것을 권했다. 그런데 설교 중간에 갑자기 전기가 나가고 괴한 30여 명이 단상으로 뛰어오르는 소란이 있었다. 석우동교회 예배당은 아수라장이 됐고 누구의 소행인지 알 수 없었다. 여신도들이 강단으로 황급히 올라가 길선주 목사를 에워싸고 강단 후문으로 인도해 다행히 무사했다. 그들은 공산주의자들이었다. 특히 그중 우두머리는 원산 마르다신학교와 요코하마신학교를 졸업한 독실한 여전도사 김애신의 남편이었다. 유물론을 주장하는 공산주의자들은 기독교를 배격하고 길선주 목사와 교회를 전복하려 했다.

1932년은 길선주 목사가 목사로 부임해 시무한 지 25년째가 되던 해였다. 이때 길선주 목사는 평양 서문밖교회에서 부흥사경회를 인도했다. 당시는 한국의 예루살렘이라 불리던 성령의 도시 평양이 죄악의 도성으로 추락하고 있었다. 평양에서 일어난 중국인 살해 사건은 인륜과 도덕을 말살한 극악무도한 만행이었으며, 길선주 목사는 그리스도의 사랑을 잃은 교회가 먼저 해야 할 일은 회개라고 생각했다. 한국교회에 전례 없는 시련과 고통을 예견한 길선주 목사는 이 사경회에서 깨어 기도하자고 외쳤다.

길선주 목사는 장대현교회를 사임하고 전국 교회의 지도자가 되었고, 평양을 떠나 전국을 다니는 전도자가 되었다. 그의 전도로 목사, 장로, 교사 800여 명이 배출됐다. 한국교회와 교육계의 지도자로 그의 영향을 받지 않은 사람이 별로 없을 정도였다. 그에게 세례 받은 사람이 3천 명, 그가 인도한 구도자가 7만 명에 이르렀다. 그를 통해 예수의 이름을 들은 사람이 수없이 많았다. 왜정의 탄압이 심해져 바라던 소망이 사라져 갈 때도 그는 "진리는 승리한다"라고 외치며 민족을 각성시켰다. 길선주 목사는 성경을 중심으로 진리를 전파하며 그리스도의 재림을 증언하기 위해 전국을 수십 번 돌았다.

1934년 1월부터 7월까지 길선주 목사는 북간도 용정 중앙교회와 남녀 중학교 및 중국인 교회에서 부흥사경회를 인도한 뒤, 연길 지역에서 감리교와 장로교 연합 부흥사경회를 인도하고 함경도를 순회하면서 부흥사경회를 이어 갔다. 그리고 1935년 평안북도 선천교회에서 부흥사경회를 인도하던 중 갑자기 뇌출혈로 강단에서 쓰러졌다. 그때 즉시 선천 기독병원으로 호송되어 2주간의 치료를 받고 퇴원했고, 그 후 1935년 11월 20일 평안남도 강서군 고창교회에서 평서 노회 부흥사경회를 인도했다. 25일 마지막 새벽 집회 시간에 설교하던 길선주 목사는 또 뇌출혈로 쓰러졌다. 그는 입을 벌렸지만 말을 못 하고, 땅에 글을 썼으나 아무도 읽지 못했다. 결국 1936년 11월 26일 오전 9시 10분, 길선주 목사는 67세의 나이로 소천했다. 12월 4일 열린 길선주 목사의 장례식에는 약 10만 명의 조문객이 찾아왔다. 장례식 내내 평소 그가 자주 부르던 찬송가 "내 주를 가까이하게 함은"이 울려 퍼졌다. 그리고 그는 하나님의 품으로 돌아갔다.

길선주 목사는 실로 진리의 사도요, 말세를 위한 사자였다. 그는 결국 순교적 최후를 맞았다. 그의 말세론과 내세론은 억압과 가난에서 신음하던 백성에게 소망을 주었다. 유고로는 《길선주 목사 설교집》이 있다.

길선주 목사의 목회는 쉬지 않고 달려온 목회였다. 1927년 장대현교회 담임목사를 사임한 후에도 그는 끊임없는 부흥사경회 요청으로 한순간도 쉬지 않고 복음의 현장으로 달려갔다. 35년간 목회를 하면서 매해 30주씩 부흥사경회를 인도했고 총 13,360회의 설교를 했다. 길선주 목사는 하나님을 만난 후 단 한 번도 자신을 돌보지 않고 오직 나라와 교회와 민족의 부흥을 위해 쉬지 않고 달려왔다. 그의 손에는 성경이 있었고, 그의 입에는 하나님의 말씀이 가득했다. 큰아들을 가슴에 묻고 상처가 아물기도 전에 복음을 전해야 했던 길선주 목사는 한국의 바울이자 위대한 믿음의 선진이다.

선천 복음화와 민족 교육의 주역
양전백 목사(1869~1933)

　1907년 9월 17일 한국 장로교회는 최초의 한국인 목사 7인을 배출했다. 이에 앞서 같은 해 2월에 이 7명의 목사 배출에 지대한 공을 세운 마펫 선교사는 각자의 인물 됨을 평하면서 양전백(梁甸伯) 목사에 대해 이렇게 말했다. "양전백은 1893년 나에게 세례를 받았다. 그는 지금 36세로 일곱 사람 중에서 가장 나이가 적다. 그러나 학식에서는 아마도 가장 으뜸일 것이다. 그는 선천에서 동북쪽으로 약 60리 떨어진 구성의 새당 거리에 있는, 북한에서 가장 먼저 세례를 받은 김이련 노인이 운영하는 서숙(書塾)의 훈장이었다. 내가 선천에 들렀을 때 그는 김 노인의 권고로 나를 보려고 선천에 왔다." 한국 장로교에서 배출된 최초의 7인 목사 중 가장 나이가 어리면서도 학식에서는 으뜸이었던 양전백 목사는, 목회자일 뿐 아니라 105인 사건과 3·1 독립운동 당시 옥고를 치른 민족운동가이기도 했다.

양전백은 1869년 3월 10일 압록강 근처 의주군 고관면 상고동에서 태어났다. '전백'(甸伯)은 '자'(字)요, 본명은 '섭'(燮), 호는 '격헌'(格軒)이었다. '전백'이라는 '자'를 가졌다는 것은 그가 유학을 중심으로 한 양반 가문 출신이었음을 말해 준다. 그는 비록 성리학의 사각지대인 평안도 출신이나 눌재(訥齋) 양성지(梁誠之)의 21대손으로 조선 전통 유학에 사상적 뿌리를 두었다. 그러므로 그의 유년 시절에 받은 교육이 어떤 것이었을지는 쉽게 짐작이 가능하다. "양전백은 유시로부터 조부모와 양친께 효도해 인근 동민과 가족들에게 총애를 받았고, 증조부 슬하에서 수학할 때 총명이 남다르며 지략이 뛰어났다."

어릴 때 증조부에게 배울 만큼 그의 집안은 대가족이었고 전통 있는 유교 가문이었다. 그러나 가정의 경제 사정은 좋지 않았다. 어려서부터 극심한 빈곤을 겪으며 자랐다. "9세 때 가세가 기울어 파산했을 때 고향의 가옥과 전토를 팔고 의주군 고관면 관동리로 이주했다."

1884년 그가 열네 살이 되어 글에 눈을 뜨기 시작하던 때에 그의 가족은 또 한 번 이사를 했다. 살림은 더욱 축소됐고, 양전백 일가가 정착한 곳은 의주군과 인접한 구성군 천마면 조립동 산골이었다. 아홉 살 때는 이사하는 것이 재미있었으나, 이번 이사는 그에게 좌절감만 가져다주었다. 소박한 농사꾼들이 조그마한 촌락을 이루어 사는 천마산 기슭, 궁벽한 집은 과거로 입신출세하려던 그의 어린 꿈마저 삼켜 버렸다.

그러나 양전백은 구성 땅에서 그곳 사람들처럼 농사를 지어 생계를 유지하지 않았다. 그는 농촌 아이들을 모아 한문을 가르치는 일을 했다. "당시 조림동 거민은 농(農)으로 위업(爲業)하여 글을 모르고 책을 읽지 못했으며, 서당이 간혹 있었으나 '천(天), 지(地), 현(玄), 황(黃)'밖에 알지 못했는데, 선생이 친히 훈몽(訓蒙)하여 많은 문자와 서책을 가르쳤다. 선생께서는 시간 여유가 있는 대로 겨울에는 독서하고, 여름에는 시를 지어 광음을 보냈다"라는 기록이 있다.

양전백에게 이런 생활이 흥미로울 리가 없었다. 학문의 어떤 수준에 도달해 거기서 삶의 의미를 찾게 된 것도 아니요, 그렇다고 그가 사는 땅의 생리에 맞추어 농사꾼이 된 것도 아닌 상태에서, 농촌 아이들을 데리고 기초 한문을 가르치는 생활이 무의미하게 느껴졌다. 더구나 더는 개선될 것 같지 않은 가정의 경제 사정도 그를 괴롭혔다.

1888년 그는 열여덟 살에 집을 떠났다. 뚜렷한 목적을 가지고 집을 나간 것이라기보다는, 현실에 대한 불만과 현실 도피의 의미가 컸다. "1888년 무자년(戊子年) 선생이 자기 시문이 부허(浮虛)한 것을 애석히 여기며 학문이 고격(孤隔)함을 분탄(憤嘆)해서 빈손으로 걸식하며 산령(山嶺)을 넘고 강을 건너 동서남북으로 유랑하다가 한곳에 이르니 의주군 송장면 일소촌이었다. 학문, 가정, 현실에서 뭔가 새롭고 참된 의미를 가져다줄 새 삶을 찾으려 노력했다. 그의 출가는 이렇게 이루어졌다."

아홉 살 때 첫 번째 이사를 경험하고 열네 살 때 두 번째 이사를 경험하면서 몰락한 선비 가문의 경제적 극빈을 체험한 양전백은 자기 학문에 대한 불만이 결정적인 계기가 되어 열여덟에 집을 떠났다. 이곳저곳을 떠돌며 방랑하다 의주군 송장면에 있는 작은 마을에서 유학자 전서(顚西) 이정노(李挺魯)를 만났다. 이정노는 당시 문장에서 일가를 이루고 있던 선비로 경의재(經義齋)란 사숙에서 제자를 키우고 있었다. 열다섯 살에 시부(詩賦)를 지을 수 있었던 양전백은 이정노를 찾아가 자신의 내력과 현실을 고했고 제자로 택해 줄 것을 청했다. 이정노는 이 젊은이를 자기 문하에 받아들였고 그에게 새로운 경지의 학문을 풀이해 주었다.

그가 이정노 문하에서 학문 수련을 한 기간은 길지 않았으나, 그 경험으로 정신적인 방황이 어느 정도 진정됐다. 한때 흔들렸던 학문도 정리되고, 학문을 통해 세우려 했던 입신양명의 꿈도 재확인할 수 있었다. 이러한 정신적인 변화는 그에게 현실에 적응하게 했다. 그는 열아홉에 집으로 돌아와 박 씨와 결혼했다(이 여인은 후에 영신(永信)이라 이름을 고쳤다). 가정을 이룬 그는 새 현실에 적응했다. 먼저 한때 염증을 느끼고 그만둔 훈장 노릇을 다시 시작했다.

"이때부터 유서(儒書)를 연구하여 사림(士林)에 명예가 점점 높아지나 가빈(家貧)을 불승(不勝)하여 훈몽(訓蒙)으로 업(業)을 하셨다." 이정노와의 만남으로 그는 유학에 대한 학문적 열정이 다시 생겨났고, 훈장이란 직업도 부담 없이 감당하게 되었다. 이제 그도 조상의 뒤를 이어 유생이 된 셈이다.

훈장 생활을 시작한 지 3년이 지난 1892년, 한국 최초의 개신교인 중 한 사람으로 만주에서 로스 목사의 한글 성경 번역에 참여한 의주 상인 백홍준의 사위 김관근이 그를 찾아왔다. 김관근은 1889년 봄 압록강 배 위에서 아버지 김이련과 함께 언더우드 선교사에게 세례를 받고 예수교 조사가 되어 평안북도 일대에서 활동했다. 김관근이 구성 산골에 묻혀 있던 양전백을 찾아온 것은 성령의 인도하심에 의한 것이었다. 김관근은 양전백에게 그리스도의 복음을 전했다. 그러나 양전백은 외골수로 들으려 하지 않았다. 김관근의 첫 번째 시도는 실패였다. 그해 9월 김관근이 다시 찾아와 같이 여행을 하자고 했고, 그는 여행 경비를 보조하겠다는 김관근의 말에 경성을 관광할 마음으로 따라나섰다.

전통 유학에 뜻을 둔 선비 가문의 양전백이 친구의 말 한마디에 아직 사학(邪學)으로 여겨지던 예수교를 선뜻 받아들일 리는 없었다. 김관근은 전통 유학자들의 생리를 알고 있었으므로 그 방법을 달리해 서울 구경으로 그를 이끌었다. 그렇게 김관근은 정동교회에서 열리는 장로교 전국 도(道)사경회에 양전백을 데려갔다. 이 사경회는 전국 지도급 교인 16명을 초청해 선교사들이 성경과 기독교 교리를 가르친 신앙 강습회였다.

《조선예수교장로회 사기》(朝鮮耶蘇敎長老會 史記, 1928)에는 이 사경회에 대해 이렇게 기록한다. "경성(京城) 정동(貞洞)에서 전국(全國) 신자(信者)를 소집(召集)하여 일삭(一朔) 간(間) 성경(聖經)을 연구(研究)했는데 내회자(來會者)는 16인(人)이니 경성(京城)에 서상륜(徐相崙), 홍정후(洪正厚), 의주(義州)에 한석진(韓錫晉), 송석준(宋錫俊), 구성(龜城)에 김관근(金灌根), 양전백(梁甸伯), 문화에 우종서(禹鍾瑞), 해주(海州)에 최명오(崔明悟), 장연(長淵)에 서경조(徐景祚), 자성에 김병갑(金秉甲)이 참석했으니 후래(後來) 교회 중 대단한 공헌이 있으니라." 얼떨결에 양전백은 구성을 대표한 교인이 됐다. 양전백은 10일간 계속된 이 사경회에 체면상 이탈하지 못하고 계속 참석했고, 이 일로 초기 장로교인으로 등록됐다. 물론 그때까지 세례는 받지 않았다.

그러나 이 같은 사경회 참석은 기독교에 대한 반감을 갖지 않게 해주었다. 기독교에 대한 부정적인 선입견이 씻기는 중요한 계기가 됐으며, 기독교로 이룩된 서구의 발전된 문명을 접하는 기회가 됐다. 지금까지 생각했던 것처럼 기독교가 야만인들의 종교만은 아님을 선교사들의 생활 태도와 그들이 한국에서 하는 교육 및 의료 사업을 통해 깨달았다. 결국 양전백은 이 사경회 참석을 계기로 기독교에 대한 적대적 인식을 버렸고, 오히려 기독교와 서구 문화가 지닌 우수한 점을 수용하려는 적극적인 자세를 갖게 됐다. 그것은 그가 집으로 돌아와 서당의 교과목을 바꾼 데서 나타났다. "그 후 귀가하여 훈몽(訓蒙)으로 날을 보낼새 국문을 가르치며 성경을 겸하여 가르치고, 주일이 되면 친우 수십 명이 주일을 지키니 밖으로는 신자 같으나 안으로는 유생이었다."

서당에서 종래에 한문으로 된 유교 경전만을 가르치던 양전백이 한글과 함께 기독교의 성경을 교육했다. 그뿐 아니라 주일마다 김관근과 친구들을 서당에 모아 예배까지 드리게 됐으니 교인이 됐다고 할 만했다. 그러나 양전백은 아직 유생이었다. 정신적인 지주는 유교였다.

비록 김관근의 인도로 기독교를 접했고, 그 종교가 이룬 우수한 문명과 문화 그리고 그 종교가 조선에서 하는 의미 있는 사업들에 대해 긍정적으로 평가하며 그 종교적 행위를 모방은 하고 있으나, 아직 기독교가 그의 종교는 아니었다. 그리하여 '밖은 기독교, 안은 유교'인 기형적인 생활이 한동안 계속됐다.

당시 마펫 선교사는 북장로회 선교 본부에 보고하면서 양전백에 대하여 "학식이 있어서 아는 것이 많고 누구도 추종하기 어려울 정도로 으뜸이 될 것이다. 그는 이미 성경을 많이 읽었고 신앙심이 깊으므로 곧 세례를 주었다"라고 했다.

신시교회(新市敎會) 설립

《조선예수교장로회 사기》는 구성 신시교회 설립에 대해 이렇게 기록한다. "구성군 신시교회가 성립하다. 김이련의 차남 관근이 선교사 마펫에게 복음을 받았고 부자가 같이 믿어 가까운 이들에게 전도하니 원룡수, 장응벽, 김진근, 김병갑, 양전백 등이 믿으니 당시에 예배할 처소가 없어서 모이지 못하더니 김이련이 동민과 협의하여 학당을 창설하고 양전백을 교사로 초빙하여 주일에 신자와 학생이 학당에서 예배하더니 일청전쟁에 학당이 폐지되니 회당이 없어졌다. 양전백이 자기 가사 대금 사백 냥과 이길함의 보조금 이백여 냥으로 초가 육간을 사서 수리하고 예배당으로 사용하니 조사는 김관근이었다."

양전백은 말년에 《조선예수교장로회 사기》를 편찬했다. 그는 이 책을 편찬하던 중 병을 얻어 별세했는데, 그가 편찬 실무자였던 만큼 그가 관련됐던 구성 신시교회의 창설 역사는 정확하게 기록됐다. 이 기록에 따르면, 그는 처음 구성군에서 정착했던 천마면을 떠나 사기면(沙器面) 신시로 옮겨 그곳에서 훈장 겸 신시교회 초기 교인으로 활동했다. 그가 신시로 온 것은 김관근의 인도로 서울 사경회에 참석한 후였다.

이미 마펫에게 세례를 받은 후 고향인 의주를 떠나 구성 신시에 정착했던 김이련, 김관근 부자는 양전백에게 집요하게 전도해 사경회에 참석하게 했을 뿐 아니라 신시에 세운 학당 교사로 초빙했고, 매 주일 학당을 교회로 이용해 예배를 드렸다. 따라서 앞서 양전백이 서울을 다녀온 후 학당에서 성경과 한글을 가르친 것은 신시였다. 그는 학당 선생의 자격으로 자의 반 타의 반 매 주일 예배에 참석하는 반 교인이 됐다. 이같이 밖은 기독교인이고 속은 유생이었던 그의 어정쩡한 상태는 1894년의 청일전쟁을 계기로 청산됐다.

1894년 동학혁명이 일어났고, 그것을 계기로 청-일 간의 무력 충돌이 조선에서 일어났다. 특히 평양, 선천, 의주 등 서북 지역은 그 전장이 됐고, 청일 양국 군대에 의해 많은 이들의 가정이 파탄되고 재산을 약탈당했다. 살아남기 위해 산으로 피신하는 사람들이 늘어났다. 신시의 학당도 유지하기가 어려웠다. 전쟁으로 인한 경제적 어려움으로 교육비가 삭감됐고 학당 운영은 사실상 불가능해졌다.

　신시 학당이 어려워지자 그는 또 한 차례 경제적으로 어려워졌다. 어린 시절부터 그를 괴롭혔던 가난이 성년이 된 그에게 다시 찾아왔다. 빚은 갚을 길이 없고, 학문의 경지에 이르겠다는 꿈은 사라진 데다, 백발마저 희끗희끗 피어나면서 또 인생의 허무함을 느꼈다. 전쟁으로 폐허가 된 신시 거리는 황량한 그의 마음을 대변하는 듯했다. 열여덟 살에 훈장 노릇을 하다 현실에 불만을 느끼고 집을 떠났듯이, 이번에도 그는 집을 떠나므로 그 현실을 타개하려 했다.

　그러나 이번에는 어렸을 때 집을 떠났던 것과 그 이유가 근본적으로 달랐다. 그때는 현실에 대한 불만으로 무작정 가출한 것이었기에 동서남북을 헤매며 다니는 방랑의 길이었으나, 이번 여행은 뚜렷한 목적을 가진 계획적인 가출이었다. 즉, 그는 서울의 마펫 선교사를 찾아갔다.

　당시 마펫 선교사도 그보다 여섯 살 많은 30대 청년이었다. 양전백은 뭔가 자신의 고민을 해결하고 현실을 타개할 수 있을 것 같은 생각에서 그를 찾아갔다. 1894년 12월 집을 떠나 험한 길을 걸어서 경성에 가서 마펫 선교사를 만났고 흉금 없이 대화했다. 마펫 선교사는 평양에서 선교하다가 전쟁 때문에 경성에 와 있었다.

　전쟁 후 평양으로 돌아온 마펫은 그에게 권서 직을 주었다. 권서는 성경이나 전도 문서를 지고 주로 시골 벽촌과 시장 거리를 다니면서 책을 팔고 전도하는 직책이었다. 앞서서 찾아오는 학생들에게 글을 가르치던 훈장 양전백이 이제는 책을 지고 시골 구석구석을 다니며 책을 권하고 기독교 진리를 가르치게 되었다.

이 같은 권서 생활은 전통 양반 가문 출신의 양전백에게는 생소했다. 중인 이하 상민들이 하는 장사를 하며 그는 이른바 '민중 체험'을 했다. 전쟁의 참화가 지나간 폐허에서 고통받는 민중과 직접 만나고 호흡할 수 있었던 귀중한 경험이었다. 그는 이 경험을 통해 이 땅의 민중이 겪고 있는 고난 역사에 참여했다. 그는 언제나 책을 펴들고 논리정연하게 복음을 전했고, 신앙의 길과 이치를 조리 있게 가르쳤으며, 또 예배의 모범을 철저하게 가르쳤다.

그의 복음 전파가 열매를 맺어 삭주군의 읍내 교회(1896)와 철산군의 읍내 교회(1897)가 설립됐다. 그리고 그는 1896년 12월 선교사 위대모(魏大模, Nirman C. Whittemore)의 조사가 됐다. 그는 위대모 선교사와 함께 철산군 평서교회를 설립했다(1898). 1902년 양전백은 선천북교회(선천읍교회가 이름을 바꾸었음)의 장로로 장립되었다. 그 후 평양신학교에 입학해 제1회 졸업생이 됨으로써 한국 최초의 목사 7인 중 한 사람이 됐다.

선천(宣川) 개척자

1896년 새로이 평양에 부임한 위대모 선교사가 평북지역 책임자로 임명되면서 양전백은 그의 조사가 됐다. 이때부터 양전백은 그와 함께 선천에 기지를 두고 강계, 철산, 정주, 삭주, 곽산, 의주 등 평북 전 지역을 돌며 전도하면서 교회를 세웠다. 각지를 돌며 전도에 힘쓴 결과, 1898년 12개 교회에 세례교인 53명이었던 것이 1899년에는 26개 교회에 세례교인 202명으로 증가했다.

한국 선교 초기 한국교회의 눈부신 발전과 성장의 중심에는 평북 선천이 있었고, 또 거기에는 양전백이 있었다. 평양에서 입교한 후 각각 1896년 1897년 귀향한 노효준과 나병규가 고향 친구인 조규환의 도움으로 전도를 시작해 선천에 기독교가 전파됐다. 위대모 선교사가 선천 선교지부를 개설했고 선교 구역은 중앙 구역, 동 구역, 용천 구역, 서 구역, 북 구역, 극북 구역으로 구분됐다. 중앙 구역은 선천교회가 담당하는 구역으로 선천군과 구성군 2개 군이 포함되었다. 여기에는 모두 5개의 신앙 공동체가 있는데, 그중 하나는 유명한 섬인 신미도 신자들의 모임이었다. 이곳은 선천에서 불과 70리 밖에 떨어져 있지 않았으나, 그때까지 한 번도 선교사가 가 보지 못한 곳이었다. 양전백이 이곳의 조사였다.

동 구역은 선천 동쪽 지역으로 그 경계까지 이르렀는데 조지 렉이 맡았으나 그는 한 번도 그곳에 가 보지 못했다. 그때 분리된 구역은 조사 강제근이 맡게 되었다. 여기에는 모두 7개의 신앙 공동체가 있었는데, 이 중에는 100명이 넘는 신자가 있는 곳도 있었다.

한국인들이 용천 구역이라 불렀던 구역은 선천 서쪽에 있는 용천군과 철산군 2개의 군으로 이루어졌다. 이 지역은 첫 번째 담당 조사가 임명된 1901년 2월에 나뉘었는데 조사 장기정이 담당했다. 이 구역 신자들은 의주나 선천에서 열리는 사경회에 주로 참석했는데 철산에서도 사경회를 하기를 원했다. 이 구역에는 전체 145명의 세례교인, 269명의 학습교인을 포함해 모두 620명의 신자가 있었다.

1901년 의주군은 조사 한 사람이 담당하는 서 구역으로 편성됐다. 그러나 한 사람이 감당하기 힘든 곳이어서 12월에 두 구역으로 나눴다. 한 구역은 의주를 중심으로 서쪽과 남쪽에 있는 6개 신앙 공동체와 읍내교회를 포함했고, 다른 한 구역은 의주의 북쪽과 동쪽에 있는 8개 신앙 공동체를 포함했다. 압록강 섬에 있는 작은 신앙 공동체를 제외하고 의주 서 구역의 6개 공동체는 모두 100여 명의 신자가 있는 사하치 중국 무역소를 정면으로 보고 있는 큰 공동체로, 모두 인구 밀도가 높은 압록강과 지류 계곡의 풍부한 농경지에 있었기 때문에 매우 급속도로 성장했다. 이 구역의 조사는 김창건이었다.

의주 동 구역은 남서쪽 다소 약한 세 곳을 제외하고는 서 구역보다 신자들이 많고 영적으로나 경제적으로 매우 강했다. 이 구역은 대부분 산악지대였는데, 북쪽은 100리가 넘는 압록강에 연해 있었고 상대적으로 사람들은 가난했다. 남서쪽 피연은 250여 명의 신자가 있는 평안북도에서 두 번째로 큰 공동체였는데 바로 전 가을에 분립했다. 선한 일을 하는 공동체였으며 조사는 김관근이었다. 의주 사람들은 전국에서 가장 진취적이었다. 그들은 지식 수준이 높고, 다른 지역보다 경제적 여유도 있었다. 그늘은 계속해서 수의력 있게 탐구하는 사람들로 한 명의 선교사가 전적으로 그들을 위해 헌신했다. 거기에는 286명의 세례교인과 624명의 학습교인을 포함해 모두 1,156명의 신자가 있었다.

북 구역은 의주 북쪽 압록강을 따라 삭주군, 자성군, 벽동군 세 군으로 구성됐다. 거기에는 6개의 공동체가 있었으나, 기독교인들이 예배를 위해 모이는 곳은 8~9곳이었다. 공동체는 규모가 작았고, 사람들의 지식 수준은 해안 사람들보다 다소 부족했다. 삭주골의 공동체는 평안북도에서 가장 오래된 곳 중 하나였는데 다른 곳처럼 크게 성장하지는 못했다. 조사는 한덕용이었다. 극북 구역은 강계 구역이라고 할 정도로 강계를 중심으로 이뤄진 구역인데 위원군과 초산군, 만주의 공동체가 있었다.

전체 책임은 위대모 선교사가 맡았다. 위대모 선교사는 이 지역을 맡은 해에 3차례 순회했는데 다 마치기까지 5개월이 걸렸다. 그동안 그의 조사 양전백은 지방 교회들을 쉬지 않고 찾아다녔다. 양전백의 헌신으로 1898년부터 1899년까지 1년 사이에 평북지역의 교회 수는 12개에서 26개로, 교인 수는 53명에서 202명으로, 세례 지원자는 151명에서 363명으로 엄청나게 성장했다. 그 전해에 세웠던 계획대로 권서 한 사람을 이 지역에 더 배치해 매우 유능한 조사 양전백과 함께 협력하게 했다. 이 두 일꾼이야말로 그 1년간 이룩한 놀라운 성과의 주역이었다. 양전백은 1898년 선천읍교회를 설립했고, 1901년부터 의료 선교사 샤록스(A. M. Sharocks)와 함께 선천에 상주했다. 1902년 조직 교회의 면모를 갖추기 위해 양전백을 장로로 세움으로 교회가 활기차게 변했다.

양전백은 1900년 교인 자녀들의 교육을 위해 소학교인 명신학교를 설립해 교장으로 일하다, 1905년 교우들과 함께 남자 중등 교육 기관인 신성학교를 설립했다. 그 이듬해 의주읍교회는 장유관의 발의로 동지학회(同志學會)를 조직하고 읍내 소학교를 확장해 남녀 중등 교육 기관을 설립해 학교 이름을 양실학원(養實學院)이라 했다.

1902년 장로가 되면서 선천뿐 아니라 평북지역 교회의 명실상부한 지도자가 된 양전백은 청일·러일전쟁을 겪으면서 민족주의 의식을 가지게 되었고 교육을 통해 이를 구현하려 했다. 우선 선천읍교인들의 자녀를 중심으로 교회 안에 학교를 세웠다. 이미 1900년 초등 교육 사숙을 설립했는데 이것이 후에 명신학교가 됐다.

1904년 양전백이 신학교 2학년이었을 때 러일전쟁이 일어났다. 전쟁의 와중에서 주요 싸움터였던 평안북도 일대의 교회들은 일본군과 러시아군의 막사 또는 병원으로 징발되었고, 시설이 파괴되거나 불에 타는 엄청난 피해를 입었다. 러일전쟁의 처참한 경험은 평안북도 일대 교회들을 사실상 관장하던 양전백에게 약소민족의 설움을 온몸으로 느끼게 했다. 이를 계기로 불붙은 민족 의식은 그를 기독교 신앙과 민족을 아우르는 민족 구원의 신앙인으로 거듭나게 했는데, 그 첫 결실이 신성중학교(信聖中學校)의 설립이었다.

1905년에 안준, 김병농, 김석창, 이창석, 노효욱, 노정관, 조규찬 등 선천읍 교인들과 협력해 중학교를 설립했는데, 이 학교가 민족주의 색채가 짙은 신성중학교(信聖中學校)다. 이 학교는 방표원, 이기혁, 고병간, 김선량, 백낙준, 백일진, 이대위, 계병호, 박형룡, 장준하, 계훈제, 김산 등 많은 교계 및 정계 독립운동 지사들을 배출한, 정주의 오산과 함께 일제 시에 민족주의 세력을 양성한 민족 교육기관이었다.

양전백은 또 1907년 여성 교육 기관으로 보성여학교(保聖女學校)를 설립했는데, 이 학교도 차경신, 김성무, 강기일 등 여성 민족운동가를 배출했다. 이 같은 민족 교육을 통해 그는 자연스럽게 서북지역 민족 세력의 중심이 됐다. 양전백 목사는 1909년부터 선천읍교회 담임목사로 선천을 중심으로 한 서북의 민족 교회 세력을 주도했다.

1911년 교인이 급증하면서 선천 읍내를 가로지르는 장천(長川)을 경계로 기존의 선천읍교회를 북교회로 하여 남교회가 분리됐으며, 이후 북교회에서 중앙교회(1930)가, 남교회에서 동교회(1931)가 분립함으로 지교회들이 생겨났다. 선천은 2만의 인구와 4천여 호의 소읍이었으나 주민의 60퍼센트 이상이 기독교인이어서, 주일에 장날이 겹치면 장이 서지 못할 정도였다. 또 네 교회(북·남·동·중앙교회)가 연합으로 성경 공부를 하고, 공부가 끝나면 비공식 모임을 통해 교회 발전을 논의했으며, 교회 연합으로 초등학교와 유치원을 운영했다. 당시 교육 구국의 이념으로 선천에도 많은 학교가 설립됐는데, 특히 양전백이 세운 신성중학교는 을사늑약 체결과 전국에 교육 구국 운동이 요원의 불길처럼 퍼져 나가던 1906년 양전백을 비롯한 선천읍교회 교인들이 중심이 되어 창립했다. 명의상 초대 교장은 위대모 선교사였으나, 학교 재정과 교과 운영은 전적으로 한국인들이 담당했다. 당시 12명의 학생으로 시작한 명신학교는 1901년 부속 여자 소학교를 설립하며 점차 확장되었다.

초기에는 선천읍교회 건물을 빌려 26명의 학생에 6인의 교사진으로 출발한 신성중학교는, 1909년 북장로회 선교부에서 미국 독지가의 기부금을 받아 교사와 기숙사를 신축하고 학교의 경영권을 넘겨받음으로 미션 스쿨로 개편됐다. 이때 신성중학교의 2대 교장으로 부임한 매큔(George S. McCune, 윤산온) 선교사는 모교인 파크 대학의 교육방침대로 공작부와 농장을 설치하고 '3H'(Head, Heart, Hand) 곧 지(智), 덕(德), 공(工)의 집성 교육을 했다. 한편, 양전백과 선천읍교회 교인들은 1907년 보성여학교를 설립해 여성 지도자를 길러내는 교육에도 힘을 쏟았다. 이 학교는 남강 이승훈이 설립한 정주의 오산학교와 더불어 민족운동의 산실이 됐다. 또 그는 미주 교포들이 보내준 성금으로 1908년 대동고아원을 설립했다.

앞서 감리교는 1901년 김기범, 김창식 두 사람을 '집사 목사'로 안수했다. 장로교는 6년 후인 1907년에야 목사를 배출했다. 1907년 6월 양전백은 길선주, 방기창, 서경조, 송린서, 이기풍, 한석진과 함께 장로회신학교를 제1회로 졸업했다. 이들 7인은 석 달 뒤 대한예수교장로회 독노회가 조직되자 목사 안수를 받고 한국 장로교회의 초대 목사들이 됐다. 당시 38세로 그들 가운데 가장 나이가 어렸으나 학식에는 으뜸이었다는 양전백은 목사 안수를 받은 후 평안북도와 남만주 일대를 순행하는 목사로 2년간 시무했다.

그리고 1909년 선천읍교회(1911년 선천북교회로 개칭)의 담임목사로 부임한 이후 양전백은 교회와 학교를 오가며 민족 구원의 신앙을 실천했다. 당시 선천은 '동양의 예루살렘'으로 불렸는데, 시내를 4등분하여 동서남북에 교회가 하나씩 있었다. 1890년 북교회가 제일 먼저 시작됐는데, 1906년 양전백이 목회할 당시 교인 수가 1,400명에 달했다. 1910년 김석창 목사가 남교회를 개척했는데 얼마 후 1,200명이 모이는 교회로 급성장했다. 당시 선천읍 인구가 5,000명이었으므로 두 교회 교인만 해도 인구의 절반이 넘었다. 당시 장날이 주일과 겹치면 장사꾼들이 왔다가 인파를 따라 교회까지 가는 진풍경이 벌어졌다. 양전백 목사는 선천을 '한국의 예루살렘'으로 일궈내며 평생토록 섬겼다.

1910년 명신학교 교장을 맡아 교실을 건축해 200여 명의 학생을 수용할 수 있는 시설로 발전시켰다. 그리고 1910년과 1911년 YMCA 제1, 2회 학생 하령회에 연사로 참여해 학생들에게 민족 구원을 위한 삶의 헌신에 대해 연설했다.

105인 사건

선천읍교회의 담임목사로 부임한 이후 양전백 목사는 교회와 학교를 오가며 민족 구원의 신앙을 위해 전력했다. 한편 1910년 가을, 일본은 양전백, 이상재, 최병헌 등 한국의 각 교파의 명망 있는 교역자 17인을 초청해 일본을 시찰하게 했다. 일본의 발전된 문물을 보여 줌으로 그들을 주눅 들게 해 회유 포섭하려는 속셈이었다. 그러나 시찰단 일행은 기죽지 않고 일본의 정치가와 종교인들 앞에서 일본의 풍요한 문명과 종교·도덕의 빈곤함을 대비시키며 그것을 풍자했다고 한다. 시찰에서 돌아온 양전백은 사람들에게 "영국이 100년에 걸쳐 이룩한 사업을 일본이 30년 만에 이루었다면, 조선이 이를 10년 안에 이루지 말라는 법이 있겠느냐?" 하며 종교·도덕성을 각성하고 각종 사업에 힘쓸 것을 격려했다. 기독교 지도자들에 대한 이 같은 회유가 효과가 없자 일제는 그 대신 압박정책을 실행하는데, 그 과정에서 나온 것이 '데라우치(寺內) 총독 모살 미수 사건'으로 이른바 '105인 사건'이다.

한일합방(1910) 직후 1911년에 일어난 '105인 사건'도 그 발상지는 신성중학교였다. 일본은 황해도 신천의 안명근이 초대 조선 총독 데라우치(寺內正毅)를 암살하려던 사건을 윤치호, 이동녕, 이승훈 등이 조직한 비밀 단체인 신민회가 배후에서 조종했다고 몰아, 이를 빌미로 항일 민족 세력을 제거하고자 신민회 인사들과 평안도의 북장로교 선교사를 체포했다. 이때 신성중학교 교사들과 학생들이 체포되어 서울로 압송됐다.

'105인 사건'은 요지는 이러했다. 일제가 관서지방을 순시한다는 소문을 듣고 1910년 9월부터 12월까지 기독교 학교의 교사와 학생들을 동원해 경의선 연변에 있는 평양, 선천, 정주, 신의주 등지 정거장에서 권총으로 총독을 암살하려고 모의했으나 사실이 와전되고 여건이 허락하지 않아 결국 미수에 그쳤다는 것이다.

일제는 1910년 9월 3일 오전에 신성중학교의 교사와 학생들을 검거했고, 양전백도 체포됐다. 서울로 압송된 피의자들은 가혹한 고문을 받았다. 무자비한 고문을 더는 견디지 못한 사람들은 심문 도중 사망하거나(김근형, 정희순), 허위로 자백할 수밖에 없었다. 양전백은 1심에서 6년 형을 선고받았고, 2심에서 무죄를 선고받고 복역하다 1913년 3월에 석방됐다.

이 사건에 연루된 사람은 모두 389명이었는데, 이 중 양전백을 포함한 123명이 경무 총감부에 의해 정식 기소됐다. 기소 과정에서 양전백은 일제 관헌에게 상상을 초월하는 고문을 당했다. 당시 그와 같은 감방에 있었던 선우훈은 훗날 그 모습을 이렇게 전했다. "양전백 목사는 그 이름을 모르는 이가 없을 정도로 교계의 태두로 존경받던 성자다운 어른이셨다. 그런데 밤 9시경 수갑 찬 손에 콩밥 한 덩이를 들고 다리를 절며 의복을 거두지 못한 채 부들부들 떨며 방 안에 들어서서는 미친 사람같이 손바닥의 콩밥을 핥아 잡수셨다. 머리털이 전부 뽑혔고, 한 가닥의 수염도 남아 있지 않았다. 내 옆에 앉았는데 반죽음 상태인 그는 문안도 없고 대답도 없었다."

일제의 비인간적 고문과 악형은 교회와 민족 지도자로서 갖추고 있던 그의 체면과 품위를 송두리째 앗아갔다. 그뿐 아니라 극심한 고문으로 인해 그는 일제의 조작 음모 각본대로 허위 자백을 했다. 이것이 그로서는 두고두고 가장 큰 아픔으로 남았다.

결국 양전백 목사는 다른 122명과 함께 1912년 5월 기소되어 6월 28일부터 경성지방법원에서 재판을 받았다. 공판 중 기소자들은 사건이 고문으로 날조됐다며 공판 투쟁을 했다. 그러나 재판부는 강행해 9월 28일 123명 중 105명에게 징역 5~10년의 유죄 판결을 내렸다. 선천지역 신민회 주요 간부로 양전백 목사는 징역 6년을 선고받았다. 유죄 판결을 받은 105명은 모두 복심 법원에 항소했다. 항소심은 경성복심법원에서 1912년 11월 26일부터 1913년 3월 20일까지 총 52회에 걸쳐 진행됐다. 1심 공판 과정에서 사건이 세계 언론의 주목을 받자, 항소심부터 피고인들이 신청한 증인과 증거 제출이 받아들여졌다. 그 결과 항소심 판결에서 윤치호, 양기탁, 임치정, 이승훈, 안태국, 옥관빈 등 6인을 제외한 99인이 무죄 석방됐다.

한편, 1909년 조지 매큔 선교사가 선천에 부임했다. 1905년 9월

12일 미국 북장로회 교육선교사로 한국에 온 그는 1909년부터 신성중학교 교장으로 인재 양성을 통해 근대교육의 기틀을 잡았다. 한국에 온 후 그는 공부하려는 학생들에게 입학 기회를 주었고, 평소 재목이 될 만한 학생은 일단 중국의 기독교계 학교로 보내 영어를 공부하게 한 후 미국으로 유학을 보내는 등 지도자 양성에 심혈을 기울였다. 문교부 장관과 연세대 초대 총장을 지낸 백낙준도 신성중학교 출신으로 매큔의 주선으로 중국을 거쳐 미국 유학을 했다.

매큔은 우리나라의 독립운동에 직·간접적으로 간여했다. '105인 사건'의 주동자로 연루됐고, 이후 3·1 독립운동 때 만세운동 학생들에게 협조했다는 이유로 1921년 미국으로 추방됐다. 미국 휴런 대학교 학장으로 있을 때도 한국 유학생들을 돕다가, 1928년 평양 숭실전문학교와 숭실중학교 교장으로 청빙되어 다시 한국에 왔다. 매큔은 숭실전문학교장 재임 시절, 기독교인의 신앙 양심으로 신사 참배를 거부했다. 이 일로 그는 1936년 조선총독부에서 숭실전문학교 교장직을 파면당하고 3개월 뒤 다시 미국으로 추방됐다. 그리고 1941년 하나님의 부르심을 받았다. 해방 후 대한민국 정부는 우리의 독립운동을 도왔던 그에게 건국 공로 훈장과 문화 훈장을 수여했다.

이같이 평북 선천은 미국 북장로교 선교지부를 통한 지역 복음 전파의 중심지였을 뿐 아니라, 교육 및 의료 선교(1905년 미동병원 설립)로 일찍부터 서양 문물과 신교육을 받아들임으로 애국자와 선각자를 많이 배출해 일제 강점기에는 독립운동의 온상지가 됐다. 선천은 한국의 주변부에 불과했으나 복음의 씨앗이 뿌려져 30배, 60배, 100배로 결실함으로 한국 근대화의 새로운 요람, 한국 기독교의 중심지가 됐다.

독노회 산하에서 북평안 대리회는 평안북도 지역 전체를 담당하며 크게 세 가지 방면에서 주요 사업을 이룩했다. 다른 대리회도 모두 같은 사업을 주요 사업으로 전개했으나, 다른 대리회와 비교했을 때 유독 평북지역에서 그 열매가 두드러졌다. 첫째, 그전부터 꾸준히 해온 대로 교회를 설립하고 돌보는 일이었다. 우선 이런 일을 체계적으로 하기 위해 평안북도 지역에서 활발한 전도 활동을 벌였던 양전백이 선택됐다. 이는 독노회 설립의 주역인 한국 장로회 최초 일곱 목사의 부임지를 결정함으로 이루어졌다. 1907년 9월 19일 노회에서는 정사 위원 박정찬의 보고를 통해 새로 안수받은 일곱 목사의 부임지를 결정했다. 이기풍 목사는 제주 선교사로 보내되 월급은 전도국에서 지출하기로 했고, 방기창 목사는 용강, 제재, 주달 교회의 전도목사로 임명했고, 한석진 목사는 평양 정천, 미림리천 교회의 전도목사, 송인서 목사는 증산, 한천, 외서창, 영유, 허리몰 교회의 전도목사, 길선주 목사는 평양 장대현교회 목사로 임명했고, 양전백 목사는 선천, 정수, 박전 능지에서 위대모 목사와 같이 선노목사로 일하도록 했고, 서경조 목사는 장연, 옹진 등지에서 사우어 목사와 같이 전도목사로 일하도록 임명했다. 전도목사 6명의 월급은 그 당회 위원에게 위임해 지출하게 했다.

이 결정에 따라 양전백은 평안북도 지역을 대표하는 목사로, 선천을 중심으로 평안북도 전체를 이끄는 한국인 지도자로서의 역할을 부여받았다. 이듬해 작성된 정사 위원 보고서는 양전백이 선천뿐 아니라 평안북도 전체를 담당하는 목사였음을 말해 준다. 1908년 9월 10일 노회 정사 위원 보고에는 양전백 목사를 선천읍 예식목사로 정했다.

이후 북평안 대리회에서 목사 안수를 받으면서 하나의 교회를 중심으로 예닐곱 교회를 돌봐야 했다. 그리고 목사 숫자가 점차 늘어나면서 교회를 설립하고 돌보는 일에서 노회 차원의 체계적인 조직을 갖추게 됐다.

평안북도 선천군 목사 양전백의 통신에는 이렇게 기록되어 있다. "선천읍은 칠백여 호 되는 곳인데 복음이 전파된 지 십팔 년에 교회가 왕성하여 외촌에 지회로 나눈 곳이 십오 처요, 읍 중 교회를 남북 양 당회를 만들고 새로 큰 예배당을 짓기로 하여 지금 연보한 것이 금화 이천삼백여 원인데 금년 봄으로 건축하고자 하는데 염려하는 것은 교인의 열정은 대단한데 재정이 부족하여 거대한 집을 감당치 못할까 하니 이 통신을 보시는 형제자매는 기쁨으로 풍부하신 주께 기도하시어 은혜 위에 은혜를 더 받게 하심을 바랍니다."

또 정주군 박규현의 통신에는 이렇게 되어 있다. "정주읍교회가 세워진 지 십여 년에 교우가 삼백 명에 지나지 않더니, 금번 부흥회 때 믿은 사람이 이백팔십여 명으로 주일을 성실히 지킬 뿐 아니라, 매 주일 삼사십 명씩 새로 작정하고 믿으므로 지금은 교인 수가 일천여 명이 되어 주일 공부를 십팔 장소에서 하니 감사함을 다 말할 수 없다. 정주 덕달면 조촌은 본래 양반촌이라 사부들이 많이 살기에 사람들이 말하기를 작은 서울이라 하더니, 오늘에는 이 촌 중 이백여 명 교인이 한 가지로 예배하니 이전 작은 서울이 변하여 작은 천국을 이뤘다 할 만한지라 대저 하나님의 권능이 저 양반들을 이기셨으니 할렐루야 그뿐 아니라 해읍 남면 부호 백촌은 유명한 사부촌인데 사람들이 말하기를 '사모 뿔이 서로 걸려 다닐 수 없다' 하던 곳이 지금은 그 어리석은 풍속이 변하고 믿는 이 삼십여 명이 모여 진실한 마음으로 예배하고 있다."

양전백 목사는 신성학교 YMCA 창설자이자 학생 YMCA 하령회 주임 강사였으므로 '105인 사건'의 주모자로 몰리게 됐고, 1910년과 1911년 여름 두 차례에 걸친 학생 YMCA 하령회를 통해 양 목사는 당시 황성 기독교청년회 부회장이던 윤치호, 이상재, 이승만, 에디(G. S. Eddy), 화이트(G. C. White), 와이어(H. H. Wire), 브루크만(F. M. Brukman), 질레트(P. L. Gillett) 등과 함께 학생 YMCA 회원들을 지도했는데 이것이 일제에 눈엣가시였다.

당시 일제는 1910년부터 국내 모든 민간단체를 해산시켰는데 유독 YMCA만 끝까지 남아 항일운동을 계속했기에 최후의 탄압을 가했다. 이처럼 양전백 목사는 목회자였을 뿐 아니라 학생 YMCA 운동의 개척자이자 항일 투사였기에 3년간 투옥되었으나, 출옥 후 계속 학생 YMCA 운동에서 지도력을 발휘했다.

다시 강단에 선 양전백 목사는 맨 먼저 자신의 죄를 고백했다. "나는 이제 교직을 그만두어야 되겠습니다. 연약한 육신으로 인해 나는 수감 중 고문의 고통을 이기지 못해 하지 않은 일을 했다고 거짓말을 했으니 주의 교단에 설 수 없는 사가 되었습니다." 이는 양전백 목사의 솔직한 고백이었다. 이 고백을 들은 교인들은 모두 눈물로 통곡했다. 그동안 목자 잃은 양처럼 남쪽 하늘만 바라보며 그가 무사히 돌아오기만을 간절히 기도했던 교인들이었다. 양전백 목사의 솔직한 고백으로 성도들의 온 마음이 다시 그에게로 돌아왔다. "목사님처럼 양심적인 분이 또 어디 있습니까?" 모두 그 사임을 받아들일 수 없다고 소리쳤다. 결국 양전백은 다시 목회자로 돌아왔다. 1914년 양전백은 평북 노회장이 됐고, 1916년에는 제5회 대한예수교장로회 총회에서 제1회 신학교 졸업생 중 제일 먼저 총회장으로 선출됐다. 그는 온화한 인품과 특유의 감화력으로 교계를 이끌었다.

독립선언의 민족 대표

총회장을 역임하며 한국 장로교회의 원로 반열에 오른 양전백 목사는 3·1 독립운동에 민족 대표 33인의 한 사람으로 참여해 또 한 번의 옥고를 치렀다. 양전백 목사가 독립운동에 대한 소식을 처음 들은 것은 1919년 2월 6일경이었다.

어느 날 저녁 중국 상해에서 조직된 신한청년당 간부로 활동하던 선우혁이 그의 집에 찾아왔다. 선우혁은 신성중학교의 교사로 재직하다 '105인 사건'에 연루되어 그와 함께 옥고를 치른 막역한 사이였다. 그는 양전백에게 1월부터 프랑스 파리 근교의 베르사이유 궁전에서 제1차 세계대전 전후 처리를 위한 강화회의가 전승국과 중립국 대표들이 참석한 가운데 열리는데, 상해 신한청년당에서 김규식을 대표로 파견해 한국의 독립을 청원하기로 했다는 소식을 전하면서 독립운동 자금 모금을 부탁했다. 선우혁에게 이번 파리강화회의 기본 원칙 가운데 하나가 미국 대통령 윌슨(Thomas Woodrow Wilson)이 제창한 '민족자결주의'라는 설명을 들은 양전백 목사는, 독립운동의 취지에 동감하면서 당장은 경찰의 단속이 심해서 모금이 어려우니, 일단 압록강 건너 만주 안동현으로 가 있으라고 했다. 때마침 선천에서는 약 30명의 목사와 90명의 장로, 그리고 1천여 명의 교인이 참석하고 있는 대규모 사경회가 열리고 있었다.

1919년에 선천 기독교청년회(YMCA)가 조직되어 계몽운동을 이끌었다. 3·1 독립운동 때도 선천의 남·북교회와 신성중학교 학생들을 중심으로 시위를 벌여 전국에서 많은 희생자를 냈다. 당시 북교회의 담임목사였던 양전백은 독립운동 민족 대표 33인 중 1명이었으며, 남교회의 김석창도 그 중심에 있었다. 이처럼 선천교회는 민족의 미래에 대한 책임감으로 민족운동을 이끌었다.

이렇게 독립운동 기운이 무르익어 가던 중 2월 8일 일본 동경에서 한국 유학생들이 독립선언서와 청원서를 각국 대사관과 공사관, 일본 정부와 의회에 발송하고 YMCA회관에서 유학생대회를 열어 독립선언식을 거행했다. 국내에서도 독립운동 거사를 위한 준비가 본격적으로 시작됐다. 기독교계와의 교섭을 위해 급히 상경하라는 최남선의 연락을 받고 상경한 이승훈은 2월 11일 서울 계동 김성수의 집에서 송진우와 만나 기독교계가 거사에 참여하도록 해달라는 부탁에 쾌히 승낙하고, 남대문밖교회에 들러 함태영 조사의 동의를 구한 뒤 동지 규합을 위해 선천으로 갔다. 2월 12일 선천에서는 사경회에 이어 평북 노회가 열렸는데, 노회를 마친 뒤 양전백의 집에서 그를 비롯한 유여대, 김병조, 이승훈, 이명룡 5인의 목사와 장로가 따로 모여 이승훈이 서울에 다녀온 소식을 듣고 거사에 동참할 것을 결의했다. 이후 이승훈은 2월 14일 평양 기흘병원에서 길선주, 신홍식 목사와 만나 독립운동 계획을 알리고 승낙을 받았다.

독립운동에 참여하기로 마음을 굳힌 양전백은 평양에서 열린 교회 집회에서 함태영을 만나 그에게 일본 정부와 제국의회, 조선총독부에 보낼 문서에 날인할 도장을 맡겼다. 당초 그는 독립운동의 방식으로 독립 선언이 아닌 독립 청원을 생각했다. 그는 거사 직전까지 제1진으로 50명이 독립 청원 선언서를 내고, 그 사람들이 체포되면 다음으로 제2진, 제3진이 다시 독립 청원을 하는 것인 줄로 알고 있었다. 그것은 독립운동에 참여한 기독교계 인사들 다수의 생각이기도 했다. 아마도 상징적인 독립 선언보다는 일제 당국에 청원하는 것이 더 실효성 있는 독립의 방안이라고 판단했던 것 같다. 그러나 2월 23일 밤 남대문밖교회 함태영 조사 사택에서 열린 제2차 장로교·감리교 지도자 연석회의에서 독립운동의 일원화를 위해 독립선언서의 발표를 주장하는 천도교 측의 의견대로 방침을 바꾸었다.

양전백은 거사일이 3월 1일로 정해졌으니 거기에 맞춰 반드시 상경하기 바란다는 이승훈의 연락을 받고, 그 전날인 2월 28일 밤 서울 남대문역에 도착해 근처 여관에서 하룻밤을 유했다. 그리고 3월 1일 오전 10시 함태영을 방문해 거사 장소를 확인했다. 이때 그는 함태영에게서 독립선언서 인쇄물을 건네받고 비로소 독립 선언으로 방침이 바뀐 사실을 알았다. 하지만 독립운동의 대의를 위해 함께하기로 하고 독립 선언식이 열리는 종로 인사동 명월관 지점 태화관으로 향했다.

독립 선언식은 3월 1일 오후 2시 태화관에서 민족 대표 33인 중 29인이 참석한 채 조촐하게 진행되었다. 불교 대표 한용운의 낭독과 만세 삼창이 끝난 뒤 3시경 출동한 순사들에게 전원 체포되어 경무총감부로 연행됐다. 취조 과정에서 양전백은 일제의 무단통치가 적합하지 않으며, 한국인은 일본인에 도저히 동화될 수 없다는 것을 분명히 했다. 이후 그는 경성복심법원에서 징역 2년 형을 선고받고 1921년 11월 4일 마포 공덕리 경성 감옥에서 만기 출옥했다.

양전백 목사의 삶은 평범했던 한 사람이 기독교 신앙으로 얼마나 큰 위인이 됐는지를 보여 준다. 1922년 1월에 양전백은 선천북교회의 담임목회자로 돌아왔다. 이 무렵 목회에 힘쓰는 한편, 1917년 인가 취소를 당해 서당제로 유지하던 명신학교 재건에 착수해 1923년 반양식 교사를 신축하고 이듬해 9월 6년제 보통학교로 인가받았다. 그리고 유지들의 기부로 56,236원의 재정을 모아 1926년 재단법인 허가를 받았다. 이후 그의 나이 50대 말년에 목회 일선에서 은퇴했다.

그는 말년 작업으로 1927년부터 《조선예수교장로회 사기》 편찬 책임을 맡아 서울 피어선성경학원에 머물며 교회사 자료를 수집해 이 책을 집필했다. 그 후 갑자기 병을 얻어 선천으로 돌아왔다. 약해진 몸으로 계속 선천북교회에서 목회하던 그는 1933년 1월 17일 64세의 나이로 집에서 소천했다.

1895년부터 근 40년간 권서, 조사, 목사로 교회와 민족을 섬긴 양전백 목사는 12만여 리에 달하는 거리를 여행하며 복음을 전하고 3천여 명에게 세례를 베풀었다. 무엇보다 그는 평안북도 선천을 한국의 예루살렘으로 만든 장본인이었는데, 그것은 비단 교회뿐 아니라 사회적으로도 도시 모범을 만드는 사업이기도 했다. 특히 명신학교와 선천중학교, 보성여학교의 설립으로 이어진 그의 교육사업은 선천을 민족 교육의 중심지로 탈바꿈시키는 견인 역할을 했다. 그의 장례는 1월 21일 5천여 명의 인파가 운집한 가운데 조선예수교장로회 총회장 남궁혁 박사의 인도로 기독교 연합 사회장으로 엄숙하고 경건하게 치러졌다. 유족으로는 부인 박영신과 슬하에 2남(윤모, 윤직), 4녀(윤성, 유정, 윤숙, 윤도)가 있었다. 1962년 3월 1일 삼일절에 대한민국 정부는 그에게 건국 공로 훈장 대통령장을 추서했다.

"선생(先生)은 웅변가(雄辯家)도 아니요, 문장가(文章家)도 아니며, 팔면(八面) 활달(豁達)한 사교적(社交的)인 사람도 아니요, 기책종횡(奇策縱橫)한 지략(智略)의 인사(人士)도 아니다. 다만 강직(剛直)한 의인(義人)이며, 자애(慈愛) 깊은 정열(情熱)의 사람이었다. 비리(非理)와 불의(不義) 앞에 추호도 굴(屈)하지 않고, 빈천자(貧賤者)와 약자(弱者)를 보면 동정(同情)의 눈물을 흘리는 마음, 그는 참으로 하나님의 사람이었다." 이는 그의 장례식에서 낭독한 조사의 한 구절이었다.

산정현교회를 부흥하게 한
강규찬 목사(1874~1945)

복음으로 민족을 사랑한 목사

낙춘(樂春) 강규찬(姜奎燦)은 1874년 음력 8월 15일 평안북도 선천군 읍내면 교서리 염수마을에서 태어났다. 그의 어린 시절에 대해서는 기록이 흩어져서 제대로 알기 어려우나 《창립 100주년 信誠學校史(신성학교사)》에 따르면 강규찬은 어려서부터 한학을 익혀 한시(漢詩)에서 탁월함을 드러냈다. 1908년 신성학교 교사로 부임했다. 전에는 주로 지방의 서당과 학교에서 한학을 가르쳤다. 그와 친분이 두터웠던 스탠리 솔타우 선교사(T. Stanley Soltau, 소열도)도 자신의 회고록에서 강규찬이 한학에 탁월한 학자였음을 증언하고 있다.

강규찬은 한학자였다. 그는 중국 고전을 통달했는데, 이는 그가 복잡한 중국 고사성어뿐 아니라, 한국인의 삶과 문화에 넓게 영향을 미쳐 온 논어나 맹자와 다른 중국 성인들의 어록을 늘 암기했기 때문이다.

강규찬은 35세 때인 1909년부터 1914년까지 신성중학교에서 교사로 근무했다. 신성중학교는 민족 대표 33인 중 한 사람인 양전백 목사가 1906년 7월 선천 남교회당에서 김석창, 노창권과 함께 설립한 기독교계 학교였다. 초기 신성중학교에 입학하는 학생들은 가장 어린 사람이 20세였고, 연장자의 경우 25세가 넘는 학생도 있었다. 이 학교는 1909년과 1910년에 각각 9명의 기독교 정신에 기초한 지도자를 배출했다. 백낙준, 박형룡, 정석해가 이 학교 출신이다. 강규찬은 이 학교에서 한문과 작문을 가르쳤다.

105인 사건

1911년 일제는 '105인 사건'을 날조해 신민회에 가입하거나 평소 배일의식을 가지고 있는 것으로 의심되는 사회 인사들을 체포했다. 이때 혐의자로 체포되어 조사를 받은 이들이 389명인데, 그중 선천군 출신이 145명으로 가장 많았다. 신성중학교 교사 10명과 학생 18명이 기소됐는데, 그중에 강규찬도 있었다.

재판 기록에 의하면 강규찬은 총재산이 3만 원으로 비교적 부유했으며, 1909년 봄 신민회에 가입했다. 또 강규찬은 신민회의 목적을 묻는 검사의 질문에 "서간도에 무관 학교를 세워서 청년을 교육하고, 향후 청일전쟁이 일어나면 그 기회를 틈타 독립전쟁을 일으켜 국체를 회복하는 것이었다. 그러나 그것은 원대한 일이므로 지금으로는 부역배 및 5적(을사오적), 7적(정미칠적) 대신을 암살하는 데 있다"라고 답했다. 한편 일제의 취조서에 작성된 1911년 대한신민회 국내 조직 상황표에서 강규찬은 이승훈이 회장으로 있는 선천지회 산하 선천 지역 평의회 회원이었다.

다음은 강규찬 목사의 말이다. "나는 여러 해 동안 모든 동포를 만날 수 있도록 한국의 13도를 방문하게 허락해 달라고 간절히 기도했다. 그러나 주님은 더 좋은 길을 알고 계셨다. 주님은 그러한 오랜 여행을 하기에는 내가 너무 늙고 약해졌다는 사실을 잘 아셨다. 그래서 주님은 나를 경성 서대문 감옥에 집어넣으셨으며, 2년 동안 그곳에서 주님은 13개의 각 도로부터 감방 동료를 보내 주셔서 나에게 복음을 가지고 그들에게 다가가게 하셨다. 복음 증거로 약 95명이 주님을 구주로 영접했고, 주님에 대한 믿음의 실체와 신실함에 대한 분명한 증거를 보여 주셨다. 이들 중에서 문답을 거쳐 몇 명을 학습교인으로 등록했으며, 6개월 혹은 그 이상이 지난 후 그들은 실제적인 영적 성장을 나타냈다. 그래서 그들 중 9명에게 세례를 주었다. 이 사람들이 각자 집으로 돌아가면 시내 각 교회에서 이들을 정식 교인으로 받아 줄 수 있도록 그들이 경성 서대문 구치소 교회의 모범적인 세례교인들임을 말해 주는 증서를 소지하게 했다."

1911년 '105인 사건'으로 구속되어 취조를 받을 때 극심한 고문을 못 이겨 자신과 신성학교 동료 교사들 그리고 매큔 선교사마저 데라우치 총독 살해 음모에 가담했다고 허위 자백을 했다. 민족애와 애국심으로 불타면서도 무서운 일경의 취조와 극악한 고문에 못 이겨 실수를 하고 말았으나, 당시 그만 그런 실수를 한 것은 아니었다. 이것은 그의 생애에 큰 오점으로 남았다. 하지만 강규찬은 자신의 실수를 거울로 삼고 하나님과 역사 앞에 바로 서려고 매우 노력했다. 그에게 역사 앞에 서는 것은 곧 하나님 앞에 서는 것이었다. 그는 오히려 실수를 통해 하나님께 나아갈 수 있었다. 이후 2심에서 무죄를 선고받고 1913년에 풀려난 강규찬은 신성중학교 교사로 복직했으나 일제 경찰의 감시에 시달렸다.

평양신학교 진학과 산정현교회 부임

강규찬은 41세가 되던 해인 1914년 선천 북교회 장로로 선임됐으며, 비슷한 시기에 신성중학교 교사 직을 그만두고 평양신학교에 입학했다. 이때 변인서 등 31명과 함께 신학 공부를 시작했고, 1915년 2월 23일 선천 북교회 제7회 평북 노회 때 신학생 취교자(就敎者) 명단에 올랐다. 또 1916년 2월 15일 제9회 평북 노회에서도 평북 노회 신학생 취교자 명단에 올랐다.

1916년 평양신학교 요람에 따르면, 강규찬은 당시 43세였고, 선천읍에 거주하고 있었으며, 선천 북교회 장로이자 조사였다. 당시 그는 평북 일대의 6개 군에 있는 82개 교회와 65개 학교를 순회하면서 교회와 학교를 돌보는 이중 책임을 맡아 평북 일대 기독교계에서 신임을 받았다. 강규찬은 1917년 5월 평양신학교를 제10회로 졸업했고, 목사 안수와 더불어 산정현교회 동사목사로 부임했다.

산정현교회는 장대현교회에서 분립한 교회였다. 장대현교회 교인이 증가하면서 1903년 남문밖교회가 분립했고, 1905년 사창골교회, 1906년에 산정현교회가 분립했다. 네 번째 분립한 교회라서 처음에는 '평양성 제4교회'라 불렀다. 그 후 1907년 6월 산정현에 예배당을 건축하면서 '산정현교회'로 개칭했다. 산정현교회는 1천여 원의 예산으로 건평 56평의 한옥에 600석 규모로 건축했다.

교회가 설립되면서 일어나기 시작한 영적인 움직임이 교회에 생명력을 더하면서 산정현교회는 설립한 지 2년도 안 되어 제도적인 틀을 다졌다. 교인의 증가, 교회 직원 선출, 예배 공간 확보, 재정의 자립이라는 측면에서 산정현교회는 설립부터 평양의 교회 못지않게 든든한 교회가 됐다. 산정현교회를 비롯해 평양의 모든 교회가 이처럼 계속 성장을 이룩한 것은 평양의 지역적 특성, 부흥 운동의 시기, 헌신적인 교인들, 그리고 부흥 운동과 복음에 대한 열정을 지닌 선교사들 덕분이었다. 평양에 처음 교회를 세운 마펫, 스왈른, 블레어, 편하설은 모두 맥코믹신학교 출신으로 복음의 열정이 남달랐다. 그들은 처음부터 평양의 복음화를 위해 기도했다.

처음에는 장대현교회의 옛 교회 건물을 사용해 예배를 시작했으므로 산정현교회는 영어로 'The East Gate Church'로 기록됐다. 편하설 담임목사에서 제1대 한승곤 목사, 제2대 강규찬 목사 때까지 이 시대 산정현교회를 이해하는 열쇠는 기독교 민족운동이었다. 이때 산정현교회는 자의든 타의든 1912년의 '105인 사건'과 1919년의 3·1 독립운동을 비롯한 한국교회 민족운동의 보루 역할을 했다. 이를 위해 산정현교회를 이끌어 왔던 편하설, 한승곤, 강규찬을 비롯한 목회자들과 김동원, 조만식을 비롯한 산정현교회 평신도 지도자들, 그리고 이들과 관련한 여러 사건이 훗날 집중적으로 다뤄졌다.

당시 한승곤 목사가 미국으로 간 뒤 산정현교회는 거의 1년 동안 담임목사가 없었다. 그러나 편하설 선교사가 담임목사의 공백을 훌륭히 메꿨다. 편하설 선교사의 영향력이 워낙 큰 교회였던 데다 평양에서 지식인들이 모이는 교회였기 때문이다. 그 후 안봉주 목사가 3개월 시무한 뒤 산정현교회는 한승곤 목사의 후임으로 당시 선천읍교회 장로 강규찬을 담임목사로 청빙했다. 강규찬 목사 선임과 관련해《평양 산정현교회 사기》에는 이렇게 기록되어 있다.

"1917년 교회는 여전하고 6월 17일에 신학교 졸업생 선천읍교회 장로 강규찬을 청빙하여 본 교회의 편하설 선교사의 동사목사로 안수하고 동 24일 주일에 위임식을 거행하고 예배당 서편에 가옥을 사서 목사의 가족을 이주하게 하였다."

강규찬 목사의 청빙은 시의적절했다. 그리고 강규찬 목사를 선정하는 데는 편하설 선교사의 영향이 컸다. 동사목사는 선교사와 함께 공동으로 담임목회를 하는 것으로, 강규찬 목사는 선교사가 부재중일 때 단독으로 교회를 이끌어 갔다. 강규찬 목사는 신성중학교 교사 때부터 철저한 민족의식으로 전국에 널리 알려졌으므로 여러 면에서 산정현교회가 바라는 조건을 갖춘 담임목회자였다.

비록 동사목사이나 그의 부임으로 산정현교회는 한층 활기가 넘쳤다. 그는 산정현교회의 민족의식이나 민족운동을 충분히 이해하면서 교우들과 호흡을 잘 맞추었고 산정현교회는 성장을 계속했다.《평양 산정현교회 사기》에는 1917년 산정현교회의 성장을 이렇게 기록하고 있다.

"당시 교회 상황은 남녀 교우 세례 학습, 원입한 사람의 수가 합쳐서 600여 명인데 매 주일 출석이 400여 명이었고, 당회원이 6명이요, 제직이 14명, 여자 권사가 한 명이 되고, 권찰 구역 12구에 남녀 권찰이 36명이고, 주일 공부반은 장년 남반이 12반, 여반이 16반, 유년반은 남녀 각 2반이었다. 연 경비는 1천여 원이었고 간혹 남녀 전도인을 세워 몇 개월씩 전도하였다. 7월 23일에 김건보 집사가 별세하였고, 겨울에 황주읍교회 정명리(鄭明理) 목사(牧師)를 초청하여 한 주간 사경회를 하였다."

우리는 이 기록을 통해 강규찬 목사가 부임하던 그해 산정현교회에 몇 가지 두드러진 사항을 파악할 수 있다. 첫째, 교회가 놀랍게 성장해 재적 600명에 평균 출석이 400명이었다. 둘째, 단순히 외형적으로만 성장한 것이 아니었다. 이들은 주일 공부반이 남녀 28개 반이나 될 정도로 성경 공부를 열심히 했다. 강규찬 목사가 부임하면서 한층 성경 공부 체계가 잡혀 갔다. 셋째, 교회 재정이 증가했다. 1915년에는 1년 예산이 700원이었으나, 불과 2년 만에 1,000원으로 증가했다. 여기에는 강규찬 목사의 지도력이 크게 작용했다. 넷째, 단독 사경회를 개최했다. 사경회를 개최했다는 산정현교회가 신앙 부흥에 관심이 있었음을 보여 준다. 1907년 평양 대부흥 운동과 1909년 백만인 구령 운동 때 평양지역 장로교회가 연합으로 사경회를 연 적이 있으나, 개교회 차원에서는 산정현교회가 처음으로 사경회를 열었다. 이때 산정현교회는 정명리 목사를 사경회 강사로 초청했다. 정명리 목사는 전도와 복음에 대한 열정이 남달라 사경회 강사로 초청되었다.

1917년 산정현교회 직원은 선교사 편하설, 목사 강규찬, 장로 김동원·김찬두·박정익·변흥삼, 집사 최정서·김용흥·양성춘·김봉순·장석주·김건보·이근섭·우정순·이영칠 등이었다. 같은 해 이근섭, 우정순, 이영칠 3명이 집사로 임명됐다. 강규찬 목사 부임 이후 산정현교회는 날로 그 틀이 견고해져 갔다. 이즈음 편하설 선교사는 미국 북장로교 선교부 총무 아더 브라운에게 강규찬 목사의 훌륭한 사역을 칭찬하며 다음과 같이 보고했다.

"본 교회의 예배하는 인원은 약 500명입니다. 그들은 한 탁월한 사람[강규찬으로 추정]을 모시고 있는데 그 사람은 교인들에게 훌륭한 지도자로 입증됐습니다. 내가 아는 한 그것은 처음부터 교회 사역의 특징이었습니다. 그들은 자신들의 사역 전체를 지원할 뿐 아니라 그 지방 시골의 불신자들 가운데 사역하고 있는 1~2명의 전도인을 기꺼운 마음으로 지원하고 있습니다."

강규찬의 열정적인 목회로 교회는 계속 부흥했다. 《평양 산정현교회 사기》는 "1918년 교회는 점점 발전하고 있으며"라는 말로 1918년 산정현교회의 상황을 요약하고 있다. 산정현교회는 평양 노회에서 가장 살아 있고 적극적인 교회 가운데 하나였다. "교회를 방문하여 산정현교회의 위치, 산정현교회 교우들의 열정, 그리고 그들이 하는 훌륭한 사역을 보는 것은 대단한 기쁨이다."

산정현교회는 교인들이 증가함에 따라 예배 장소가 부족해졌다. 이에 1918년 4월 총공사비 4천여 원으로 교회당 40평을 증축해 그동안 부족했던 예배 장소를 확보했다. 교회가 성장함에 따라 주일학교 교육을 위한 장소도 부족했다. 한승곤 목사가 부임한 후 적지 않은 노력을 쏟아부어 산정현교회 주일학교는 평양의 모범으로 성장했다. 유년 주일학교 학생은 해마다 증가해 1918년 남녀 합 200여 명이 되었고, 김동원 장로가 주일학교 교장을 맡았다. 민족의식이 투철했던 강규찬 목사는 교회 내 주일학교 학생에게 기독교 교육을 통해 굳센 신앙은 물론 민족정신과 민족의식을 고취했다. 이미 '105인 사건'으로 투옥 경험이 있었던 김동원 장로는 이에 열심이었다.

강규찬 목사가 부임한 후 평양의 대학생들과 중학생들이 산정현교회로 모여들었다. 젊은이들은 강규찬 목사의 민족의식과 지적인 설교에 감동을 받았다. 산정현교회는 청년들이 늘어남에 따라 남자 청년회를 조직했다. 산정현교회 장로들과 강규찬 목사는 젊은이 교육에 관심이 많았다. 이처럼 강규찬 목사가 부임한 후 장년부터 청년, 주일학교에 이르기까지 교회가 크게 성장했으며, 여러 가지 면에서 틀이 잡혀 갔다. 당시 모든 교회가 그랬던 것처럼 산정현교회 교인들도 말씀을 간절히 사모했다.

소열도 선교사가 이에 관한 한 가지 흥미로운 사실을 증언했다. 3·1 독립운동이 일어나기 얼마 전 한 미국인 목사가 평양을 방문했을 때 소열도 선교사는 그를 데리고 산정현교회를 방문했다. 이때 강규찬 목사는 이 미국인 목사에게 설교를 부탁했고, 소열도 선교사가 통역을 맡았다. 통역을 통해 설교하는 데 익숙하지 않았던 이 미국인 목사는 설교 준비가 완전하지 않은 데다 자신의 설교에 대한 교인들의 반응이 신통치 않자, 당황한 나머지 10분 만에 설교를 끝냈다. 모처럼 외국인 강사를 초청했는데 교인들의 기대에 어긋나는 것 같아 강규찬 목사는 몹시 당황했다. 강규찬 목사는 소열도 선교사에게 조용히 다가갔다. 소열도 선교사는 그 순간을 이렇게 전했다.

"강규찬 목사가 내게로 다가와 '저분의 설교가 다 끝난 것입니까?' 하고 속삭였을 때 그의 얼굴에 나타난 표정을 나는 결코 잊을 수가 없다. 그 미국인 목사에게 다른 설교를 더 해달라고 부탁했다. 우리는 그처럼 일찍 예배를 끝낼 수 없었기 때문이다. 나는 강 목사의 요구를 다시 전했으나 미국인 친구는 자신은 이미 설교를 다 했다며 더 할 말이 없다고 했다. 그 대신 내(소열도)가 즉석에서 말을 더 해 시간을 채우도록 요청받았다."

비록 간단한 에피소드이나 당시 산정현교회 교인들이 얼마나 말씀을 사모하고 진지하게 예배를 드렸는지를 보여 준다. 강규찬 목사는 1918년 겨울에 김찬성 목사를 초청해 또 사경회를 개최했다. 김찬성 목사는 평남 출신으로 1904년 장로가 됐고, 1909년 제2회로 평양 장로회신학교를 졸업하고 그해 9월 독노회에서 목사 안수를 받은 후 안주읍교회에 부임했다. 강규찬 목사는 김찬성 목사와 같은 평남 노회였으므로 그를 알고 있었다.

강규찬 목사가 김찬성 목사를 사경회 강사로 초청한 것은 산정현교회 역사에서 두 가지의 중요한 의미를 지녔다. 첫째, 김찬성 목사는 훗날 블레어 선교사가 《찬성의 고백》이라는 책을 통해 기술한 것처럼 1907년 평양 대부흥 운동 때 놀라운 은혜를 경험하고 평양 대부흥과 자신이 목회하고 있는 안주읍교회 부흥을 위해 간절히 기도해 오던 인물이었다. 둘째, 김찬성 목사 역시 기독교 민족의식과 민족운동에 깊은 관심을 가지고 있었다. 그는 1919년 3·1 독립운동이 시작됐을 때 장남 화식과 함께 이 운동에 참여하다 옥고를 치렀고, 그 후에는 만주에 항일독립군을 창설해 이를 지휘하면서 독립운동을 전개했을 만큼 나라 사랑과 민족의식이 투철했다. 김찬성 목사의 신앙은 강규찬 목사나 산정현교회가 갖고 있던 신앙과 매우 흡사했다.

이미 강력한 성령 충만을 경험하고 기독교 민족의식에 깊이 젖어 있던 김찬성 목사의 메시지는 산정현교회 당회원들이나 제직, 평신도 모두에게 깊은 신앙적 도전과 영향을 미쳐 민족의식과 민족적 책임의식을 한층 북돋웠다. 이듬해 강규찬 목사와 이동원, 조만식을 비롯한 산정현교회 목사와 교우들이 3·1 독립운동에 참여한 것도 김찬성이 인도한 사경회와 무관하지 않다. 은혜를 경험한 사람들이 은혜를 나누어 주듯, 이미 성령 충만을 경험한 김찬성 목사의 메시지는 1907년의 대부흥 운동 때 있었던 놀라운 영적 각성을 다시금 일으켰다. 그리고 그 믿음은 기독교 민족의식으로 승화됐다.

3·1 독립운동

1919년 3월 1일 장대현교회, 남문밖교회, 사창골교회, 산정현교회, 서문밖교회, 평양 5개 교회가 연합해 숭덕학교에서 3천여 명이 운집한 가운데 고종 황제 서거 추모 예배를 드리고 독립 만세 시위를 전개했다. 아침 일찍부터 많은 군중이 모였다. 모인 사람들은 대부분 고종 황제 추념식에 참석한 사람들이었다. 정오가 되자 여러 교회당에서 종소리가 은은하게 울려 퍼졌다. 이를 신호로 양쪽에서 추념식이 시작됐다. 하지만 이 추념식은 약식으로 간단히 끝났다.

이 집회를 주도한 이들은 이어서 다른 집회가 열릴 것을 선포했다. "고종 황제의 추념식은 끝났습니다. 이제 곧 다른 집회가 열릴 것입니다." 사회자가 이렇게 외치자 동시에 이곳저곳에서 커다란 태극기가 펄럭이기 시작했다. 미리 준비된 작은 국기들도 삽시간에 군중들 사이로 뿌려졌다. 그곳에 모인 사람들은 당황하기도 하고 긴장하기도 했으나 곧바로 이어진 사회자의 말에 귀를 기울였다.

"자, 동포 여러분, 다 함께 우리나라의 독립을 만방에 선언하고 만세를 부릅시다. 기회는 지금밖에 없습니다."

너무나 놀라운 말이었다. 곧이어 선언식은 아주 짧게 그리고 신속하게 진행됐다. 숭덕학교에서는 먼저 김선두 목사가 기도했고, 정일선 목사가 독립선언서를 낭독했으며 이어 강규찬 목사의 연설이 이어졌다. 그리고 이들은 연설이 끝남과 동시에 모두 단 위에 올라서서 큰 소리로 만세를 외쳤다. 강규찬, 김선두, 이일영 목사가 이 일에 적극적으로 앞장섰다. 강규찬 목사는 이날 군중들에게 자주 독립의 필요성과 그 중요성을 고취하는 강연을 해 그들이 독립의식을 갖게 했다.

그곳에 모인 사람들은 처음에는 뜻밖의 상황에 놀라고 당황했으나 연설과 기도가 진행되는 동안 그동안 쌓인 울분이 폭발했다. 그리고 앞선 "대한 독립 만세" 소리에 기다렸다는 듯이 한목소리로 화합했다. "대한 독립 만세!" 얼마나 외치고 싶었던 함성이었던가! 얼마나 외치고 싶었던 만세였던가! 얼마나 외치고 싶었던 말이었던가! 모인 사람들은 목이 터져라 "만세"를 외쳤다. "자, 우리 다 같이 거리로 나가 행진하면서 만세를 부릅시다."

강규찬 목사는 시위대와 함께 일제히 "대한 독립 만세"를 부르며 큰 거리로 나갔고, 상인들도 시위에 가담했다. 그들은 평양경찰서 앞에서 천도교 구당과 남산현교회에서 행진해 온 군중과 합세해 도청, 재판소, 평양역 광장, 평양부청, 평양 형무소 등 시가를 돌며 "대한 독립 만세"를 외쳤다.

《1919년 조선 야소교 장로회 제8회 총회록》에는 "목사 길선주, 김선두, 강규찬, 이일영 4인이 지금 경성 감옥에 수감되어 예심 중에 있사오며"라고 기록되어 있다. 강규찬 목사는 1919년 10월 평양신학교에서 개최된 대한예수교장로회 제9회 총회에 참석할 수 없었다. 3·1 독립운동을 주도했다는 이유로 강제 투옥됐기 때문이다. 한국 교회사에서는 잘 알려지지 않았지만 그는 기독교 교육, 사회 계몽, 민족운동을 전개하며 한민족을 깨우는 선도적 역할을 감당했다.

1919년 3월부터 약 2개월 동안 국내외에서 일어난 3·1 독립운동은 일제의 식민 지배에 항거하며 처음부터 끝까지 비폭력으로 진행된 독립 만세 시위였다. 일제의 식민 지배는 무단통치, 경제 수탈, 그리고 문화 억압으로 나타났다. 3·1 독립운동은 일제 강점기 내내 항일 독립투쟁의 정신적 토대가 되었고, 또 오늘 대한민국의 초석이 되었다.

당시 독립 만세 시위는 국내에서만 1,500회 이상 일어났다. 이때 한국의 인구는 약 1,600만 명이었는데, 전체 인구의 10퍼센트가 넘는 200만 명 이상이 독립 만세 시위에 가담했다. 독립선언서에 서명한 민족 대표 33인 가운데 16명이 개신교 지도자인 점은 널리 잘 알려진 사실이다.

당시 기독교 교인은 약 29만 명이었으며 전체 인구의 1.8퍼센트였다. 그런데 만세 시위자의 30퍼센트가 개신교인이었다. 또 시위 도중에 체포되어 투옥당한 사람의 20퍼센트 이상이 교인이었다. 전국의 마을과 장터에 3·1 독립 만세 시위 격문이 나붙고, 독립선언서가 손에서 손으로 전달되었는데, 이 과정에서 교인들이 중요한 역할을 했다. 장로교회의 경우, 마을 단위의 교회가 전국으로 통하는 조직망(시찰회 → 노회 → 총회)을 갖추고 있었기에 그 역할이 가능했다.

평양의 3·1 독립운동은 3월 1일 장대현교회의 종소리를 신호로 하여 1천여 명이 모이는 만세 시위로 시작됐다.

서울 독립 만세 시위의 추진 세력은 학생들이었다. 그리고 그 세력의 핵심은 전문대학의 기독 학생들이었다. 3월 1일 오후 2시경 탑골공원 팔각정에 3~4천 명의 학생이 운집했다. 정재용(경신학교 출신)이 독립선언서를 꺼내 단상으로 올라가 낭독했다. 이어서 탑골공원 정문을 나선 학생 시위대가 동과 서로 나뉘어 "대한 독립 만세"를 외치며 시가행진을 시작했다.

1920년 4월 10일에 만기 출소한 강규찬 목사는 산정현교회로 돌아와 디모데후서 2장 9절을 본문으로 말씀을 전했다. 그가 복귀한 뒤 산정현교회는 활력을 되찾았다. 그가 출옥한 지 2달 후인 1920년 6월 21일부터 일주일간 산정현교회를 비롯한 평양의 일곱 교회가 연합해 평양 장로회 연합 부흥회를 열어 평양지역 교회에 활력을 불어넣었다. 이후 평양의 일곱 교회 모두 교인이 많이 증가했다.

강규찬 목사의 지도로 산정현교회는 1920년대 말엽에 평양에서 가장 영향력 있는 교회로 발전했다. 교인은 강규찬 목사가 처음 맡았던 1917년보다 300명이 늘었고, 재적 교인은 1917년 600명에서 1929년 1,200명으로 늘어났다. 또 1929년 한국교회를 대표하는 민족운동 및 사회운동가 김동원, 조만식, 변홍삼, 박정익, 오윤선, 최정서, 김찬두 등 7명의 장로가 이 교회에 속해 있었고, 숭실중학교와 숭실대학, 숭인상업학교, 평양신학교 등은 이 교회의 재정 후원을 받았다.

강규찬 목사은 산정현교회로 복귀한 후 복음 전파에 온 힘을 기울이면서도 물산장려운동에 가담하고 숭덕남학교, 숭인남학교, 승현여학교에 매년 1천 원을 지원해 많은 학생이 교육을 받고 실력을 키울 수 있게 했다. 또 강규찬 목사는 1929년 조선예수교장로회 총회에서 전도국장을 맡았고, 7월 31일 〈기독신보〉에 "재외동포 구원 문제"라는 제목의 논설을 기고하기도 했다. 그는 이 논설에서 중국, 일본, 러시아에 흩어진 100만 이상의 한국인 동포의 구원 문제를 제기했다.

"우리 동포의 생활이 안정치 못하여 러시아에 유리하고 서러시아, 지나에 포박하며 동으로 일본에서 방황하는 자의 수가 백여만 명인데 그들의 정상이 가련함은 말하지 않아도 아시는 일이거니와 동포의 생명을 동포들이 돌아보는 것은 피할 수 없는 책임이올시다. 마태복음 10장 6절에서 예수께서 열두 사도를 누구에게 먼저 보내셨으며, 로마서 9장 3절에서 바울이 자기 동포를 위하여 얼마나 간절하였나이까? 그런고로 우리 총회는 이 뜻을 생각하여 외지에서 유리하는 동포들에게 전도할 목적으로 전도국을 설치하고 부활주일 연보를 거두어 그 경비를 쓰기로 하였습니다."

1933년 강규찬은 송창근에게 담임목사 직을 이양하고 18년간의 산정현교회 담임 사역을 정리했다. 1933년 5월 30일에 열린 제24회 평양 노회 촬요(撮要)에는 산정현교회의 지도자 변경에 대해 다음과 같이 기록되어 있다.

"강규찬 목사는 10여 년 동안 시무하던 산정현교회를 금번 사임하고 평양신학교 교수 박형룡 목사가 임시 당회장이 되고 송창근 박사가 전임 시무하게 되었는데 교회에서는 노 목사의 지난 공적을 생각하여 사례금 천 원을 진정했다."

강규찬 목사가 산정현교회를 사임한 분명한 이유는 알 수 없다. 한승곤 목사 때와 마찬가지로 이유가 모호했다. 왜 《평양 산정현교회 사기》에 아무 기록이 남아 있지 않았을까? 어떤 특별한 이유가 있었을까? 한승곤 목사는 아무 이유 없이 미국으로 떠났다. 강규찬 목사 역시 사임 이유를 밝히지 않고 떠났다.

산정현교회는 송창근 목사를 선임하는 이유를 몇 가지로 들었다. 먼저 그가 평양에서 강연할 때 장로들이 너무 좋게 들었다는 것이다. 다음으로는 미국에서 신학박사 학위를 받았다는 것이다. 그는 젊고 패기 있는 신학자로 목회도 성공적으로 할 수 있을 것이라고 믿었다. 이런 것이 송창근 목사를 청빙하기로 결정한 이유였을 것이다. 만약 이런 이유로 강규찬 목사를 사임하게 했다면, 이는 한승곤 목사를 사임하게 하고, 평양신학교를 막 졸업하고 아직 목사 안수도 받지 않은 상태에서 강규찬 목사를 청빙했던 이유와 다름이 없다. 산정현교회는 항상 목사가 아니라 교회를 중심으로 모든 일을 해나갔다. 그래서 강규찬 목사도 아무 이유 없이 사임하게 됐다. 그래도 강규찬 목사는 산정현교회에서 가장 오래 시무했다는 기록이 남아 있다.

산정현교회를 사임한 후의 강규찬 목사의 행적은 불분명하다. 다만 '진주 강씨 족보'에 따르면, 강규찬은 1934년부터 3년간 선천읍 동교회 담임목사로 사역했고, 1941년부터 2년간 선천읍 북교회 담임목사로 시무했다고 한다. 또 1940년에 발행된 장로교 연감에는 강규찬 목사가 동봉교회 담임목사로 부임했다고 기록되어 있다. 이렇듯 말년에도 목회 활동을 이어갔던 강규찬 목사는 1945년 4월 고향에서 소천했다. 향년 71세였다. 대한민국 정부는 2006년 강규찬 목사에게 건국 훈장 애족장을 추서했다.

훗날 박용규 총신대 교수는 "강규찬 목사는 시대적 부름 앞에 자신보다 하나님 나라와 그의 의를 위하여 사는 삶을 주저하지 않았다. 일제의 압력에도 복음과 민족이라는 두 기둥을 견고히 붙들고 한국교회와 민족을 깨우는 일에 앞장섰다"라고 강조한다. 또 서울 산정현교회 14대 담임인 김관선 목사는 "한국교회는 강규찬 목사처럼 이름도 없이 교회와 민족을 위해 헌신한 지도자를 집중 조명해 민족과 함께한 교회의 역사성을 계승해야 한다"고 말한다.

방지일 목사는 "강규찬 목사는 제 고향 목사님이시요. 또 제 조모님의 장례예배를 드려 주신 목사님이시라 제게는 더 없이 존경하는 목사님이십니다. 저는 강 목사님을 한학자시요 도인이었다고 생각해 왔는데 소열도 목사의 글을 통해 그가 철학자이기도 함을 알았습니다"라고 말하기도 했다.

강규찬 목사의 "애(愛)의 찬송(讚頌)"

'종교계'에서 발간한 《명사 강연집》에 강규찬 목사의 설교 "애(愛)의 찬송(讚頌)"(1922)에 나타난 '사랑의 그리스도인 상'을 분석한 논문이 수록되었다. 이는 고린도전서 12장 31절을 본문으로 작성되었으며, 다음과 같이 고찰하고 있다.

제3장에서는 강규찬이 생각한 그리스도인의 지고의 과업으로서의 사랑의 기초적 원리가 무엇인지에 대해 살폈으며, 그 원리로서 1) 기독교의 정체성 2) 실천적 은사를 위한 인프라 3) 사랑의 본질적인 속성(불변성과 영구성) 등에 대해 논했다. 제4장에서는 사랑을 터득하기 위한 실제적 방법들에 다루었으며 그 예로 1) 사랑의 결핍 자인식(自認識) 2) 실천적 경험을 통한 체득 3) 물질주의 타파 4) 영원한 하나님 나라에 대한 소망 등에 주안점을 두어 살폈다. 강규찬은 투철한 믿음으로 그리스도인의 사랑과 실천의 조화 및 그리스도인의 사랑과 은사의 일치를 강조했다. 부언하여 본 연구자는 향후 강규찬 목사와 관련된 연구가 확장되어 이 주제 외에도 '애국적 그리스도인 상', '참 교역자 상', '영적 은사의 실천' 등 다양한 연구로 연계될 수 있기를 기대했다.

서문밖교회와 평양 3·1운동의 주역

김선두 목사(1876~1949)

　김선두(金善斗)는 한국이 일본에 개항하던 1876년 8월 4일 한국교회의 요람인 평안남도 평양에서 태어났다. 어릴 때부터 자연스럽게 기독교를 접하여 1901년 25세의 나이에 기독교인이 되었다. 평양 대부흥 운동이 한창이던 1907년 30대 초반에 숭실중학교를 졸업하고, 그해 숭실사범 강습과를 수료한 뒤 모교 숭실중학교 교사가 되었다. 1908년에 32세의 나이에 장대현교회 장로로 장립되었고, 숭덕·

숭현 두 학교의 교감으로 봉직했다. 그 이듬해 장대현교회에서 분립해 서문밖교회가 설립되었을 때 주공삼, 박영일 등과 서문밖교회 장로로 봉직했다.

숭실중학교 교사로 있을 때 선교사의 권면으로 평양신학교에 입학했다. 1913년 제6회 졸업생으로 신학교를 졸업하고 목사가 됐다. 그해 6월부터 모교회인 서문밖교회 목사로 10년 동안 시무하면서 숭실학교 강의를 겸하고 노회장으로 선출됐다. 총회에서 서기 등 요직을 거쳐 43세의 나이에 1918년 8월 31일부터 9월 5일까지 평안북도 선천읍 북교회당에서 개최된 제7회 장로회 총회에서 한석진 목사의 뒤를 이어 총회장에 당선됐다.

김선두 목사는 무엇보다 한글 보급에 힘썼다. 교회는 현대사에서 한글 보급 운동에 큰 공헌한 공동체였다. 성경을 한글로 읽고 찬송가를 한글로 부르게 했기 때문이다. 김선두 목사가 총회장이 된 후 교회 공예배에서 한글 성경 사용을 결의했다. 이때부터 신자들의 한글 찬송가 제창이 예배 순서에 들어갔고, 자연스럽게 개 교회는 한글을 몰라 찬송가도 자유로이 부르지 못하고 성경도 자유자재로 읽을 수 없었던 평신도들 대상으로 한글학교를 운영했다. 이처럼 한글을 배워 성경을 읽고 찬송가를 부르자는 계몽 운동이 일어났다. 또 교회는 한센병 환자를 위해 특별 헌금을 하고, 소외 계층에 관심을 가졌으며, 선교에 대한 열의도 강했다.

이와 같은 자각은 1930년대 이화학교 기독 학생들이 중심이 되어 여름방학 때마다 진행한 한글 계몽운동으로 이어졌다. 당시 농촌 계몽운동의 선봉에 섰던 최용신이 농어촌 생활 개선과 일손 돕기로 전개한 봉사 활동은 무료 의료 봉사와 한글 교육이 그 핵심이었다. 이를 계기로 자연스럽게 기독교계 안에서도 배민수 목사와 유재기 목사를 비롯해 농촌 운동에 헌신한 지도자가 여럿 생겨났다. 이들의 영향력이 자연스럽게 교회 안으로 확산됐다. 우리 사회의 한글 보급 운동에 가장 크게 공헌한 공동체가 바로 교회였으며, 이것은 교회의 야학으로 이어졌다.

조선예수교장로회 제7회 총회에서는 북간도 용정에 김대범 목사, 중국 단동·봉황성·관천에 차형준 목사, 북간도 목능현에 백봉수 목사, 중국 산동성에 홍승한, 방효원 목사를 파송했다. 이 총회에서는 황해도의 김장호 목사가 자유주의 신학을 지향함으로 목사 직을 휴직하게 했다. 이때 오늘까지 한국 교계 전문 신학 학술지로 이어져 오고 있는 《신학지남》을 3월에 창간 결의했다.

교회 행정으로는 평북 노회를 평북과 의주 노회로 분립하기로 했는데, 장로교 초창기에 노회 분립이 이루어진 것을 보면 초기 교회의 열심과 부흥이 어느 정도였는지 짐작할 수 있다. 그뿐 아니라 총회 석상에서 한센병 환자들을 위한 특별 헌금을 시행하는 등 소외 계층에 대한 선교 열의도 엿볼 수 있었다.

1919년 3월 1일 정오에 평양 장대현교회 종소리를 신호로 교회 옆 숭덕학교 운동장에 평양 5개 교회 연합으로 3천여 명이 모여 고종황제 서거 추모예배를 드렸다. 정일선의 독립선언서 낭독과 산정현교회 강규찬 목사의 강연이 있었다. 강규찬 목사는 민족의식을 깨우는 호소력 있는 강연으로 그 자리에 모인 평양의 성도들 가슴에 독립 염원이 불타오르게 했다. 준비된 태극기와 독립선언서가 손에서 손으로 전해졌고, 강연이 끝난 후 전 회중은 일제히 "대한 독립 만세! 대한 독립 만세! 대한 독립 만세!" 하고 목이 터져라 외쳤다.

이날 배부된 태극기는 숭의여고 박현숙 교사가 송죽결사대를 조직해 여학생들의 손으로 거사를 위해 비밀리에 만든 것이었다. 태극기는 빨래 광주리와 물지게로 운반, 숭실학교 지하실에 감췄다가 이 날 배포했다. 태극기 깃발에 사용된 대나무가 동날 정도로 태극기를 만들어 준비했고, 독립선언서는 서울 천도교 인쇄소 보성사에서 인쇄해 밀송했다. 만약을 위해 각 교회와 사립 학교에서 철야하며 등사해 독립선언서를 더 준비하는 치밀함을 보였다.

산정현교회 교인 조만식은 3·1 독립운동을 위해 오산학교 교장직을 사임하고 이 일에 가담했다. 평양에서 3·1 독립운동은 조직적으로 진행됐다. 산정현교회의 강규찬, 조만식, 김동원은 처음부터 뜻을 같이했다. 특히 강규찬 목사는 변인서 목사, 이덕환 장로, 서문밖교회 김선두 목사와 만세 시위를 주도했다. 김선두 목사의 사회, 강규찬 목사의 강연, 정일선의 독립선언서 낭독은 조만식에게 용기를 북돋워 주었다. 조만식은 3·1 독립운동 전후 지방을 다니며 중앙에서 진행되는 거사를 알리면서 그 지역 유지들에게 이 운동에 협력할 것을 요청했다.

감리교 박석훈 목사와 장로교 김선두 목사의 지휘로 군중은 3대로 나뉘어 거리로 나와 태극기를 흔들며 시내를 행진했으며, 이후 남산현교회를 출발한 감리교 시위대와 설암리 천도교 구당에서 출발한 천도교 시위대와 합류했다. 이렇게 시작된 만세 시위는 일경의 가혹한 탄압에도 3월 5일까지 계속됐다. 일제 헌병 경찰은 3월 2일 새벽부터 주동자를 체포했으며, 3월 8일까지 검거한 인원이 400명이 넘었다. 그 가운데 154명은 태형 혹은 즉결로 처분하고, 주동자 48명은 기소하려고 평양지방법원 검사국에 넘겼다. 김선두 목사는 총회장 재임 시 평양에서 전개된 3·1 독립운동을 앞장서서 진두지휘했기에 독립운동 주모자로 일경에 체포되어 경성 서대문 형무소에서 감옥살이를 했다.

서울에서 독립선언식이 있을 것이라는 소식을 듣고 김선두 목사는 이일영·김이제·강규찬 목사 및 정일선 전도사와 평양에 있는 장로교와 감리교 여섯 교회가 연합해 독립선언식과 시위를 계획했다. 김선두 목사가 사회를 맡고, 강규찬 목사가 강연을 하고, 정일선 전도사가 독립선언서 낭독을 맡기로 했다. 3월 1일 1시경 미리 대형 태극기를 걸어놓은 숭덕학교 운동장에 약 3천여 명의 군중이 모였고, 김선두 목사가 사회자로서 단상에 올라와 예정대로 독립선언식을 거행했다.

오후 7시경 시위 군중이 평양경찰서 앞에서 경찰과 충돌해 많은 이들이 부상을 당하고 수백 명이 검거됐다. 이후 강규찬 목사도 체포되어 1919년 8월 21일 경성지방법원에서 보안법 위반으로 징역 1년을 선고받고 경성 서대문 형무소에 투옥됐다. 그는 투옥 중에도 동포들에게 복음을 전했고, 많은 이들이 그의 복음을 받아들이고 예수를 믿었다.

이날 평양 숭덕학교 봉도식과 독립선언식에는 마펫, 모우리, 편하설 등 미국 북장로회 선교사들도 있었다. 조금 늦게 도착한 로버트 선교사도 다른 자리에서 함께했다. 편하설 선교사는 이날의 광경을 다음과 같이 전한다.

> 이날은 이 나라 역사에서 기억할 만한 날이다. 전 대한제국 황제 이태왕이 최근에 죽었으며 모레는 장례식 날로 예정됐다. 이 장례식은 신도(神道) 의식에 따라 엄수될 것이었다. 그런데 조선인들은 이에 매우 분노했다. 이 장례식이 자기 나라 의식에 따라 치러지기를 원했기 때문이다. 그래서 장례식 때 서울에서 벌어질 일에 대해 많은 소문이 떠돌고 있다.

고종 황제를 애도하는 봉도식이 이 도시에서 열릴 것이라고 며칠 전에 발표됐다. 한 모임은 숭덕학교, 다른 모임은 감리교회, 그리고 세 번째 모임은 천도교 본부에서 각각 열릴 것이다. 천도교는 전국에 널리 퍼져 있는 반종교적이고 반정치적인 조직이었다.

조선인들 사이에는 며칠 동안 억누른 흥분이 감돌았고, 이때 무엇인가 중요한 일이 일어나리라는 소문이 들려왔다. 나는 마펫, 모우리와 그 모임에 가서 우리 눈으로 무슨 일이 일어나는지 보기로 했다. 선천의 로버트도 늦게 와서 운동장 뒤쪽에 서 있었다. 운동장은 약 3천여 명의 인파로 발 디딜 틈이 없었다. 우리는 맨 앞쪽의 한쪽 열 옆으로 자리가 비어 있는 것을 보았다. 대부분 우리가 섬기는 교회학교와 공립 학교 학생들이었다.

입구 정면에는 강단이 있었고, 그 주위와 뒤에는 몇몇 목사와 이 도시의 장로교 임원들이 자리하고 있었다. 내가 들어섰을 때는 서문밖교회 목사이자 장로회 총회장인 김선두 목사가 이야기하고 있었다. 산정현교회 강규찬 목사가 고종황제의 생애에 대한 이야기를 마친 후 김선두 목사가 이제 송영을 부르고 축도함으로 봉도식을 마친다고 말했다. 그 후 사람들에게 다음 순서가 남았으니 그 자리에 그냥 앉아 있으라고 말했다.

축도 후 김선두 목사는 베드로전서 3장 13-17절과 로마서 9장 3절의 두 성경 구절을 봉독했다. 그가 이 말씀을 엄숙하게 읽는 것을 볼 때, 심각한 일이 남아 있는 것이 분명했다. 그리고 신학교를 졸업하고 산정현교회 전도사로 있는 정일선이 연단에 올라서서 알려 드려야 할 중요한 것이 있다고 말했다. 그는 오늘이 자기 평생에 가장 행복하고 영광스러운 날이며, 내일 죽어도 이것을 읽지 않고는 못 배기겠다고 했다. 청중은 박수를 보냈다. 그러자 그는 한국

민족의 독립을 선언하는 독립선언서를 낭독했다. 낭독이 끝나자 한 사람이 단상에 올라가 사람들이 지켜야 할 것을 설명했다. 불법 행동은 안 되고 모두 자기들의 지시를 따를 것이며, 관헌에게 저항하지 말고 일본 관리나 민간인을 해치지 말라고 했다. 그리고 강규찬 목사가 민족 독립에 대해 연설했다. 연설이 끝날 때 몇몇 사람이 태극기를 한아름씩 가지고 나와 사람들에게 나눠 주었다. 커다란 태극기가 연단에 걸리자 군중은 만세를 불렀으며 태극기가 물결쳤다. 그리고 무리가 대열을 지어 태극기를 흔들고 "만세"를 부르며 거리를 행진하자고 했다.

이렇게 일어난 평양 3·1운동의 준비 과정이 재판 기록을 통해 일자별로 정리됐다. 법정에서 이러한 내용이 발표됐다. "피고 김선두와 강규찬 2명은 그해 2월 27일경 정일선으로부터 위의 계획을 듣고 이에 찬동하고, 그의 부탁에 피고 김선두는 독립선언식 사회자로 승낙했고, 피고 강규찬은 식장에서 독립에 관한 연설을 하기로 했으며, 피고 김이제는 김선두로부터 위의 독립선언식 거행에 관하여 듣고 이에 찬동했고, 피고 이일영은 이규갑으로부터 위의 거행에 대하여 듣고 이에 찬성하여, 이상 각 피고는 대중과 함께 정치의 변혁을 목적으로 조선의 독립을 선언하고 정치에 관하여 불온한 행동으로 공공의 안녕을 방해하기로 공모했다."

편하설의 기록에서 알 수 있듯이 김선두 목사는 평양 독립선언식의 사회를 맡았다. 앞선 고종의 봉도식 축도를 마친 후에 그는 성경 두 곳을 읽은 것으로 독립선언식의 개회를 선언했다. 독립선언식 식순에 성경 봉독이나 설교 순서는 없었으나 이 성경 말씀이 설교를 대신했다. 이 성경 구절을 통해 김선두 목사는 형제자매인 우리 민족을 구하기 위해 목숨을 걸고 동참하자는 뜻을 내보였다.

그리고 강규찬 목사의 연설에 이어 김선두 목사가 "구속되어 천 년을 살기보다는 자유를 얻어 백 년을 사는 것이 낫다"고 연설했다. 이 연설은 군중을 열광시켰다. 이날 김선두 목사의 발언은 그날 현장에 참석했던 익명의 선교사에 의해 중국에 전해져 천진 발행 일간지 〈익세보〉(益世報) 1919년 3월 27일 자에 실렸다.

"만약 여러분이 열심히 선한 일을 하면 누가 감히 여러분을 해하겠습니까? 정의를 위하여 수난을 당하면 그것은 복입니다. 다른 이들의 억압에 굴복하지 마십시오. 무질서하게 행동하지 마십시오. 여러분이 마음으로 그리스도를 주인으로 모시면, 누가 여러분에게 마음의 바람이 무엇인가 물으면 준비된 마음과 온화한 태도로 당당하게 대답할 수 있을 것입니다. 아무런 도움 없이 양심이 시키는 대로 행한다고 말할 수 있을 것입니다. 여러분이 이로 인해 비방당하고 모욕을 당한다 해도 이로써 기독교인으로서 선을 행하는 사람이 될 것입니다. 여러분의 행동이 정의로 인하여 수난을 당한다면, 정녕 이것이 하나님의 뜻이라면, 악을 행함으로 수난을 당하는 것보다 낫습니다. 나는 기독교인으로서 진리만 이야기할 뿐 거짓말을 할 수 없습니다. 나의 양심에 따라 이야기할 따름입니다. 그리스도의 신성함이 나를 위하여 증거가 됩니다. 나는 평생 하나의 걱정밖에 없습니다. 나의 피붙이인 형제자매가 망국민이 된 것을 통탄할 뿐입니다."

김선두 목사는 3월 2일 새벽에 시위 주동자로 체포되어 서울로 압송됐으며 경성지방법원에서 재판을 받았다. 관할 법원인 평양지방법원이 아니라 1919년 8월 21일 경성지방법원에서 '보안법 위반'으로 징역 1년 6개월을 선고했다. 그러자 이에 불복, 항소해 9월 19일 경성복심법원에서 같은 죄목으로 징역 1년 2개월을 선고받았다. 그는 이 법정에서 다음과 같이 진술했다.

"나는 피고 정일선으로부터 이태왕 전하 봉도식을 거행하니 사회자로서 출석하여 위의 순서를 맡아 줄 것을 의뢰받고 조선 독립의 계획의 모임이라는 것을 알고 사회자의 일을 승낙했다. 나는 유럽 전쟁의 강화회의에서 약소국은 자유 독립할 수 있다는 말을 듣고 그 이후 조선의 독립을 희망하게 됐는데, 그런 연유로 독립선언식의 사회자가 될 것을 승낙한 것이다.

그리고 독립선언식은 올해 3월 1일 오후 2시경 개회되었고, 그날 나는 숭덕학교 운동장에 가서 한국 국기를 앞세웠고, 곽권응은 나의 지도로 천여 명의 군중에게 종이로 만든 작은 태극기 수백 개를 나눠 주었다. 나는 사회자로서 이제부터 조선 독립선언식을 거행한다는 뜻을 말하고, 정일선은 경성에서 보내온 선언서라는 제목으로 조선 민족은 민족자결주의에 기초하여 최후의 한 사람까지 독립 시위 운동을 하고 일본의 기본을 이날하여 복석을 관철하사는 뜻을 기대한 '불온문서'(독립선언서)를 낭독하고, 다른 사람들은 선언서를 일반 군중에게 나눠 주었다. 강규찬은 세계는 모두 인도를 중시하며 자유평등을 칭송하기에 이르렀고, 조선도 자유롭게 되어 속박에서 천 년을 살기보다는 자유를 얻어 백 년을 살아가는 것이 낫다는 내용의 연설로 군중을 열광시켰다. 윤원삼이 먼저 '조선 독립 만세'를 삼창하고, 우리는 군중과 함께 이에 창화(唱和)하여 조선 독립의 시위 운동을 하게 됐다."

1, 2심에서 모두 유죄 판결을 받자 김선두 목사는 정일선과 "우리의 행위는 조선 민족의 정의와 인도에 따른 의사 발동으로 범죄가 아니다. 그런데도 1, 2심에서 유죄 판결을 받았는데 이는 부당하므로 복종할 수 없어 상고한다"는 취지로 고등법원에 상고했으나 10월

20일 기각되어 서대문 감옥에서 옥고를 치렀다.

당시 총회는 매해 9월 초순에 개최했으나 1919년은 3·1 독립운동으로 한 달 늦은 10월 5일 평양신학교에서 열렸다. 이는 총회장인 김선두 목사가 감옥에서 풀려나지 못했기 때문이었다.

그가 장로회 총회장으로 재임하고 있는 중에 평양 지역 3·1 독립운동을 주도해 투옥됐으므로 이 일로 1919년 제8회 총회를 열지 못했다. 사실 선교사들이 그가 총회장이었으므로 갖은 루트를 통해 가석방시켜 총회를 개회했으면 하는 마음으로 9월 초에 모이는 총회를 1개월 연기해 10월 초에 개회하려 했으나 그 뜻을 이루지 못하고 1919년 10월 열린 제8회 총회는 부득이 부회장 마펫이 주재했다.

조선예수교장로회 총회 제8회 총회록에는 "회장 김선두 씨가 본 1919년 3월 1일 조선 독립운동 사건으로 경성 서대문 감옥에 수금되어 총회로 보낸 편지에서 문안과 축복한 후 회장 직무를 부회장 마펫에게 위임한 말씀을 서기가 낭독하매 회중이 슬픈 마음으로 받고 부회장이 회장을 위하여 간절히 기도하다"라고 기록됐다.

3·1 운동으로 총회가 어려워지자 이를 돌파하려고 선교사 마펫을 총회장으로 선출했다. 마펫 총회장은 3·1 독립운동으로 서울 서대문 형무소에 수감 중인 증경 총회장 김선두, 양전백 목사와 여러 목사를 위문했다. 일반 신도와 미션 학교 학생들이 감옥에서 고통당하고 있으므로 이를 그냥 두고볼 수 없었던 총회에서는 개교회에서 1주일간 특별 기도회를 하도록 했다.

마펫 선교사는 총회장의 임기가 끝나자 다시 장로회신학교의 신학생을 가르치는 본연의 자리로 돌아갔으나, 불행하게도 1938년 9월 제27회 총회에서 신사참배를 결의하자 그는 곧 이사회를 소집해 폐교하고 서울을 거쳐 미국으로 떠났다.

김선두 목사는 "구속되어 천 년을 사는 것보다 자유를 얻어 백 년을 사는 것이 더 의의가 있다"는 뜻의 연설로 군중을 열광케 했다. 그는 이 일로 동지들과 함께 체포되어 서울로 압송되어 1919년 8월 21일 경성지방법원에서 징역 1년 6개월을 선고받고 복역했다. 그가 서대문 감옥에서 가석방된 것은 체포된 지 1년 2개월 만인 이듬해 4월 30일이었다. 그는 출옥 후 평남 대동군 송산교회를 비롯해 함경북도 성진 옥정교회와 만주 봉천교회에서 시무했다. 그리고 평양의 평양신학교에 출강했다.

그는 그 길로 평양으로 가 다시 목회를 하고 장로회신학교에서 강의하면서 이곳저곳의 부흥사경회도 인도했다. 광주교회 부흥사경회에서는 갈라디아서 5장 1절 이하를 본문으로 "신도의 자유"라는 제목으로 설교했다.

1923년 4월부터 평양 서문밖교회(담임 김선두 목사)가 예배당 건축비 문제로 분쟁에 휩싸이면서 목사가 사임하는 사태가 발생했다. 교인들이 8년 동안 2만 5천 원을 모아 1922년 초에 예배당을 시공해 가을에 준공했다. 건축위원은 위창석, 김정칠 장로였다. 1922년 평양 장로교회는 서문밖교회, 신학교, 숭의여자중학교를 대규모로 신축해 교세를 과시했다. 이 중 서문밖교회는 교인 1,300여 명으로 성장했다.

교회 준공 후 부족한 3천 원을 위해 헌금했는데, 건축위원이 낡은 목재를 팔고 장부에 기재하지 않았다는 의혹이 일어났다. 제직회는 회계 감사를 위해 박인관, 김광원, 김인준을 감사위원으로 임명했다. 4월 11일 보고 때 '낙서' 함에 기재된 1,180원이 발견되고 김정칠이 300원, 위창석이 800원을 소비한 것이 드러나자, 당회를 불신임하는 교인들이 반발했다.

6월 4일 주일 평양 시찰 보고 때 분쟁이 발생했다. 감사위원의 조사는 불충분했으며, 재검 결과 차액 901원 83전 중 361원 83전은 탕감하고 건축위원들이 540원을 내놓으면 된다고 광고했다. 교인들은 하나님의 돈은 탕감하는 법이 없다며, 시찰 위원들이 색안경을 쓰고 조사했다고 불신임하는 동시에 목사에게 사직을 권고했다. 교인들은 건축위원들과 김선두 목사, 정일선 동사목사가 "돈을 먹었다"고 생각했다. 이들은 경찰서에 불려가 심문을 받았다.

이후 헌금이 줄면서 목사의 생활비나 경비 지출이 어려워졌다. 9월 중순에 정일선 목사가 목회지를 옮기려 사임서를 제출했다. 김선두 목사는 분쟁 초기부터 사임하려 했으므로 노회에 사임서를 제출했다. 10월 4일 노회와 마펫 목사의 중재로 교회 공동 치리회에서 두 목사의 사임 건을 놓고 투표를 했다. 결과는 목사 유임과 총 제직 해임이었다. 제직 해임 건으로 분쟁이 다시 일어났다. 10월 18일 임시 노회에서 길선주 목사 외 특별위원 9인의 의견대로 김선두 목사의 사임서를 받고 제직 해임도 가결했다.

32세에 장로가 되고 노회장을 거쳐 총회장으로 3·1 운동을 주동했던 김선두 목사의 권위는 아직 살아 있었다. 그를 지지하는 교인들은 10월 29일 공동 치리회를 열어 노회 결정에 불복하고 총회 상고를 추진했으나, 일반 여론은 김선두 목사 부활 운동은 신통치 못하다고 비판했다. 결국 공동 치리회는 열렸으나 노회 보고서만 낭독하고 끝났다. 노회의 결정대로 김선두 목사는 사임하고 선천으로 임지를 옮겼다. 김선두 목사 후임으로는 김영준 목사가 부임했다. 1929년에는 한국교회 부흥 운동의 대표적인 지도자 중 한 명인 임종순 목사가 평양 서문밖교회에 부임했다. 임종순 목사가 서문밖교회를 담임했을 때 예배 참석자가 3천 명 안팎에 이르렀다.

김선두 목사는 1926년 평북 선천 신성중학교 성경 교사와 미국 선교사 함가륜(咸嘉倫, C. Hoffman) 교장의 대리로 일했다. 또 1933년 함북 성진의 성진교회, 1935년 만주 봉천교회에서 시무했고, 1938년 만주신학원을 설립하는 데 큰 역할을 담당했다.

　일제는 1930년대에 들어서면서 대륙 침략을 재개하고 식민지 조선을 침략전쟁의 병참기지로 만드는 정책을 추진했다. 그리고 강요만으로는 이 일이 성공하기 어렵다고 여겨 자발적인 충성과 복종심을 끌어내기 위해 민족정신을 말살하고 신앙마저 일본화하려 했다. 그러한 방침으로 학교에서만 강요하던 신사참배를 중일전쟁 후에는 교회에까지 강요했다. 1938년 9월 조선예수교장로회 제27회 총회를 앞두고 일제 경찰은 '기독교에 대한 지도 대책'을 마련하고, 그때까지만 해도 신사참배를 우상숭배로 강력하게 거부하던 장로교를 굴복시키려고 노회 단위로 신사참배를 결의하게 하고, 그해 9월에 열릴 총회에서도 신사참배를 결의하게 했다. 즉, 전국 교회가 신사참배를 하도록 계획한 것이다.

　1935년 이래 만주에서 선교하면서 봉천신학교에서 강의하고 있던 김선두 목사는 이러한 상황을 보고만 있을 수 없어 다시 이들과 맞서기로 결단했다. 그는 국내로 들어와 신사참배 거부 운동을 하다 평양서 고등계에 체포됐으나 병보석으로 풀려나 있던 중, 마침 일본에서 공부하다 사경회 강사로 잠시 귀국한 김두영과 함께 어떻게든 조선총독부의 교회에 대한 신사참배 강압을 막아 보려고 1938년 8월 일본으로 건너갔다.

　김두영은 1938년 동경대 학생 시절에 기숙사에서 가까운 후지미쵸(富士山)교회 수요일 밤 예배에 처음 출석하게 되었다. 그때 국내에서는 조선총독부가 교회에 신사참배를 강요하고 총회로 하여금 신사참배를 결의하도록 간교한 방법을 동원하고 있었다. 그날 밤 예배에 목사와 함께 모두 9명이 모였다. 김두영은 맨 뒷자리에 앉아 있었다. 목사가 설교를 마치고 회중을 향해 "성령이 인도하시는 대로 누구든지 기도하십시오" 하고 자리에 앉았다. 그런데 기도하는 이가 없었다. 상당한 시간이 흘렀는데도 조용했다. 그때 김두영이 일본말로 기도했다. 성령이 뜨겁게 역사하셔서 간절하고 담대하게 기도했는데 교인들이 그의 기도 한마디 한마디에 "아멘"으로 호응했다. 기도는 더 뜨거워졌고, 교인들도 성령 충만하여 흐느껴 울며 죄를 고백하는 통성기도로 이어졌다. 모두가 특별한 은혜를 체험한 밤이었다.

교인들은 김두영에게 명함을 주면서 자기들의 집으로 초청했다. 기숙사로 돌아온 그는 명함들을 보고 깜짝 놀랐다. 명함에는 하세가와 동경 경시총감, 히라이 내무대신 차관, 야마모토 와세다 대학 이공학부장, 히비키 일본 육군 원로·전 일본 육군사관학교장, 우자와 메이지대학 총장, 아베 사회대중당 총재, 가와이 일본여자대학 학장, 나카츠카 동경간호부협회 의장 등 모두 장로인 고위층 인물들의 이름이 적혀 있었다.

김두영은 하세가와 동경 경시총감 집에서 열린 구역예배에 초청받아 참석하였고, 그들은 김두영에게 특별기도를 청했다. 이번에도 그는 간절히 기도했다. 지난번과 같은 큰 은혜가 임하고 참석한 교인들이 "아멘"으로 호응하면서 눈물 흘리며 통성기도로 회개하기 시작했다. 이때 모인 인원은 17명이었다. 그 후로도 목요일 밤이면 장로들 가정을 순회 방문하며 기도하였고, 그들의 사랑을 받으며 유대가 깊어졌다. 이런 인연이 있어 1938년 대한예수교장로회 제27회 총회가 신사참배를 결의하려던 일을 반대하는 운동에 나서게 되었다. 방학을 맞아 귀국했던 김두영은 김선두 목사와 함께 일본으로 갔다.

김두영은 일본 중의원이자 정우회 외무부장인 마츠야마 츠네지로(松山常次郎) 장로, 궁내 대신 차관 세키야 테사부로(關屋貞三郎), 정계와 군부 원로인 히비키 신료(一匹信郎) 장군 등을 만나 진정하며, 이들과 함께 다시 한국에 건너와 미나미(南次郎) 총독의 지시에 의한 장로회 총회의 강제 신사참배 결의를 막으려 했다. 그러나 이런 사실이 탄로 나면서 김선두 목사는 다시 종로경찰서에 구속되고, 총회도 일제 압력에 굴복해 1938년 9월 9일 제27회 총회에서 신차참배를 결의했다. 그는 1943년에도 이 문제로 감옥에 들어갔다. 석방되자 곧 만주로 망명해 만주신학원 즉 봉천신학교에서 박형룡, 박윤선 목사와 같이 신학을 가르쳤다.

김선두는 한 부흥사경회에서 다음과 같이 설파했다.

"미국 윌슨 대통령의 민족 자결과 자유 해방의 복음이 세계 인류의 마음을 진동한 후 강한 자의 후하각하(喉下脚下)에서 구차한 생활을 감수하던 약소국들이 양춘을 만난 듯 자유를 찾으려고 부르짖은 그 소리가 전 지구의 공기를 혼란케 하여, 여러분이 각 신문 잡지의 보도로 아시는 대로 내가 지금 말하고자 하는 이 자유는 거금양년(去今兩年)에 부르짖는 토속적인 자유가 아니라, 2천여 년 전 십자가에서 흘리신 그리스도의 보혈로 만국 만민에게 부여하신 그리스도의 자유입니다. 매국 거인 구 아담이 하나님의 계명과 허락을 무시하고 사욕의 포로로 마귀에게 천국을 매도한 이래, 고통과 압박에 신음을 불감하는 창생을 구원하시려는 신 아담 예수 그리스도께서 보혈을 흘려서 회복해 주신 자유입니다."

이 부흥사경회를 취재한 어떤 기자는 김선두 목사가 수일간 열정적인 설교로 청중에게 "피가 끓고 가슴이 뛰는 큰 흥분"을 갖게 했다고 평했다. "구속당해 천 년을 사는 것보다 자유를 찾아 백 년을 사는 것이 의의가 있다"라고 외쳤던 그가 어찌 '통속적인 자유'와 '신앙의 자유'를 구분했겠는가? 그에게 자유는 하나님께서 주신 자유요, 예수 그리스도께서 십자가 위에서 보혈을 흘려 회복해 주신 자유였다. 그러니 이것을 되찾는 것이 당연한 일이고, 이것을 빼앗거나 잃는 것은 죄악이요, 하나님께 대한 반역이었다. 하나님께서 주신 자유를 잃어버린 구 아담을 매국적이라 표현하고, 그것을 속여 빼앗은 존재를 마귀로 표현한 것에는 바로 그런 암시가 있는 것이다. 이 설교를 듣던 남녀 청중이 피가 끓고 가슴이 뛰는 큰 흥분을 느꼈던 것도 바로 그 때문이었다.

1938년 9월 9일 평양 서문밖교회에서 제27회 조선예수교장로교 총회가 열렸다. 그날의 분위기에 대한 이런 기록이 남아 있다.

"오전 9시 30분 총회가 재개되었을 때 교회당 내외는 수백 명의 사복 경관으로 완전히 포위됐고, 강대상 아래 전면에는 평남 경찰부장을 위시해 고위 경관 수십 명이 긴 검을 번쩍이면서 자리를 잡고 앉아 있었다. 총대들의 좌우에는 그 지방 경찰관 2명이 끼어 앉아 있었고, 실내 후면과 좌우에는 무술 경관 100여 명이 눈을 부라리고 서 있었다."

이 살벌한 분위기는 마치 전쟁터를 방불케 했다. 주기철 목사, 이기선 목사, 김선두 목사 등 신사참배를 반대하는 유력한 교회 지도자들은 사전에 모두 구금됐고, 일제의 압력에 어쩔 수 없이 끌려온 27개 노회 대표 목사 88명, 장로 88명, 선교사 30명, 도합 206명이 넋을 잃고 앉아 있을 때, 10시 50분 이미 조작된 각본대로 평양, 평서, 안주 3개 노회 연합 대표 평양 노회장 박응율 목사의 신사참배 결의 및 성명서 발표의 긴급 제안이 있었고 박임현 목사와 길인섭 목사의 동의와 재청이 있었다. 총회장 홍택기 목사는 전신을 떨면서 "이 안건에 가하면 '예'라고 답하라"고 했고, 그들 외의 전원은 침묵했다. 그 침묵은 신사참배의 부당성을 나타내는 것으로밖에 보이지 않았으므로 수백 명의 경관이 일제히 일어서서 일대 위협을 표시했다. 당황한 총회장은 '부'를 묻지 못하고 '가'로 만장일치 가결을 선언했다.

이때 이런 사태가 있을 것을 예상한 선교회가 약속해 두었던 대로 방위량 선교사를 선두로 2~3명의 선교사가 회장의 불법 선포에 항의하는 한편, 신사참배 결의의 부당성을 주장하려 했으나, 경찰관들의 강력한 제지로 발언이 막히자 선교사 30명 전원이 차례로 일어서서 "불법이오", "항의합니다"라고 외쳤다. 봉천 노회 소속 헌트(한부선) 선교사는 무술 경관의 제지를 뿌리치고 불법에 대한 항의를 외치다 그들에게 붙들려 옥외로 끌려 나가기도 했다. 이러한 소란 속에서 총회 서기가 '신사는 종교가 아니며, 기독교 교리에도 어긋나지 않는 애국적 국가 의식이기에 솔선해서 국민정신을 총동원해 황국신민으로서 정성을 다해 달라'는 성명서를 낭독했고, 평양 기독교 친목회 회원 심의현 목사는 총회원 신사참배 즉시 실행을 특청했다. 이날 12시에 부회장 김길창 목사의 안내로 전국 노회장 23명이 총회를 대표해 평양 신사에 참배함으로 장로교회마저 그들의 불법 강요에 굴하고 말았다.

한편, 3·1 독립운동 정신이란 첫째로, 자유 정신이다. 일본에 빼앗긴 조선의 자주 독립, 자유를 돌려달라는 것이었다. 둘째로, 온 백성이 중심이 된 민주 정신이다. 수천 년 이어온 왕정 체제에서 벗어난 주권재민의 공화적 민주주의 국가 건설을 제시했다. 셋째로, 연합 정신이다. 국내외를 막론하고 종교, 계층, 성별, 지역 간의 모든 장벽을 넘어 참여했다. 넷째로, 평등 정신이다. 민중이나 식자층이 주체적으로 평등하게 참여했다. 다섯째로, 저항 정신이다. 3·1 운동의 정신은 일제의 무단정치에 의한 폭정과 차별 정책에 반대한 저항 정신이었다. 이는 3·1 운동 후 무력적으로도 저항할 수 있는 바탕이 됐다. 여섯째로, 비폭력 정신이다. 저항의 방법은 비폭력과 무저항이었다. 비폭력 정신은 군국주의 세력과 맞선 정의, 도의와 진리, 우애, 협력을 나타내는 평화의 정신이다. 시위 중 일어난 일부 폭력은 일제의 무력 진압에 대응한 것이었다. 일곱째로, 세계 평화 정신이다. 세계 역사의 역방향으로 나아가는 일본의 식민주의를 향해 자주 독립된 국가와 민족 사이의 우애와 협력, 평화와 공존을 실현하려는 새로운 세계 평화 추구 정신이다.

자유 독립을 비롯한 혁명적·문명사적 대전환의 3·1 독립운동의 정신은 한국민의 유산이 됐다. 이미 1907년에 신민회를 통해 도산 안창호를 비롯해 김규식, 이승만 등의 기독교인들은 새 나라는 기독교 정신에 따라 건국하기로 했다. 3·1 정신의 첫 유산은 1919년 4월에 상해에서 출발한 대한민국 임시정부였다. 그 헌장 7조에서 대한민국의 건국은 하나님의 뜻을 따랐음을 선포했다. 그러나 임시정부는 단지 건국 초기 과정이었다. 1919년 9월 여러 지역의 임시정부를 통합했으나, 이념의 대결로 임시정부는 그 기능을 다하지 못했다.

그 결실은 1948년 대한민국의 건국이었다. 근대국가를 이룩하는 요소인 영토, 국민, 정부, 주권의 4요소를 갖춘, 수세기 동안 지속되어 온 불교와 유교 문명의 체제에서 기독교 정신에 바탕을 둔 자유 민주주의 독립 국가, 공화 정부로 태어났다. 또 대륙 중심의 세계관에서 해양 세력 중심의 세계관으로 문명사적 전환을 이룩했다. 다만 이념이 다른 국토의 분단으로 과제를 남겼다.

기독교의 정신이 새 국가 건설의 이념에 일반적으로 적합하다고 인식된 점이 몇 가지 있었다. 첫째, 서구 여러 나라의 오랜 역사 속에서 국가와 기독교가 성공적인 관계였다는 점이다. 둘째, 새 나라는 도덕성이 국가 건강의 척도가 되므로 도덕적으로 고상하고 건전한 나라가 돼야 하는데 기독교가 가장 선호되었다는 점이다. 셋째는 기독교 자체가 민주 이념을 잘 포용하므로 참 자유, 민주, 정의, 인도와 평화, 평등 정신을 구현하는 데 상통한다는 점이다. 서구적 근대국가의 이념인 자유 민주주의, 국민 주권주의, 평화의 정체를 갖춘 기독교의 정신이 3·1 정신의 주요 요소가 됐고, 사실상 대한민국 건국 정신의 기초가 됐다.

건국 시기에 기독교인들이 많이 활동할 수 있었던 또 하나의 이유는 일제하에서도 많은 인재를 양성한 데 있다. 정치계의 김구, 이승만, 김규식, 여운형, 장덕수, 조병옥, 윤보선, 김도연을 비롯해 교계나 학계의 한경직, 백낙준, 한치진 등의 인물군이 있었다. 다른 어느 종파나 집단보다 많은 교육 기관을 설립해 인물들을 양성하고, 중국과 미국 같은 곳에서 주로 주한 선교사들을 통해 해외 유학생들을 보내 인재를 길러낸 결과였다. 대한민국 애국가의 작사가와 작곡가도 기독교인이었다.

기독교인이 정치 일선에 나서는 데 이론적·정신적 뒷받침을 한 것도 3·1운동 정신의 유산이었다. 그들은 8·15 해방도 하나님의 은총이었다고 믿고 독립 국가 건국에도 참여했다. 또 그들은 세계를 보는 시야가 넓고 세계 정세에 밝았다. 종래의 중화주의에서 벗어나 해양 세력인 근대국가 구미의 열강과 호흡을 같이했기 때문이었다.

김선두 목사는 어려서부터 믿음으로 자랐으며 열정적인 신앙으로 성령 충만한 삶을 살았다. 불의를 결단코 용납하지 않았으며, 어려움이 있으면 예수 그리스도의 십자가를 명상하며 참고 극복했다. 모든 성도를 위해 노력한 신앙 지도자로서의 모습은 매우 훌륭했으며,

심지어 한센병 환자들을 위해 총회 석상에서 헌금을 모아 보내기도 했다. 서문밖교회에서 교회 건축 후유증으로 이를 반대하는 일이 생겼을 때도, 건축위원들이 부정을 저질렀다고 항의하는 성도들에게 자신이 잘못 관리한 것이므로 사임하겠다고 책임을 통감했다. 그는 예수 그리스도를 자기 목숨보다 더 사랑하고 예수의 고통을 친히 체험하면서 눈물로 고백한 열렬한 예수의 제자였다. 김선두 목사는 오직 예수, 오직 민족을 위해 자기 목숨을 내놓았다.

한국교회는 김선두 목사 같은 지도자가 있었기에 성령 운동이 일어나고 민족 복음화가 이루어질 수 있었다. 그는 국내뿐 아니라 외국에 나가서도 목회자를 양성했으며, 민족을 사랑하는 신앙적 지도자를 양성해 세계 선교의 기틀을 마련했다. 이제 하나님께서는 세계 선교의 최선봉에 서는 사명을 감당할 수 있도록 대한민국을 더욱 발전하게 하실 것이다. 대한민국의 국위 상승 및 한국교회의 부흥과 발전이 곧 예수 그리스도의 명령인 세계 선교의 사명을 충실히 감당하는 것으로 이어져, 한국교회는 장차 소아시아 일곱 교회 중 칭찬받은 서머나 교회와 빌라델비아 교회처럼 예수 그리스도 앞에 우뚝 서는 교회가 될 것이다.

1945년 8월 15일 생각지도 않았던 광복을 맞으면서 김선두 목사는 월남해 박형룡 박사와 서울 남산에 장로회신학교를 재건하는 데 참여했다. 김성락 박사는 김선두 목사의 아들로 1924년 숭실대학을 졸업한 후 1927년 장로회신학교를 21회로 졸업하고 도미해 신학박사 학위를 받은 후 미국에서 아버지의 대를 이어 목회를 했다. 그러다 서울에 재건된 모교 숭실대학교 이사회의 부름을 받고 귀국해 1958년 숭실대학교 제2대 학장을 역임하고 한국 교계와 교육계에 크게 이바지했다. 김성락 박사는 임기를 마치고 다시 미국으로 간 뒤, 평생 그리던 고향 땅 평양을 방문, 아버지 김선두 목사가 이루지 못한 실향의 서러움을 씻어냈다. 방북 당시 김일성 주석을 만나 식사를 했는데, 김 주석이 김성락 박사에게 식사 기도를 부탁해 함께 기도했다는 일화가 남아 있다.

북녘의 3천여 교회의 회복을 위해 기도한 김선두 목사는 1946년 월남해 1949년 6월 25일 73세를 일기로, 그리스도의 교회를 위한 거룩한 삶을 마쳤다. 장례는 6월 27일 개신교연합회 주최로 치러졌고 시신은 망우리에 안장됐다. 그 아들 김성락 목사가 시무하고 있던 미국 나성 한인 장로교회에서도 추도식을 거행해 그를 추모했다. 대한민국 정부는 2007년 3·1운동에 참가한 공로로 그에게 건국훈장 애족장을 추서했다.

평양 서문밖교회의 주소는 평양부 하수구리(下水口里) 109호였다. '하수구리'란 빗물이 흘러 들어가는 하수구 아래쪽에 있는 마을이라는 뜻이다. 이곳에는 지금 평양 만수대 예술극장이 있다. 만수대 예술극장은 북한을 소개하는 화보나 텔레비전에서 종종 볼 수 있는 건물인데, 규모가 큰 분수공원을 끼고 있는 극장이다. 우리는 이 만수대 예술극장을 보면서 '아, 저기가 평양 서문밖교회가 있었던 자리로구나' 하고 생각하게 될 것이다.

마부 출신의 위대한 목회자
이자익 목사(1879~1958)

　이자익(李自益)은 1879년 7월 25일 경남 남해군 이동면 다정리 섬 마을의 장수 이씨 이기진과 박정근 집안에서 독자로 태어났다. 여섯 살도 되기 전에 부모를 여의고 친척 집에 맡겨졌으나 그 집도 가난해 늘 배가 고팠다. 그는 부잣집 머슴이 되면 배불리 먹을 수 있겠다고 생각하고 열네 살 때 친척 집을 떠나 배를 타고 여수로 갔다. 몇몇 지역을 거쳐 열일곱 살에 김제로 가서 그곳의 큰 부자였던 조덕삼의 집을 찾아가 "먹을 것을 주시면 무슨 일이든지 하겠습니다" 하고 청해 그 집의 마부가 됐고, 성실해 주인의 두터운 신임을 받았다. 청년기에 접어든 이자익은 마부 일을 그만두고 장사를 해 안정된 생활 기반을 마련했다.

한편 그가 마부로 있을 때 선교사로 순회 전도를 다니던 테이트 (최의덕) 선교사가 조덕삼의 집에서 머물곤 했다. 그러면 이자익이 그의 말을 먹이고 밤에 잘 쉴 수 있도록 보호했다. 몇 차례 안면이 생긴 다음 테이트 선교사가 그에게 전도했고, 이때 조덕삼과 이자익이 성령의 역사로 예수를 믿게 됐다.

1904년 이자익은 조덕삼과 함께 테이트 선교사의 인도로 조덕삼 집에서 예배를 시작해 두정리교회(금산교회 전신)를 개척했다. 같은 해 이자익은 테이트 선교사의 주례로 김선경과 결혼했다.

1906년 세례를 받고 교회의 영수로 임명된 이자익은 열심히 전도했다. 1907년 11월 누정리교회의 세례교인은 75명, 전체 교인은 200여 명이었다. 당시 이자익은 조덕삼의 머슴 마부로, 두 사람은 교회에서는 같은 위치였지만 재산이나 사회적 지위로 봐서는 비교가 되지 않았다. 그러나 교회 성도들이 장로를 선출하기 위해 투표를 했는데 조덕삼보다 이자익의 표가 더 많이 나왔다. 그 결과 이자익이 1908년 두정리교회 초대 장로가 됐다. 이자익이 장로 투표를 많이 받게 된 것은 그가 전도한 사람이 많았기 때문이다.

테이트 선교사가 매 주일 교회에 올 수 없었기에 이자익 장로가 주일 낮과 저녁 그리고 수요일까지 설교하는 때가 많았다. 이 교회는 매우 훌륭했다. 1893년 설립된 서울의 승동교회는 백정 출신 박성춘 집사가 장로로 선출되었을 때 여기에 반발한 양반들이 나가 안동교회를 설립했고, 서울 연동교회에서는 1894년 갖바치 출신 고

찬익 집사가 먼저 장로가 됐다고 양반들이 이탈해 종묘 근방에 묘동교회를 설립했다. 그러나 금산교회는 마부로 일하던 이자익이 주인 조덕삼보다 먼저 장로가 됐는데도 아무 문제가 없었으며, 오히려 조덕삼이 성도들에게 "이자익 영수는 저보다 믿음의 열의가 뜨거워 정말 훌륭한 분입니다"라고 격려했다. 이는 테이트 선교사의 복음 선포와 바른 목회가 만들어 낸 영적 지도력의 영향이라 할 수 있다. 조덕삼 영수는 이자익 장로를 극진히 섬겼다.

조덕삼 영수는 예배당을 건축하기 위해 자신의 소유 과수원 농장을 바쳤다. 그때 이자익 장로는 성도들과 함께 모악산에 올라가 아름드리 소나무를 베어다 예배당을 지었다. 그리고 조덕삼과 협의해 1907년 3월 2일 예배당 건축 기공 예배를 드렸다. 건물 구조는 전형적인 조선 시대 중부지방의 단층 고패집 형태였다. 남북으로 다섯 칸 집을 앉히고, 북쪽 모서리에서 동쪽으로 두 칸 집을 이어 붙여 외형으로 보면 'ㄱ' 자를 뒤집어 놓은 모양인데, 모두 합쳐 27평의 건물이었다. 예배당 왼쪽은 여신도 석, 오른쪽은 남신도 석이 됐다. 그리고 가운데에 천으로 칸을 쳤다. 당시 유교 전통에 따라 남녀가 한 자리에 앉을 수 없었기 때문이다.

상량문은 조덕삼이 직접 써넣었다. 남신도 석에서 위를 보면 천정에 상량문이 있었는데 한자로 '고후 5:1-6'이었고, 여신도 석은 '고전 3:16-17'을 한글로 썼다. 이렇게 지어진 금산교회 예배당은 좋은 나무로 지었기 때문에 지금까지 보존되어 있다. 1908년 4월 4일 헌당식이 거행됐다. 이자익 장로가 예식을 인도했고 설교는 테이트 선교사, 축도는 배유지 선교사가 맡았다. 이 교회는 1997년 7월 18일 전라북도 문화재 자료 제136호로 지정됐다.

이자익은 장로가 된 다음 1909년 9월 전북 대리회에서 테이트 선교사의 조사로 임명되어 전도를 시작했다. 당시 조사는 선교사를 도와 교회를 순방하면서 설교하고, 학습 교육과 문답을 했다. 이자익 조사는 테이트 선교사를 도와 두정리와 구봉리를 비롯한 18개 지역의 순회 조사로 활동하면서 두정리교회에서 구봉리교회(현 원평교회)를 분립했다. 이자익의 공식 목회 사역이 이때부터 시작됐다.

테이트 선교사는 대학에서 의과를 전공했고 선교사로 헌신하여 시카고의 맥코믹신학교(McCormick Seminary)를 졸업했다. 1891년 내슈빌(Nashville)에서 열린 전국 신학교 해외 선교 연합회에서 언더우드 선교사와 당시 유학생이었던 윤치호의 조선 선교에 대한 강연을 듣고 조선 선교를 결심했고, 여동생 메티와 함께 선교사로 1892년 11월 3일 조선에 왔다.

테이트는 1892년 호남 선교의 개척 선발대로 전킨 선교사와 함께 전주에 처음 온 선교사였다. 그는 전주를 중심으로 익산, 정읍, 금구, 태인, 고부, 흥덕, 부안, 임실, 남원의 각 지방에서 꾸준히 선교했다. 열성적인 선교로 78곳에 교회를 설립했고, 안수한 장로가 21인, 목사가 5인이었으며 세례를 베푼 교인은 1,500여 명이나 됐다. 그는 금산교회를 설립한 이자익과 조덕삼을 전도해 세례를 베풀고 장로로 세웠으며, 이자익 목사가 조선예수교장로회 총회장에 당선되는 데 큰 역할을 했다.

1909년에는 멀리서 오는 교인이 많아지자 삼길교회와 원평교회를 분립했다. 금산교회 교인 수가 50명이 넘게 되어 조덕삼 영수가 장로로 선출됐다. 두 사람은 열심히 교회를 섬겼다. 1910년 이자익 장로는 학비와 생활비를 책임져 준 조덕삼 장로의 도움으로 평양 장로회신학교에 입학해 1915년 제8회 졸업생이 되었다. 그리고 같은 해 8월 전라 노회에서 목사 안수를 받고 테이트 선교사의 동사목사로 금산교회에 부임했다. 그 교회의 마부였던 사람이 세례 받고 영수와 장로가 됐고, 또 신학교를 졸업하자 즉시 그를 목사로 청빙한 금산교회의 결정에 노회 전체가 매우 놀라워했다. 이는 이자익 목사가 훌륭했기 때문이요, 조덕삼 장로의 겸손의 덕이 컸기 때문이다. 그 뒤에는 이들에게 복음을 전한 테이트 선교사라는 믿음의 스승이 있었다. 테이트 선교사는 훌륭한 예수의 제자로서 호남 선교에 한 알의 밀알이 되어 많은 열매를 맺었다.

1919년 전라 노회에서 전북 노회가 분립되었다. 이 일에는 이자익 목사의 공이 컸다. 이에 초대 노회장에 선출됐으며, 다음 해에도 그가 계속 노회장을 맡았다. 그는 행정 능력이 탁월했다. 조직에서 운영까지 빈틈없이 없었다. 그는 많은 사람의 협력을 받으며 평화적으로 일하는 사람이었다. 그의 명성은 전국 교회에 퍼졌으며, 금산교회의 또 하나의 아름다운 이야기로 전해졌다.

1920년 4월 그는 당시 호남 굴지의 교회인 군산 개복교회와 구암교회에서 위임목사 청빙을 받았다. 그러나 그는 이를 거절하고 농촌교회, 곧 자기가 설립한 금산교회를 떠나지 않았다. 1921년 8월에 전북 노회에 보고된 이자익 목사의 사례비는 구봉리교회가 203원, 팟정리교회가 120원으로 모두 323원이었다. 1952년 함태영 목사가 부통령이 된 후 이자익 목사에게 교통부와 체신부의 내각으로 전후의 정부 재건에 큰 역할을 해주기를 기대했다. 이러한 입각 교섭을 받은 이자익 목사는 이를 단박에 거절했다. 지금까지 목사로 살았으니 앞으로도 목사로 종신하겠다는 것이 그의 대답이었다.

1924년 9월 13일 제13회 대한예수교장로회 총회가 함경북도 함흥읍 선창리교회당에서 개최됐다. 19개 노회에서 파송된 총대 선교사까지 합해 참석 인원이 총 196명이었다. 당시 총회장은 함태영 목사였다. 투표 결과, 당시 부총회장이었던 안승원 목사가 아니라 이자익 목사가 대한예수교장로회 제13회 총회장에 당선됐다. 신학교를 졸업한 지 9년 만이요, 그의 나이 45세였다. 사실 이때 이자익 목사보다 더 훌륭한 목사가 많이 있었다. 평안도나 황해도에 큰 교회 목사들이 많았다. 부총회장으로 당선된 임택권 목사도 그보다 신학교 1년 선배였으며, 일본 고베 중앙신학교를 졸업한 분이었다. 게다가 금산교회는 전라북도에 있는 농촌교회로 교세는 200명 정도밖에 되지 않았다. 그럼에도 이자익 목사가 총회장으로 당선됐다. 일부 총대들은 그가 총회를 잘 이끌지 염려했다.

이자익의 총회장 당선을 가장 기뻐하고 축하해 준 사람은 그에게 복음을 전한 테이트 선교사였다. 그는 이자익 총회장을 온몸으로 껴안으며 축하해 주었다. 이자익 목사는 총회장이 된 후 처음으로 1천 명이 넘는 회중 앞에서 설교했다. 총회장으로 사회봉을 잡은 이자익 목사는 많은 헌의안을 각 부서로 이관하고, 그 부서에서 결정된 사건을 본 회의에 보고하도록 했다. 총회장으로 모든 회의 안건을 침착하고 분명하게 처리했다. 남대리(L. T. Newland) 선교사는 "경이로운 사회자"라는 말로 그를 칭찬했다.

이자익 목사는 총회장이 되어 교회로 돌아온 다음 해에 호주 선교부의 초빙으로 거창 선교기지 순회 목사로 여러 교회를 돌보는 일에 임명됐다. 이 일은 한국교회에 매우 중요한 목회였다. 전라도에서 목회하던 사람이 경상도로 갈 수 있었다는 것도 매우 중요했다. 또 미국 남장로교 선교 구역에서 호주 선교 구역으로 간 것이라는 점도 의미가 있었다. 선교사들이 개척한 교회나 한국인들이 개척한 교회들을 잘 성장시키고 돌보는 일은 공동 목회의 책임일 뿐 아니라, 사도 바울처럼 그들이 전도한 교회들을 다시 가서 살피는 '돌봄'

의 목회였다. 이자익 목사는 목회자가 없는 곳을 찾아다니며 교회로서의 모습을 갖추고 선교할 수 있도록 북돋워 주었다. 그는 화합의 일꾼이었고 사랑의 사도였다.

1924년 호주 장로교 선교부 요청으로 이자익은 1925년부터 이명서 없이 파견하는 형식으로 경상남도 거창 선교부 선교사로 사역하게 됐다. 이자익 목사는 순회 목사로 활동하던 중 1927년 9월 함남 원산시 광석교회에서 열린 경남 노회에서 노회장으로 선출되었다. 같은 해 같은 장소에서 모인 제16회 대한예수교장로회 총회에 경남 노회에서는 노회장으로 이자익 목사와 서기 최상림 목사, 총대 김길창 목사, 주기철 목사까지 4인이 참석했다. 장로 4명과 선교사 2명도 있었다. 이때 이자익 목사는 총회 신학교육부 부원으로 활동하면서 총회에 많은 영향을 끼쳤다. 당시 마산 문창교회 사건은 총회에서 큰 사건이었다. 이러한 사건을 해결할 수 있는 적임자는 이자익 목사뿐이었다. 그는 거창 선교부에서는 순회 목사 직책을 갖고 어려운 교회만 찾아다니는 일을 맡았다. 그가 수고를 계속할 수 있도록 다음 해에도 경남 노회장을 연속으로 맡겼다.

이로써 경남 노회 내에 있는 교회들이 하나둘씩 안정을 찾아갔다. 극심한 분규로 어지러웠던 마산 문창교회가 어느 정도 자리를 잡아가자 총회장을 역임한 함태영 목사가 부임해 잘 마무리했다. 주기철 목사의 모교회인 웅천교회도 6년간이나 분규가 일어나 신도들이 따로 예배를 드렸는데 이자익 목사의 중재로 이 역시 잘 해결됐다. 이자익 목사는 함태영 목사의 지도력에 감동을 받아 그를 1929년 6월 제26회 노회에서도 경남 노회장으로 추대했다.

이자익 목사는 거창 선교부 사역을 마치고 1936년 9월 전북 노회로 복귀했다. 금산교회와 원평교회는 크게 환영했다. 그동안 금산교회와 원평교회는 곽진근 목사가 시무했다. 이자익 목사는 하나님께서 자신을 신사참배를 해야 했던 총대로 나가지 않게 하심을 몇 번이고 감사했다.

한편 이자익 목사가 1925년 호주 선교부 경남지역 순회 목사로 파송되던 해에 주기철 목사가 부산 초량교회 담임목사로 부임했다. 1927년과 1928년에 이자익 목사가 경남 노회 노회장으로 재선됐고, 주기철 목사는 부노회장으로, 최상림 목사는 서기로 선출됐다. 일제의 신사참배가 논란이 됐을 때 오직 하나님 중심, 말씀 중심의 이자익 목사의 가슴에는 논란의 여지가 없었고, 교회마다 반대 결의에 동참하도록 강력하게 이끌었다. 1931년 9월 경남 노회는 한국 기독교 최초로 신사참배 반대 결의안을 통과시켰다. 1936년 2월 일제 신사참배 반대 결의안을 당국에 제출했다. 이로써 이자익 목사는 흔들림 없이 신사참배 반대 운동을 지휘했다.

1929년 12월 15일 30년 가까이 함께한 아내가 난산 끝에 쌍둥이 자매를 분만한 후 세상을 떠났다. 그 충격이 채 가시기도 전인 이듬해 2월 설상가상으로 갓 태어난 쌍둥이마저 병원에서 치료를 받던 중 차례로 죽었다. 그 후 어려운 시기를 보냈으나 그런 가운데서도 목회에 열심을 다했다. 1925년부터 1936년까지 호주 선교부의 초빙으로 거창 선교기지 순회 목사로 여러 교회를 돌보았고, 1927년부터 1929년까지 경남 노회 노회장에 연속 추대됐다. 1929년 부인 김선경의 사망으로 어려운 시기를 보낸 뒤 1931년 강학민과 재혼했다. 1927년부터 1937년까지 평양 장로회신학교 이사를 역임했으며 1940년에는 조선신학교의 개교와 함께 초대 이사에 추대됐다.

전북 노회로 돌아온 그는 1937년부터 1945년까지 김제 금산교회와 원평교회에서 목회했다. 1937년 제27회 대한예수교장로회 총회

개최지가 본래 신의주 제일교회로 예정되었으나, 일본 경찰의 압력으로 평양 서문교회로 바뀌었다. 총회장 홍택기 목사의 사회로 신사참배 문제를 놓고 논의하던 중 찬성안이 나왔다. 가부를 묻기 위해 "찬성하시면 '예' 하십시오"라고 하자 총대 10여 명이 "동의합니다"라고 답했다. 이어 이의가 있느냐고 묻지도 않고 홍택기 총회장이 가결됐다고 사회봉을 내리쳤다. 이때 미국 북장로교 한부선(B. F. Hunt) 선교사가 손을 들고 "그것은 불법이요, 가결이 불법입니다"라고 소리를 지르자 20여 명의 선교사가 합세하면서 앞으로 나왔으나, 일본 고등계 형사들의 제지로 무산됐다. 이어 서기인 곽진근 목사가 성명서를 낭독했다. 선교사들은 듣지도 않고 모두 퇴장했다. 회의장은 매우 혼란스러웠다.

치욕적인 신사참배가 결의되자 부총회장 김길창 목사는 임원회의 대표로, 또 각 노회장은 노회의 대표들을 인솔해 평양 신사에 가서 허리 굽혀 참배했다. 가결된 즉시 서기부에서는 신사참배가 결의됐다는 사실을 총회장 홍택기 목사의 이름으로 조선 총독, 경무국장, 학무국장, 조선군 사령관, 일본 총리대신, 제 각료들에게 전보로 보냈다. 이로써 제27회 총회는 1937년 7월 7일 중일전쟁을 일으켰던 일본의 중국 침략을 합법화해 주고, 앞으로 중일전쟁에 적극적으로 참여할 뜻을 밝히고 말았다. 이러한 결정에 대해 한국교회는 큰 충격을 받았다.

이자익 목사가 거창 선교부 사역을 마치고 전북 노회로 복귀하자 금산교회와 원평교회는 크게 환영했다. 이 두 교회는 곽신근 목사(총회 서기) 후임으로 이자익 목사를 위임목사로 청빙했다. 그가 원평교회에 부임할 무렵 장남인 이봉환 집사가 장로로 장립되었다.

전북 노회는 신사참배에 앞장섰다. 전북성경학원에서 제31회 노회가 열렸을 때 노회장 이수영 목사의 사회로 국가 합창과 국민 서사를 제창하고, 지나(중일전쟁) 출전 장병을 위해 1분간 묵도했다. 이런 중에 전주 서문교회 배은희 목사는 신사참배를 반대하다 일제 고등계 형사의 감시를 더는 견딜 수 없어 교회를 사임했다. 그 후임자인 김세열 목사는 신사참배를 지지하면서 제27회 총회에 이를 헌의한 인물 중 한 사람이었다. 그는 교회에 부임해 와서 예배 때마다 동방 요배, 국가 제창, 국민 서사 등을 일제 고등계 형사의 감독하에 진행했다.

1939년 10월 31일 제32회 임시 전북 노회가 전주 중앙교회에서 열렸을 때 이자익 목사는 노회에 참석하지 않았다. 이미 총회장을 지냈으며, 전북 노회를 이끌고 있는 김세열 목사가 친일 인사로 일본 제국주의를 찬양할 뿐 아니라 중일전쟁에 적극적으로 협력했기에, 노회가 개회될 때마다 예배 전에 식전 행사를 진행했기 때문이다. 또 이때 '국민정신 총동원 조선예수교장로회 전북 노회 연맹'을 조직했다. 그리고 1941년에는 미국 선교사들을 추방했다. 이런 이유로 이자익 목사는 전북 노회에 참석하지 않았다. 조선 청년들은 천황군으로 끌려가고 목사들은 모여서 감사예배를 드렸다는 기사를 신문에서 읽을 때마다 이자익 목사는 몹시 분개했다. 한국인이 일본식 이름으로 바꾸도록 강요당할 때 목사들이 이에 적극적으로 협조했고, 1942년 제31회 총회부터 일본어를 사용했으며, 일본어를 모르는 목사나 장로는 총대로 선출되지 못했다. 이자익 목사는 1943년 제37회 전북 노회에 참석해 원평교회 담임 사면서를 제출했다. 5년간 노회에 출석하지 않으면 노회에서 직권으로 제명할 수도 있었지만 그 후 해방될 때까지 노회 참석을 거부하고 목회를 중단했다.

일본 정부는 한국교회를 천황에게 충성하는 일본식의 교회로 만들려 했다. 이에 1943년 5월 4일 조선예수교장로회를 해산하고 일본기독교조선장로교단을 조직했다. 조직을 개편하고 이름도 바꾸었다. 총회장이 아니라 통리(統理)로 호칭을 바꾸었고, 초대 통리에 채필근 목사가 선출됐다. 그리고 '부'(部)를 '국'(局)으로 변경했다. 전북 노회에서는 일본식으로 이름을 바꾼 목사와 장로만 총회에 참석했다. 평양 장로회신학교에서는 이미 채필근 목사가 사가와 마츠치카(佐川彌近)라는 이름으로 교장이 됐다. 그리고 전국 25개 노회를 15개 교구로 대폭 축소했다.

또 한국교회 전체를 통합했는데 그것이 일본기독교조선교단이었다. 여기에 통리로 선출된 김관식 목사도 일본식으로 이름을 바꿨는데 그의 이름은 가네모토 간쇼쿠(金本觀植)였다. 그는 각 지방을 순회하면서 대동아전쟁에 절대적으로 협력하고, 주일예배를 시작하기 전에 국가의식을 하도록 독려했다.

이자익 목사는 일본에 협력하던 목사들로부터 많은 회유를 받았다. 그러나 그는 오직 원평교회에서 목회하는 일에만 전념했다. 그는 일본말을 못 하므로 협력할 수 없다고까지 했다. 이자익 목사는 일제시대에 신사참배를 거절하고 일본식으로 이름을 바꾸지도 않으면서 신앙적 절개를 지켰다. 더 훌륭한 사실은 해방 후에 그는 한 번도 자신이 신사참배와 일본식 이름 개명에 불참한 것을 자랑하지 않았다는 것이다. 신사참배에 가담한 사람들을 정죄하거나 비난하지도 않았다. 오히려 그들을 위로하고 함께 가슴 아파했다. 그는 평생 주님의 종으로 살았고, 머슴인 자기 인생의 출발점을 항상 잊지 않았다.

1945년 8월 15일 이자익 목사는 장남 이봉환 장로로부터 일본이 패망했다는 소식을 처음 들었다. 그때 패망한 일본인들이 본국으로 무사히 돌아갈 수 있도록 돕는 데 아들과 조덕삼 장로의 아들 조영호 장로를 내세웠다. 이자익 목사는 전주에서 은둔했던 배은희 목사와 기독교독립촉성회를 조직하고 전주 노회를 재건하는 데 힘을 모았다. 그러나 해방된 한국은 남북으로 갈라져 북한은 소련군이, 남한은 미군이 주둔했다. 북한은 공산주의자들이 다스리면서 교회가 어려워졌고 많은 목사와 장로들이 월남했다.

마침내 전북 노회가 재건됐다. 재건 후 첫 노회에서 노회장으로 선출된 배은희 목사는 김종대 목사, 이자익 목사와 함께 총회 총대로 선출됐다. 총회는 원래 제31회 총회장이었던 김은순 목사가 맡아야 했으나 월남할 수 없어서 할 수 없이 제일 연장자인 함태영 목사가 임시 의장이 됐다. 전국에서 12개 노회 30명의 총대가 참석했다. 이북의 교세는 강했기에 총 16개의 노회가 있었으나 참석하지 못했다. 총회에서 총회장으로 선출된 이는 전북 노회의 배은희 목사였고, 부총회장은 함태영 목사가 선출됐다. 그 자리에서 총대들은 일본 신사참배에 대한 회개의 기도를 드렸다. 이로써 신사참배에 동참했던 이들과 그렇지 않았던 이들 간의 괴리가 사라졌다.

1946년 4월 30일 제2회 조선기독교 남부대회가 정동제일교회에서 소집됐으며, 친일 행각에 앞장섰던 김관식 목사, 송창근 목사는 슬그머니 그 자리에서 빠져나갔다. 이때 대회장에 배은희 목사가 선출됐다. 배은희 목사는 총회를 재건한다면서 1946년 6월 11일 서울 승동교회에서 재건 총회를 소집했다. 제33회 총회가 대구제일교회에서 총회장 배은희 목사의 사회로 개회됐다. 이때 임원 선거에서 일본 제국주의에 물들지 않은 참신한 지도자를 선출해야 한다면서 총대들이 금산읍교회 동사목사인 이자익 목사를 제33회 총회장으로 선출했다. 당시 조선신학교 재학생 51명이 진정서를 총대들에게 배포했는데, 내용은 김재준 목사의 고등비평에 관한 것이었다. 이때 이 문제를 현장에서 처리하지 않고 7인 위원회를 선임해 김재준 교수와의 면담을 통해 그 진상을 파악하려 했다. 그동안 남부 재건 총회를 32회로 회수를 고치고 남부 총회도 33회로 회수를 바꾸기로 했다. 남부 총회란 한국장로교의 소총회였다.

해방 후 선교사들이 내한하여 성경학교와 미션 스쿨들을 개교했다. 이자익 목사는 남장로교 대전 선교부가 개설되었을 때 보이어(E. T. Boyer) 선교사와 함께 동사목사로 사역했다. 이때 금산읍교회에서 동사목사로 일할 것을 제의받고 금산읍교회로 갔다.

1947년 남부 총회가 대구제일교회에서 개최됐다. 이때 부회장이던 함태영 목사가 자연적으로 총회장이 돼야 했는데 시골교회 목사인 이자익 목사가 총회장으로 당선됐다. 이미 제13회 총회장으로 일한 적이 있었으나 해방 후 어려운 시기에 총회를 책임지는 것은 매우 힘든 일이었다. 새로운 인물, 젊은 일꾼들이 많았음에도 그 무거운 짐을 지게 된 이자익 목사는 매우 송구하게 여겼다.

이자익 목사가 총회장이 된 것은 성령의 역사였다. 이북에서 월남한 목사들은 평양신학교를 졸업했다는 것에 대한 3명의 보증이 요구되었다. 남한에서 목회하는 이들은 대부분 조선신학교를 졸업했기에 조선신학교에서 공부를 더 해야 한다는 안이 가결될까 조바심을 냈는데, 이자익 목사의 결의안이 통과되자 좋은 분위기가 되었다.

총회에서 미국 남장로교가 대전으로 이전하기로 가결되었기에 이자익 목사도 대전으로 이전했다. 제34회 총회가 서울 새문안교회에서 개최됐다. 이때 총회장 선거에서 이자익 목사가 재선됐다. 총회가 해결해야 할 난제가 많은 때에 당선이 된 것이다. 총회장이 된 이자익 목사는 새 임원을 발표했다. 여기에 함태영 목사가 빠졌다. 이때 문제가 발생했는데 그것은 조선신학교 학생 51명의 진정서 사건이었다. 이 문제는 신학적으로 민감했다. 잘못하면 총회에 큰 혼란이 일어날 수 있었다.

조선신학교 학생들이 김재준 목사의 강의에 충격을 받았다. 그들은 신학 방법에서 신정통주의를 강의하는 교수에게 신학 수업을 받을 수 없다며 진정서를 제출했다. 이 일로 박형룡 목사가 운영하는 신학교를 총회 직영 신학교로 인정해 달라는 헌의를 했을 때 김재준 목사가 반대해 할 수 없이 총회 안에 두 개의 직영 신학교가 생겼다.

박형룡 목사는 부산 고려신학교 교장으로 재직했으나 전국 교회가 고려신학교는 인정할 수 없다고 해서 사임했다. 서울에서 장로회신학교를 세웠을 때 조선신학교 학생 51명과 평양신학교를 다니다 월남한 신학생들이 합하여 장로회신학교에 편입함으로 자연히 총회 안에 두 신학교가 생겼다. 한 총회 안에 두 신학교가 있을 수 없으므로 하나로 통합하자는 안이 나왔고, 양 신학교 당국자들과 협의해 다음 총회에 그 안을 내놓기로 했다. 이자익 목사는 다음 총회에 총대로 나오지 않았다.

총회에서는 두 신학교를 취소하고 총회 직영으로 하기로 하면서 신학교 문제가 일단락되었다. 이때 총회 직영 신학교는 보수 정통으로 교수 진영을 조직해야 한다면서 이사회에서는 교수 한 사람씩을 두고 투표로 결정하기로 했다. 그 결과 인돈은 만장일치 가결, 조하파 역시 만장일치 가결, 박형룡은 가 15, 부 2, 계일승은 가 16, 부 1, 권세열은 만장일치, 한경직은 가 13, 부 4, 김치선은 가 16, 부 1, 명신홍은 가 15, 부 2가 되었다. 이에 피난지인 대구에서 직영 신학교가 개설됐다. 교장은 조선신학교에 자극을 주지 않기 위해 감부열(A. Campbell) 선교사를 임명했으며, 교사는 감부열 선교사 사택과 대구 선문교회당을 사용했다. 얼마 후 박형룡 목사를 교장 대리로 세웠다. 1954년에 상경했고, 다음 해에 총회신학교를 대한예수교장로회 신학교라 명칭을 변경했다.

이자익 목사는 1950년 4월에 보이열 선교사와 인돈 선교사의 적극적인 협력에 힘입어 대전 고등성경학교를 설립했다. 그러나 몇 달 되지 않아 한국전쟁이 터져 학교는 계속될 수 없었다. 전쟁 동안 이자익 목사는 송광사 주지 해광 스님을 찾아갔다. 그는 이 목사와 인척 관계로 거기서 따뜻한 영접을 받았고, 얼마 동안 머물렀다. 그런데 어느 날 붉은 완장을 한 청년이 와서 이자익 목사를 연행해 갔다. 그는 김제 내무서에 이첩됐다. 거기서 놓여난 뒤에는 아들 이성환의 집에서 살았다. 금산교회와 원평교회는 이미 인민위원회가 접수했기 때문이다. 이 목사는 성경 읽고 기도하는 생활에 전념했다. 인민군들이 후퇴하면서 금산교회 근처의 민가들을 모두 불태웠지만 다행히 금산교회당은 그대로 남았다. 그러나 금산교회에서 목회하던 조기남 전도사는 인민군에게 처형당하고 말았다.

이자익 목사는 당시로는 선교의 불모지였던 경남의 거창지역 순회 목회를 통해 10개 교회를 개척하고 10개 예배당을 신축했으며, 해방 후 대전지역의 복음화를 위해 종횡무진 개척과 창립을 주도해 대전 선교에 혁혁한 지도력을 발휘했다.

1953년 제38회 총회에서 헌법을 개정하기로 하고 위원으로 선정한 목사와 선교사가 총 15명이었는데 위원장은 이자익 목사, 서기는 노진현 목사였다. 이들은 1년간 여러 차례 모여 논의하고 결정한 후, 다음 해 총회 시에 이를 제출해 만장일치로 가결했다. 이것은 오늘날까지 헌법의 근간이 되고 있다. 이자익 목사는 이 헌법으로 신학교에서 강의했는데, 어느 날 그는 경건회에서 설교를 시작하면서 이렇게 말했다.

"저는 박 박사에게 소개를 받은 시골 사람 이자익입니다. 저는 초등학교 문턱도 가본 일이 없는데 하나님의 은혜로 평양에 있는 장로회신학교를 졸업하고 목사가 되어 김제군 금산교회에서 목회했습니다. 저는 하도 가난해 17세에 경남 남해도를 떠나 김제군 지주 조덕삼 장로의 마부로 일했습니다. 테이트 선교사의 전도를 받고 조덕삼 지주와 함께 마부였던 저도 예수를 믿게 되었습니다. 만일 제가 계속 남해도에 있었으면 예수를 믿지 못했을 것입니다. 여러 신학생의 얼굴을 보니 한국교회는 소망이 있습니다. 여러분 모두 고등학교와 대학을 졸업하고 이 학교에 온 줄 압니다. 그러니 얼마나 하나님의 은혜를 받았습니까?"

이자익 목사는 1954년 8월 25일 마침내 대전신학교를 설립하고 초대 교장을 역임했다. 그는 1958년 3월 대전에서 김제군 원평에서 약국을 경영하는 셋째 아들 이성환 집으로 옮겨 갔다. 그 후 주일이면 금산교회나 원평교회에 출석해 예배드렸다. 그리고 그해 10월 7일 79세로 하나님의 부름을 받았다. 그의 장례는 10월 9일 원평에서 대전 노회장으로 엄숙하게 치러졌다.

이자익 목사는 인간적인 면에서 매우 행운아였다. 고향을 떠날 때 그는 거지나 다름없었다. 그러나 김제 지방에서 만난 부자 조덕삼은 그에게 은인이었다. 그로 인해 배불리 먹을 수 있었고, 공부할 수 있었고, 예수를 믿게 됐다. 이에 이자익은 평생 조덕삼 장로에 대한 고마움을 잊지 않고 살았다. 그는 초등학교도 못 가 본 사람이었다. 그러나 조덕삼의 아들이 공부할 때 어깨너머로 배운 것으로 신학교까지 가게 됐으니 기적이었다. 그는 대한예수교장로회 총회 역사상 유례없이 세 차례나 총회장을 역임했는데 이는 앞으로 누구도 깰 수 없는 기록이 될 것이다.

이자익 목사에게는 몇 가지 특징이 있었다. 첫째, 선교사에게 좋은 협력자였다. 그는 선교사의 은덕을 많이 입었다. 처음 예수를 믿게 된 것도 선교사 테이트를 통해서다. 그리고 그에게 세례를 받고, 장로가 되고, 신학교에 입학했다. 그는 선교사들에게 많은 사랑을 받았고 그들에게 적극적인 협력자가 되어 주었다. 1917년 전라 노회에서 전북 노회가 분립되었고, 거창에 호주 장로교 선교부를 신설할 때 그는 전라도에서 경상도로, 남장로교 선교부에서 호주 장로교 선교부로 기꺼이 자리를 옮겼다. 대전 선교부가 신설될 때 금산읍교회에서 시무하고 있는데도 대전 선교부로 가게 됐고, 또한 대전고등성경학교 신설도 그의 적산가옥에서 시작했다. 이 모든 것이 선교사들과의 협력관계에서 이루어진 것이었다. 그는 미국 유학 목사도 아니요, 영어를 잘하는 사람도 아니었다. 그러나 선교사들이 그를 그렇게 훌륭하게 사역할 수 있게 기회를 준 것은 선교사들과의 관계가 원만했기 때문이다. 이것은 신앙인에게 매우 귀중한 인격이다. 그는 굴욕이 아니라 건설적인 면에서 선교를 효과적으로 이루는 데 크게 협력했다. 그러나 정작 한국전쟁 때 많은 목사가 선교사들의 도움으로 안전하게 피난했을 때 이자익 목사는 그대로 남아 있었다.

두 번째, 법에 대한 전문가였다. 그는 먼저 총회장으로 회의를 원만하게 진행했다. 이것은 법에 대한 바른 자세가 있었기 때문이다. 그는 1953년 제38회 총회에서 헌법 개정이 결정될 때 위원장으로 1년간 일한 뒤 개정안을 만장일치로 통과시켰다. 그리고 신학교에서 헌법을 강의했다. 그의 회의 진행과 헌법에 대한 전문적인 지식은 매우 훌륭했다. 이처럼 법에 밝은 사람이 될 수 있었던 것은 그의 믿음이 참으로 질서 있게 확립되어 있었기 때문이다. 그는 왜곡을 모르며 모든 것을 법에 따라 진행했다.

이자익 목사는 총회 헌법을 수십 번 읽었기에 모르는 조목이 없었다. 그것을 적용하는 데 있어서도 매우 신중했다. 총회는 물론 노회와 교회를 운영하는 데도 그러했다. 그가 금산교회를 목회할 때 많은 문제가 생겼으나 그 모든 것을 신앙의 법에 따라 처리했다. 그가 총회장을 세 번씩이나 했던 것은 그 자신이 정치적이거나 명예를 좋아해서가 아니라, 그의 치리가 공정하고 총회를 유익하게 했기 때문이었다.

그가 이처럼 총회장을 세 번씩이나 역임했다는 것은 기적이었다. 총회 창설 이후 90회기에 이르기까지 어느 누구도 총회장을 두 번 이상 역임한 사람이 없었는데, 이자익 목사는 세 번이나 총회장에 당선됐다. 그는 시골 교회 중에서도 작은 100여 명의 교인으로 구성된 교회의 가난한 목회자였다. 명예를 추구하는 정치꾼도 아니었다. 그가 처음 총회장이 되었을 때는 45세로 목사로 안수를 받은 지 10년밖에 지나지 않은 때였다. 그 전임 총회장은 함태영 목사였다. 그와는 지식적으로나 명성으로나 차이가 컸다. 따라서 그가 총회장이 됐을 때 모든 사람이 염려했던 것은 사실이나 그 염려는 금세 감쪽같이 사라지고 모두가 만족하게 되었다.

두 번째 총회장에 선출되었을 때는 운이 좋았다. 일단 이때는 반쪽 총회였다. 즉 남북 분단으로 이북 총대들이 참석하지 못했다. 남쪽에서 12개 노회만 참석했으므로 총회장으로 나설 사람이 없었다. 그러나 부총회장이 함태영 목사였다. 함태영 목사는 12대 총회장이었고, 이자익 목사는 13대 총회장이었다. 당연히 함태영 목사가 당선되어야 했다. 그럼에도 이자익 목사가 당선됐다. 이뿐 아니라 그다음 해인 1948년 총회에서도 이자익 목사가 총회장으로 선출됐다. 그때도 부총회장은 함태영 목사였다.

이때 한국교회는 심각한 문제로 몸살을 앓고 있었다. 대한예수교장로회 신학교와 조선신학교의 문제 때문이다. 조선신학교 학생 51명의 진정서 문제로 총회가 큰 어려움에 직면했다. 당시 남한 총회에서는 조선신학교 출신이 다수였는데 총회장으로 평양신학교 출신인 이자익 목사가 선출되었다. 당시 부총회장이었던 함태영 목사는 조선신학교 창설자 중 한 사람으로 그 학교의 교장을 역임하고 있었다. 그를 총회장으로 선출했다면 조선신학교 문제는 긍정적으로 해결될 수도 있었을 것이다. 이것을 보이지 않게 제재하려는 방법으로 이자익 목사를 선출했던 것으로 보인다. 이것은 한국교회를 위한 성령의 역사였다.

이자익 목사는 조선신학교 문제를 해결하기 위해 기도를 많이 했다. 가장 큰 문제는 김재준 목사의 문제였다. 그의 신학 방법론에서의 신정통주의 입장은 도저히 교단적으로 인정할 수가 없었다. 평양에서 《어빙던 단권 주석》의 번역으로 신학 논쟁이 있었을 때는 선교사들이 이 문제를 취급했고, 길선주 목사의 신학적 발표로 잘 수습됐다. 그런데 이번에는 이자익 목사가 총회장이 되어 이를 잘 막아낼 수 있었다. 이 일을 해결하기 위해 그는 질서를 잡아야 한다고 생각했다.

당시 젊은 김광현 목사의 조언은 큰 도움이 되었다. 제33회 총회에 조선신학교 문제로 진정서가 제기됐을 때 그는 조선신학교 대책위원회 위원장으로 활동했다. 이자익 목사는 그가 대한민국 헌법위원이었다는 사실을 알고 직접 김광현 목사를 만나러 먼 경북 안동교회까지 방문했다. 그리고는 "조선신학교 김재준 목사 문제를 어떻게 하면 좋겠는가?" 하고 자문했다. 70세가 가까운 나이에 그렇게 먼 길을 찾아왔다는 것은 이 일을 원만히 해결하려는 의지가 강했다는 뜻이다. 이자익 목사는 반드시 분열은 막아야 한다고 생각했다. 그는 메모지에 기록하면서 주의 깊게 청취했다. 이때 김광현 목사는 '저런 인격을 가졌기에 총회장을 하시게 되었구나'라고 생각했다. 그는 체구는 작았으나 마음만은 참으로 넓었다. 용서와 사랑이 많은 목사였다.

그러나 유감스러운 일도 없지 않았다. 신사참배가 결의되고 한창 지방별로 신사참배가 진행되고 있을 때 그는 전혀 전면에 서지 않았다. 숨어서 목회에만 전념했다. 총회장까지 지낸 분이 왜 그처럼 묵비권만 행사했을까? 아마도 그 나름대로는 어떤 신념에 의해 그렇게 했을 것이다. 그는 이때 노회에도, 총회에도 참석하지 않았다. 이것은 그의 삶과 사역에 있어서 옥의 티라 할 수 있을 것이다.

콧수염 난 그의 얼굴은 검소하면서도 인자한 시골 할아버지 상이었다. 농담도 잘할 것같이 보인다. 그러나 날카로운 면도 엿볼 수 있다. 그리고 그는 겸손했다. 그의 설교는 이야기처럼 구수하고 쉬웠으며 솔직하고 성경의 내용을 드러냈다. 중요한 것은 말씀대로 실천했다는 것이다. 그러면서도 여러 신학자나 훌륭한 사람들의 말을 인용했다. 마부 출신으로서 세 차례나 총회장을 역임한 것은 젊은 목사들에게 큰 꿈을 갖게 했다.

이자익 목사는 후배 목회자들에게 '큰 바위 얼굴'로 통했다. 그는 평생 20여 개 교회를 설립하고, 세 차례 총회장이 되었으며, 명예나 권력이나 재물에 관심이 없었다. 큰 교회 청빙을 거절하고 작은 시골 교회를 지켰다. 일제강점기엔 신사참배와 일본식 이름 개명을 끝내 거부했다. 1942년 장로교 총회를 재건한 그의 행정 능력은 매우 뛰어났다. 이에 이승만 정부의 장관직을 제의받았으나 거부했다. "지금까지 목회자로 살았으니 앞으로도 목사로 종신하겠다"는 것이 이유였다. 70세 고령에도 장로회 대전신학교를 설립한 열정의 목회자였다.

또 그는 교계 법통으로 불렸다. 현행 장로교 총회 헌법은 1953년 그가 전면 개정해서 오늘에 이르고 있다. 1954년 8월 25일에는 마침내 대전신학교를 설립하고 초대 교장을 역임함으로 이 학교의 역사가 시작됐다.

전북 김제 모악산 기슭에 있는 금산교회는 1905년 테이트 선교사에 의해 시작됐다. 전주에 선교기지를 둔 미국 선교사 테이트는 정읍으로 갈 때 모악산 자락을 넘어 금산리를 통과하곤 했다. 말을 타고 다니는 선교 여행이었으므로 말이 쉬어갈 마방에 들렀고, 자연스레 마방 주인이었던 조덕삼에게 복음을 전하게 됐다. 그렇게 해서 예수를 영접하고 복음을 받아들인 그의 사랑채에서 금산교회가 시작됐다.

한편 김제 지주 조덕삼의 할아버지 조정문, 아버지 조종인은 본래 평안도 출신으로 중국 봉황성, 고려문을 넘나들며 홍삼을 파는 등 무역을 하는 거상이었다. 김제 부자로서의 조덕삼의 삶은 남쪽의 넓은 김제 평야와 금산의 금광을 바라보던 아버지의 꿈에서 비롯됐다. 그는 김제 평야의 광활한 농경지, 그리고 금산의 금광에 대한 꿈을 안고 재산을 정리하여 단독으로 배를 타고 남하했다. 군산 앞바다에서 만경 포구를 거슬러 김제읍을 지나, 금이 많이 난다고 해서 이름 붙여진 금산에 도착한 조종인은 아버지의 유산으로 금광업에 투자하면서 평안도 거상답게 토지를 매입하고 정착하며 아들 조덕삼의 앞길을 튼튼하게 했다.

금산교회를 말할 때 조덕삼 장로 말고 빼놓을 수 없는 또 한 명의 인물이 바로 조덕삼 장로의 머슴이었던 이자익이다. 이자익은 본래 경남 남해에서 고아로 생활하다 입에 풀칠이나 하려고 김제까지 흘러들어 조덕삼의 집 마방에서 일했다. 그러다 조덕삼이 예수를 믿으면서 함께 1905년 10월 11일에 세례를 받았다. 그 후 차츰 교회가 성장해 교인이 50명 정도 됐을 때 장로 후보로 피택됐다. 그런데 놀랍게도 교인들이 모여 투표한 결과 지방의 유지이자 김제 부자이고 금산교회 재정을 모두 감당하던 조덕삼을 제치고 그 집의 머슴인 이자익이 가장 많은 표로 장로가 됐다.

이때 교인들은 술렁이며 근심하는 표정들이었다. 그러자 조덕삼은 교회의 결정을 하나님의 뜻으로 받아들이고 교인들 앞에 나서서 "나는 하나님의 뜻을 겸허히 받아들여 이자익 장로를 잘 받들고 교회를 더욱 잘 섬기겠습니다"라고 말했다. 결코 쉽지 않은 일이었으나 이 두 사람은 집에서는 주인과 머슴의 관계로, 교회에서는 평신도와 장로의 관계로 성실히 자기 본분을 잘 감당해 나갔다. 후에 조덕삼도 금산교회 2대 장로가 됐다.

조덕삼은 자기 집 머슴인 이자익 장로를 평양신학교에 보내고 모든 경비를 부담하며 공부를 시켰다. 이자익이 신학을 마치고 목사가 된 후에는 다시 금산교회 담임목사로 청빙했다. 이런 연유로 자기 집 머슴인 이자익을 공부시켜서 담임목사로 청빙했던 조덕삼 장로는 금산교회를 훌륭하게 섬긴 역사의 인물이 됐다.

이자익은 금산교회 담임목사로 목회하면서 놀랍게도 대한예수교장로회 제13대 총회장에 당선됐다. 장로교 역사상 총회장을 재임한 역사가 없다. 그런데 이자익 목사는 총회장을 세 번이나 역임하는 등 장로교회사의 입지전적인 인물이 됐다. 그를 키워 낸 인물이 바로 자기 집 머슴을 자기보다 먼저 장로가 된 사람으로 인정하며 교회를 섬겼던 조덕삼 장로였다. 이렇게 빛나는 신앙생활을 했던 조덕삼 장로의 손자가 바로 국회의원과 주일대사를 역임한 조세형 장로다.

1908년에 건축된 금산교회는 100년이 지난 지금도 처음 자리를 지키고 있는데, 전북지방 문화재 제136호로 등록된 'ㄱ'자 예배당이 바로 그것이다. 처음에는 팟정리교회 혹은 두정리교회로 불렸고, 금산교회라는 이름은 1930년대 이후에 붙여졌다.

금산교회는 보존 상태가 양호할 뿐 아니라 한국식과 서양식의 건축 특징이 병존해 건축의 한국적 토착화 과정을 잘 보여 준다. 5평 정도의 강단은 2단으로 꾸며 결과적으로 3층 구조를 하고 있는데, 이는 한국 전래의 제단 지성소로 동시에 '뜰-성소-지성소'로 이루어진 성막의 3중 구조를 연상케 했다. 금산교회당 안에는 초기부터 사용하던 풍금과 강대상, 강대 의자 등이 원형 그대로 잘 보존되어 있다. 'ㄱ'자 예배당은 그 골조가 100년 동안 손상 없이 잘 보존되어 있었고, 2001년 봄 대대적인 개보수 작업이 이루어져 지금은 완벽한 옛 모습을 갖추고 있다.

성자의 지팡이
최흥종 목사(1880~1966)

한국교회는 100여 년의 짧은 역사에서도 박해와 시련, 고난과 역경을 견딘 신앙의 위인들을 배출했다. 광주 출신으로 최초 교인이자 최초 장로, 최초 목사인 최흥종도 그중 한 사람이었다. 최흥종(崔興種)의 본명은 최영종이었다. 1880년 전라도 광주시 불로동 최학선과 국 씨 사이에서 2남 2녀 중 2남으로 태어났다. 그가 태어나던 시기는 조선 왕조가 패망하던 때로 일본, 미국, 러시아, 영국 등의 외세가 밀물처럼 들이닥쳤다. 그는 5세 때 어머니를 여의고 새어머니 밑에서 자라다 19세 때 아버지마저 여의게 되면서 방황했다. 광주의 무쇠 주먹이라고 불리는 건달로 20대 초반을 보냈다. 강명환과 결혼하고 4년이 지난 1904년 겨울, 유진 벨(Eugene Bell) 선교사가 김윤수 집사와 함께 광주 양림동에 왔을 때 선교사 사택을 들락거리며 교인으로 이름을 올렸다.

1904년 목포 선교부가 와서 광주군 부동 방면 양림동 언덕, 곧 어린애가 죽으면 버리던 '애장터'에 집을 짓고 살자 동네 사람들이 두려워 가까이하지 않을 때 "도대체 어떤 족속인지 알아나 보자" 하며 양림동 선교사 집을 찾아갔다. 처음에는 기독교에 관심이 없었고, 선교사 일을 돕고 돈도 벌고 출세도 모색하려는 생각에 선교사 동네를 출입했다. 이때 선교사들의 조력자인 김총순 부부의 인도로 유진 벨 선교사와 오웬 의료 선교사의 감화를 받아 기독교에 입교해 광주 선교부의 첫 신자가 됐다.

1904년에서 1905년에 이르러 기독교인이 됐으며 김윤수와 함께 양림리교회를 중심으로 광주지역을 선교했다. 1905년에는 순검이 됐다. 대한제국이 일본에서 빌린 국채가 1907년 1,300만 원에 달하자, 이 차관의 이자 상환 때문에 대한제국 조정이 재정적 압박을 받게 되었다. 독립을 위해 국가의 빚을 갚자는 국채보상운동이 전개되자 서병기와 함께 대동의상회(大同義償會)를 조직해 광주지역 국채보상운동을 이끌었다. 또 순검으로 있을 때 일경에 체포된 광주, 전남지역 의병들을 놓아주거나 사전에 정보를 알려 주기도 했다. 1907년 순검을 사직하고 잠시 광주 농공은행에 다니다, 1908년 미국 남장로회 의료 선교사 윌슨(Robert M. Wilson)의 어학 선생 겸 광주선교진료소 직원으로 일했다.

최흥종은 1909년 겨울 목포에서 광주로 오기 위해 영산포에 내린 포사이드 선교사를 마중 나갔다. 포사이드 선교사는 한센병에 걸려 추위에 떨고 있는 한 여인에게 자신의 외투를 벗어 입히고 나귀에 태웠다. 그리고 그 여인의 지팡이를 주워 달라고 최흥종에게 말했다. 피고름 묻은 지팡이를 보며 한센병이 옮을까 망설였던 최흥종은, '서양 선교사는 인종이 다른 한센병 환자를 자기 자식처럼 만지는데 왜 나는 지팡이도 잡지 못하는가? 내가 못 하는 일을 할 수 있는 저 사람의 용기는 어디서 나왔는가?' 하고 고민하게 되었고, 이는 곧 결심으로 바뀌었다. 성자의 지팡이로서의 그의 삶은 이렇게 시작됐다. 포사이드 선교사는 그 여인을 선교사촌에 데리고 가 가족처럼 지극한 사랑으로 돌보았다. 그 한센병 환자는 결국 죽었지만 이 일을 계기로 최흥종은 날마다 선교사촌에 나갔으며 한센병 환자를 위한 삶을 살기로 했다. "그래 저것이 예수교의 힘이다. 예수를 믿으려면 저 의사처럼 믿어야 한다." 최흥종은 그해 유진 벨 선교사로부터 광주 제일교회 전신인 북문안교회에서 세례를 받았다. 그의 이름 최흥종은 세례 받은 후 최영종에서 바꾼 이름이었다.

　최흥종은 윌슨 원장이 운영하는 제중원 환자들이 한센병 환자와 함께 치료받기를 거부하자, 벽돌을 굽던 가마터에 그들의 거처를 마련해 치료했다. 이 소식이 전국에 퍼져 광주면 인구가 1만 명일 때 한센병 환자만 600여 명이 몰려왔다. 물밀듯이 몰려온 환자를 치료하기 위해 최흥종은 부모한테서 물려받은 봉선동 땅 1,000평을 기부해 광주 나병원을 건립했고, 선교사들을 도와 한센병 환자를 치료하며 자립하도록 지원했다. 최흥종은 한센병 환자를 돌보는 데 온몸과 마음을 집중했다.

　조선총독부는 한센병 환자의 씨를 말리려고 '단종'(거세)을 실시했다. 이에 1933년 최흥종 목사와 제중원 간호사인 서서평 선교사는 한센병 환자 150여 명과 함께 단종을 폐지하고 적절한 치료와 자활을 위한 공간을 요구하기 위해 광주에서 서울까지 15일 동안 구라(求癩) 행진을 했다. 이들은 신작로를 따라 우마차에 가재도구를 싣고 광주를 출발해 장성, 정읍, 완주, 익산, 논산, 공주, 천안, 평택, 수원, 남태령을 거쳐 서울에서 총독부 총독 면담을 요청하며 연좌시위를 했다. 당시 전국에서 모인 한센병 환자는 510명이나 됐다.

최흥종 목사는 우가키 총독에게 단종 폐지와 소록도 '갱생원' 확장을 약속받았다. 소록도에 한센병 환자를 위한 소규모의 자혜의원이 있었는데, 대규모의 갱생원이 설립된 것은 구라 행진의 결과였다.

구라 행진은 마틴 루터 킹이 흑인의 참정권을 위해 진행한 워싱턴대 행진보다 30년 앞서 식민지 아래서 이루어졌다. 이 행진은 세계사에 빛나는 복지 운동이었으나 그 희생이 컸다. 최흥종 목사와 함께 구라 행진을 기획하고 한센병 환자를 간호했던 서서평 선교사는 후유증으로 1934년에 소천했다. 그 희생에 보답하기 위해 광주 시민들은 최초의 시민장으로 장례를 치렀다.

그는 자신의 눈앞에서 급성 폐렴으로 죽어가는 오웬을 보았다. 포사이드는 오웬의 장례식을 보고 목포로 돌아갔다. 그러나 "양림동 선교사가 한센병 환자를 데려다 치료했다"는 소문이 퍼지면서 광주 인근의 한센병 환자들이 양림동을 찾았다. 선교사들은 급한 대로 양림동에 세 칸짜리 초가집 한 채를 마련해 남자 환자 일곱을 수용했고, 1912년 무등산 자락 봉선동 골짜기에 정식으로 요양원 건물을 마련했다. 이것이 한국 최초 한센병 전문병원인 광주 나병원이었고, 전국의 한센병 환자들이 광주로 몰려오자 시민들의 항의가 빗발쳐 병원을 옮겼는데 그곳이 현재 여수 애양원이다.

이렇게 해서 세워진 광주 자명원 초기 역사의 주역이 바로 최흥종이었다. 포사이드와의 만남을 통해 가슴이 뜨거운 기독교인이 된 최흥종은 1912년 광주 북문안교회 초대 장로가 됐다. 1919년 3·1 만세 운동으로 1년 4개월간 옥고를 치렀고, 출옥 후 1925년 평양신학교를 졸업한 그는 광주 최초로 목사 안수를 받고 북문밖교회(현 중앙교회) 초대 목사로 부임했다. 1924년에는 남문밖교회(현 광주제일교회) 담임목사로 부임하고 광주 YMCA를 창설해 초대 회장을 역임했다. 그는 유진 벨의 아내인 로데 벨이 임신 7개월에 심장병으로 죽고, 이어 두 번째 아내인 마거릿 벨이 교통사고로 죽는 것을 지켜보았다. 포사이드 선교사는 그의 앞에서 한센병 환자들의 고름을 짜내고 몸을 씻어 주고 손을 잡아 주었다. 당시 한국 사회에서 서양 선교사들은 아이러니한 존재들이었다. 귀신도 그들 앞에서는 쫓겨갔다. 오랜 미신과 못된 관습이 눈 녹듯 사라졌다. 세상이 할 수 없는 일을 하는 사람들이 한국인들을 변화시키고 있었다.

1905년 1월 광주의 첫 교회 북문안교회가 설립됐고, 1910년 북문안교회에서 최흥종이 첫 번째 장로로 장립했다. 이후 1922년 최흥종이 3년형을 마치고 대구 형무소를 출감하는 날 유진 벨 선교사가 대구까지 찾아가 그를 설득해 평양신학교에 들어가 공부하고 졸업했다. 같은 해 광주 북문안교회의 목사로 부임했다.

최흥종 목사는 그 후 광주 YMCA 창설에 관여했고, 1923년엔 시베리아 지역 선교사로 갔다. 산남 지방은 어떠했는가? 이경필 목사가 1926년 말에 다시 부임해 1930년 2월까지 재직하며 주로 고산교회에서 목회하다 광주 금정교회에서 청빙 받은 후 최흥종 목사가 1929년 7월에 위임목사로 부임했다. 그 사이 동쪽 지방은 황해 노회에서 양성춘 목사를 파송해 서귀포교회를 설립하는 등 새롭게 부흥했다.

산남 지방의 핵심 교회인 모슬포교회는 이경필 목사가 재차 부임해 헌당하고 사숙을 운영하는 등 자립의 기반을 다졌다. 이 시기 모슬포교회는 두 가지 어려움을 겪고 있었다. 하나는 교회에서 큰 역할을 하던 최정숙 장로가 성내교회로 떠난 것이고, 다른 하나는 모슬포와 대정지역에 '이재수의 난'으로 시작하여 제주도의 지식층이 많으므로 일찍부터 사회주의 사상이 파고든 것이다.

전남 노회 파송 선교사로 이경필 목사는 이 같은 어려움을 감당하지 못했다. 그래도 모슬포교회는 담임목사를 단독으로 청빙할 힘이 있었다. 이러한 상황에서 모슬포교회를 살릴 뿐 아니라 산남 동쪽 지방을 전체적으로 살펴나갈 수 있는 큰 목회자를 요청했는데 그 적임자가 최흥종 목사였다.

그는 남대리 선교사의 조사로서 영광군 염산리 교회를 돌보기도 했다. 1909년부터 1914년까지 포사이드 선교사를 돕는 의사로 일했다. 한센병 환자들을 위해 헌신한 포사이드 선교사는 그에게 평생 큰 영향을 끼쳤다. 1912년 그는 포사이드의 의료 종사 일원이 되어 제주도를 처음으로 찾게 됐다.

1915년부터 1918년까지는 평양신학교에서 수학을 했는데 기미년 독립운동에도 앞장섰다. 이 일로 14개월간 옥고를 치렀다. 목사로 임직 받은 후에도 그의 활동 영역은 교회의 틀을 넘어서는 경우가 많았다. 그는 광주 YMCA를 창립했고, 러시아 선교사로 사역하기도 했다. 애양원 설립 과정에도 그의 역할은 매우 컸고, 신간회의 주역으로 활동했다. 그러나 일제의 탄압과 감시는 나날이 좁혀졌고, 그는 자유로이 사역하는 것을 원했다.

광주 거사일은 3월 10일로 정했는데 최흥종은 서울 시위 상황을 살펴본 후 오려다 서울 시위에 직접 참여하게 되었다. 결국 종로경찰서에 피검 되고 광주지역의 시위 책임자임이 밝혀져 징역 3년 형을 선고받았다.

광주 시위는 김철의 주도로 북문안교회 교인 강석봉, 한길상 등과 항일 비밀조직이었던 삼합양조회 회원들을 중심으로 숭일학교, 수피아여학교, 농업학교 학생들이 참여했다. 최흥종이 3년 형을 마치고 대구 형무소에서 1922년 출감하는 날 유진 벨 선교사가 대구까지 찾아가 그를 맞이했다. 이에 그가 모슬포교회의 청빙을 받아들인 것이었다.

최흥종 목사 위임식은 1927년 7월 24일에 거행됐다. 여기서 우리는 최흥종 목사와 순서 담당자들과의 관계를 알 수 있다. 원용혁은 최흥종 목사가 1909년부터 관여했던 광주 나환자 집단치료소(일명 광주 나병원)에서 파송한 전도인으로 있다가 장로로 임직받았고, 김영식 목사는 최흥종 목사와 신학교 동기생으로 함께 졸업하고 함께 전남 노회에서 목사 임직을 받아 사역했던 목회자였다. 또 이경필 목사도 최흥종 목사보다 선배로서 그의 사회봉사 목회자로서의 명성을 익히 알고 있었다. 모슬포교회 당회록은 이날의 예식을 기록하고 있다.

최흥종 목사가 모슬포교회의 담임목사로 부임하자, 이경필 목사는 곧바로 고산교회로 선교 거점을 옮겨 산남 지방의 서쪽을 담당하다가 7개월 후인 1930년 3월에 광주 금정교회의 청빙을 받아 떠났다. 한편, 산남 지방의 동쪽은 김성원 목사가 1926년 2월부터 돌보다 1928년 7월경 떠났다. 제주 출신으로 목사 임직을 받은 김재선 목사가 삼양교회 담임목사로 부임해 지역 교회들까지 돌보았다. 목양의 중심은 삼양교회였는데, 여타의 지역은 순회 구역에 포함되어 성장이 더뎠다.

이러한 시기에 황해 노회의 파송을 받고 1928년 10월경부터 양성춘 목사가 입도해 성읍교회를 선교 거점으로 삼고 주변 지역들을 돌보았다. 양성춘 목사는 1929년 2월부터 8월까지 제주도 서귀포 지역을 순회했는데, 이 시기에 서귀포의 박영옥 자택에서 10여 명을 중심으로 예배를 드렸으며 이 모임이 오늘날 서귀포교회의 시작이었다.

그러나 황해 노회가 재정적 압박으로 제주도 선교사 파송을 중단해 양성춘 목사도 떠나고, 1930년부터 이도종 목사가 부임해 산남 지방 동쪽의 중문리, 법환리, 서귀포, 효돈 등 네 교회를 맡음으로 제주도 선교는 선교사 파송 시대를 지나 담임 교회 시대로 접어들었다.

1927년 서울에서 이상재, 안재홍, 권동진 주도로 민족주의자와 사회주의자들이 통합한 민족유일당 신간회가 창립되자 광주에서도 신간회 광주지회가 1927년 10월 결성됐는데, 신간회에 참여한 좌우익 모든 정파로부터 최흥종이 초대 회장으로 추대됐다. 부회장은 정수태였다. 그러나 정치 활동은 그가 뜻한 것이 아니어서 2년 후 1929년 정수태에게 신간회 광주지회장 자리를 넘기고 최흥종은 제중병원에 찾아오는 한센병 환자에게 전념했다. 이 제중병원에는 최흥종과 함께 한센병 환자들을 돌보는 일에 전념한 서서평(엘리자베스 요한나 쉐핑, Elizabeth J. Chepping) 선교사가 있었다.

제중병원에 오는 한센병 환자들로 광주는 마치 나환자촌 같은 인상을 풍겼고 거리에는 한센병 환자들이 많았다. 최흥종은 서서평 선교사와 협의해 전국적인 한센병 환자 집단 수용 시설과 치료 시설의 필요함을 총독부에 요청하기로 했다. 최흥종은 곧 서울로 올라와 윤치호, 김병로, 송진우, 안재홍, 김성수, 조병옥, 이인, 서정희, 최원순 등을 찾아 취지를 설명했다. 모두 최흥종의 제안에 찬동해 회장 윤치호, 총무 최흥종으로 구성해 1932년 초 최초로 '전국구라협회'를 조직했다. 총독부에 보내는 제안서는 안재홍이 작성했다.

이 제안서에 총독부는 반응을 보이지 않았다. 당시 한센병 환자들이 많아 국가의 관심과 치료를 받지 못하는 상황에서 최흥종 목사는 전국 한센병 환자 집단 수용 시설과 치료 시설이 필요함을 알리기 위해 조선총독부까지 '구라 행진'을 했다. 지방의 한센병 환자들과 걸인들이 참여해 서울에 도착했을 때 인원이 500여 명에 이르렀다. 결국 최흥종 목사는 총독 사무실에서 우가키 총독과 면담하여 소록도의 한센병 환자 수용 시설을 대폭 확충하고 치료 받은 환자들이 갱생의 길을 가도록 지원하겠다는 약속을 받아냈다.

마침 우가키 총독이 광주지방을 순시한다고 하자, 전남 도지사는 도시 미관을 해친다는 이유로 광주의 큰 장터 주변 걸인의 집단 빈민촌을 철거했다. 도지사에게 여러 번 철거민 대책을 요청했으나 도지사가 반응을 보이지 않자 광주에 내려온 우가키 총독에게 또 면담을 요청하여 철거민 대책을 요구했다. 이에 총독이 철거민 대책을 세우도록 지시했으나 전남 도지사는 움직이지 않았다. 별 수 없이 최흥종 목사는 당시 광주지역 갑부였던 최선진, 최명구, 지응현, 현준호 등의 지원을 받아 중앙교회에서 매일 점심시간에 걸인과 철거민들을 위한 무료 급식을 했다. 또 당시 농지였던 경양 방죽가에 짚다발로 움막집을 짓고 걸인 수백 명을 수용했다.

이후 최흥종 목사는 제중병원 윌슨의 지원과 안재홍, 최원순, 손창식, 중앙교회 신도들의 재정적 후원을 받아 광주 봉선리에 한센병 환자 수용소를 지어 500여 명을 수용하고 치료했다. 봉선리 수용소가 포화 상태가 되자 최흥종 목사는 광주 양림동 미국인 선교사 묘지 옆에 제2의 수용소인 양림동 수용소를 지었다. 그리고 남자 한센병 환자 수용소에서 기거했다. 당시 한센병 환자들은 최흥종 목사를 '아버지'라 불렀다.

이때부터 해방되기까지 혹독한 경제적 압박에도 교회는 괄목할 성장을 보였으나, 1933년 이후 일제의 신사참배 강요와 공산주의자들로 인해 큰 어려움을 겪었다.

광주 남구 양림동은 역사가 살아 숨 쉬는 터다. 바로 이곳은 근현대의 광주 전남을 이끌었던 여성 운동가들이 활동한 곳이며, 곳곳에는 그 흔적들이 남아 있다. 또 이곳은 일제강점기 광주의 근대정신과 희생, 공동체 운동들이 꿈틀댄 곳이었다. 버드나무가 많아 양림동이라 불렸던 것과 달리 1900년대 초 척박했던 이곳에서 어떤 일들이 펼쳐진 것일까?

지금부터 100여 년 전 이 땅을 밟은 파란 눈의 서서평 선교사는 광주, 전남의 나약했던 여성과 한센병 환자를 보살피며 많은 여성 운동가들에게 큰 영향을 미치고 우리 곁을 떠났다. 서서평은 한센병 환자 치료에 전념하며 최흥종 목사와 1932년 '전국구라협회'를 조직했다. 최흥종 목사는 1935년 광주 중앙교회 담임목사로 부임했다.

최흥종이 25세였을 때 일본이 청나라, 러시아와의 전쟁에서 승리한 후 미국과 '가쓰라-태프트' 비밀협약을 통해 조선 식민 지배의 문을 연 을사늑약이 체결됐다. 이때 그는 대한제국 광주 경무청 소속의 순검이었다. 말이 대한제국이지 실상은 일본인 상관의 지시를 받는 일종의 매국적인 행위였다. 당시 그에게는 이런 민족 감정이 부족했다.

최흥종이 순검으로 발령받기 직전의 일이었다. 양림동 언덕에 외국인 선교사들이 교회를 짓는 것이 마음에 들지 않았던 그는 패거리를 이끌고 건축 현장에 가서 방해했다. 이때 공사 책임자인 김윤수를 만났는데 최영종은 자신보다 20세나 많은 그의 기품 있는 모습에 고개를 숙이고 그의 걸어온 길, 곧 그가 기독교인이 된 이유와 왜 교회당이 필요한지에 대한 얘기를 듣고 마음이 크게 흔들렸다. 그리고 그해 성탄절 예배에 참석했다. 당시 유진 벨 선교사에게 자신이 온 건 호기심 때문이라고 말하며 그는 자신이 순검이 된 이유를 이야기했다. "지금 각지에서는 을사보호조약 체결을 반대하는 투쟁이 한창입니다. 그래서 일본군은 의병들을 잡는 일에 혈안입니다. 이런 때에 제가 순검이 되어 의병들에게 도움이 되고자 합니다."

처음부터 그런 생각이 전연 없었다고 말할 수는 없으나 점점 출세 욕망이 커지고 있던 차였다. 그런데 일본인 경무 고문이 그에게 광주지역 국채보상운동 주모자들을 잡아 오라는 명령을 내렸다. 그는 바로 사직서를 내고 국채보상운동에 앞장섰으며, 일본 경찰에 체포된 광주·전남 지역 의병들을 몰래 풀어 주거나 사전에 정보를 알리는 등 애국 활동을 벌였다. 이어 일본계 농공은행 토지조사원으로 몇 개월 일하다 이도 그만뒀다. 그는 인생의 진로를 놓고 고민했다. 그러다 1908년부터 본격적으로 선교사들을 돕는 사역을 했다. 광주 제중원 원장 의료 선교사 윌슨의 어학 선생과 광주 제중원 직원으로 일했다. 환자들을 돌보고 그들의 권익을 보호하는 사업에 나섰고 그렇게 한센인의 친구가 되었다.

'영종'(永種)이 '흥정'(興種)이 되다

그는 기독교에 귀의해 양림교회에서 세례를 받고 최흥종으로 개명했다. 그리고 '이제부터 나 자신을 위하여 살지 않고 예수를 위하여 살리라. 사도 바울을 나의 삶의 표상으로 삼으리라. 광주의 깡패 최영종이 사라지고 이제는 예수 안에서 최흥종이 새롭게 태어나리라'고 결심했다. 깡패 최영종이 김윤수 집사나 유진 벨 선교사 앞에서 고개를 숙이게 되었다. 성경을 공부하면서 교회 전도사 일과 선교사들이 운영하던 광주기독병원의 전신인 제중원에서 환자들을 돌보는 일을 하며 한센병 환자 치료에 헌신했다.

그러던 어느 날 포사이드 선교사가 길가에 쓰러진 여성 한센병 환자를 보고는 자기 외투를 벗어 덮어 나귀에 태우고 자신은 걸어서 가는 것을 보았다. 후에 이 사건은 전국적으로 알려져 당시 많은 한센병 환자가 광주로 몰려오게 되었다. 최흥종은 차마 눈 뜨고 볼 수 없는 흉측한 한센병 환자의 겨드랑이에 손을 넣어 부축하고 들어오는 포사이드 선교사와 마주쳤고, 마침 그때 선교사는 환자가 떨어뜨린 지팡이를 최흥종에게 집어 주기를 부탁했다. 최흥종은 순간 주저했다. 그 여인은 썩은 송장과 다름이 없었고 남은 두 손가락마저 문드러졌으며 떨어뜨린 지팡이에는 피고름이 범벅이 되어 있었다.

선교사가 재촉했지만 당시 사람들은 한센병 환자의 몸에 닿거나 물건을 만지면 감염된다고 믿었다. 그때 최흥종은 그만 자신도 모르게 덥석 지팡이를 주고 나서 한동안 그 자리에 그대로 서 있었다. 그는 그때 일을 이렇게 회상했다. "나도 알 수 없는 뜨거운 감동이 내 마음을 뒤흔들어 땅에 떨어진 지팡이를 주워 환자에게 주었습니다. 그 당시 교회 집사로 있으면서 제법 믿음이 있다고 하던 나였는데 아직 사랑이라는 진리를 깨닫지 못하고 있었습니다. 내 동포인 환자를 내가 꺼리고, 멀리 천만 리 이역에서 온 외국인이 오히려 따뜻한 손길을 내밀고 있으니, 예수의 박애 정신은 고사하고 동포애조차 없는 인간으로서 무슨 신앙인이냐는 자책이 나를 사로잡았습니다." 그 후로 최흥종 집사는 한센병 환자들과 함께 기거하며 몸을 사리지 않고 그들을 도왔다. 선교사들에게 배워 직접 한센병 환자를 수술하기도 했다. 이는 많은 사람에게 큰 충격이었다. 그는 가족들도, 부모들도 꺼리는 일을 기쁨으로 했다.

그는 새롭게 태어났고, 하늘에서 "내가 누구를 보낼꼬" 하는 소리가 들리자 "내가 여기 있나이다. 나를 보내소서"라고 대답했다. 곧 하나님의 사람이 되는 변화의 과정이었다. 자신의 과거의 죄를 깨닫고 돌아서는 회개가 첫 번째 문이었다면, 새로운 미래를 향해 삶을 바치는 소명은 두 번째 문이었다. 이때부터 그는 선교사보다 앞장서서 한센병 환자들을 돌보았다. 부모로부터 물려받은 땅 천 평을 내놓고 거기에 한센병 환자 병원을 세웠으며, 이후 이들을 돌보는 일에 전 생애를 바쳤다. 이로 인해 가족과 친지들로부터는 심한 외면과 냉대를 받았다.

그런데 최흥종의 삶은 여기서 그치지 않았다. 오히려 이때부터가 시작이었다. 그는 개인 영혼 구원의 영역에만 머물지 않았다. 그에게 사랑과 정의는 동전의 양면이었다. 그는 사랑이라는 한쪽에만 머물지 않고, 이제는 나라의 독립을 위해 무엇을 할 것인가를 고민했다.

1912년 북문안교회 초대 장로가 된 후 최흥종은 2년 뒤 평양신학교에 입학해 광주 출신 최초의 목사가 됐다. 그리고 광주 YMCA 창설, 광주 유치원 설립, 일본산 마약 퇴치 운동을 위한 모루하네 방독회 설립, 여성 문맹 해소를 위한 한국 야학 운영 등에 협력했다.

이후 제주 모슬포교회 담임목사를 역임한 최흥종은 신사참배를 강요하는 일제에 굴복한 교회 지도자들에 맞서기도 했다. 해방 후에는 전남 건국준비위원회 위원장을 맡았고, 농촌 지도자 양성을 위한 삼애학원과 한센병 환자 자활촌인 나주 호혜원을 설립하는 등 왕성하게 활동했다. 당시 미국 선교사들은 조선 민중의 복지를 위해서는 헌신적이었으나, 일본의 식민 지배에 저항하는 독립운동에는 소극적이었다. 그것은 이미 미국 정부가 일본의 조선 식민 지배에 동의했고 미국도 쿠바, 필리핀 등 여러 지역을 식민지화했기 때문이었다. 이때 미국 선교사들은 영혼 구원과 예수 천국을 외치면서 조선교회가 독립운동을 하는 것을 비신앙이라고 했다. 이는 예수 정신에 어긋나는 가르침이었다. 최흥종 장로는 환자를 돕는 일이나 교회 일을 뒤로하고 농토를 빼앗기고 유랑하는 동포들을 위해 목숨을 걸었다.

1922년 조선예수교장로회 제11회 총회에서 최흥종이 러시아 선교사로 파송되었다. 제11회 총회록 97쪽과 제12회 총회록 93~95쪽에 기록된 그의 선교 보고 내용은 다음과 같다.

그는 107일 동안 6,500여 리를 다니며 6개 처에 교회를 개척하고, 1개 처에 학교를 개교했으며, 105명에게 세례 주고 78명을 학습교인으로 세웠다. 아령(러시아령) 야심시개에서는 10일간 세례 공부를 시킨 후 20인에게 세례를 주고 5인을 학습교인으로 세웠으며, 성찬식을 거행하고 직분자를 세웠다. 다반교회에서는 10일간 성경공부를 한 후 27인에게 세례를 주고, 6인에게 유아세례를 주었으며, 18인을 학습교인으로 세운 후 성찬식을 인도했다. 안반교회에서는 7일간 사경회를 연 후 성인 23인과 유아 7인에게 세례를 주고 8인을 학습교인으로 세웠다. 북만주 요원·현사, 평산 교회에서는 10일간 성경 공부를 한 후 성인 4인과 유아 3인에게 세례를 주고 9인을 학습교인으로 세웠고, 직분자를 개선했다. 대흥평에서는 2명의 세례교인과 4명의 학습교인으로 교회를 조직했고, 대평동에서 3인에게 세례 주고 19인을 학습교인으로 세우고 직분자를 개선했다. 대가하에서는 1인에게 세례 주고 직분자를 개선했고, 아려 남부 우수리 박석동에서는 12인에게 세례 주고 직분자를 개선했다. 소황령 부근 방천리교회와 승천리교회에서는 직분자를 개선했으며, 중령 평산에서는 학교를 한 곳 신설했다. 1923년 블라디보스토크에서 강제 출국당한 최흥종 목사는 1년 후 다시 시베리아로 들어갔으나 6개월 만에 다시 추방됐다.

이후 최흥종 목사는 열심을 내서 북문밖교회를 개척했다. 나라를 사랑하는 마음이 가득한 열정적인 설교와 한센병 환자를 돌보는 헌신적인 사랑으로 교회가 크게 부흥했다. 그에게 복음은 나라를 되찾고 그 나라가 예수의 사랑과 정의를 실천하는 나라가 되는 것이었다. 그러자 자연스럽게 그에게 광주지역 3·1 독립 만세 운동을 준비하는 책임이 주어졌다. 거사 날짜를 장날인 3월 8일로 정했는데, 그는 현장을 직접 보기 위해 서울로 올라가 인력거를 타고 가다가 "대한 독립 만세"를 외쳐서 일경에 체포됐다. 그가 광주 독립 만세 운동의 주동자임을 안 일제는 3년 형을 언도했다. 최흥종은 옥중에서 자신의 미래를 고민했다. 많은 희생을 했음에도 독립은 물거품이 됐고, 사회 지도자들은 일제의 회유와 압박에 굴복했다.

일제의 신사참배 강요는 기독교가 우리나라에 뿌리를 견고하게 내리던 찰나에 닥친 가장 큰 시련으로서 한국교회에 엄청난 위기였다. 그러나 강압적인 통치에서도 오직 살아 계신 하나님만 바라보고 신사참배를 끝까지 거부하며 꿋꿋이 신앙을 지킨 많은 기독교인이 있었다.

미국 남장로교에서 호남지역에 파송된 믿음이 강한 선교사들은 학교를 자진 폐교하면서 신사참배에 반대했다. 특히 조선기독교연합회의 지도자들이 정치적으로 세상과 타협하는 비겁한 만행을 저지르는 것을 목격하며 의분을 일으킨 이가 바로 오방 최흥종 목사였다. 그는 일제에 타협한 교역자들의 반성과 평신도들의 각성을 촉구하는 내용의 호소문을 1937년 4월 1일 〈성서 조선〉에 실었다. 그는 이렇게 질타했다.

"교회 지도자들은 순진한 양의 젖과 털을 빼앗아 자기 배를 채우는 삯꾼으로, 자기들의 사리사욕만 채운다. 아가페의 이웃 사랑을 실천하려는 진정한 노력은 볼 수 없고 징과 꽹과리같이 허공을 치는 것뿐이다."

얼핏 보면 오방 최흥종 목사의 외침은 지나치게 돌출적이고 독선적인 외침처럼 보인다. 그러나 그는 몸소 예수의 사랑을 실천한 한센병 환자들의 아버지였다. 그는 포사이드 선교사로부터 정신적으로나 영적으로 영향을 받았다. 두 사람은 하나님에게 받은 사랑을 소외계층과 함께 나누고 취약계층과 공유하는 실천적 삶을 살았다. 그렇게 살았기에 신앙의 순수성을 버리고 시류와 타협하며 정치꾼이 된 사람들을 향해 용기 있게 외칠 수 있었다. 최흥종 목사는 한마디로 '사랑의 사도'이자 '정의의 선지자'였다.

설상가상으로 정신적 기둥이었던 김윤수 장로가 사망하고 벨 선교사도 아내의 죽음으로 미국으로 돌아갔다. 14개월간의 옥고를 치른 그는 41세에 목사 안수를 받아 자신이 개척한 북문밖교회의 담임목사로 부임했다. 그러나 그의 마음은 여전히 시베리아에 있었기에 다시 자원하여 2년 동안 시베리아로 갔다. 당시의 활동은 잘 알려지지 않았다. 그 후 다시 광주로 돌아와 이번에는 남문밖교회에서 목회하면서 YMCA 운동은 물론 노동 운동, 빈민 운동, 사회 운동 등에 열심을 냈다. 교회를 사임한 후에 다시 시베리아 선교사로 갔다가 민족운동 주동 혐의로 검거되어 3개월 만에 추방됐고, 일본 헌병에게 체포되어 총살 직전에 독립군에게 구출됐다. 이후 광주 신간회 지회장을 맡아 좌우 협력의 길을 모색하면서 사회 각 분야의 발전을 위해 노력했다.

그중 대표적인 것이 지금의 여수 애광원을 설립한 것과 소록도를 한센병 환자 전용 거주지로 만든 일이었다. 그는 관청의 협조가 미미해지자 어느 날 이를 항의하기 위해 150명의 한센병 환자와 함께 서울로 올라갔는데, 이 소식을 들은 전국의 많은 병자가 함께해 도착할 때는 인파가 500명이 넘었다. 총독 면담을 통해 소록도를 나환자 전용 주거 지역으로 만들어 당시 100명 정도의 수용시설을 확충해 6천 명이 거주할 수 있게 만들었다. 이는 세계에서 두 번째로 큰 시설이었다. 당시 전국에는 5천 명의 한센병 환자들이 있었다. 또 전라남도 지사와 총독 면담을 통해 걸인 수백 명이 집단 거주할 수 있는 움막 거주지와 경비 지원을 마련했다.

최흥종 목사는 '작은 자' 곧 힘없고 병들고 가난한 자들을 형제로 섬기며 그들과 같이 살았다. 그는 평생 3·1 독립운동에 앞장선 것을 비롯해 노동운동, 신간회 운동, 부녀자 계몽운동, 빈민운동, 농촌부흥 운동 그리고 한센병 환자와 결핵 환자 구제 운동을 했다. 그중에서도 최흥종 목사가 처음 관심을 보인 섬김의 대상은 다시 사회문제로 크게 부각되기 시작한 한센인들이었다.

1935년 55세가 되던 해에 돌연 최흥종 목사는 지인들 앞으로 자신의 사망신고서를 보내고 한동안 죽은 사람인 것처럼 지냈다. "인간 최흥종은 이미 죽은 사람이므로 차후 거리에서 나를 만나거든 아는 체하지 말아 주시기 바라오." 사실 이때는 바야흐로 일본이 대동아전쟁을 일으키면서 조선에 내면 일체와 신사참배 강요를 시작하던 때였다. 이는 불의한 세상에서 자신을 지켜 내고자 하는 마지막 선택의 길이었다. 심지어 사망신고서를 보내기 전 거세 수술까지 받았다. 이 모든 것은 독립을 외쳤던 이들의 변절과 기독교계의 신사참배 결의에 실망하여 따른 결단이었다. 스스로 거세하고 걸인 및 병자들과 동고동락하는 그를 곱지 않은 시선으로 보는 사람들도 있었다. 오랫동안 오방의 삶을 주목했던 신경림 시인은 "그는 하나님 말씀에 충실한 기독교인으로 세속적인 눈에만 기인으로 보였을 뿐이었다", "그는 이념이나 종교의 잣대 안에 가두어선 안 되는 삶을 살았으며, 농촌이 붕괴할 때 빈민운동의 효시가 되었다"고 평했다.

빈민 선교의 선구자로 평가되는 오방의 말년은 사회 활동 이상의 의미를 함축했다. 이 점은 그에게 기독교는 물론 전통 종교에도 두루 밝은 유영모와의 교분이 낙이었다는 측면에서 알 수 있다. 오방은 유영모와 도덕경에 대해 담론하면서 "기독교의 진리와 노자의 도가 다르지 않다"고 말하기도 했다.

오방은 먼저 하나님의 사랑을 충(忠), 절(節), 의(義)로 표현했다. 이러한 하나님의 사랑은 그의 신앙 활동에 그대로 투영됐다. 이에 일제강점기에 신사에 절할 수 없었다. 또 동포에 대한 사랑은 경(敬), 존(尊), 혜(惠), 자(慈)로 표현하며, 이를 주로 한센병 환자, 빈민과 걸인, 결핵 환자들을 향한 봉사로 나타냈다. 나라 사랑은 민족을 일깨우기 위해 젊은이와 여성 그리고 아동들을 교육하는 것에 대한 깊은 관심으로 실천했다. 그는 잘사는 나라를 만들기 위해서는 농촌을 부흥시켜야 한다는 신념으로 전남지역에 신용협동조합을 세우고, 농촌 개발을 위해 광주 YMCA 주관으로 농촌사업연구회도 설립했다. 광주시 남구 봉선동에는 최 목사의 호를 딴 '오방로'가 지정되었다.

그는 낮은 곳에서의 사회봉사와 저잣거리의 삶을 통해 외려 책상물림의 논리 이상의 통렬한 깨우침을 주었다. 더욱이 한국 사회가 지구촌에서 흔치 않은 다종교 사회라는 점, 또 기독교 토착화라는 오랜 명제에 최흥종 목사의 삶은 아무 막힘이 없었음을 보여 주었다.

영원한 자유인

최흥종은 자신의 호(號)를 '오방'(五放)이라 했는데, 이는 다섯 가지 얽매임에서 해방되는 것을 뜻했다. 첫째는 가사(家事)에서의 방만(放漫), 둘째는 사회에서의 방만, 셋째는 경제에서의 방종, 넷째는 정치에서의 방기(放棄), 다섯째는 종교에서의 방랑(放浪)이 그것이었다. 즉, 혈육의 정에 얽매이지 않고, 사회적으로 구속받지 않으며, 경제적으로 속박받지 않고, 정치적으로 자기를 앞세우지 않으며, 종파를 초월하여 정한 곳 없이 하나님 안에서 자유를 누린다는 다섯 가지 생활 신조였다. 물론 이는 비판받을 소지도 있고, 가족들은 이에 심하게 반발했다. 그래서 후에는 이를 새롭게 해석하기를 "가족에 대하여 방만함을 버리고, 사회에 대하여 안일함을 버리고, 경제적으로 물질에 예속되지 않고, 정치에서 무관심과 무책임함을 버리고, 종교에서 신조 없이 옮겨 다니는 것을 버렸다"라는 뜻이라고 했다. 이는 죽는 것이 곧 사는 것이라는 십자가의 도를 외친 예언자의 목소리였다. 이후 최 목사는 무등산 자락의 오방정에 은거하면서 낮에는 걸인들 및 한센병 환자와 함께 살고, 밤이면 손수레에서 잠을 청했다. ('오방정'은 본래 '석아정'으로 독립운동가 최원순이 1930년대 휴양하던 곳이었다. 1936년 오방 최흥종 목사에게 양도하여 '오방정'이 됐다.)

당시 그는 의재 허백련 선생과 함께 기거하면서 성경과 도덕경을 읽으며 기도에 몰입했다. 식사로 소나무 잎과 생쌀 가루를 먹었다. 일종의 도인 경지에 들어간 것이지만 그렇다고 완전히 세상과 단절한 것은 아니었는데, 자신을 찾아오는 사람들과 예배를 드리거나 전남 의전을 세우는 일에 앞장섰기 때문이다. 이후 해방이 되자 광주 건국준비위원회 위원장으로 추대를 받으나 17일 만에 이를 다른 이에게 넘겼다. 사실 이때도 미 군정은 좌익 세력을 색출하는 데 심혈을 기울였고, 좌우 이념 대립이 점점 심화되던 시기였다.

최흥종 목사와 남종화의 대가인 의재 허백련 선생은 열한 살이라는 나이 차에도 형제와 같은 정을 나눴다. 1949년 의기투합해 가난하고 못 배운 청년들을 위해 삼애학원을 설립해 하나님 사랑, 이웃 사랑, 나라 사랑을 마음에 새기면서 개인의 행복보다는 이웃 사랑을 실천하게 했다. 이를 통해 농촌 지도자 육성에도 나섰다.

한편 1941년 의재 선생은 환갑을 맞은 오방에게 직접 그린 산수화를 선물했다. 가로 53센티미터, 세로 180센티미터 크기의 이 그림은 소나무와 산수, 해와 달이 동시에 한 그림 안에 배치돼 오방의 안녕과 장수를 기원했다. 그림에는 "五放 先生 六十一壽 許百鍊"이란 낙관이 한자로 찍혀 있다. 오방의 손자인 최협 아시아문화중심도시 조성위원장은 우여곡절 끝에 이 그림을 소장하게 됐다. 오방은 생전에 누군가에게 이 작품을 주었고, 이후 여기저기 돌아다니다 15년 전 광주의 화랑에서 우연히 발견됐다. 이태호 명지대 미술사학과 교수가 화랑가를 돌다 의재의 낙관을 보고 최 위원장에게 연락했다. 최 위원장은 의재 선생이 할아버지에게 선물한 의미 있는 그림이라는 것을 알고 망설임 없이 몇 달 치 월급을 털어 이를 샀다. 최 위원장은 "광주 시민들이 이 그림을 보면서 두 분의 숭고한 삶과 인연을 되새기는 기회가 되길 바란다"며 "빨리 기증 절차를 밟을 것"이라고 말했다. 의재 선생의 손자인 허달재 의재미술관 이사장은 최 위원장과 선대의 연을 잇는 돈독한 친분을 쌓았다. 그리고 결핵 환자 요양소인 송등원을 세웠다.

김구 선생은 최흥종 목사의 사역에 감동해 대화를 나눈 후 정치에 참여하지 않겠다는 뜻을 알고 '和光同塵'이라는 휘호를 써주었는데, 이는 광주 YMCA 사무실에 걸려 있다. '화광동진'(和光同塵)은 도덕경에 나오는 말로 '빛을 감추고 티끌 속에 섞여 있다'라는 뜻이다. 해방 후 백범을 비롯한 정치인들은 최흥종 목사를 불러냈으나, 그는 가난한 이들과 한센병 환자들을 돌보며 살겠다며 그런 제안을 사양했다.

86세가 되던 해 최흥종 목사는 전국의 목회자들에게 유언장을 발송하고 금식을 시작한 뒤 95일째가 되던 날 하늘나라로 떠났다. 광주 사회장으로 치른 장례식에는 많은 학생, 걸인, 한센병 환자들로 자리가 가득 찼다. 생전에 가장 가까이서 따르며 존경했던 김천배는 최흥종의 미완성 전기에 이런 글을 남겼다.

"그는 성자요, 투사요, 전도자요, 사회운동가였다. 한 사람의 인격 안에 여러 가지 상충하는 가치가 하나로 묶였다는 것은 하나의 경이가 아닐 수 없다. 그러기에 범용(凡庸)의 자리에서는 선생의 하는 일이 괴벽, 하나의 모순, 하나의 호사의 권좌로 보일지도 모른다. 그의 인격의 이 다면성을 하나로 묶을 수 있는 이름이 있다면 아마도 그것은 '녹자'라는 녕사일 섯이나."

민족의 미래를 위해 젊은 지도자들을 양성하고, 가난하고 고통받는 민중들과 함께한 최흥종 목사의 신앙은 우리가 회복해야 할 예수 신앙임을 다시 한번 확인시켜 준다.

또 기억할 것은 최흥종 목사는 도덕경을 깊이 이해했다는 것이다. 이는 오늘날 교회가 다른 종교를 배척할 일이 아니라, 남북통일과 세계평화를 위해 함께 손잡고 나아가야 하는 진리의 동반자임을 우리로 하여금 깨닫게 한다. 기독교 지도자들은 최흥종 목사의 삶을 본받아 하나님 나라 건설이라는 대의를 위해 함께 손잡고 나아가야 할 것이다.

가사에서의 방만, 사회에서의 방일(放逸), 정치에서의 방기, 경제에서의 방종, 종교에서의 방랑 이렇게 5가지 해방의 '오방'(五放)을 앞

세웠던 최흥종은 한국교회를 향한 유언장을 발송한 후 1966년 2월 10일부터 시작한 단식으로 1966년 5월 14일에 86세를 일기로 소천했다. 4일 후인 18일 광주 공원에서 거행된 최흥종 목사 사회장에는 200여 명의 음성 한센병 환자와 많은 걸인이 모여와 "아버지, 우리는 어쩌라고 이렇게 가십니까?" 하며 그의 먼저 떠남을 안타까워했다. 그 자리에는 최 목사가 앞장서 설립한 나환자 자활촌 호혜원의 가족들도 있었다. 개인적으로 인연이 깊었던 의재는 광복 이후 처음으로 광주시 사회장으로 치러진 오방 최흥종 목사의 장례식에서 시민을 대표해 조사(弔謝)를 했다.

1997년 대전 국립묘지에 안장된 최흥종 목사는 온 성도들과 함께 예수 그리스도의 재림을 기다리고 있다. 정부는 1962년 최흥종 목사의 업적을 기려 애국훈장을 수여했으며, 1986년과 1990년에는 각각 대통령 표창과 건국훈장 애족장을 추서했다.

최흥종 목사는 호남에서 주님의 제자가 되어 죽는 날까지 가난하고 병들고 소외된 사람들을 위해 예수의 사랑과 복음을 전하는 종 된 삶을 살았다. 그는 진정 목사 중 목사요, 제자 중 제자였다.

신지식 유생이자 독립운동가
이원영 목사(1886~1958)

 퇴계의 14대손 봉경(鳳卿) 이원영(李源永) 목사는 유교가 뿌리 깊게 자리 잡고 있던 안동지역의 기독교를 대표하는 인물이다. 안동에서는 특히 유림(儒林)이 기독교를 접하면서 유교적 기독교가 형성됐다. 경상도에서는 경남의 손양원, 주기철, 한상동 목사의 순교와 경북의 김광현, 이원영 목사의 사역을 빼놓을 수 없다. 안동에 서양 종교인 기독교가 뿌리내리기는 쉽지 않았다. 안동에 처음 선교사가 들어온 것은 1893년이고, 안동에 교회가 설립된 것은 1908년이었다. 그만큼 안동에서는 전도가 어려웠다. 그 후 '안동 양반'들이 기독교에 대한 편견을 버리고 복음을 받아들이게 된 것은 1919년의 3·1 독립운동 때였다.

다른 지역처럼 안동에서도 3·1 운동 때 안동읍교회의 김영옥 목사와 김병우 장로가 안동읍 장날 만세 시위를 주도하고 옥고를 치렀다. 이 운동은 안동뿐 아니라 인근 의성, 예천에서도 일어났다. 이를 계기로 '서양 오랑캐의 종교', '무부무군(無父無君) 종교'로 알려졌던 기독교에 대한 시선이 달라졌다. 유학에서 기독교로 개종하는 양반들도 나왔다. 봉경 이원영 목사가 그중 대표적인 인물이다.

이원영은 1886년 7월 3일 안동군 도산면 원촌리에서 이관호와 김영 사이에서 차남으로 태어났다. 이원영은 네 살 때부터 한문을 공부했고, 당시의 조혼 풍습으로 열다섯 살에 이종헌의 차녀와 결혼했다. 결혼 후 3년 만에 부인이 생사를 달리하여, 곧 고성에 살던 이승건의 차녀와 혼인했으나 또다시 사별의 아픔을 겪었다. 청년 이원영은 부모의 강권으로 경주에 사는 김기출과 결혼해 슬하에 1남 6녀를 두었다. 유학이 본바탕이나 서구 문화와 기술을 수용하자는 '혁신 유림'이 세운 봉성측량강습소와 보문의숙(普門義塾)을 졸업하고 고향에서 농사를 지으며 한학을 계속하던 중, 1919년 3·1 독립운동에서 예안읍 장날(3월 17일) 만세 시위를 주도한 일로 체포되어 대구 복심법원에서 1년 징역형을 선고받았다.

이로써 이원영은 안동과 대구, 서울 형무소에서 옥고를 치렀는데, 이때 투옥된 기독교 독립운동가들을 만났고 그들로부터 전도를 받아 개종한 때 그의 나이 34세였다. 그가 기독교인이 된 데는 여러 가지 이유가 있었다. 무엇보다 안동의 사회 변혁 및 유생들의 변화와 밀접한 관련이 있다.

일제는 한일합방 전에 조선에 대한 식민 정책을 세우면서 토지를 조사해 조선을 일본의 식량 공급지로 만들 계획이었다. 이런 계획을 알아챈 안동의 진성 이씨 문중은 실시될 토지 조사에 대비해 측량기사 양성 사립 학교를 세웠다. 곧 일어날 토지 분쟁을 대비하기 위해서였다. 당시 청량산인 오가산(吾家山)은 곧 '우리 집안의 산'이라 불렸는데, 이는 이 산 근처의 봉성면 임야가 대부분 진성 이씨 문중 소유였기 때문이다. 이 봉화군 봉성면에 진성 이씨 문중은 1908년 봉성측량강습소를 세웠다. 이원영은 이 사립 기술학교를 제1회로 졸업했다.

이즈음 진성 이씨의 혁신 유생 몇몇이 도산면에 신식 사립 학교를 세웠다. 유인식의 협동학교 설립에 자극을 받은 유학들이 퇴계의 13대손인 이충호(상계파 종손)를 중심으로 학교 설립 자금을 모았고, 서울과 안동의 교남교육회(嶠南敎育會) 회원들이 참여했다. 교남교육회는 학교를 설립함으로 서울의 교육 운동을 영남으로 확산하려 했다. 1909년 12월에 학교가 설립됐는데, 이것이 보문의숙이다. 이 일에 전국적인 관심이 몰렸다. 안동 유림의 본당인 도산서원 옆에 퇴계 후손들이 신식 사립 학교를 설립했기 때문이다. 이러한 관심을 반영하듯 〈태국 흥학보〉는 보문의숙 설립이 '내조내손(乃祖乃孫)의 가사(嘉事)'라 했다.

이원영은 1910년 3월 사립 보문의숙에 편입학해 1912년 3월 제1회로 졸업했다. 그의 유품 중 이 학교에서 배운 교재가 많이 있다. 그 교과 과정에는 자연과학(물리, 동식물, 화학, 생리), 사회과학(법학, 경제학), 역사(서양사, 세계사), 교육학, 가정학 등이 있었다.

이원영은 신식 사립 학교(봉성측량강습소, 보문의숙)를 다니면서 서양 문물에 눈을 떴고 서양 역사와 기독교를 배웠다. 기독교에 대한

인식은 서양 문물을 배움으로 조금씩 형성됐다. 그러나 기독교를 제대로 파악하지는 못했다.

보문의숙을 졸업한 그는 신지식 유생이 됐다. 그는 실사구시를 지향하고 대중 계몽을 추구했으나, 농사를 짓는 한 가정의 가장이기도 했다. 그 후 1919년 3월 예안 3·1 만세 시위를 주동했다. 보문의숙 졸업생 중 많은 이가 이 만세 시위를 주동했다. 동생 이원세도 이 만세 시위에 가담했다.

그는 또 안동읍 장날 시위를 주도한 영덕 흘무곡교회 이상동 장로와 의성군 대사면 만세운동을 주동했다. 만세운동에 실패하고 감옥의 차디찬 마루에서 무력감과 좌절감으로 시달리던 이원영에게 기독교는 한 줄기 소망의 빛이었다. 그가 이상동 장로에게 전도 받고 기독교로 개종한 것은 거부할 수 없는 성령의 역사였다. 마치 사울의 경우처럼 그는 '양반 출신' 기독교인이 되었다.

그는 출옥 후 고향 집에서 10리 떨어진 만촌교회에 출석했고, 1921년 1월 북장로회 선교사 크로더스(J. Y. Crothers, 권찬영) 목사에게 세례 받고 평양부인전도회의 전도인으로 안동 섬촌을 돌며 전도했다. 그는 복음의 기수였고 고향에 섬촌교회를 설립했다. 이후 안동성경학교를 거쳐 1930년 평양 장로회신학교를 졸업했다. 이원영은 그해 6월 강도사로 영주 중앙교회와 이산 용상교회에서 목회했다.

이원영은 평양신학교 25회 졸업생으로 강도사 목회를 시작한 12월 18일 경안 노회 제18회 노회에서 목사 안수를 받았다. 그는 하나님 말씀을 위탁받아 그리스도의 양 무리에게 하늘 양식을 먹이는 일에 힘을 다했다. 그는 자신이 담임한 두 교회 중 중앙교회의 예배당을 증축했다. 그리고 이 두 교회에서 1932년 12월까지 목회했다. 그해 12월 18일 용상교회를 사임하고 한 주일 후 안동 신세교회와 안기교회를 담임하게 되었다. 당시 신세교회의 교인은 150명, 안기교회의 교인은 180명이었고 1934년부터 안기교회에서만 목회했다.

이 밖에도 이원영은 목회자가 없는 19곳 교회의 임시 당회장을 맡았다. 특히 예안교회는 1919년 이원영과 함께 3·1 만세 시위를 주동한 민태규, 성응희 등이 장로로 있는 교회였다. 이원영의 목회는 유품 장서를 통해 추정할 수 있다. 그의 책꽂이에는 한문 신구약 주석을 비롯해 약 300여 권의 신학 서적이 있었다. 그는 30대 중반까지 퇴계 집안의 학문 전통으로 주자학을 배웠으므로 한문 성경 주석을 쉽게 읽고 이해해 설교를 준비했다.

그는 금전출납부에 책을 산 날짜와 가격을 적어 놓았다. 여기에 적혀 있는 한 권 한 권은 가난한 목회자에게는 매우 소중한 재산이었다. 최고 유품 장서로 당시의 여러 종류의 잡지(신학지남, 겨자씨, 불기둥, 신앙생활, 종교교육, 농민 생활, 성서 한국, 주일학교 잡지, 파수꾼, 복음과 감사, 부흥, 부활 운동 등)가 있는데, 이들 통해 그는 신학 사상의 조류 및 교회와 사회를 파악했다. 또 교육 목회에 필요한 〈만국 주일 공과〉와 〈만국 통일 주일 공과〉를 구독했다.

이원영 목사가 1930년대 담임 목회를 하던 안동 안기교회의 교회 일지에는 주일 예배와 수요 기도회 모임, 성미 통계 등이 낱낱이 기록되어 있어 교회의 이모저모를 파악할 수 있는 기초 자료가 되었다. 동시에 이 교회 일지를 통해 목회 노선과 정책도 파악할 수 있다.

안기교회에서 이원영 목사는 신앙 교육을 강조했다. 이원영 목사는 교인들의 신앙 훈련과 지속적인 신앙 성장을 최우선으로 교육했다. 예배에 교육 요소가 포함됐고, 평소에 정기적으로 장년 주일학교 시간에 성경을 가르치고, 사경회 때도 철저하게 성경을 가르쳤다. 이때 교회 직분과 신앙 성숙에 따라 집중적인 교육을 했다.

이원영 목사는 여름 성경학교 교사 강습회도 준비했고, 성경학교에서 성경을 체계적으로 가르쳤다. 이원영 목사의 교육 목회는 늘 성경을 강조하고 이를 생활에서 실천하도록 하는 것이었다. 또 특별 헌금을 가르쳐 절제와 나눔과 봉사의 생활을 하도록 했다.

그는 '생일 연보'를 모아 계명학원에 보냈고, 중국 상해교회 예배당 건축을 위한 헌금을 드리게 해 해외 선교 의식을 고취했다. 또 수시로 '부인 성미 연보'를 강조함으로 집에서 절제를 훈련하게 했다. 아울러 성도의 거룩한 생활로 주일 성수를 강조했고, 교인 중 주일을 거룩하게 지키지 않으면 당회가 벌을 주었다. 예를 들어 주일에 학교 운동회에 간 교인은 일정 기간 '수찬 정지'와 '일정 기간의 교회 출석 금지'를 명했다.

이원영 목사는 교회 연합 운동을 강조했는데 법상동 예배당(지금의 안동교회) 건축을 위한 연보, 안기교회와 법상동 교회, 성경학원 학생들이 함께 드린 연합 산상 예배, 안기교회와 법상동 교회의 연합 기도회 등이 대표적이었다. 이원영 목사는 이러한 교회 연합 운동으로 안기교회의 취약점을 보완했다. 가령 안기교회 여전도회가 빠르게 활성화하지 못하자 그는 다른 여러 교회와 연합 여전도회를 구성했다. 그는 경안 노회에서 목사가 된 후 영주 중앙교회를 거쳐 1932년부터 40년 넘게 안기교회(이후 안동 서부교회)를 담임했다.

이원영의 유품은 손수 붓글씨로 쓴 《섬촌 교회당 설립 일기》와 《생명록》이 있다. 하나는 섬촌 예배당 설립 과정에 대한 기록이고, 다른 하나는 섬촌교회 교인 명부였다. 교인 명부를 '생명록'이라 함은 기독교인이 되고 교회의 지체가 되므로 천국 백성으로 생명록에 기록된다는 뜻이 담겨 있었다. 당시 부산진교회에도 '생명록'이 있었다. 사람들은 해산의 수고와 고통으로 새 생명이 태어나는 기쁨을 맛보듯이, 믿음의 세계도 고난을 통해 부활 생명으로 자기 이름이 생명록에 기록됨을 확신했다.

세례 받고 열 달 정도가 되었을 때 이원영은 믿음의 친구들과 함께 교회를 설립했다. 이 일은 향촌 유림들에게 충격적인 사건이었고 그 파장이 매우 컸다. 안동 유림의 본당 도산서원이 빤히 보이는 섬촌마을에 교회당을 세우려 하니 퇴계의 후손들이 발칵 뒤집혔다.

섬촌에 교회를 설립한 동기와 계기는 이상동 장로에게서 시작되었다. 그는 안동지역 교회의 지원을 받아 섬촌의 이 마을 저 마을을 돌면서 전도했다. 그러다 섬촌의 서숙에 기도실을 마련했다. 그런데 마을 사람들의 거친 여론이 몰아쳤다. 그 서숙은 공동 소유로 마을의 허락 없이는 함부로 사용할 수 없었고, 그는 어렵게 마련한 기도실을 떠나야 했다. 이런 형편을 지켜보던 중문 만촌교회 교인이 자기 집 한쪽을 기도실로 내어놓았다. 그는 여러 교인 그리고 이원영과 함께 마을을 돌며 열심히 전도했다.

전도 열매가 하나둘 나타나자 이들은 원촌에 예배당 건축을 계획했다. 그러자 동네에 반대 여론이 돌았다. 할 수 없이 조금 떨어진 섬촌에 건축하기로 정하고 이듬해(1922) 3월 하순 건축을 시작했다. 섬촌의 교회 건축을 유림에 대한 도전으로 본 진성 이씨 문중은 4월 초에 문중 회의를 했다. 장소는 도산서원 앞 시사단(試士壇, 과거시험을 보던 곳)이었다. 이곳에 소집한 까닭은 18세기 후반에 세운 위정척사 비의 내용을 다시 한번 확인하면서 교회 건축을 반대하려는데 있었다.

문중 회의는 위정척사 사상을 새롭게 강조하며 "야소교는 서양 사학이고 야소교 회당은 도산서원과 함께 있을 수 없다", "섬촌은 도산서원 구역이니 이 마을에 교회당 건축을 절대로 허락할 수 없다"

고 뜻을 모으고 결의했다. 교회 건축을 진행하던 그들은 이렇게 해명했다. "이 위정척사 비는 131년 전에 세워졌고, 그때는 야소교가 이 땅에 들어오지 않았다. 따라서 이 위정척사 비의 비문이 지목한 서양 사학은 천주교를 가리키는 것이다. 그러므로 우리가 건축하는 예수교 회당은 이 비문에 해당하지 않는다." 그러나 이 해명은 문중 사람에게 설득력이 없었다. 문중은 여러 날 동안 반대했고, 모일 때마다 교회 건축을 진행할 수 없다고 말했다.

이렇게 진성 이씨 가문의 반대와 방해로 섬촌 예배당 건축이 어려워졌다. 이들은 노회 앞에서 "섬촌 마을의 교회를 다른 곳으로 옮기라"며 윽박지르고, 또 평소에 잘 알고 있는 교인들에게는 교회를 철거하도록 강요했다. 교인들은 아무런 말도 하지 않고 그대로 그 자리에 서 있었다. 침묵의 저항이었다. 이에 문중 사람들은 끓어오르는 화를 참지 못하고 다시 섬촌 마을로 돌아가 예배당 기물을 마구 부쉈다. 이 광경을 본 교인들이 경찰서에 신고했다. 순사 세 사람이 현장에 도착하자 겨우 기물 파손이 멎었다.

부서진 물건의 가격을 계산하니 70원이 넘었다. 섬촌 교인들은 이를 법적으로 해결하기보다 파손된 것을 원상 복구함으로 타결하기를 원했다. 그러나 그들은 오히려 기고만장해서 원상 복구는 고사하고 나머지 기물과 예배당 건물도 허물겠다고 큰소리를 쳤다. 순사가 세 차례나 양편을 불러서 화해를 권면했으나 사건은 해결되지 못했다.

결국 이 사건은 법정으로 갔다. 그해 9월 권찬영 선교사가 이 지역 시찰장으로 안동재판소에 교회 건물 원상 회복 청구서를 제출했다. 재판은 1년 이상 진행됐고, 그 결과 안동재판소 검사가 건물의 파손된 곳에 대한 원상 복구를 명령했다. 이로써 섬촌 교회당이 깨끗이 수리됐다.

섬촌교회 설립 과정에서 나타난 진성 이씨 문중의 행동을 전국의 교회가 주목했고, 이 사건이 제12회 장로교 총회(1923)에 보고됐다. 총회는 회의록에 "안동군 도산면 퇴계 이황 선생 후예 몇 사람이 믿음을 갖게 되어 예배당을 건축하던 중 믿지 않는 일가(一家)가 핍박만이 아니라 누차 예배당을 훼파하므로 소송을 하게 되어 1년간 재판하다가 필경 자기들이 잘못을 깨닫고 예배당을 수리함으로 지금은 무사할 뿐 아니라, 교인들의 믿음은 더욱 든든히 서고 핍박하던 그들의 자녀들이 야학에 다니며 성경을 공부하니 영광을 하나님께 돌리오며"라고 기록했다.

이원영은 이 일에 대해 《섬촌교회 설립 일기》에서 "하나님의 권능과 뜻대로 미리 정하신 것을 이루었으니 주께서 저희의 곤고(困苦)를 감하여 보옵시고 성신의 날카로운 검으로 굳은 마음들을 깨뜨리시고 성자의 사랑으로 그 마음 문을 열게 하시어 하나님의 생명 말씀을 받아들이게 하옵소서"라고 적었다. 그 후 섬촌교회는 날로 부흥했다.

모든 하나님의 자녀는 '양반'

섬촌교회당 설립 외의 다른 일에서도 이원영은 집안사람들과 갈등했다. 기독교인이 된 이원영은 집안 하인에게 존대하고 인격적으로 대할 뿐 아니라 자기와 동등하게 여겼다. 이런 일이 집안사람들을 분노하게 했다. 이들은 이원영의 이름을 호적에서 파버리겠다고 야단이었다. 그러나 이원영은 변하지 않았다. 기독교인이 된 그는 세상에 대한 안목과 가치관이 달라졌다.

안동 예안은 1920년대 여전히 진성 이씨 문중 기반인 집성촌을 유지했다. 이에 집안의 봉건시대 신분 질서에 따른 양천제(良賤制)를 지켰다. 이 사회질서에 젖은 사람들의 눈에는 하인들을 동등하게 대접하는 이원영이 곱게 보이지 않았다. 이처럼 그의 기독교 신앙의 가치관은 전통에 젖은 집안의 가치체계와 계속해서 충돌했다.

반면 이와 달리 기독교인이 아닌데도 스스로 봉건시대의 사회질서를 타파한 혁신 유생도 있었다. 유인식이 그중 하나였다. 그는 혁신 유생으로 집안 노비들을 해방시켰다. 그러나 기독교인이 된 양반 이원영과 같지는 않았다. 그들은 여전히 봉건의식을 가지고 양천제를 지키려 했다. 봉건 사회질서를 타파한 교인은 더 있었는데 이원영은 좀 특이했다. 그는 자기를 무조건 낮춰 스스로 하인이 되지 않고, 오히려 모든 사람을 예수 안에서 양반으로 받아들였다. 즉, 하향 평등이 아니라 상향 평등을 추구했다. 그는 주인뿐 아니라 하인, 머슴, 노비, 어린이도 모두 하나님의 자녀로 함께 양반이라 칭했다. 이에 모든 이들을 인격적으로 대하며 존댓말을 썼다. 노년이 되어서도 경안고등성경학교 제자들에게 존댓말을 했다.

3·1 만세운동을 일으킨 사람 중에는 종교인이 유난히 많았고 모두가 지식인이었다. 이원영은 이런 지식인들과 교류하고 뜻이 같은 것을 알게 되면서 애국심과 신앙을 굳게 다졌다. 일제 말기 신사참배와 황민화 정책을 반대하다가 체포된 후 그는 경산경찰서에서 해방을 맞았으며 해방 후 경안고등성경학교를 설립, 초대 교장이 됐다. 그가 설립한 경안성경학원은 평양 장로회신학교처럼 성경 중심의 신학 교육과 목회 실천을 강조했고, 경전 공부와 생활 실천의 조화를 강조했던 퇴계 풍의 서당식 교육을 접목했다. 모든 학생은 남녀 구별이 엄격한 기숙사 생활을 했으며, 매일 수업하기 전 경건 훈련을 받았다. 주말에는 소속 교회에서 실천하며 봉사했다. 철저한 말씀 공부와 실천 목회가 그의 신학 교육의 원리였다.

이원영은 안동 밖으로 나가지 않은 안동 양반 목회자로서 학문과 실천, 신앙과 목회에서 유학과 기독교를 조화시켰다. 식민지하 암울한 민족의 희망을 복음에서 찾고 독립과 복음 전파에 온전히 평생을 헌신했다.

이로 인해 그는 일본 경찰의 눈을 피해 산속으로 대피해야 했다. 하지만 그를 계속 감시했던 일본 경찰이 이원영을 계속 찾아다녔다. 가족들은 두려움에 떨었고 결국 일본 경찰은 이원영을 찾아 끌고 갔다. 또 가족이 면회를 갔을 때 그 앞에서 코에 고춧가루를 넣고 주전자로 물을 부어 그의 아내가 충격으로 쓰러지기도 했다. 가족들에게는 아픈 기억이었다. 이원영의 가족은 먹을 것이 없어 산에서 캔 쑥과 냉이를 삶아 죽으로 만들어 먹거나 소나무 속살을 끓여 나눠 먹기도 했다.

이원영 목사가 주목을 받은 것은 1938년 안기교회에서 쫓겨나면서부터였다. 신사참배 반대로 교회에서 쫓겨나 강단에도 서지 못했다. 그는 신사참배, 조선교육령, 일본식 이름 개명을 거부해 자녀를 학교에 보내지 않았다. 일제 황민화 정책에 대한 이원영 목사의 거부와 항거는 가정에서 시작됐다. 1938년 3월 일제가 조선교육령을 개편하자 학교 교육 교과 내용이 변했다. 이에 이원영 목사는 자녀들을 학교의 교과 과정에 따라 집에서 교육했다. 그는 일본어 교과서를 구해 자녀들에게 일본어를 가르쳤다. 일본어를 배우고 일본을 알아야 일본 식민을 극복할 수 있다고 생각했기 때문이었다.

같은 해 6월 초에 이 목사는 안기교회에서 쫓겨났다. 그는 예상치 못한 상황에서 갑자기 안기교회의 목사 직을 내려놨다. 교회 밖에서 들어오는 '시무 중지'의 압력을 피할 수 없었다. 6월 8일 수요일 저녁기도회에서 그는 마지막으로 설교했다. 강단에서 그는 히브리서 4장 14-16절을 본문으로 "믿는 도리를 굳게 잡자"라는 제목의 말씀을 선포했다. 일제의 황민화 정책이 민족 정신을 말살하고 신앙을 허물고 있으므로 믿음의 길에서 벗어나지 말고 신앙을 굳게 잡자고 선포했다. 그리고 그는 교인들에게 인사 한마디 나누지 못한 채 교회를 떠나야 했다.

살던 집에서 쫓겨난 그와 가족은 인적이 드문 태화동 안동방송국 근처의 산골로 들어갔다. 그때 이곳은 낮에도 인적이 뜸하고, 밤에는 들짐승이 나타나 농작물을 해치는 곳이었다. 여기서 그는 자녀들과 흙벽돌을 찍어 초가집을 지었다. 당장 생활의 쪼들림이 가족을 괴롭혔다. 그뿐 아니라 소위 '요시찰 인물의 집'이 되어 자녀들은 친구 없이 지냈다. 이 고통도 힘겨웠다. 사회로부터 고립된 채 그와 가족은 하루하루를 견뎌야 했다.

감시의 눈초리 '앉아 있어야 하는 징역'

이원영 목사는 이때부터 8·15 광복 때까지 네 차례에 걸쳐 '예비검속'이 됐고 혹독한 고문을 당했다. 그가 감옥에 있는 동안 아내는 고달픈 나날을 보냈다. 그가 병보석으로 나온 기간에도 감금 생활을 하는 것이나 다름없었다. 그의 생활은 형사들에게 낱낱이 감시당했고, 이들은 그가 거주지에서 5리 이상 떠나지 못하게 했다. 그의 자녀들은 이를 소위 '앉아 있어야 하는 징역'으로 표현했다. 형사들은 골짜기 길목과 산까지 감시했다.

죽기를 각오한 항일의식

중일전쟁으로 일제 황민화 정책이 추진됐고, 일제는 장로교에 신사참배를 강요했다. 일제는 9월 9일 국민정신 총동원을 포고했고,

10월 2일 황민·신민 서사를 공포했다. 1938년 3월 경찰 당국은 신사참배를 거부하는 교회와 교역자에게 지도책을 시달했다. 이 무렵 신사참배 압력을 버텨 오던 장로교회가 무너지기 시작했다. 먼저 9월 평북 노회가 신사참배를 결의했다.

이어 제27회 조선예수교장로회 총회에서 신사참배를 가결했고, 신사는 종교가 아니라 국가의식이라고 인정하고 '황국신민'으로 그 본분을 다하기 위해 '국민정신 동원'에 참가하기로 다짐했다. 이러한 총회의 결의를 안동지역 경안 노회는 제33회 정기노회에서 수용했다. 경안 노회는 '조선예수교장로회'에서 '기독교조선장로회'로 명칭을 바꿨다. 이때 경안 노회는 이원영 목사에 대해 심각한 결의를 했다. 비록 당국의 명령이었으나 경안 노회는 그에게 목사직 '시무 사면(辭免)'을 명했다. 교회에서 쫓겨나 오복사 골에서 교회 및 교인들과 단절된 채 지내던 그에게 일제는 노회를 통해 목사 직마저 빼앗았다. 목사 면직은 그에게 사형 선고와 같았다. 이로써 일제는 그의 마지막 희망마저 빼앗았다.

일제는 이원영의 목사직 박탈로 만족하지 않았다. 1939년 5월 '예비 검속'으로 안동경찰서에 가뒀다. 이미 죽은 목숨이나 다름없는 그를 구속까지 했다. 경찰 유치장에서 이원영 목사는 온갖 고문을 당했다. 그는 순교를 각오했다. 이때 심한 구타로 늑막염에 걸렸다. 53세 초로에 이 병에 걸리면서 그는 극도로 쇠약해졌다. 음식조차 목으로 넘기지 못하자 일경은 가족에게 음식을 감옥에 넣어 주도록 했다. 그러나 부인이 가져온 음식도 먹을 수가 없었다. 그럼에도 일제의 고문은 멈추지 않았다. 이제 그의 몸은 더는 가누지 못할 정도가 되었다.

일경은 이원영 목사가 죽은 줄 알고 유치장 복도로 끌어내 마대를 씌웠다. 그리고 가족에게 시체를 가져가라고 알렸다. 놀란 가슴으로 가족들은 경찰서로 달려와 부랴부랴 시체를 성소병원으로 옮겼다. 구금된 지 석 달 만에 시체가 되어 나온 것이었다. 그런데 다행히도 그의 목숨은 아직 가늘게 붙어 있었다. 그의 병상에 가족과 선교사들이 둘러섰다. 자녀들은 아버지가 곧 세상을 떠날까 두려워서 울고 있었고, 선교사들은 조용히 임종 예배를 준비했다.

이때 이원영 목사는 들릴 듯 말 듯한 목소리로 찬송가 "내 진정 사모하는 친구가 되시는"을 불러 달라고 했다. 모두 울먹이며 찬송을 불렀다. 정신을 차린 이원영 목사는 자녀들을 침상 가까이 오게 했다. 그리고 아이들에게 물었다. "너희들은 내가 유치장에서 나오기를 위해 기도했느냐, 아니면 거기서 죽기를 기도했느냐?" 아이들은 "우리는 아버지가 풀려 나오시기를 기도했습니다"라고 대답했다. 그러자 이원영 목사는 "그것은 하나님의 뜻이 아니니 회개해라"라고 말했다.

황국신민화 정책에 대한 항거

성소병원에서 치료를 받으면서 이원영 목사는 건강을 조금씩 회복했다. 그러나 그는 건강을 되찾는 것을 오히려 안타까워했다. 자신이 유치장에서 매 맞고 고문당해서 죽어야 했는데 살아났기 때문이다. 게다가 주변 사람들이 그를 괴롭게 했다. 그들이 이원영 목사의 정신적·육체적 고통을 더는 볼 수 없어 신사참배를 하고 자유의 몸이 되라고 권했기 때문이다. 이때마다 이원영 목사는 "사탄아, 물러가라!" 하고 외쳤다.

이원영 목사는 1939년 7월 말 풀려났다. 그 후 그는 8·15 광복이 오기까지 6년 동안 구속과 석방을 세 번 더 반복했다. 그는 신사참배 거부와 황민화 정책에 대한 항거로 네 차례 구속당했다. 1차 석방 후 이원영 목사는 8월 6일 자신이 담임했던 안기교회를 방문하도록 허락을 받았다. 시무하던 이 교회에서 쫓겨나 오복사 골로 간 후 1년 이상 얼굴을 보지 못한 교우들을 만날 수 있다는 기쁨과 기대감에 그는 경찰서에서 당한 고문의 후유증을 참을 수 있었다. 안기교회 '예배 일지'에 따르면, 그날 주일예배가 끝난 후 뒷자리에 조용히 앉아 있던 이원영 목사가 5분만 시간을 달라며 "1년 동안 교우 여러분을 뵙지 못했으나"라는 인사말을 꺼냈고 그는 그제야 교인들과 작별인사를 나눌 수 있었다.

유치장에서 풀려난 이원영 목사는 생계를 잇기 위해 처가에서 준 500평 정도의 복숭아밭을 일궜다. 소출한 복숭아를 갖고 오복사 골 밖으로 나가지 못했기에 그는 이를 중간 상인에게 팔았다. 복숭아를 팔면 십일조를 뗐는데 이 돈을 밤중에 찾아오는 어느 신학생에게 건네주었다. 또 복숭아나무 사이에 땅콩과 파를 심어서 양식으로 삼고, 나머지는 중간 상인을 통해 팔았다.

이원영 목사는 세상과 단절된 채 살면서 늘 감시를 받고 있었으나 이런 와중에도 김선지, 이광호가 밤에 몰래 찾아와 함께 새벽까지 교회와 나라를 위하여 손을 잡고 눈물로 기도했다. 안기교회 교인 중에도 감시를 피해 계란과 생선을 가져오는 사람이 있었고, 미국 선교사들도 밤중에 산을 넘어서 이원영 목사를 찾아왔다.

그는 자녀들에게 매일 오전에 조선어, 일본어, 산수, 한문, 습자(붓글씨), 신앙(십계명, 사도신경), 성경 요절 암송(특히 요 3:16, 갈 5:22-23, 고전 13:13)을 가르쳤다. 교회 다닐 수 없는 자녀들에게 주일학교 공과 52주간 요절을 암송하게 했고 잘 외웠는지도 시험했다. 학과가 끝나면 자녀들은 밭과 들에서 채소를 가꾸고 나물을 뜯었다. 아버지의 소신으로 인해 학교, 교회, 사회로부터 소외된 자녀들은 그렇게 하루하루를 지냈다.

다시 시작된 고난

신사참배 거부와 황민화 정책 항거로 이원영 목사가 시무 사면을 당하자, 안기교회 교인 중 몇몇이 이 목사의 뒤를 따랐다. 그의 동생 원세(서울 명수대교회 원로목사 이동시의 부친)와 조카 동창(안동 서부교회 은퇴장로)이 맡았던 직분을 사면당했다. 이 교회의 집사 이수영, 이수원 형제도 마찬가지였다. 신사참배 거부로 받은 고문 후유증으로 이수영은 정신착란을 겪었고, 이수원도 불구의 몸이 됐다. 이원영과 뜻을 같이한 동료들도 여럿이었다. 박충락(당시 영주교회 장로)과 김진호(영주제일교회 목사)가 경찰에 구속됐다. 또 전계원, 권수영, 임학수 등 여러 교역자도 고난을 당했다.

1939년 열린 조선예수교장로회 총회는 '국민 정신 총동원 조선예수교장로회 연맹'을 결성하고 일제의 국책 수행에 협력하기로 했다. 총회의 결의로 경안 노회도 1939년 12월 제34회 노회에서 '국민정신 총동원 조선예수교장로회 경안 노회 연맹'을 결성했다. 이 회기 노회에서 이원영 목사가 살던 사택이 경안 노회 유지재단에 기부됐다.

일제는 1940년 2월 일본식으로 이름으로 바꾸도록 선포했다. 이 법령의 기한(1940. 8. 10.)에 약 80퍼센트의 조선인이 이름을 바꿨다. 1940년 12월 제35회 경안 노회에서는 일본식 이름을 사용했다. 신사참배를 거부한 기독교 지도자 중 더러는 이 법령에 순응했으나, 이원영은 이 또한 거부했다. 이원영 목사는 1940년 9월 20일 2차 예비 검속을 당했다. 황민화 정책 거부 때문이었다. 일경은 가족 면회와 사식을 금했다. 이때 그와 가족을 경제적으로 돕고 정신적으로 격려

하던 미국 선교사가 본국으로 돌아갔다.

그는 유치장에서 계속 기도하며 성경을 읽고 묵상했다. 일경은 온갖 고문을 자행했다. 이 고문으로 그는 폐렴에 걸렸다. 그해 마지막 날 이원영은 병보석으로 풀렸다. 이즈음 장로교 총회는 1940년 8월까지 731개 애국반을 만들어 전승 축하회, 무운장구 기도회, 전사병 위문금 전달, 전상자 위문, 유족 위문, 국방 헌금, 휼병금(恤兵金, 전쟁에 나간 병사를 위로하기 위해 보내는 물품이나 금품), 유기 헌납(鍮器 獻納), 시국 강연 등으로 협력했다.

노회는 일제가 1개 면에 1개 교회를 두는 정책에 호응해 교회를 합병했다. 그러면서 여러 예배당 건물과 땅을 팔아 국방 헌금으로 바쳤다. 그럼에도 배정액에 미치지 못해 노회는 각 교회에 국방 헌금을 할당했다. 노회는 교인들도 각기 국방 헌금을 하도록 결의했고, 헌금 액수를 교인마다 1원 이상으로 정했다.

1941년 7월 1일 이원영 목사는 불안과 공포로 울먹이는 아이들과 태어난 지 얼마 안 된 젖먹이를 안고 있는 아내를 오복사 골에 남겨두고 3차 예비 검속을 당했다. 가족도 모르게 포항, 영덕, 경산으로 이감됐다. 일제는 여러 경찰서를 돌게 하면서 고문으로 그를 굴복시키려 했다. 겨울 차디찬 유치장 바닥에서 그의 폐렴이 재발했다. 1942년 3월 21일 결국 병보석으로 풀려났다. 한편 전국의 장로교회는 전체주의 국가 이데올로기에 완전히 무릎을 꿇었다. 노회는 '일본적 기독교'에 머리를 숙였다.

이것은 전시 체제에 동원되는 첫 단계였다. 1942년 경안 노회는 제2차 세계대전에 무기를 지원하기 위해 '놋그릇 헌납 주일'을 정해 각 교회에서 유기를 모았다. 이때 걷힌 헌금의 총액은 3,418원 65전이었다. 1942년 노회는 각 교회에 공문을 발송해 '전승 기도회'를 가졌다. 전쟁이 절정에 달했던 1942년 노회 기간에는 '징병제 실시 축하회'도 열었다.

이처럼 전쟁 수행에 협력했음에도 1942년 경안 노회는 폐지되었다. 그리고 '경북 교구단'에 소속되었다. 경안 노회는 이름마저 사라진 채 3년 동안 어떤 모임도 없었다. 안기교회의 운명도 노회와 같았다. 1942년 3월 15일 안기교회는 신세교회와 함께 법상동교회로 병합됐고, 이 두 교회의 건물과 대지를 1만 4천여 원에 팔아 그중 9천 원을 국방 헌금으로 바쳤다. 이 밖에도 많은 교회가 마을 단위로 통합됐다.

오복사 골 가정교회

신사참배 거부로 안기교회에서 쫓겨나고 사람의 발걸음조차 뜸한 오복사 골에 들어온 이원영 목사는 자신이 목회자임을 명심했다. 그는 가정교회 목회자로서 가정교회를 세우고 매일 아침과 저녁에 예배를 드렸다. 온 가족이 둘러앉아 찬송하고 성경을 읽고 기도한 후 말씀을 선포했다. 아이들은 길게 기도하지 못해 아버지가 한마디씩 기도를 가르쳤다. 아이들이 돌아가면서 한마디씩 "하나님 아버지, 공부 잘하게 해주옵소서", "부모님 말씀에 순종하게 하옵소서", "형제간에 사이좋게 잘 지내게 해주옵소서" 하고 기도하고 나면 부모가 마무리 기도를 했다.

오복사 골 가정교회에서 작성된 설교는 총 324편으로 기록되어 있다. 이때의 설교 본문은 안기교회 시무 때보다 신약성경에 훨씬 편중됐다. 이원영 목사는 요한계시록 3장 1-6절을 4회 이상 설교 본문으로 택했다. 설교의 제목은 "옷 더럽히지 않는 자 몇 명인가?"였다. 설교 제목이 암시하듯 그의 눈에는 요한계시록의 사데 교회가 지금의 조선교회와 비슷하게 보였다. 조선교회도 신사참배 강요에 굴복함으로 "살았다 하는 이름은 있으나 죽은" 교회임을 탄식했다. 이런 때 교회에 '옷이 더럽혀지지 않은' 성도가 몇 명이나 남았을지 그는 안타까워했다. 이와 관련해 그는 1940년 9월부터 약 3개월 동안 요한계시록의 일곱 교회에 대해 설교했다. 같은 범주에서 누가복음 5장 37-39절도 여러 차례 설교 본문으로 선택했다.

오복사 골 광야 생활

오복사 골에서 산 약 6년 동안 집안일과 자녀 양육은 거의 부인 김기출의 몫이었다. 남편이 구금되어 있는 동안에는 더욱 그러했다. 가장 힘든 일은 양식 마련이었다. 쌀밥은 당연히 없었고 세 끼를 죽으로 연명했다. 좁쌀, 쑥, 콩잎 등 이것저것 음식 재료를 넣고 죽을 끓였다. 이원영 목사 가족의 고생을 아는 안기교회 교인들은 도와주고 싶으나 감시 때문에 차마 나서지 못했다. 그럼에도 위험을 무릅쓰고 어떤 이는 한밤중에 몰래 찾아와 쌀을 갖다 놓고, 또 어떤 이는 남들 눈에 띄지 않게 김기출을 자기 집으로 불러서 양식을 주었다. 그러나 이 식량 자루는 대개 겨우 몇 끼니 풀죽을 끓일 만큼 적은 양이었다.

이원영 목사가 병보석으로 풀려나면 아내의 일이 훨씬 가벼워졌다. 이 목사는 예배 인도와 자녀 교육, 그리고 농사일과 집안일까지 했다. 그러면 아내의 마음도 가벼워지고 몸도 쉴 수 있었다. 그러나 그 기간은 항상 너무 짧았다. 일경이 다시 남편을 체포하려고 새벽녘에 오복사 골로 들이닥치면 김기출의 가슴은 방망이로 후려치는 듯했다. 그렇게 놀란 가슴에는 병이 들었다. 김기출은 경찰서에서 여러 번 실신했다. 경찰이 그에게 남편의 면회 시간을 통고하고는 그 시간에 이원영에게 혹독한 고문을 가했기에 이 고문을 본 김기출은 그 자리에서 쓰러졌다.

이때 선교사들(권찬영, 옥호열, 안두조)이 방문했다. 특히 권찬영 부인이 오면서 먹을 것을 가져왔다. 자신들도 넉넉하지 못한데 자신의 먹을 것 중 일부를 이원영 가족에게 가져다주었다. 이들의 도움이 컸으나 오래가지는 못했다. 선교사들이 태평양 전쟁으로 본국으로 돌아갔기 때문이다. 선교사 안두조는 떠나면서 오복사 골에 있는 봉답 몇 마지기를 사줬다.

하지만 이 논에 김기출이 자녀들과 농사를 지어 타작하면 일제가 공출로 빼앗았다. 전시라 생필품을 배급받았는데 이원영 가족은 요시찰 대상으로 배급도 없었다. 이들의 생활은 말할 수 없이 핍절했다. 그야말로 초근목피로 연명했다. 이런 때 한 해에 딸 셋을 시집보내게 되었다. 1943년 정신대로 '처녀 공출'이 임박하자 딸들을 서둘러 시집보낸 것이다. 시집가는 신부가 신을 만한 신이 없어서 총배기(짚신 종류)를 신었고, 이웃의 운동화를 빌려 신은 후 돌려주기도 했다. 그러나 김기출은 이러한 고통과 고초를 다른 사람들에게 내색하지 않았다. 모든 고통을 혼자서 삭여 나갔다.

4차 예비 검속(1945)

1945년 5월 22일 이원영은 4차 예비 검속이 됐다. 여러 사람이 유치장에 함께 있었는데, 이들 중 신사참배를 거부한 교인과 안동 농림고등학교 학생도 있었다. 유치장에서 통성명하고 이들과 교제했다.

8·15 광복은 경산경찰서 유치장에서 맞았다. 광복 후 사회 치안과 국가 건설을 준비하는 건국준비위원회가 발족했다. 건국준비위원회는 이원영에게 안동의 인민위원장을 맡으라고 했지만 그는 거절

했다. 그의 관심은 무너진 교회를 복구하는 것이었다. 먼저 그는 일제 탄압으로 없어진 경안 노회를 복구하고, 안기교회를 서부교회로 바꾸어 복구했다. '살아 있는 순교자'로 신뢰와 존경을 받으며 이원영은 하루도 쉴새 없이 여러 곳에서 사경회를 인도했다. 그는 피 끓는 청년처럼 교회 복구에 열중했다. 상처 입은 그리스도의 양 무리를 하나님의 말씀으로 치유하고 그들 가슴에 하나님 나라를 향한 소망의 빛을 비추었다.

이런 가운데 젊은이들이 그에게 몰려왔다. 이에 그는 당장 교회 재건과 교회 장래를 위해 교회 지도자 양성을 계획했다. 1946년 9월 경안고등성경학교(현재 경안성서학원)를 설립했고, 또 사회 지도자 양성을 위해 경안고등학교와 계명대학교 설립 이사가 됐다.

8·15 광복 후 장로교회는 새로운 출발을 위해 과거를 청산해야 했다. 신사참배 문제가 선결 과제였다. 1945년 9월 신사참배로 투옥됐던 지도자 20여 명이 교회 개혁을 외치며 '재건 총회'가 창립됐고, 부산에서 '경남 재건 노회'가 모였다.

이때 신사참배 굴복에 대한 해결책과 교회 재건 견해가 대립했다. 1946년 6월 남한 교회만 모인 남부 총회에서 신사참배 문제가 거론됐고, 1938년 총회의 신사참배 결의를 '취소'했다. 아울러 신사참배를 결의했던 날에 해당하는 주일 하루를 '통회 자복일'로 정했다. 그러나 이것은 교회 정화를 외치는 이들이 보기엔 미흡했다. 이들은 최소한 두 달 동안 통회 기간을 갖자고 제안했지만 남부 총회는 하루로 정했다. 더욱이 신사참배에 굴복한 지도자들에 대한 징계 조치는 언급조차 없었다.

광복 후 10년 동안 장로교회는 두 차례 분열됐다. 한 번은 고신 측과 장신 측으로, 다른 한 번은 장신 측과 조선 측으로 나뉘었다.

교회 복구의 기쁨은 잠시였고, 분쟁과 교회 분열로 고통이 계속됐다. 사분오열되어 혹시 다시 분열될까 조심하면서 교회의 단결과 평화를 갈망했다.

1950년 초부터 교계의 관심은 이원영에게 쏠렸다. 그가 출옥자이자 경남노회 육성위원회 위원장으로 고려신학교 측이 총회로 다시 돌아오게 하려고 노력했기에 사람들이 주목했다. 이에 앞서 그는 신실한 목회자로 많은 사람들의 존경을 받았다. 장로교 제39회 총회는 1954년 4월 23일 경북 안동교회에서 개최되었는데, 이때 이원영 목사가 총회장으로 추대됐다.

총대들은 교단 분열의 원인을 신사참배로 보았다. 이에 이들은 이 총회 때 먼저 그 죄를 회개할 것을 강조했다. 더구나 이북에서 온 목회자들도 참석해 남북 합동 총회의 성격을 띠었으므로 남부 총회와 달리 신사참배 문제를 해결할 기회로 여겨졌다. 더욱이 고려신학교 측을 총회로 다시 돌아오게 하려고 신사참배를 회개하며 성명할 것을 주장했다. 이렇게 이들은 바른 신앙 양심과 교회의 평화를 위한 죄 고백이 필요하다고 보았다.

제27회 조선예수교장로회 총회가 결의한 '신사참배 결의'를 취소하고 성명서를 발표할 위원(이원영, 명신홍, 권연호)을 선정하고, 이 위원회로 참회 절차를 마련하게 했다. 위원회는 5개 항목을 만들어 총회 3일째에 제출했다. 1) 신사참배 취소 성명을 문서로 전국 교회에 공포할 것, 2) 총회에서 일정한 기간을 정해 통회 자복하고 하나님의 용서하심을 구하며 기도할 것, 3) 위원 5인을 선정해 신사참배 주동자들을 심사하고 해당 노회에 통지해 처벌하도록 할 것, 4) 신사참배로 순교한 성도의 유가족을 위해 총회 기간 중 한 차례 연보하고, 6월 첫 주일에 전국 각 교회가 연보해서 유가족 위로금을 드릴 것,

5) 6월 첫 주일을 통회 주일로 정하고 각 노회를 통해 전국 교회가 하루 금식하며 속죄를 위해 기도할 것 등이었다. 총회는 이 중 4개 항목을 받아들여 실행하기로 했다. 그리고 신사참배 취소 성명을 발표했다.

신사참배를 분명하게 거부한 이들은 평북 이기선 목사, 평남 주기철 목사, 경남 한상동 목사, 경북 이원영 목사, 전남 손양원 목사, 만주 한부선(Broce. F. Hunt) 선교사 등이었다. 주기철 목사가 죽음으로 신사참배를 거부했다면, 안동의 이원영 목사는 네 차례 투옥과 고문이 거듭되어도 끝내 굴복하지 않고 신사참배를 거부한 '살아 있는 순교자'였다.

역사는 개인을 선택하기도 하나, 이는 개인이 역사를 선택한 것이었다. 순간이 모두 선택이었다. 이원영 목사는 세 가지를 선택했다. 첫째, 독립운동가의 삶을 선택했다. 결국 3·1 만세 시위를 비롯해 신사참배 거부로 투옥됐다. 그러나 늘 나라와 교회를 위한 삶을 이어간다는 각오였다. 그뿐 아니라 민족과 국가를 위해 헌신함으로 인생의 새 길을 발견했는데 그것이 기독교였다. 처음에는 이황의 성리학으로 살았으나 서양 문화를 접하면서 새로운 빛을 보았는데, 그때 그의 마음에 들어오신 분이 예수였다. 고난 중 만난 기독교 신앙은 그 고난을 극복하게 했을 뿐 아니라 고난이 곧 예수 그리스도의 삶이었으므로, 평생 예수 그리스도의 구원 신앙으로 영원한 삶을 소망하고 모든 사람에게 이 생명의 빛을 전하는 소명의 삶을 살았다.

성리학이란 배운 것을 실행하는 것이었다. 성리학적 삶이 온전치 못하므로 그는 바른 길, 기독교의 진리를 부여받았다. 그래서 예수 그리스도와 같이 낮고 좁은 길로 갔다. 이것이 기독교의 진리를 전함으로 더욱 힘 있는 사랑의 전달이 되었다. 복음을 전함으로 양반의 저항을 자비로운 눈빛으로 대했으며, 그들을 전도하여 영원한 생명을 얻도록 최선을 다했다. 그뿐 아니라 낮은 사람들을 구원해 양반으로 대우함으로 그들의 새로운 삶, 인간의 고귀한 가치를 하나님이 주셨고 예수 그리스도께서 그들의 죄를 용서했다는 하늘의 진리를 가르치고 믿게 했다. 이러한 삶이 하나님의 소명이었으므로 그는 더욱 힘써 자신만이 아니라 가족들의 고통까지 떠안았다. 이원영 목사는 만인이 하나님의 자녀로 평등함을 믿었다.

장로교 총회 5일째 되던 날 회장 이원영 목사는 스가랴 8장 19절의 "금식이 변하여 유다 족속에게 기쁨과 즐거움과 희락의 절기들이 되리니 오직 너희는 진리와 화평을 사랑할지니라"라는 구절을 언급하며 이렇게 말했다. "이번 총회가 신사참배 거부로 교회에서 제명됐던 성도와 목회자에게 복귀할 수 있는 길을 열어 주었고, 신사참배로 갈라섰던 사람들이 화해해 제33회 총회 이후 반복되던 분규와 논쟁이 이번에 해소되어 유종의 미를 거두었다." 그는 계속해서 말했다. "일제하에서 신사참배를 강요당한 목사, 장로, 집사, 교우들이 마음에 없는 절을 하고 양심의 가책을 받아 얼마나 괴로워했고, 또 신앙의 지조를 유린당하면서도 교회를 유지하기 위해 얼마나 고생했는가? 그들에 비하면 감옥에 갇힌 이들은 신앙 양심을 지켰으므로 감옥은 오히려 피난처였다. 따라서 출옥 성도는 자만해서 남을 정죄할 것이 아니라 수난당한 교회와 성도를 위로하고 격려할 것이다."

이러한 그의 입장과 태도로 경안 노회는 분열 없이 다시 일어났고, 또 죄 용서와 화해로 교회가 새롭게 됐다. 포용은 결코 타협이 아니었다. 이원영 목사는 용서로 화해의 지도력을 발휘했다. 만일 그가 이때 신사참배를 거부한 자신의 행위를 내세우며 일제에 굴복한 교회 지도자들에게 오만했다면 지역의 교회는 갈등에 휘말렸을 것이었다. 그런데 그는 그렇게 하지 않았다.

이원영 목사의 생은 선비, 독립운동가, 목회자, 살아 있는 순교자, 교육자로 점철된다. 그는 순수 국내파 신학자이자 목회자로 일평생 삶과 목회 현장을 떠나지 않은 선비 목회자였다. 당시 부흥주의와 말세주의가 횡행했으나 이런 조류보다 성경의 실용주의적 메시지에 충실한 데서, 그의 성경적이며 실용주의적인 개혁가 면모는 더욱 빛났다. 그는 1958년 6월 1일 안동 서부교회에서 원로목사로 추대됐고, 경안 노회장을 다섯 차례 역임했으며, 1957년 경안 노회에서 공로 목사로 추대됐다.

1958년 6월 21일 오전 8시 향년 73세로 별세해 6월 27일 경안 노회에서 노회장으로 장례식을 거행했다. 그의 생가 사은구장(仕隱舊庄)은 경북 안동 도산면에 있다. 안동시는 2010년 이 집을 시 문화유산 49호로 지정했다. 한국기독교 사적 제36호로도 지정된 봉경 이원영 목사 생가에는 '이원영 목사 기념비'가 세워졌다. 이원영 목사는 1980년 대통령 표장을 받았고, 1990년 애족장에 추서됐다. 그의 무덤은 대전 국립묘지 애국지사 제2묘에 있다.

화해와 선교를 외친 교회 언론인
김인서 목사(1894~1964)

'남은 종' 남은(南隱) 김인서(金麟瑞)는 1894년 4월 21일 함경남도 정평군 광덕면 인흥리에서 김관엽과 이근내 사이에서 장남으로 태어났다. 전통적인 유교 가정에서 자란 그는 17세가 되던 1910년 여름 중학교 2학년 때 이동휘 장군의 "죄의 값은 사망"이라는 연설을 듣고 기독교에 입문했다. 그가 기독교에 입문하던 1910년은 한일합방이 되어 나라를 잃는 비운을 겪게 된 때로, 그는 "하나님을 믿고 교회를 의지하라"는 그의 말에 감동을 받고 국가와 교회를 위해 헌신하기로 작심했다.

1911년 봄에 캐나다 선교사 마구레(Duncan MacRae)에게 세례를 받았고, 1912년 가을 경신학교 3학년에 편입해 1914년 3월에 졸업하면서 모교의 파송을 받아 경기도 파주군 문발리에서 첫 개척 전도를 시작했다. 1915년 가을에는 경신학교 군예빈(W. Koons) 교장의 소개로 함경북도 회령 선교부가 경영하는 보흥학교의 교사로 부임했다. 1919년 3·1 독립운동이 일어나자 이 운동에 가담했고, 상해에 임시정부가 수립된 후 소만(蘇滿) 국경 자대와 함경도에서 대한민국 임시정부와 긴밀한 연락을 취하면서 독립군과 군자금 모금에 앞장서다, 동지 48인과 함께 체포되어 온갖 고문을 받으며 4년여 동안 투옥 생활을 했다.

1919년 3·1 독립운동을 경험했는데, 당시 26세의 청년이면서 교사였던 그는 독립운동에 주도적으로 잠여했고, 이것이 계기가 되어 그해 여름 상해 임시정부는 그에게 함경북도에 연통제(聯通制)를 조직하라는 임무를 맡겼다. 연통제는 각 지역에 비밀 조직을 만들어 일본의 군사기밀을 정탐해서 보고하고, 독립군을 모집하여 보내며 독립자금을 모금하는 임무를 하는 조직이었다. 그는 함경북도 총책임자였다. 그러나 일제에 발각되면서 1920년 1월 2일 청진에서 체포되어 나남 경찰서에 압송됐고, 거기서 5년 형을 받아 청진, 서울 서대문, 함흥 등지의 감옥에서 4년여 동안 옥살이를 했다.

감옥에서 과격한 공산주의자들이나 민족주의자들과의 토론을 통해 김인서는 민족의 장래가 이들의 애국 운동에 달려 있지 않음을 깨달았는데, 이때 나라의 독립보다 더 큰 문제로 번민하게 됐다. 마치 종교개혁자가 되기 전 루터가 그랬듯이 죄의식에 깊이 빠진 것이다. 절망과 번민으로 괴로워하던 그는 홀연히 "십자가에 달리신 예수를 바라보라"는 음성을 듣고, 십자가를 통한 예수의 속죄를 체험하였다. 훗날 그는 그날의 체험에 대해 "이날부터 찬송이 내 찬송, 성경이 내 성경, 예수가 내 구주이심을 믿었다"라고 회상했다. 이때부터 그는 기독교 신앙에 점점 깊이 몰입하기 시작했고, 출옥하면 복음 전도에만 헌신하기로 결단했다. 그는 출옥 후 십자가의 복음을 전파하는 것만이 자신의 사명이라고 확신하게 됐다.

1923년 4월 그는 4년간의 감옥 생활을 마치고 고향으로 돌아와 경성에 있는 경성교회를 임시로 맡아 시무했다. 그러던 중 그는 목사가 되기 위해 1926년 그의 나이 32세 때 평양 장로회신학교에 입학하여 1931년 제26회로 졸업했다. 글재주가 있던 그는 신학교 재학시절 학교 기관지인 〈신학지남〉의 편집을 맡았다.

신학교 졸업 후 기독교 문서 사업에 뜻을 두고 1932년 복음주의 계열의 잡지인 〈신앙생활〉을 발간해 일제 탄압으로 문을 닫을 때까지 129호를 발행했다. 그는 신학교는 졸업했으나 목사 안수를 받지 않고 장로로 지내면서 전국 여러 곳에서 전도 부흥회를 인도했다.

그리고 〈신앙생활〉을 통해서 한국교회 내에 일어나고 있던 여러 사이비 이단 운동에 대해 철저히 논박하면서 정통 보수 신앙 수호에 앞장섰다. 이용도 목사의 신비주의를 비판하고, 김교신의 무교회주의에도 날카로운 비판을 가했다. 그는 철저한 에큐메니스트로 교회의 일치를 주장했고, 한국적 신학 모색에 애썼다.

한국전쟁이 나자 월남해 부산 북성교회에서 시무하던 중, 1954년 3월 경남 노회에서 만 69세의 늦은 나이에 목사 안수를 받았다. 그는 일제 말엽에 폐간됐던 〈신앙생활〉을 복간해 문필 생활을 계속했고, 1964년 4월 세상을 떠날 때까지 부산 북성교회에서 목회했다. '남은 종' 김인서 목사는 한국과 한국교회를 뜨겁게 사랑한 사람 중 하나로, 김교신이 '2C'(Christ and Chosun)라고 말한 데 비해 그는 '3C의 신학'을 펼쳤다고 말할 수 있다. '3C'의 첫째는 그리스도(Christ), 둘째는 조선(Chosun or Corea), 셋째는 교회(Church)인데, 그는 이에 대해 "나는 조선에서 성장하여 조선에 산다. 세계의 일부분인 조선에 생존하는 세계의 시민이요, 우주의 일부분 조선에 사는 천국의 시민이다"라고 말하며 그의 신학의 의미를 함축하여 진술했다. 그는 말이 아닌 글로 한 세대의 사적을 남기고 간 우리 교회 역사 사료의 보고다.

김인서는 평생 400여 회의 집회를 인도했고, 〈신앙생활〉 129권과 《주기철 목사 순교 사화》, 《한국교회 순교사》와 설교집, 《이승만 박사를 변호함》 등의 저서를 남겼다. 주로 그가 〈신앙생활〉에 남긴 글을 정연영 목사가 《김인서 저작 전집》 전 6권에 모아 놓았고, 연세대학교 신과대학교 내에 '남은 김인서 목사 기념 강좌'가 개설되어 매년 봄 기념 강좌를 하고 있다.

김인서는 168편의 설교뿐 아니라 다른 논문들을 통해서도 정확하고 변증적인 사상을 글로 남겼는데, 이는 그의 설교 신학을 형성하는 내적인 틀이 됐다. 김인서는 조직신학자가 아니었으나, 그가 열정을 기울여 다룬 신학적 논제들은 놀라울 만큼 폭넓었다. 〈신앙생활〉 1932년 5월호에 실린 "교회론", 1932년 7월호에 실린 "칼 바르트의 신앙 운동의 세계적 대두", 1939년 4월호에 실린 "복음주의와 민족주의", 1938년 1월호에 실린 "정 복음 운동(正 福音 運動)의 삼기본(三基本)", 1954년 3·4월호에 실린 "성 아우구스티누스의 신학 노선과 한국교회 신학 문제", 1955년 1·2월호에 실린 "정통 신학의 한계를 논함" 등은 김인서의 열린 신학 여정을 드러내는 것일 뿐 아니라, 그의 설교의 사상적 배경이 된 것들이었다. 1930년대에 칼 바르트 신학은 미국에서도 잘 알려지지 않았으므로 그는 도전적 사고를 한 사람임을 알 수 있다. 또 축자영감설을 주장하는 정통 신학의 한계를 과감히 논할 수 있었던 김인서의 신학적 신념은 그를 장로교 목사보다는 한국 신학의 순례자로 인정받게 했다.

그는 〈신앙생활〉을 발행하는 일로 많은 어려움을 겪었다. 그는 이 잡지에서 한국교회의 비복음적인 요소들을 특유의 날카로운 필치로 예리하게 파헤쳤다. 이로 인해 소속 노회의 재판에 회부되기도 했고, 민족주의자들이나 청년들에게 공격을 당하기도 했다. 한편 〈신앙생활〉을 자신의 운명과 동일시하며 끝까지 간행하려는 일념으로, 1940년 전후로 잡지에 일제가 요구하는 시국문을 게재하기도 했다.

김인서는 스스로 '남은 (종)'이라고 불렀다. 여기에는 유능한 사람은 독립운동으로 죽거나 다 순교하고 무능하고 무익한 자신만 살아 '남아' 있다는 고백이 담겨 있다. 그는 이것을 하나님께서 자신을 남겨 놓아 쓰시려는 뜻으로 받아들였고, 살아 '남은' 자신의 최대 사명이 문서 전도에 있다고 보았다.

구약의 예언자 예레미야는 멸망해 가는 조국을 바라보면서 탄식했다. 이 탄식은 예레미야 자신의 탄식일 뿐 아니라 자기 백성에 대한 하나님의 탄식이었다. 예레미야서에는 이 탄식을 표현하기 위해 여러 가지 방법을 동원하는데, 그중에는 하나님의 모성을 표현하거나 유대 땅 또는 예루살렘을 한 여성 인격체로 부르는 방법도 있다. 이런 여성 어법들을 통해 예레미야는 하나님과 그의 백성 곧 그들의 삶의 터전이 하나의 운명 공동체임을 밝혔다. 놀랍게도 김인서도 예레미야와 같은 민족을 향한 탄식을 글로 나타내고 있으며, 그 표현 수단의 하나로 역시 여성 어법을 사용했다. 이런 여성 어법은 주로 《밀실의 영음》이라는 묵상집과 기도문에 집중적으로 나타났다.

몇 가지 예를 들어보면 다음과 같다.

"주님이시여! 오늘도 나를 당신의 품에 품어 주시옵소서."
"아침에 주의 말씀을 사모함이여, 나는 젖을 사모하는 아이로소이다. 저녁에 주의 품을 구함이여, 나는 어머니를 그리워하는 아이로소이다. 오! 나의 엘솨다이(유방을 가진 하나님)이시여! 주린 나에게 생명의 젖을 먹이시옵소서. 道의 젖을 주시옵소서."
"당신을 기다리는 이 마음은 신랑을 맞으려는 처녀의 마음같이 울렁거리고, 당신을 사모하는 이 마음은 어머니를 찾는 아이의 마음같이 서럽습니다."

이런 여성 어법을 자유롭게 구사한 탓일까? 김인서는 1930년대와 1950년대에 한국교회에 대두됐던 여성 목사 안수 문제에 대해 매우 적극적이었다. 이미 구약에 드보라 같은 훌륭한 여성 지도자가 있었고, 예수의 해방 복음을 들은 조선의 여성들에게 교회에서 차별이란 있을 수 없다는 것이 김인서의 생각이었다.

김인서의 모든 사상은 교회론으로 결집됐다. 그의 교회론은 지금껏 살펴본 대로 민족과 그리스도와 교회에 대한 그의 사랑이 유기적으로 표출되어 응집됐다. 그는 한국교회의 위기를 '교회론의 부재'로 진단했다. 교회론의 부재가 한국교회를 표류하게 만드는 주요 원인이 된다는 사실을 지적한 역사적 예안(豫眼)이었다.

일제 강점기에 김인서가 사경회를 인도할 때 강단에서 사자같이 부르짖으면 감시하던 형사가 "주의!" 하고 소리를 질렀다. 그러면 김인서는 더욱 큰 소리로 "내 말이 옳다면 할렐루야 하시오" 했고, 이에 청중은 예배당이 떠나가도록 "할렐루야!"를 외쳐 형사마저도 압도되어 주저앉고 말았다고 한다. 일제의 압박 밑에서 언제나 신변의 위협을 느끼면서도 그는 굴하지 않고 전국을 다니면서 이런 아슬아슬한 집회를 했다. 그의 설교에는 선풍적인 매력이 있었고, 그의 방식은 야생적이었다.

젊은 시절 그가 함경도 신상 조그만 고을 교회에 부임했을 때다. 그 고을이 너무도 음란하고 회개하지 않자 어느 날 김인서는 예언자적 의분으로 청년들에게 상복 차림으로 '회개하라'라고 적힌 플래카드를 들게 하고는 자신은 그 뒤를 따르며 대낮에 "아이고! 아이고!" 하고 대성통곡하며 거리를 누볐다. 이 같은 방식으로 음란한 고을은 장차 망한다는 예언자적인 선포를 했다. 김인서가 아니면 못 할 일이었다. 과연 얼마 후 큰 홍수가 나서 그 거리는 몽땅 물에 쓸려 가고 말았다. 구약의 예언자들은 모두 고독한 삶을 살았다. 그 역시 예언자처럼 외로움을 극복해야 했다.

김인서는 또 성격이 과감했다. 가슴에는 애국심과 그리스도의 교회를 사랑하는 충성심이 가득 찼다. 3·1 독립운동 때 백년가약을 하려던 애국 여성과 함께 감옥에 갇혀 4년을 고생했고, 그 날카로운 붓끝과 사람을 압도하는 웅변으로 일제와 싸우고, 공산당과 싸우고, 남한 교계 분열을 공격하고, 이단 사교를 사정없이 파헤쳤다.

한번은 김인서 목사가 집회에서 설교하면서 '천국 노동자 모집!'이라고 먹으로 쓴 플래카드를 두 손으로 흔들며 주님께 헌신할 사람을 찾았다. 그러자 많은 성도가 손을 들었다. 그 후 일생 김인서 목사를 사숙(私淑)하여 그처럼 유명한 설교자가 되어 보리라 다짐한 사람도 있었다.

김인서는 자신이 어디까지나 그리스도 복음의 신앙 운동을 표방하는 기성 교회에 속한 사람이며, 기성 교회를 섬기는 사람임을 거듭 밝혔다. 그렇다면 김인서의 이 같은 강렬한 조선교회 사랑은 언제 생겨난 것일까? 3·1 독립운동 직후 함경북도 연통제 사건으로 4년간 감옥살이하고 고향에 돌아왔다. 고향에 돌아온 그를 맞이한 것은 폐허가 되어 버린 10대째 살던 집뿐이었다. 그는 참담하고 허망한 마음을 가눌 길 없어 마당에 있는 늙은 배나무를 부여잡고 탄식했다. 바로 그때 그는 그의 조선교회와 민족 사랑의 근거가 되는 영적인 음성을 들었다.

"하나님! 이 어인 일입니까? 나라는 망하고 내 집은 폐허, 너무나 비참합니다. 하나님! 이 어인 일입니까? 조업(祖業)은 파산, 몸은 병들었으니 남은 나는 무엇하리까? 내 마음에 들리는 영음(靈音)이 있어 조선 사람이 그의 죄를 회개하지 않으면 삼천리 강산이 폐허가 되리라. 외쳐라! 가서 말하여라! 네 백성이 그 죄에서 떠나지 않으면 조선이 네 집과 같이 폐허가 된다고 조선 사람에게 가서 말하여라!"

그가 남긴 이 글을 통해 우리는 김인서의 삶과 사상의 기초가 되는 몇 가지를 확인할 수 있다. 첫째, 김인서의 실존과 민족의 실존은 지금 하나다. 그는 일생을 그렇게 살았다. 한때 약한 모습을 보이기도 했으나 민족의 아픔을 회피하지 않았다. 둘째, 그는 지금 심판하시는 하나님과 심판당하는 백성들 사이에 있다. 그는 지금 하나님과 함께 느끼고 행동하며, 또 하나님의 백성과도 함께 느끼고 행동하고 있다. 하나님의 마음은 찢어질 듯 아프다. 그래서 그도 마음이 찢어질 듯하다. 그에게는 예언자 예레미야의 모습이 보였다. 셋째, 그에게 희망은 교회였다. 회개한 조선의 교회만이 민족에게 희망이기 때문이다. 그러므로 그는 지금 자신의 삶과 조선교회의 삶을 동일시하고 있다.

한국교회 일치를 위하여

남은 김인서가 자신을 '하나님의 서기'로 인식하고 기독교 문필가로 활동한 때는 1932~1941년과 1951~1956년이었다. 일제 식민지에서 그가 교회 언론인의 사명을 감당할 때는, 민족과 교회가 일제의 가장 악랄한 억압과 회유와 수탈에 노출되어 있음에도 교회는 그런 것에는 아랑곳하지 않고 사업주의와 교권주의로 분파와 분열의 요소들을 곳곳에 가지고 있었다.

또 1950년대에 동족상잔의 비극과 민족 영구 분단이 획책되는 와중에도 교회는 고신파, 조선파, 장신파 등으로 사분오열되어 민족의 앞날을 더욱 어둡게 하는 작태를 벌이고 있었다. 이런 현실을 직시한 김인서는 신학 방법론보다는 민족이라는 공통분모를 찾아 교회 일치를 모색하는 에큐메니컬 신학을 펼쳤다. 김인서는 교회의 분열을 영구불변의 진리 문제보다는 대부분 교권주의나 신학 논쟁에서 기인한 것으로 보았다.

김인서는 교회의 본질적인 요소와 비본질적인 요소를 구분하는데 예수, 성경, 신자 이 셋이 본질적 요소라면 제도, 신학, 예배당은 비본질적인 요소로 보았다. 사실 모든 교회의 분열이 비본질적인 세 요소에서 기인하는 것이니만큼 어떠한 분열도 그 명분이 없음을 분명히 했다. 특히 "불완전한 인간의 사상은 한곳에 가만히 정지하지 못하여 시계의 추 모양으로 좌우로 움직인다"는 점을 들어 교회의 신학이 너무 극단으로 가면 교회에 해가 되고 분열을 일으킨다고 주장했다. 그러므로 그는 소위 신신학뿐 아니라 교회 극우파의 폐단이나 정통신학의 한계도 지적했다. 그러나 그의 에큐메니즘은 단순한 중도 신학이 아니며 그것을 넘어선 '중심에 선 신학'이라 할 수 있다. 김인서의 교회 일치 신학이 일제 식민 시대에는 민족 복음화를 지향했다면, 해방 이후 한국전쟁을 거치면서는 민족 화해를 지향했다. 이 교회 일치의 중심에는 예수 그리스도로 인한 사랑이 있다.

김인서의 사상은 민족주의가 매우 강하나, 그것은 국수주의가 아니라 바울처럼 민족 사랑에 근거한 것이었다. 따라서 그의 민족 사랑은 곧 세계 사랑과 통했다. 그는 이렇게 노래했다.

"주님은 사랑이십니다. 당신의 세계도 사랑이요 당신의 법도 사랑이었으니, 사랑으로서 주님 나라에 들어가고 주님의 법이 이루어지나이다. 사랑의 세계는 넓나이다. 만국이 그 안에서 일가요 만민이 그 안에서 형제로소이다."

그에게는 교회 일치의 원리인 사랑만이 민족 일치와 세계 일치의 근거였다. 그의 이런 세계 사랑은 일제가 1930년대 말에 태평양전쟁을 하면서 조선에 반서양·반선교사 운동을 부추기던 상황에서 나왔다. 그는 같은 시기에 '조선 토착 신학'을 주창했기에 무비판적인 친미나 친선교사를 주장하지는 않았다. 김인서는 단지 복음의 보편성에 따른 민족 사랑과 세계 사랑 정신을 일제의 식민지 통치 논리에서 분명히 구별하려 했던 것이다.

김인서는 한국교회의 분열을 한국인의 지역성에서 기인한 것으로 보고, 이 지역성 극복을 매우 중요한 과제로 제시했다. 선민 이스라엘의 남북 분열 원인이 남쪽 지방과 북쪽 지방 사이의 지역감정이었다는 점을 주목하고, 그와 같은 일이 한국 사회와 한국교회에 반복되고 있다는 사실을 매우 우려했다. 그는 한국교회에 피를 토하는 심정으로 이렇게 권면했다.

"특히 나의 사랑하는 지우, 나를 신용하는 청년 신자들에게 간절히 부탁하노니 지교회 내에서나 노회 내에서나 당파 싸움에 일절 가담하지 마소서. 전국 교회에 대하여도 남이니 북이니 하는 좁은 생각을 염두에 두지 말고 어느 편에 가담하지 마사이다."

김인서는 〈신앙생활〉에서 '만주 선교론'으로 통칭하는 선교론을 주장했다. 우선 이 선교론의 요지는 만주에 사는 150만의 동포를 위해 한국교회가 선교사를 보내야 한다는 것이었다. 또 소수의 선택된 몇 사람만이 아니라 전 조선에 걸쳐 누구든지 선교사로서 복음을 전해야 하며, 그 전도 대상은 만주에 거주하는 조선 사람으로 한정하지 말고 만주인과 중국인 그리고 세계로 점점 그 지평을 넓혀 나가야 한다고 했다.

그의 만주 선교론은 〈신앙생활〉의 여러 글에서 발견된다. 이 글들은 직접적으로 한국교회의 만주 선교와 전도를 촉구하면서도 간접적으로는 전도에 힘쓰지 않는 한국교회의 여러 폐해를 비판했다. 이 외에도 김인서는 〈신앙생활〉 마지막 부분의 '평양 통신'에 만주 전도인 소식과 만주 전도를 위해 기도해 달라는 내용을 싣고, 만주로 출병하는 일본 군대를 볼 때마다 만주 출동의 전도자가 기다려진다는 등 독자들에게 만주 전도에 대한 관심과 후원을 촉구했다.

그는 왜 이처럼 전도와 선교를 계속적으로 주장했을까? 선교론이 그의 중심 관심사였으며, 한국교회의 당면한 문제들을 해결하는 김인서식 처방이었기 때문이다. 따라서 그의 선교론은 1930년대 당시 상황에서 살펴보아야 한다. 당시 상황은 민족적으로는 일제의 수탈과 강압으로 농민과 도시의 궁핍이 가속화되었고 살길을 잃은 많은 농민, 도시인들과 독립에 뜻을 둔 사람들이 세계 각지로 흩어졌다. 교회는 1920년대부터 일어나기 시작한 공산주의 도전이 거셌고, 내적으로 분열과 대립이 일어났으며, 세계적인 불황으로 외국에서 오는 선교비는 대폭 삭감됐다. 일제는 선교사와 교회의 거리를 넓혔고, 교회 일각에서도 선교사 배척 운동이 가시화되어 종교 운동으로 드러났다.

김인서는 '적극 신앙단'을 매우 비판했다. 이는 평북을 중심으로 장로교 세력에 대항해 YMCA 총무인 신흥우를 중심으로 비서북계가 뭉친 것이었다. 적극신앙단은 비서북계의 단합을 통해 보수신학을 공격하며 선교사들을 비판했다. 적극신앙단의 등장으로 한국교회의 분열이 시작됐다. 김인서는 "대체 분요(紛擾)하는 제씨의 눈에는 서도 사람, 경성 사람만 보이고 예수는 아니 보입니까?" 하고 비판했는데, 이는 당시에는 단 하나의 신선한 목소리였다.

한편, 한국 교계의 다수를 차지하는 장로교에서는 기독교와 민족주의의 결합으로 인해 서북을 중심으로 한 수양동우회(흥사단)와 서울, 경기, 충청도를 중심으로 한 기청계(畿靑界)의 동지회(적극 신앙단)가 교회 내에서 세력을 넓혀 가기 시작했다. 이 두 단체는 장로교 총회를 중심으로 대립, 마찰, 교권 다툼을 일으켰다. 서북계의 동우회는 한국 교계의 다수를 형성하고 있던 서북의 외형적 힘을 바탕으로 교권을 잡고 동지회에 대한 공격과 처벌을 단행했다. 또 이늘 단체는 교회 내에서 민족 개조 혹은 독립을 위한 대대적인 운동과 사업을 전개했다.

이러한 상황에서 김인서는 자신의 선교론을 주장하고 나섰다. 김인서의 모든 주장에는 언제나 선교가 그 중심에 있었다. 특히 김인서는 만주 선교를 말할 때 종종 두 가지를 대조했다. 만주, 간도, 중국으로 가는 일본 제국주의의 상징이자 근원이 되는 일본 군대와 조선의 기독교 청년들에 대한 비교였다.

"남의 청년들은 국가의 이권을 위하여 만주 벌판에서 죽음을 결하는데 그리스도의 청년이 되어서 복음을 걸머지고 만주에 진출할 용기조차도 못 가지는가? 구미의 신자는 이민족을 위해 복음 신고 대양을 건너 우리 땅에 오거늘 조선에는 일초대수(一草帶水)를 건너 동포에게 하나님의 말씀을 가지고 나아갈 청년이 몇 사람이나 있는가?"

그는 일본의 청년은 단순히 일본의 이권을 위해서 생전 가 보지도 못한 곳 만주와 중국으로 목숨을 걸고 출병하는데, 왜 조선의 그리스도의 청년은 사람의 생명을 살리는 고귀한 복음을 짊어지고 만주에 진출할 용기와 소원조차 갖지 못하는지를 통탄했다. "조선 청년아! 복음을 부끄러워하고 호미도 싫은가? 그렇다면 나는 제군과 나의 조선을 위하여 배 두루마기를 입고 백일(白日)에 통곡하리라."

김인서는 일본 청년과 조선 청년을 비교하면서 두 가지 항목을 조선 청년에 적용했다. 그 하나는 '복음'이고, 다른 하나는 '호미'였다. 여기서 '호미'는 '백의'와 더불어 조선의 상징이었다. 또 그의 글에서 보이는 것과 같이 조선 사람의 순수함과 성실함을 상징하기도 한다.

"조선 청년아! 일본 군부에 토지, 가옥, 산림 전부를 몰수당한 뒤에도 남에게 신세를 빌지 않고 나의 두 동생이 호미와 낫으로 집을 다시 일으켰다."

만주에서 '호미'는 조선 민족의 근면과 성실을 보여 주는 표식이었으나, 동시에 고난받는 민족의 현실을 나타내는 기호이기도 했다. '복음'은 그리스도인을 상징했다. 즉, 김인서에게 복음은 그리스도인이라면 누구나 갖고 있고, 가져야 하며, 전해야 할 항목으로, 민족의 경계를 뛰어넘는 세계적이고 보편적인 지평에서 취급됐다. 김인서의 '복음'에 대한 이해에 따르면 세계는 복음을 가진 자와 갖지 못한 자로 나뉠 수 있으며, 이것은 동시에 '민족'과 같은 다른 장벽을 철폐하는 효과를 나타냈다. "구미의 신자는 이민족을 위하여 복음을 싣고 대양을 건너 우리 땅에 오거든 조선에는"이라는 표현에서 이를 명확히 알 수 있다. 이처럼 그는 가장 조선적인 것(호미)과 민족의 경계를 넘어서 전해 주어야 할 것(복음)의 두 항목으로 조선 기독교인의 특징을 보여 줬다. 즉 '특수'와 '보편'이 결합된 상태가 조선의 기독교인이어야 한다는 뜻이다.

김인서는 또 '일본군의 검과 총' 그리고 '조선인의 호미'를 비교했다. 이것은 일본과 조선의 '현재'를 대변하는 하나의 상징이었다. 일본은 군인들을 동원하여 검과 총으로 만주에 식민지를 개척했다. 하지만 그 일본군의 검과 총에 쫓겨 만주로 들어온 조선인은 제대로 된 농기구가 없어 손에 쥐고 다니는 작은 호미 하나로 만주를 개간했다. 이것이 김인서가 보는 우리 민족의 현실이었으며, 동시에 돋보이는 가치였다. 한없이 강한 일본군의 총과 칼은 생명을 살리지 못하고 빼앗고 죽이는 데 사용됐으나, 오히려 쓸데없고 무력한 호미가 한없이 쓸모없는 땅을 기름진 옥토로 바꾸는 저력, 생명 없는 곳에 생명을 가꾸고 심는 위대한 힘이 연약해 보이는 조선인에게 있다는 말이다. "만주는 일본인의 검으로 개척된다. 만주는 조선인의 호미로 개척된다."

일본군은 칼과 총으로 만주인을 몰아내고 그들의 생명과 재산을 약탈했으나, 조선인은 아무도 살지 않고 누구의 손길도 닿지 않아 버려진 땅을 불하받아, 호미로 바위를 깨고 자갈을 골라내 옥토로 바꾸어 놓았다. 이것이 파괴와 점령의 일본군과 대비되는 조선인의 힘이었다.

한편, 김인서는 중국인과 만주인들이 아편 중독으로 인해 고통받고 있는 상황을 보도했다. 중국 본토에만 절반이 넘는 사람이 마약에 중독됐고, 만주의 경우는 그 비율이 더 심해 90퍼센트나 되었다. 전체 국민의 다수가 아편에 중독됐다고 하는 것은 심각한 상황이었다. 그런데 이런 풍조에 밀려 조선인 가운데도 마약에 중독되는 사람들이 늘어 갔다. 아마도 이는 내일의 희망이 없다는 절망에 자포자기하는 나라, 고향과 가족을 잃어버린 사람들, 일하려고 해도 할 곳이 없어 절망에 빠진 사람들이 가는 종착점인지도 모른다. 그런데 김인서는 여기서 이렇게 부인과 아이들까지 중독될 만큼 만연된 마약을 가져다 판매한 사람들이 누구냐에 주목했다. 김인서는 아편전쟁을 일으키고 아편 판매를 통해 막대한 국가적 부를 축적하는 국가적 죄악을 범한 나라가 영국이라는 데 주목하며 이를 신랄하게 비판했다.

그가 보기에, 전쟁을 일으키고 아편을 팔아 중독시키고 그 돈으로 다시 복음을 전한다는 것은 너무나 모순이요 자가당착이었다. 결국 이런 것을 알고 있는 중국인들이 영국 선교사, 나아가 서양의 선교사들을 신뢰하며 그에게서 오는 복음을 받아들이겠는가? 이것이 그의 논리였다. 실제로 이런 이유로 중국에서는 민족주의 운동이 거세게 일어났으며, 서양 선교사들이 세운 학교와 병원이 몰수되고 기독교 박멸 운동이 전국적으로 일어나기도 했다. 결국 적어도 중국에서는 침략자요 착취자가 된 미국과 영국과 같은 서양인에 의한 중국 선교는 어렵다는 것이 김인서의 판단이었다. 그렇다면 중국 복음화의 대임은 누가 맡아야 할 것인가? 그는 여기에 만주 전도의 진정한 의미가 있음을 직시했다.

김인서에게 만주가 중요한 이유는 우리 민족의 장래 한 가지만을 생각해서가 아니었다. 거기에는 더 큰 이유가 있었다. 그것은 신앙이요 선교의 문제임이 여기서 밝혀진다. 그는 아편을 전한 영국인이 복음을 전한다는 것은 어불성설이라고 봤다. 로마의 속국으로 고통받으며 세계 각지로 흩어졌던 유대인들에게 세계 최초의 전도의 사명이 있었던 것처럼, 일제에 의해 고통받는 조선, 어쩔 수 없이 세계 각지로 흩어질 수밖에 없었던 조선인에게 전도의 큰 사명이 지워진 것이요, 이는 조선인만이 감당할 수 있는 것으로 보았기 때문이다.

김인서에게 만주 전도는 우리 민족에게 있어서 가장 중요한 대사업이요, 우리 민족 교회가 다른 무엇보다 먼저 시행해야 할 과업이었다. 이것이 당장 눈앞의 독립과 타도해야 할 일제, 혹은 더 나아가서 우리 민족의 영화와 영토의 확대만을 바라보았던 다른 기독교 민족주의자들과의 명백한 차이점이었다. 또 당장 만주에서 고통당하는 이들을 위해 선교사를 보내야 한다고 부르짖었던 다른 교파의 만주·중국 선교사들과의 차이점이었다.

여기서 김인서의 '세계'에 대한 의식의 확장은 대단히 중요한 의의를 가지고 있다. 기독교 민족주의자들의 조선, 일제, 세계에 대한 시각은 '독립'이라는 목적에 집착하는 한 좁을 수밖에 없는 것이 사실이다. 즉, 이들에게서 세계는 조선과 일제라는 대립된 두 축을 중심으로 하여 일제의 편이냐 내 편이냐로 나뉘거나, 조선의 독립을 돕거나 반대하거나 방임하는 '주변'에 지나지 않는다. 이들의 초점은 언제나 일제에 집중돼 있기 때문이다. 이런 시각에서 세계는 '조선의 독립'이라는 함수에 관계된 변수에 지나지 않는다.

그러나 김인서의 '만주 선교론'의 시각에서 보면 세계는 다른 의미가 있다. 예를 들어 민족주의자들에게 만주는 우리의 독립을 위해 기지 역할을 하는 곳에 지나지 않는다. 다시 말하면 만주와 만주인은 최고의 목적인 조선 독립을 위한 하나의 도구요 수단이지 그 이상의 의미는 없었다. 그러나 김인서에게 만주와 만주인은 다른 의미가 있다. 즉, 이들은 구원받아야 할 귀중한 생명이요, 인격이요, 하나님의 구원이 필요한 '이방'이며, 선교를 통해 사랑과 구원을 전하며 죄악에서 건져 내야 할 대상이었다. 즉, 하나의 수단이 목적으로 바뀐 것이다.

이러한 김인서의 선교론의 시야는 일제와 세계에 대한 지평을 새롭게 열었다. 일제는 현재 조선을 식민화하고 억압하고 수탈하고 있는 억압자이나, 역시 세계의 일원 가운데 한 부분으로서 구원받아야 하고 구원이 필요한 '이방'의 하나로 대치된다. 세계의 여러 나라도 조선의 독립이라는 절대적 가치 기준에 영향을 주거나 관련이 없는 '주변'으로부터 '복음'과 '사명'을 감당해야 할 곳으로 바뀐다. 그리고 조선이 이방에 복음을 전하는 사명을 감당하는 한, 조선은 하나님께서 다스리시는 이 세계의 하나의 당당한 일원으로 재인식될 것이다. 독립과 관련된 하나의 변수로만 취급받던 세계도 비로소 한 객체로서 자신의 위상을 되찾게 된다. 이것이 김인서의 선교론이 당시 한국교회와 조선에 기여한 가장 큰 공헌이었다.

1930년대 이전 한국교회 선교론과의 관계
| 교회의 목적 회복

김인서의 만주 선교론은 한국교회 선교 역사와 이론의 흐름에서도 주목할 만한 가치가 있다. 앞서 언급한 주된 이유 외에도 김인서의 선교론의 의의는 한국교회사에 나타난 선교론과의 비교를 통해서 더욱 뚜렷해진다.

먼저 한국 초기 선교사(1884~1893)에서는 선교사들 간의 대립이 나타나는데, 이는 '조선의 복음화'라는 목적을 이루는 일에서의 구체적 방법론 혹은 선교 사학의 차이로 인한 것이었다. 그런데 중요한 점은, 대척점에 서 있던 두 선교사 그룹은 그들의 선교 신학이나 성격 등에서 차이가 있었으나 그 목적은 같았다는 것이다. 단지 그 목적을 달성해 나가는 시기와 방법에서 차이를 보일 따름이었다.

김인서는 바로 이 초기의 목적(선교)을 1930년대에 다시 분명히 세우고 있다. 1930년대 한국교회는 대립하고 있던 두 그룹 모두 한국의 독립이라는 목적의 방편으로서 사회 개조 운동과 농촌 운동, 교육 사업 등을 전개해 나갔기 때문이다. 이들은 기독교를 통해 많은 '사업'을 벌여 나가기 시작했으며, 교권을 두고 두 진영 간에 첨예한 대립도 이어졌다. 그리고 이러한 사업의 추진으로 기독교인들은 심각한 재정적·인적 부담을 안아야 했다. 즉, 조선 교인들은 총독부에 매년 내야 할 세금이 1인당 5원에 달하고, 그 외에도 교인으로서 매년 연보를 부담하고 있다는 것을 통계를 통해 알 수 있었다. 25만 명의 조선 교인 중에 충실하게 연보를 부담할 수 있는 층은 7만 8천명밖에 안 되며, 이들이 조선교회의 모든 재정적 부담을 져 나가는 형국이라는 것이 김인서의 분석이었다.

그렇게 봤을 때 이들이 실실적으로 납당하는 교회의 재정액은 1인당 10원으로 이는 총독부에 내는 세금의 2배가 된다. 그런데 총회는 계속해서 전도와 관련 없는 부서를 늘림으로 부담을 가중하는 형편이라는 것이 김인서의 비판이었다.

이렇게 막대한 부담을 안고 추구하는 교권 주류의 추진 사업의 성격과 그 목적이 어떠했는지는 그의 구분을 통해 더 확실히 알 수 있다. 그는 교권 주류 세력의 일들과 자신의 일을 구별함으로 한국교회의 사명이 무엇인지, 기독교인이 추구해야 할 사명이 무엇인지 다시 한번 그 목적을 분명히 밝힘으로 전도된 목적의 회복을 꾀했다.

"'어떻게 해야 하나님의 일을 할까요?' 하는 문제는 고금을 통틀어 중대한 문제다. 전도나 자선을 행하는 것이 하나님의 일인가? 무슨 큰 운동이나 사업을 해야 하나님의 일이 될까? 이에 대한 예수의 대답은 '하나님의 보내신 자를 믿는 것이 하나님의 일이다'였고, 이는 너무나 단순해 우리는 이를 깨닫지 못했다."

김인서는 예수 시대의 '무리들'과 현재의 '교권 주류들'을 동일시하며, 이들이 공통으로 '하나님의 일'에 대한 예수님의 말씀의 진의를 깨닫지 못하고 있다고 보았다. 그는 여기서 무리의 '하나님의 일'과 '예수의 일'의 차이를 성경 말씀에 대한 원어 풀이를 통해 구별하고 있다. 결국 무리의 '일들'이란 '하나님의'라는 소유격이 들어가 있음에도, 정치나 경제와 같은 당장의 문제 해결 차원에 머물러 있다는 점을 분명히 했다. 그리고 이런 문제들은 바로 인간의 욕심과 연관되어 있음을 보여 줬다.

그는 계속해서 예수 당시의 바리새인들과 제사장들을 구체적인 예로 들면서 결국 '신앙'이라는 이름으로 행해지는 일들이 사실은 그 목적이 자신들의 영화와 목적 추구에 이용되고 있으므로 진정한 목적이 전도되었음을 보여 줬다. 그런데 이 같은 목적의 전도가 현재에도 재연되고 있다는 데 문제의 심각성이 있다는 것이 그의 진단이요, 비판의 핵심이었다.

김인서는 무리에게 숨겨져 있는 욕망을 노골적으로 드러냈다. 그럼으로써 현재 '기독교'라는 이름으로 행해지는 '운동'과 '사업'들의 가치를 평가절하했다. 하나님을 위한다는 명목상의 일이 사실은 하나님을 위하는 일이 아니라 하나님을 부리는 일이라고 그 목적과 내면의 목적을 밝혀 역전시켰다. 그가 이렇게 비판하는 요점은 단순하고 명료했다. 그것은 이미 역전된 목적, 전도된 목적을 회복하자는 것이었다.

Ⅰ 네비어스 선교정책의 복고

김인서의 선교론은 1930년대의 침체된 한국교회, 혼란에 놓인 한국교회의 상황에서 1910년대 한국교회의 대부흥과 같은 부흥을 다시 일으키고자 하는 의도를 담고 있었다. 이를 위한 구체적인 방법으로 그는 기독교 대중에 의한 전방위적인 전도를 제시했다.

"돈이 있는 자는 돈으로, 힘이 있는 자는 힘을 내" 몽고 전도에 진출하자는 그의 제안에서 그의 의도는 확실히 드러난다. 우리는 김인서의 이러한 글을 통해 두 가지를 알 수 있다. 하나는 선교와 전도에 임하는 조선 교인의 자세이고, 다른 하나는 전도지(傳道地)의 문제다. 그는 그 대상으로 대동, 즉 중국과 몽골, 아시아와 세계를 들고 있다. 어디든 개척해 전도해야 한다는 것이다. "돈이 있는 자는 돈을 내고, 힘이 있는 자는 힘을 내"라는 말이 뜻하는 것은 누구든지 가능한 형태대로 전도와 선교에 힘써야 한다는 것이다. 이는 한국 선교 초기 네비우스 방법으로 복음이 널리 퍼져 나가던 때부터 한국교회가 크게 발전하는 때에 이르기까지 복음을 접한 우리 민족의 교인들이 지녔던 기본적인 자세였다.

한국교회의 선교열은 자립, 자치, 자전의 측면에서 대단했다. 도마련(Marion B. Stokes) 선교사의 "지금 회상해도 교회 전체에 전도의 불길이 불타오르고 있었다는 말에 더할 말이 없을 정도"라는 표현을 통해, 우리는 당시 한국의 전도가 소수의 엘리트나 선각자에 의한 전도가 아니라, 한국교회 전체 성원에 의한 전체적 전도였음을 분명히 알 수 있다. 날[日] 연보와 같은 자발적인 헌신이 바로 그런 전방위적 전도를 보여 주는 한 현상이었다. 많은 신자가 직접 나가서 전도하기에 힘썼으며, 많은 지방에서 신년이나 기타 휴일을 전도를 위한 특별 기간으로 삼아 가가호호를 방문하고 그 기간 내내 전도했다.

헌금하지 못하는 신자들은 일주일의 하루 혹은 열흘의 하루를 십일조를 한다고 생각하면서 그들의 시간으로 전도에 투신했다.

김인서는 한국교회 선교사에서 나타나는 이 같은 선교 전통을 잇기를 원했으며, 대중에 의한 선교와 전도의 부흥을 되살리려 했다. 그에게서 선교는 해도 되고 안 해도 되는 것이 아니었기 때문이다. 선교하지 않는 교회는 죽은 교회요, 결국 멸망할 수밖에 없다는 것이 그의 확신이었다.

김인서는 이처럼 1930년대 일제의 탄압과 공산주의의 도전, 교계 내부의 대립과 혼란으로 침체돼 화력을 잃어버린 기독교계에 자신의 선교론을 주장함으로 이를 타개하고 재부흥을 이루고자 했다. 그는 이처럼 자신의 선교론을 통해 대중에 의한 대대적인 전도와 선교를 주장함으로 네비어스 선교정책이 복고되는 데 큰 역할을 했다.

〈신앙생활〉은 1932년 1월에 창간된 김인서의 개인 기독교계 잡지였다. 복음주의, 영화운동(靈化運動), 인화주의(人和主義)의 3대 강령을 내걸고, 정통 복음의 깃발을 들고 교권주의에 반항하여 새로 나타나는 자유주의 신신학, 무교회주의, 교파 날조자들을 공박하는 동시에, 교회 안에 뿌리박혀 있는 민족주의 단체를 배격하며 교계 정화를 위한 봉화를 들었다.

〈신앙생활〉은 장로교뿐 아니라 전 기독교의 교역자와 평신도를 대상으로 하였으며, 당시 그의 뛰어난 문장력과 열성에 힘입어 널리 읽히는 잡지가 됐다. 특히 표지 뒷면에 고정란으로 게재됐던 '밀실의 영음'은 짧은 메시지였으나 김인서의 놀라운 영감이 담긴 표현으로 당시 독자들에게 가장 인기가 있었다. 그는 논설을 통해 예언자적 입장에서 교계 사상의 흐름에 대해 가차 없이 비판했다. 당시에는 종종 물의를 일으키기도 했으나, 세월이 지나면서 그의 예언은 모두 적중해 후대에 와서는 그의 논설의 중미가 더욱 두드러지고 있다. 무게 있는 성경 본위의 설교는 목회자들에게 많은 자료를 제공했으며, 성경 강해 같은 내용은 여느 성경학자나 신학자 못지않다는 평가를 받았다.

창간 당시 발행 부수는 1,200부였으나 점차 늘어나 1941년에는 3,700부에 이르렀다. 김인서는 잡지의 간행 비용도 마련하고 자신이 잡지를 통해 교계에 전하고자 하는 뜻을 직접 외치려고 전국 여러 교회의 부흥사로 다니며 독자층을 확장했는데, 그의 부흥회는 국내(國內), 남북(南北), 만주(滿洲), 북지(北地)에 이르렀고, 그 횟수도 400여 회에 이르러 대부흥사 못지않은 이력을 갖게 되었다. 그러나 일제 말기에 실시된 기독교 간행물에 대한 불법적인 간섭과 무리한 탄압으로 많은 시련을 겪었고, 급기야는 계속 간행하려는 욕심에 '밀실의 영음'이 게재되던 난에 일제의 강요대로 '황국신민의 서사'를 고정적으로 싣는 굴욕을 남기기도 했다. 그럼에도 결국 1941년 6월 강제 폐간당하고 말았다.

김인서는 마지막 종간사로 "나인 성 과부의 독자"라는 제목의 글을 썼는데, 이것이 세상에 가장 비극적인 장면임을 나타냈다. 그러나 그는 예수의 사랑과 권능의 표적으로 그 독자를 부활시킨 사실을 염두에 두고 영적으로 기원하면서 종간사를 끝냈다.

1933년 4월 김인서는 부산의 집회를 마치자마자 부산 감만리에 있는 나병원의 부흥회 인도를 위해 그곳으로 갔다. 당시 거기에는 600여 환자가 있었다. 그때만 해도 공기 전염을 두려워하던 때였다. 그들 앞에 섰을 때 김인서는 위험을 느꼈다고 후에 솔직히 시인했다. 신앙은 희생이요, 죽음을 두려워하지 않고 나아가는 것이라던 말들이 헛도는 것을 스스로 느꼈다. 그는 훗날 예수의 종이라 하면서 나병원에 갔다가 그들을 안고 기도하지 못하고 돌아온 것은 전도자의 수치라며 가슴 아파했다.

부흥회가 끝나고 돌아갈 때 환자들은 김인서에게 글 한 통을 건넸다. 거기에는 이렇게 적혀 있었다.

"주여! 부모 형제가 우리를 버리고 인류사회가 우리를 내어쫓으니 갈 곳 없는 우리 영을 주님만이 영접하나이다. 이 몸에 고통이 심하다 하나 주님 나를 위해 당하신 고난에 비기리이까? 남은 생명 주님께 바쳐 조선 동포에게 복음을 전하고자 하나, 사람이 우리를 거절하오니 우리는 못 가나이다. 그러나 여기 왔다가 가는 당신의 종에게 우리의 절절한 소원을 부탁하여 동포들이 듣고 우리와 같이 구원 얻게 하소서. 우리 다시 만나 볼 동안 찬미를 불러 작별할 때 가는 자나 보내는 자들이나 다 눈물을 막을 수 없었다. 옥중의 죄수도 언젠가는 풀리고, 사경을 헤매던 중환자도 언젠가는 퇴원하건만!"

김인서는 사지백체를 가지고도 할 일을 못 하고 있는 스스로를 바라보며 한없이 울었다.

1945년 일제가 패망했으나 1950년 한국전쟁을 겪으면서 부산으로 피난 간 그는 1951년 7월 〈신앙생활〉을 속간했고 이후 129호까지 발행함으로 한국 교계 최장기 개인 간행물이 됐다. 그는 1954년 3월 경남 노회에서 목사 안수를 받았고, 그 후 《김인서 저작 전집》이 발간됐다.

김인서 선교론의 의의를 정리하면, 일차적으로 그는 만주에 거주하는 동포들에 대한 복음의 필요성으로 자신의 선교론을 주장했으나 거기에는 더 복합적인 강조점과 효과가 있었다. 즉, 기독교가 감당해야 할 가장 기본적인 전도와 선교를 강조함으로 당시 대립하고 있던 두 단체의 갈등을 해소하고 화해와 일치를 모색했으며, 더 나아가 이들의 교회 내 활동 목적이 기독교 고유의 목적과 거리가 있다는 것을 분명히 밝힘으로 신앙을 회복하고자 했다.

또 기독교 민족주의자들이 여러 가지 사회운동, 농촌 운동, 청년 운동, 교육 사업 등을 통해 이루려던 사회 개조와 독립이라는 궁극적인 목표의 시각적 한계를 지적함으로, 사상적으로 조선과 일제라는 양대 구도를 무너뜨리고 조선, 일제, 세계에 대한 새로운 시각을 확보했다. 즉, 기독교 민족주의자들에게 만주는 조국의 독립을 위한 하나의 기지이고, 일제는 극복해야 할 대상이며, 세계는 한국의 독립과 일제에 종속될 따름이었다. 그러나 김인서의 선교론은 만주는 복음을 전할 이방이며, 만주인은 구원이 필요한 선교와 사랑의 대상이었다. 또 일제는 하나님의 다스림에 속한 세계의 한 부분이요 도구이며, 구원받아야 할 대상에 지나지 않는다.

이처럼 그의 선교론은 '조선의 독립과 일제'라는 한정되고 고정되고 경직된 시각의 한계를 벗어나도록 재촉했으며, 세계에 대한 새로운 이해를 제시했다. 조선이 세계를 대상으로 선교하고 전도하는 사명을 감당한다면, 조선은 하나님의 쓰임 받는 도구로서 세계 속의 당당한 일원이 된다는 것이다. 그는 또 분열과 대립으로 침체에 빠진 한국교회에 그리스도인이라면 누구나 수긍할 수 있는 전도와 선교를 강조함으로 다시금 부흥을 시도했고, 두 민족주의의 대립을 해소하고자 했으며, 또 교회 존재 목적을 다시 분명히 하고자 했다. 김인서의 선교론은 선교와 신앙이라는 관점에서 볼 때, 국내에서는 교회의 목적을 뚜렷이 함으로 신앙을 수호하고, 세계에 대한 전도와 선교를 통해 신앙의 확장을 계속해서 이루어 나간다는 도식을 보여 줬다.

최근 역사 연구에서 다양한 신학 방법이 나와 역사 연구의 지평을 넓히려는 움직임이 두드러지고 있다. 그중 하나가 구전을 녹취해 활용하는 것이다. 하지만 여전히 현재의 역사 연구는 기록된 매체에 의존하고 있다. 기록된 매체 가운데서도 공식적인 기록이 주로 활용된다. 이것은 공식적인 자료가 비교적 잘 보관돼 왔기 때문이다. 하지만 여기에는 문제도 있다. 과연 이런 공식적인 문서들이 보통 사람들의 생활과 생각을 담을 수 있었나 하는 점이다.

이런 점에서 김인서의 〈신앙생활〉은 독특한 의미가 있다. 김인서의 〈신앙생활〉은 교파의 지원을 받는 잡지가 아니요, 어떤 선교 단체가 만든 잡지도 아니었다. 그야말로 순수한 한국인이 만든 잡지였다. 이런 취약성에도 김인서의 〈신앙생활〉은 1930년대 한국교회에서 가장 널리 읽히는 대중적인 신앙 잡지가 됐다. 김인서가 스스로 밝혔듯이 〈신앙생활〉은 호평을 받았고, 경영상에도 큰 문제가 없었다. 이것은 당시의 일제라는 어려운 상황을 생각할 때 놀라운 일이었다. 결국 이는 김인서의 〈신앙생활〉이 한국의 신자들 사이에 깊이 뿌리를 내렸기 때문에 가능한 것이었다. 그렇다면 우리는 김인서의 〈신앙생활〉을 통해 1930년대 한국교회의 일반적인 흐름을 볼 수 있다고 할 것이다.

〈신앙생활〉을 분석해 김인서의 선교론을 연구한 결과, 새로운 전도와 선교론을 찾아낼 수 있었다. 민경배 교수가 〈신앙생활〉을 한국교회사 연구의 중요한 자료로 삼았으나, 이것을 발전시켜 본격적으로 연구한 사람도 있었다. 그중 하나인 권평 교수의 연구는 큰 의의가 있다.

최근 일제의 한국교회사 연구가 진척됐다. 하지만 대부분의 한국교회사 연구가 민족주의 관점에서 한국교회의 민족운동에 초점을 맞추어져 있다. 어떤 사람들은 더 나아가 한국교회의 사회주의 운동을 연구했다. 또 어떤 이는 교회의 계몽운동을 연구했다. 하지만 정작 한국교회의 저변에 흐르는 복음주의적인 선교를 연구한 사람은 거의 없다. 한국교회는 초기부터 분명하게 복음주의였다. 하지만 한국교회사 연구에서 이런 복음주의 관심은 잘 보이지 않는다. 그런데 권평 교수의 연구는 이런 중요한 공백을 메웠다.

만주와 몽골 선교를 강조하고, 나아가 세계 선교를 한국교회가 담당해야 할 사명으로 강조했다. 1920년대에는 한국교회의 선교 개념이 더 넓어졌다. 즉 농촌 선교, 청년 선교, 문화 선교 등으로 그 장르를 넓혔다. 그는 이런 점에서 본래의 선교 개념을 잃었다고 보았다. 교회는 복음 전파라는 본질보다는 사회 개혁이라는 시대적 욕구에 휩싸였다. 김인서의 선교론은 이런 상황을 배경으로 했다.

김인서의 선교론은 교회의 본질적인 일, 곧 하나님의 일을 되찾았다. 그것은 하나님이 보내신 독생자를 모시는 것이다. 교회의 본질은 여기에 근거해야 한다. 그렇다면 왜 교회가 이런 본질적인 것을 잃고 사회 개혁과 같은 일에 매달렸는가? 여기에는 교회 지도자의 사업적인 욕구가 중요한 이유를 차지한다. 그들은 예수의 이름을 빌려서 이런저런 일을 했다. 이런 불순함은 결국 성공하지 못했다.

김인서는 만주 선교를 바라보고 있었다. 일본은 칼로 만주를 정복하고, 한국인은 호미로 만주에 가서 땅을 개간했으나, 신자는 복음으로 그들을 구원해야 했다. 우리는 이런 김인서의 선교론에서 일종의 기독교 보편주의를 발견한다. 기독교 복음은 민족적인 장벽을 넘는 더 본질적인 것이라는 점이다. 교회가 할 일은 민족 울타리 안에 있는 것이 아니라 그것을 넘어 더 보편적이어야 하며, 그것은 곧 예수 그리스도의 복음으로 세계를 새롭게 하는 것이다. 교회는 이에 충실해야 한다.

우리는 그의 사상으로 근대 복음주의의 원형을 보았다. 사실

19세기 주류 교회의 선교는 선교와 문명화를 혼합했다. 이에 대항해 복음 전파로 선교를 분명하게 강조한 것이 복음주의 선교였다. 그러나 1920년대부터 사회 복음이 들어오면서 이 사실이 위태롭게 됐을 때 김인서는 다시 본래의 복음주의 정신을 강조했다.

우리는 김인서의 이런 선교론을 통해 오늘의 한국 현실을 볼 수 있다. 최근 한국은 교회 성장의 한계의 극복을 교회의 사회봉사에서 찾으려 했다. 특별히 복음주의 교회에서 이전까지 사회 참여가 미약했다는 회개와 함께 사회봉사에 열심을 내고 있다. 그것은 물론 좋은 일이다. 하지만 그것이 지나치면 주객이 전도되어 복음 전파가 사업에 밀려 위축될 수 있다.

복음주의의 핵심은 언제나 복음 전파에 있다. 이것을 잃으면 복음주의가 아니다. 이런 점에서 김인서는 위대한 복음주의자였다. 앞으로 한국의 복음주의 교회사학계는 김인서 연구를 많이 해야 한다.

| 김인서와 〈신앙생활〉

김인서는 그가 발행한 〈신앙생활〉을 통해 1930년대 한국 기독교계를 읽는 데 필요한 정보를 다양하게 제공하고 있다. 과거 중국 산동 선교사였으며 장로교 원로목사인 방지일은 〈신앙생활〉이 1930년대 교계에서 차지한 위상에 대해, "당시에 교회 문서 운동이란 신학교에서 신학을 위해 발간하는 〈신학지남〉, 〈신학 세계〉 등의 국한된 부수의 발간이 있었고, 다소 대중적이긴 하지만 성결교에서 발간하는 〈활천〉이 있었다. 그리고 평양에서 김인서 장로가 단독으로 발간하는 〈신앙생활〉이 전국 교회에 독자를 가진 신앙지로 큰 기염을 드러냈다"라고 회고한다. 윤춘병도 그의 저서 《한국 기독교 신문 잡지 백년사》에서 각 시대의 대표적 신문, 잡지 등을 개관하면서 1930년

대를 대표하는 잡지로 〈신앙생활〉을 들고 있다.

김인서의 〈신앙생활〉은 1932년 2월부터 매달 발행되기 시작했으나, 이후 1941년 6월 일제에 의해 강제 폐간됐으며, 1951년 7월 피난지 부산에서 속간해 모두 129권이 발간됐다. 〈신앙생활〉은 전국 기독교인을 위한 잡지였으며, 많을 때는 대략 3,700부가 넘게 발행됐고, 모두 유가지(有價誌)였다. 김인서 스스로 "삼천 부 초판의 공구(恐懼)"라는 글에서 매우 분석적으로 3천 부 출판의 의미를 기술했다.

그러나 이 〈신앙생활〉을 발행하면서 그는 개인적으로 많은 고통을 당했다. 하나는 〈신앙생활〉 발행 자체에 따르는 개인적인 고통이요, 다른 하나는 한국 교계 주류의 공박과 홀대였다. 그는 많은 글을 혼자 썼으며, 출판과 우송까지 홀로 담당했다.

〈신앙생활〉의 내용은 대개 권두언, 기도문, 논설, 강단 예화, 성서 주해 및 연구, 설교, 교회사 및 전기 등으로 이루어졌는데, 김인서는 특히 논설에서 한국교회의 당시 현실을 매우 심도 있게 분석, 비판하고 자기 의견으로 해결책을 제시했다. 이 글들은 당시 교계에 파란을 일으키기도 했으며, 그가 교계 주류로부터 미움을 받는 결정적인 이유가 되기도 했다. 그런데 이런 글에 나타난 그의 입장이 〈신앙생활〉의 중심을 형성하고 있다는 점은 매우 특기할 만하다. 그 중심에 그의 선교론이 자리 잡았다.

| 전국 교회 해외 선교사

이는 아주 묘한 말이다. 한국교회의 세기적이요 기적적인 발전을 보고 언더우드나 헐버트 같은 선교사들 그리고 미국의 해외 선교 본부는 한국교회의 사명이 동방 선교에 있다는 사실을 거듭 밝혔다. 실제로 그런 일이 진행되고 있었다. 한국 장로교회가 1912년 총

회를 처음 조직할 때 한 일 중 하나가 중국 래양(來陽)에 박태로, 서병순, 김명훈 세 선교사를 파송하는 일이었다. 그리고 감사 주일은 이들을 위한 기도와 헌금을 하는 주일로 지키기로 했다.

하지만 사실 장로교회는 1907년 독노회를 조직할 때 이미 제주도 선교를 위하여 한국 첫 목사 중 한 사람인 이기풍을 파송했다. 지금 제주도에는 그를 기념하는 이기풍 기념관이 세워져 있다. 1909년에는 평양의 여전도회 파송으로 이관선이 여자 선교사로 부임했다.

1909년에는 최관흘 목사가 로령 해삼위로 떠났다. 하지만 그는 1912년 희랍 장로교회로 전향했다. 북간도에는 1910년 김영제를 보낸 일이 있다. 일본에는 1909년 한석진이 동경의 한국인 유학생들을 위해 파견되었다. 하지만 동경교회는 교파를 일치하기로 하고 장로교와 감리교에서 순번을 따라 2년마다 목사를 각각 파송하기로 했다.

침례교회는 한국 해외 선교의 전위 역할을 다했다. 선교사 팬윅은 1910년 벌써 두만강을 넘어 간도나 시베리아로 전도 여행을 했다. 간도나 시베리아에는 이미 각각 20여만 명의 한국인이 이민해 있었다. 전국에서 파송된 전도인 50명 중에서 9명이 이 지역에 해외 선교자로 간 것이었다. 특별히 가진 것도 없이 다만 옷 한 벌을 보따리에 챙겨 1,200킬로미터나 되는 길을 향해 떠났다. 혹한으로 귀와 입을 수건으로 싸매고 감발로 발을 감은 여장이었다. 귀리밥 한 그릇으로 요기하고 분식으로 1,400여 리를 걸으며 복음을 외쳤다. 그들이 남긴 발자국이 우리 교회 연대기에서 사라질 날은 없을 것이다.

김인서는 한국교회가 주님의 사명을 감당할 수 있도록 자기의 힘을 다해 외쳤으나 그의 생애에서는 그 뜻을 이루지 못하고 주님께로 돌아갔다. 하지만 한국교회는 처음부터 선교적 사명을 자각하고 있었으며, 또한 주님께서는 한국교회에 이 사명을 주셨다. 이를 감당하기 위해 오늘날 한국교회가 부흥하고 하나 되어 세계를 향해 나아가고 있다. 예루살렘에서 시작된 복음이 세계를 돌아 19세기 말에 한국에까지 도달했다. 그리고 지금 동남아를 거쳐 예루살렘을 향하고 있다. 그 가운데 공산주의와 이슬람이 가로막고 있어 진행이 지연되고 있지만, 이를 뚫고 예루살렘에 도달할 때 주님이 재림하실 것이다. 그때까지 한국교회는 이 사명을 다해야 할 것이다.

  김인서는 일제 말기에 신사참배 강요를 반대하고, 해방 후 공산정권의 압제를 피해 1948년에 월남했다. 그리고 1954년 부산에서 뒤늦게 목사 안수를 받았다. 이후 부성교회를 담임하고 부산신학교 교수를 역임했다. 문필이 뛰어나 《주기철 목사 순교 사화》 등 다수의 저서를 남겼는데 후에 《김인서 저작 전집》(6권)으로 모았다. 부산 대성교회에서 시무하던 중 1964년 4월 2일 별세했다.

한국 근대 교육의 기둥
백낙준 목사(1895~1985)

"너희는 온 천하에 다니며 만민에게 복음을 전파하라"(막 16:15).

백낙준(白樂濬, George Paik)은 1895년 3월 9일 평안북도 정주군 관주면 관삽동의 한 농가에서 백영순의 4형제 중 막내로 태어났다. 호(號)는 용재(庸齋)인데, 이는 중국 양계초의 '용언'(庸言)의 개념을 포함한 뜻이다. 용재는 1985년 1월 13일까지 90년간을 한국 근대 100년 역사와 더불어 살아왔다.

"나는 전쟁을 앞뒤에 두고 나고, 자라고, 일하는 동안 인생의 목표를 학문, 민족, 교육, 자유에 두고 봉사하며 살았다. 학생 때는 학인(學人)이 되는 수련을 받았으나 학자 생활을 시종 계속하지 못했다. 그러나 학문에 둔 뜻을 거두지 않았다. 장성하며 나 외에 국가 민족이 있음을 깨닫고, 민족으로 살고 민족을 지키고 민족을 키워야 내가 살고 발전할 수 있으며 민족 전체가 번영한다는 것을 알게 되었다. 민족을 붙들고 살리는 방도가 교육임을 알고 일생 교육에 종사했다. 내가 정계, 사회, 문화사업에 몸 담근 것은 일을 좋아하는 까닭이 아니라, 언제 어디서든 내 힘과 지혜로 국민에게 봉사하려는 정성에서 행한 것이고 국제 관계에 손을 댄 것도 자유 정신을 구현하기 위함이었다."

백낙준은 서당에서 천자문을 배웠다. 《동몽선습》, 《사략》, 《사서》 등을 배우며 외우던 기억이 어른이 돼서도 생생했다. 당시 최익현, 송병선, 곽면우 같은 학자들의 상소문을 갖고 다니면서 읽었고, 나라가 일제에 망해 가는 것을 어렴풋이 알게 됐다. 이때부터 민족정신을 깨우쳤다. 9세까지 서당에서 독서, 속문을 하다 기독교계에서 세운 영창학교에 입학해 신문화를 접하고 1910년에 졸업했다. 그러나 때는 국운이 쇠잔해 한일합방이 됐고, 가정적으로는 부모를 모두 잃어 불우했다. 이때 선천의 신성중학교 교장인 매큔 박사에게 도움을 받았다. 신성중학교에서 일하면서 공부했고, 1913년 이 학교를 졸업했다. 이 기간은 매우 짧았으나 그에게는 인생을 결정하는 중요한 때였다. 학교에서는 안창호 선생이 조직한 신민회라는 비밀 결사로 내세웠던 학생 중심의 청년학우회 운동에 가담했다. 그때 최남선이 내는 《소년》 잡지를 통해 활동을 했다. 당시 《동국사략》이나 《유년 필독》과 같은 책은 금지되어 있었다. 1911년 중국에서 일어난 손문(孫文)의 혁명은 큰 충격을 주었다. 나라를 잃고 분통해하는 이들에게 이웃 중국의 민주혁명은 여러 가지 의미로 감격적이었다.

1911년 발생한 '105인 사건'은 기독교 탄압, 외국 선교사 축출, 신진 지도자의 제거를 위하여 일제가 꾸민 음모였다. 이 사건의 중심이던 신성중학교는 한동안 문을 닫았다. 일본에게 기독교는 낡은 폐습을 버리고 근대적·합리적 정신을 갖도록 새로운 활력을 불어넣어 줄 뿐 아니라, 민족주의자들과 배일 운동의 저항력이 기독교에 있으므로 의병과 마찬가지로 진압의 대상이었다. 더구나 기독교 선교사들은 조선인들에게 자각의 기풍을 길러 주고, 교화 작업을 통해 자주 정신을 키워 줄 뿐 아니라, 은연중 총독 정치를 반대하고 미국과 가까웠다.

한 해 전에 압록강 철교 개통식에 데라우치 총독이 참석했다. 그때 선천역을 지나가는 데라우치를 환영했는데, 경계가 어찌나 심했는지 심지어 연필 깎는 칼마저 빼앗겼다. 그런데 일본인들은 개성 이북에서 데라우치의 모살 음모가 있었다고 꾸며 많은 인사를 체포했다. 이때 신민회가 발각됐다. 이때의 일을 '105인 사건'이라 했다.

일본인들은 마펫 선교사나 매큔 선교사와 여러 선교사가 책동했다고 공언했으나, 그들을 검거하지 못했고 증인으로 세우지도 못했다. 그들은 방증을 제시하려 하나 증거가 없자 신성학교 기관실에서 태우고 남은 석탄재가 있는 것을 보고 권총을 불에 넣어 녹인 것이라고 억지를 부렸다. 이 재판은 기독교를 탄압하기 위한 일본의 조작극이었다. 2심에서 99명을 무죄 방면했지만, 체면을 세우려고 6명에게는 유죄 판결을 내렸다.

백낙준은 1차, 2차 모두 검거 대상에 들지 않았다. 잡혀가지 않은 이들은 물론, 온 세계가 무슨 일로 그러한 사건이 일어났는지 알지 못했다. 그는 자신은 죄가 없으니 무사하리란 생각으로 학교 부근에 살면서 매큔 교장 집의 일을 도왔다. 시일이 가는 동안 다른 학우들도 무슨 죄가 있어 검거된 것이 아니라 흉계라는 것을 알았다. 그는 그러한 흉계에 끌려갈 필요가 없겠다고 생각했다. 그러나 그를 늦게까지 남겨둔 것도 일본인들의 흉계였다. 어느 추운 겨울 주일 아침 매큔 교장 집에 갔더니 매큔 교장이 그냥 예배당으로 가라고 하면서 기도해 주었다. 이때 백낙준은 자신에게도 올 것이 왔다는 것을 느꼈다. 형사들이 그를 체포하려고 매큔 교장 집에 와 있음을 알고 뒷문으로 빠져나왔고, 이때부터 산촌 벽지를 근 1년 동안 떠돌아다녔다. 이 사건이 별일 없이 해결되자, 다시 학교로 돌아와 그 이듬해 3월에 형식적으로 졸업을 했다.

1913년 백낙준은 매큔 선교사의 도움으로 중국으로 망명한 뒤 영국인이 운영하는 톈진신학서원(天津新學書院)에 입학해 3년간 농양학과 중국어를 배웠다. 여러 애국자들이 중국으로 망명했다. 일본 총리대신 가쓰라(桂太郞)가 북경을 다녀갈 때, 일본은 안동현에서 북경까지 청도 연변에 망명한 애국지사들이 가쓰라를 암살하려 했다는 음모를 꾸며 애국자들을 구속하여 국내로 끌어갔다. 그는 톈진에서 3년간 수학한 뒤, 1916년 여권도 없이 중국인으로 가장해 상해에서 배를 타고 미국 샌프란시스코에 도착했다. 처음에는 매큔의 소개로 파크 대학원에서 역사학을 전공했으며, 이어 펜실베이니아 대학에서 정치학과 도서관학을 공부했다. 그는 여기서 세례를 받고 완전한 기독교인이 됐다. 그리고 1927년 6월 예일대학 대학원에서 논문 〈The History of Protestant Mission in Korea, 1832~1910〉으로 박사학위를 받고 공부를 마쳤다.

백낙준은 중국과 미국에서의 유학 생활 14년간 중국어와 영어를 비롯해 불어, 희랍어, 라틴어 등 어학 실력을 두루 갖추었으며, 특히 영어와 중국어는 유창했다. 귀국 후 10여 년 동안 자연스럽게 국내외 명사들의 영어와 중국어 통역인이 됐다. 평생을 국민들의 민족정신을 일깨우며 민족주의를 신봉했다. 중국 유학 당시에는 왕정연, 장백령, 양계초, 곡종수 등의 강연과 글을 통해, 그리고 세계적인 청년지도자였던 모트(Mott)나 에디(Eddy) 같은 이들의 강연을 통해 중국 고전을 비롯한 동양학을 깊이 이해했다. 또 재미 유학 11년 동안에는 봉사를 통해 자아실현을 이룰 수 있다는 생활 신조를 얻었다. 특히 윌슨의 연설에서 감흥을 얻었고, 웰스나 로빈슨에게서 학문적 영향도 크게 받았으며, 라투렛의 지도도 도움이 되었다.

백낙준은 신성중학교 은사이자 미국 파크 대학을 소개해 준 매큔 박사의 호의로 1920년 숭실대학 출판부에서 논문을 단행본으로 간행했다. 당시 매큔 박사는 평양 숭실대학 학장으로 있었다. 그가 논제로 삼았던 한국 선교의 역사는, 어느 정도 선교 사상이 성장하고 발전했으나 40여 년 남짓한 역사에 불과했기에 박사학위 논문 논제로 삼기에 여러 가지 난점이 있었을 것이다. 그러나 그는 사명감으로 당시 교통편이나 자료 수집의 어려운 여건을 무릅쓰고 한국의 초기 선교사들에 대해 훌륭하게 정리했다.

그가 이 연구에서 시도한 것은 "한국 개신교의 초기부터 1910년까지 그 수용과 확장 과정에서 실제 일어났던 것들을 문헌비판적인 확증성이 허용되는 한, 객관적으로 기술하고 해석하려는 것"이었다. 백낙준이 선교학자인 라투렛(K. S. Latourette)의 지도를 받았고, 그의 책 《The Study of the History of Mission》에 제시된 관점을 탐구의 기본적인 골격으로 삼았으나, 그렇다고 초기의 영문판 저서는 이 연구를 순전히 선교 역사로 단정하지 않았다. 그러다 1973년 그 논문을 국문으로 번역해 출간하면서 한국의 기독교 역사가 선교의 역사임을 분명히 했다.

"기독교 역사는 그 본질에서 선교 역사다. 또 반드시 선교의 역사가 되어야 했다. 교회는 기독교 역사에서 하나의 중간적 존재다. 우리 주님이 다시 오실 때까지만 존재한다(고전 11:26). 이 중간적 존재인 교회의 사명은 복음 전파다. 기독교 역사는 결국 선교 역사로 일관됐다. 이런 입장에서 우리 한국의 개신 교회사도 선교의 역사가 될 수밖에 없다."

백낙준 박사는 한국 기독교 역사 연구에서 초기 역사를 제대로 다뤄야 후기 역사도 정확히 알게 될 것이라 여기고, 초기 역사를 전문적으로 다룬 책이 적다는 판단에서 한국 기독교 역사로는 비교적 초기 역사에 해당하는 1910년까지를 연구 주제로 삼았다.

그는 '국사의 한 분류'라 할 만한 한국 기독교 역사에 서구 사학자들의 연구 방법을 응용했다. 따라서 이 연구는 역사학과 신학을 연구한 학자가 서구의 역사학적인 방법을 충분히 구사하면서 역사학과 선교학을 종합하는 관점에서 생산해 낸 것이다. 라투렛 교수는 서문에서 "그는 서양 사학자의 방법 응용에 능숙하도록 훈련을 받았으므로 지구력을 가지고 자료를 수집할 수 있었고, 그 자료의 비판과 해석에는 객관성을 견지할 줄 아는 기술을 소유했다"고 말했다.

백낙준 박사의 학위논문이 간행되기 전인 1928년 한국 기독교 역사 연구에서 주목할 만한 책 두 권이 출간됐다. 이능화의《조선 기독교 급 외교사》(朝鮮 基督教 及 外交史)와 차재명이 저작 겸 발행자로 되어 있는《조선야소교장로회 사기》(朝鮮 耶蘇敎長老會 史記)가 그것이다.

이능화의 책은 "한국 기독교의 전개 과정을 근대한국의 정세와 국제 관계를 통해서 서술"한 것이라 하나, 이 책은 상·하편 대부분 천주교에 대해 다루었고 개신교에 관해서는 하편 마지막에 약간 취급했다. 이에 앞서 이능화는 1923년 〈동명〉(東明)에 '조선 기독교사'를 연재(제2편 21-23호)했다. 《조선야소교장로회 사기》는 계발 시대와 공의회 시대, 독노회 시대 등 세 시기로 나누어 서술했다. 제1편 계발 시대(1865~1892)는 토머스 목사의 한국 연해 접근기부터 그 시기를 잡고 있으나, 그 전의 천주교의 유래도 다루고 있다. 제2편 공의회 시대(1893~1906) 부분에서는 미국 남북 장로회 선교사들이 1893년 한국에서 선교사 공의회를 조직하고 1901년 합동 공의회로 개칭해 1907년 독노회를 조직하는 과정과 노회의 의안들에 대해 다루고, 노회 산하의 7대리회의 교회 조직과 전도 교육, 자선사업 및 진흥에 대해 기술했다.

장로회 총회 사기편집위원회는 《조선야소교장로회 사기》를 편집하면서 본래는 1923년까지의 역사를 정리했다. 그러나 1928년 이 책을 처음 출간할 때, 1912년 총회 조직 때까지의 사실만 수록하고 나머지 총회 조직 이후의 것은 원고 상태로 두고 출판을 기다렸다. 1930년 이미 수정 완료됐던 것으로 보이는 이 미출간된 "사기 하권"의 원고는 몇 부 복사해서 보관하다가, 1965년 오윤태 목사 보관본이 발견되어 1968년 백낙준이 한국 교회사학회를 통해 《조선예수교장로회 사기 하권》으로 간행했다.

1970년대 한국 기독교회사 연구 작업은 민경배의 《한국 기독교회사》 간행으로 본격화되었다. 그는 이 책의 서론에서 '기독교회사'의 개념과 범위를 정리하는 한편, 한국 교회사의 모든 문제를 다루어 한국교회 연구를 반성했다. 그는 먼저 백낙준의 〈*The History of*

Protestant Mission in Korea, 1832~1910》를 선교 역사로 보고, 선교 역사가 갖는 한계를, 첫째로 "순전히 기독교 선교의 역사"이며, 둘째로 사료의 선교 역사 파송국 편중으로 한국교회 쪽의 고백과 증언이 고려되지 않았으며, 셋째로 한국교회의 체험과 삶이 혈맥처럼 파동 치는 그러한 방면에서는 학적인 공헌이 될 수 없다는 세 가지로 요약했다.

그의 비판에서 백 박사가 "자신이 시인하고 있는 것과 마찬가지로 순전히 기독교 선교의 역사"라고 한 부분은 어디에 근거한 것인지 분명치 않으나, 사료의 편중성 문제는 일찍이 야마구치(山口正之)가 "이 책이 지니는 전면적인 결함은 조선 측의 사료가 일체 묵살(默殺)된 것"이라고 지적한 것과 같다. 야마구치는 그 이유를 저자가 이 작업을 주로 미국에서 했기 때문일 것이라고 짐작했다.

1972년 이같이 민경배의 비판이 나오자 백 박사는 그 이듬해《한국 개신교사》(The History of Protestant Mission in Korea, 1832~1910)(연세대학교 출판부, 1973)를 번역, 출판하면서 영문판과는 다른 내용의 서문을 통해, 앞의 첫째와 두 번째 비판에 대해서는 정면 대응하고, 세 번째 비판에는 답변을 보류한 채 그 답을 독자에게 맡겨 버렸다. 민경배의 비판에 대한 답변에서 그는 "기독교 역사는 그 본질에서 선교 역사"이며, 따라서 "우리 한국 개신교 역사도 선교 역사가 되어야 한다"는 관점을 분명히 했고, 사료의 편중성 문제는 야마구치와 민경배에게 함께 답하기라도 하듯 "이 연구가 진행되던 때와 장소에서는 본래 여기에 인용한 자료 이외의 한국 문헌 입수는 불가능한 실정"이었다고 밝혔다.

그가 연희전문학교 문과와의 첫 인연을 맺게 된 것은 안식년으로 미국에 왔던 해리 로즈(Harry Rhodes)의 권유 때문이었다. 그 전에 프린스턴 대학원에서 석사학위를 받았을 때 이미 그는 연희전문학교의 초청을 받았다. 그러나 대학원 박사 과정을 마친 후에야 응할 수 있다며 사양했다. 이후 해리의 권유를 받은 1927년 가을에 귀국해 연희전문학교 문과 교수로 부임함으로 교육과 첫 인연을 맺었다. 1928년 한국인으로서는 처음으로 문과 과장이 됐고, 이 학원을 민족 교육의 책임기관으로 만들기 위한 기반을 닦았다. 이것은 오랫동안 중국과 미국에서 얻은 동서양의 학문적 기반에서 터득한 것이었다. 이때 이 학원에는 문과에 최현배, 정인보, 상과에 백남운, 이순탁, 수학물리과에 이춘호, 이원철 등 당시 우리나라 학계를 망라한 학자들이 있었다.

동서양 양 문화에 대한 이해와 지식을 겸비한 백낙준은 연희전문학교에서 온고지신의 학문적 태도와 실사구시의 학문 전통을 세우고, 민족 문화의 계승과 국학 연구의 기틀을 마련하였다. 이 무렵 동료 교수인 유억겸, 정인보, 최현배, 백남운, 이순탁 등과 민족 교육에 대한 관심을 함께 나누었다.

백낙준은 문과 과장으로서 1930년《조선 어문 연구》(朝鮮 語文 研究) 제1집을 간행했다. 이 논문집에는 정인보의 〈조선 문학 원류고〉(朝鮮 文學 源流考)와 최현배의 〈품사 유별〉(品詞 類別)이라는 논문이 게재됐다. 이 두 편의 논문이 우리 국어학과 역사 연구에 새롭고 치밀한 방법과 정신을 제시했다면, 이 논문집 간행에서는 백낙준의 교육사상의 단면을 찾을 수 있다. 이는 연희전문학교에서 조선사와 조선어 연구를 확인한 계기가 되었고, 민족의 글과 얼을 찾는 국학 연구의 연원이었다.

첫째, 조선어를 정규 과목으로 가르칠 수 없던 사회적 제약으로 조선어를 선택과목으로 편입해 조선어 연구의 기반을 닦았고, 마침

내 최현배를 통해 연희학원을 국어학의 요람지로 이룩하게 했다. 둘째, 서양사와 동양사는 가르칠 수 있었으나 한국사는 가르치지 못해 한국사를 동양사 과목으로 가르침으로, 한국사의 바른 인식으로서 식민지 사관에 대립한다기보다 오히려 민족사관의 확립으로 기반을 닦게 했다. 셋째, 국어학뿐 아니라 국문학의 체계적 연구를 위하여 한문학이라는 이름으로 한국 국문학을 가르쳤다.

이러한 국학 연구의 기반을 다지기 위해 그는 행정적인 조치로 이 연구를 가능하도록 후원했으며, 이것은 일제 탄압에서 민족정신을 잇는 민족사의 모색이기도 했다.

백낙준은 수양 동우회 사건 2개월 전 1937년 4월 영국 옥스퍼드에서 개최된 '교회와 국가'에 대한 세계회의에 한국 대표로 참석했다가 영국과 미국, 캐나다의 교육을 시찰했으며, 1938년 파크 대학에서 국제 관계사에 관한 강의를 했다. 1939년 7월 영국, 독일, 네덜란드, 프랑스, 스위스를 순회하고 지중해, 인도양을 경유해 귀국했다. 그러나 일제의 탄압은 더욱 심하여 강의할 자격이 없다는 이유로 도서관 사서직으로 몰려났으며, 1942년 9월 조선어학회 사건에 연루되어 홍원까지 불려갔다가 그해 학교에서 추방됐다.

1945년 9월 경성제국대학교가 적산불하(일제가 조선에 쌓아 놓은 재산을 미국이 모두 빼앗아 대한민국 정부에 그 소유권을 넘겨준 것)로 미 군정에 의해 경성대학교로 개편되면서 경성대학 법문학과 교수가 되고 법문학 부장을 겸임했다. 또 미 군정에 의해 설치된 조선교육위원회 자문위원이 되어 교육심의회 구성에 참여했으며, 정부 수립 후에도 한국교육위원회로 개편됐을 때도 자문위원을 맡았다.

백낙준은 1945년 12월 연희학교 교장으로 취임했다. 1946년 연희전문학교가 연희대학교로 승격되면서 초대 총장이 됐다. 1948년부터는 미국 하버드 대학 옌칭 학사(燕京 學社, Harvard Yenching Institute)의 후원으로 한국 역사학 관련 연구소 설치 및 기금 마련 운동을 추진했다. 1949년 12월 연희대학교 안에 땅을 마련하여 동방학연구소를 창립하고 초대 소장이 됐다. 동시에 학회지인 〈동방학지〉를 발간하고 편집인이 됐다. 동방학연구소는 1977년 연세대학교 국학연구소로 개편됐다.

1960년 연세대학교 총장에 취임한 백낙준은 총장으로 재임한 15년 동안 학교의 중흥과 확장을 위해 심혈을 기울였다. 특히 연세 교육의 이상과 이념을 구현하기 위해 노력했다. 연세 교육에 대한 그의 공헌은 연세 교육의 마지막을 기독교적 인격에 두고, 학행일치로 실사구시의 학풍을 세우려고 실학사상을 교육 방침으로 삼은 데서 찾을 수 있다.

대학의 기능을 연구하고 가르치고 봉사하는 것이라고 주창한 그는 새로운 대학의 사명을 실행하기 위해 우리의 실사(實事), 실정(實情)이 무엇인지를 알고 그것을 해결할 능력과 기술을 배우게 했다. 따라서 기초와 전공의 균형 있는 교육으로 박식, 활달, 관홍(寬弘)의 성과를 얻고, 온고지신의 태도로 민족 문화를 계승하며, 과학적 정신을 학문 연구 방법으로 사실에 토대하여 진리를 탐구하며, 학문적 이론을 실제로 응용하는 일에 치중했다. 연세 교육의 목표를 전인교육에 두고 균형 있는 인격 양성을 위하여 통제 교육을 창설했다.

특히 그는 서로 위하고 섬기고 사랑하며 모교를 받들고 민족 국가의 번영에 이바지하는 연세 기풍을 수립하기 위하여 학교 안에서의 생활이 가족적 분위기에서 이루어지기를 기도했다. 이런 가운데 진리와 자유 정신의 체득을 교육 이상으로 삼고, 새로운 문명의 선구로 전통을 세우며, 민족 봉사와 가족적 친애로 연세의 정신을 기른 것은 오로지 그의 교육적 이상에 힘입었다. 이러한 이상과 전통과 정신의 형성으로 연세는 책임감 있는 교육 기관으로 발전했고, 연세의 사명으로 새로운 방향을 제시했다.

한국이 낳은 세계적인 인물이요, 교육계와 기독교계 지도자이자 민족주의자인 백낙준 박사는 연희전문학원 건흥(建興)에 총장으로서 16년, 봉사자로서 57년 동안 기여하면서 교육사상과 이념과 정신을 연세대학교에서 구현하고 성취했다. 연세대학교 교훈을 진리와 자유로 제정하여 기독교 교육의 사상적 기조를 다졌으며, 과학적 방법으로 실사구시의 학풍을 세웠다. 연세의 학풍과 이념과 전통 정신은 그의 교육 사상에서 나왔다.

연세대학교 캠퍼스에는 그의 동상이 서 있는데, 그 동상에는 이렇게 새겨져 있다.

"여기 모신 이 어른은 1957년 연희대학교와 세브란스 의과대학을 통합하여 연세대학교로 만든 초대 총장 백낙준 박사이시다. 교육과 학문, 민족 봉사와 자유 정신의 구현에 뜻을 두시고, 일생 연세와 민족을 붙들고 키운 연세의 정신적 지주이시며 민족정신의 스승이시며 겨레의 지도자시고 하나님의 종이시다. 일찍이 연세를 국학 연구의 발상지요, 민족 교육의 터전으로 진리와 자유의 전당으로 힘써 이끌며, 연세는 연세인의 연세요, 한민족의 연세요, 세계의 연세임을 밝히고 연세에 맡겨진 사명을 일깨워 주셨다. 그러기에 용재 선생에게서 연세는 사랑이요 생명이니, 여기 연세인과 함께 영원히 계시다."

백낙준 박사는 1963년 정년으로 퇴임하여 연세대학교 명예 총장이 됐다. 한국 교육의 이념을 주창한 그는 그리스도를 목표로 하는 인격 도야를 연세 교육의 마지막으로 삼았다. 배움과 삶의 일치 사상으로 실사구시의 학풍을 세웠다. 민족 봉사의 방식을 기독교 정신에서 체득하도록 연세 교육의 이념을 실천했다. 또 민족문화의 향상과 발전을 위하여 국학의 진흥을 창도함으로 세계 문화에 공헌했다. 그는 민족 중흥의 뜻을 교육에 두고 평생 교육에 헌신했을 뿐 아니라, 자유 정신의 부흥과 구현으로 한국의 국제적 지위를 높였다.

그는 은퇴한 후 노년에 《한국 개신교사》 후편으로 1910년 후 현재까지의 한국 개신교사를 집필하기 위해 연세대 중앙도서관 연구실에 칩거하면서 연구 집필을 계속했으나, 그의 필생의 소원이었던 이 일을 완성하지 못했다.

그는 교육을 평생 사업으로 삼으면서 민족 봉사에 투철했다. 그리하여 민족 봉사를 위해 자신을 잊고, 국가의 유익함을 위해 자신을 버리는 정신으로 민족과 함께 살고, 민족을 지키며 살고, 민족을 키우며 살았다. 이러한 그의 정신이나 생활 방식은 그의 저술에서 더욱 뚜렷이 찾을 수 있다.

또 그는 자유 정신의 마음을 간직하고 이를 구현하기 위해 국제 관계 분야에도 헌신했다. 20여 차례의 공식적인 외국 여행의 기회를 통해 한국의 국위 선양과 국제친선에 공헌했다. 영국 왕가 역사학회의 회원이자 미국 역사학회 회원이기도 한 그는 3차에 걸친 유네스코 총회의 한국 수석대표였으며, 아시아 반공 보루의 모체인 아시아 반공대회 한국 수석대표로 6차례나 국제회의에 참석했고, 서울 총회의 의장이었다. 미국 북장로교의 연사로 한국의 국위 선양에 진력했고, 호주의 국빈으로 초청되어 두 나라의 우호 증진을 도모했다. 이러한 국제적 활동의 결과로 그에게 파크 대학의 명예 법학박사 학위가 수여됐다.

1950년 5월 문교부 장관에 취임하고 2개월이 채 되기도 전에 한국전쟁이 터졌다. 정부와 더불어 피난 중과 전시에도 교육은 중단

할 수 없다는 생각으로 전시 연합 대학을 개설했다. 초·중·고등학교의 노천 수업을 강행하여 교육행정가로서 국제적 명성을 떨쳤다. 1952년 문교부 장관직을 사임한 뒤, 서울시 교육회 회장(1953~1956)과 대한 교육연합회 회장(1956~1958)을 역임했다. 그는 미국 캔자스시 노회에서 목사 안수를 받았고(1927), 대한예수교장로회 경기 노회에 이명, 대현교회 당회장이 되어 시무했다. 이외에 조선기독교서회 이사, 대한 YMCA 연합회 이사장, 미국 연합장로회 고문 등을 역임했다.

1962년 12월 미국 뉴욕 대학에서 세계적 인물에게 수여하는 뉴욕 대학교 장(章, 메달)이 다음과 같은 이유로 그에게 수여됐다. "교육자요 정치가요 인도주의자인 백낙준은 인류 활동의 여러 분야에서 현저히 공헌했습니다. 그는 동서양에서 교육을 받아 파크, 프린스턴, 예일 대학에서 학위를 받았고 동서양 문화에 깊은 이해가 있습니다. 연희, 연세대학교의 총장으로 학생들에게 민족주의와 기독교의 진리를 전수했고, 문교부 장관으로 공산 침략 때도 국내 교육을 중단하지 않았으며, 국민의 사기를 드높였습니다. 백낙준 박사는 권력 정치를 초월한 정치인입니다. 자유당 정부에서는 문교부 장관이었고, 민주당 집정 시대에는 참의원 의장이었습니다. 유네스코 반공대회 또는 교육, 문화 기구의 세계적 대회에 수석대표로 공을 세웠으므로, 한국 국민이 그의 지도력을 신뢰하기에 어김이 없습니다. 인간 개인 중시 사상은 백낙준 철학에서 분리할 수 없도록 내재되어 있습니다. 민간사업에도 그 업적이 뚜렷하여 기독교 청년회, 대한 소년단, 교육단체 등에서 봉사했고, 위원 하나를 더 맡거나 학생 하나를 더 도울 수 있거나 문제 하나를 더 다룰 수 있다면 분주한 줄을 몰랐습니다. 독실한 기독교인인 그는 지금 북미 연합장로교 교육처 고문입니다. 그러므로 뉴욕 대학교는 그의 두드러진 공적과 미국에 대한 성실한 우의를 감사하여 백낙준을 영접하고 학교 장(章)을 증정합니다."

백낙준 박사는 1980년 2월 최규하 정부의 국정자문회의 위원이 됐다. 이어 1981년 4월 23일 전두환에 의해 국정자문회 의원에 재선 출됐다. 그러다가 1984년 8월 1일 뇌졸중으로 쓰러져 세브란스 병원에 입원, 지병인 고혈압과 당뇨병, 심부전증, 폐렴이 합병 증세를 일으켜 혼수상태에 빠졌다. 5개월간 산소 호흡기를 착용하며 입원했다가 1985년 1월 11일 소천했다.

서울 연세대학교 캠퍼스 대강당과 세브란스 병원에 각각 빈소가 마련됐고, 장례위원장에는 윤보선이 선임됐으며, 장례식은 1월 17일 사회장으로 거행됐다. 빈소에는 신병현 총리 권한대행, 최규하 전임 대통령, 김상협 고려대학교 명예 총장, 이천환 연세대학교 재단 이사장, 유태흥 대법원장, 허정 전 대통령 권한대행 겸 총리, 민복기, 이호, 강원용 등과 그 밖의 민주정의당 권익현, 민한당 유치송 등 각 정당 인사들 2천여 명이 당일 방문했다. 시신은 동작동 국립묘지 유공자 묘역에 안치됐다. 유족으로는 장남 순익, 2남 성익, 3남 관익, 4남 창익과 3녀, 그리고 손자녀들이 있다.

그는 1927년 예일 대학에서 철학박사 학위(Ph. D.)를 받은 후에 1948년에 파크 대학의 명예 신학박사(D. D.), 1954년 스프링필드 대학의 명예 인문학박사(HH. D.), 1957년에 디포 대학에서 명예 법학박사(Litt. D.), 연세대학교 창립 80주년 기념식에서 명예 문학박사(Litt. D.)를 수여 받았다.

그는 국운이 기울어져 마침내 주권을 상실하던 때 중국과 미국에서 공부했고, 이는 그의 역사관의 중요한 바탕이 되었다. 그에게는 민족이 전부일 수가 없었고, 독립이 한 겨레의 궁극적 목표일 수도 없었다. 한 민족의 독립은 그 민족과 다른 민족 사이의 상호의존을 전제로 하므로 이 세상에 혼자서 살 수 있는 나라는 없다. 모든 나라는 어차피 서로 도와야 하고 세계는 하나로 묶여야 했다. 서로 돕기 위해서는 먼저 한 나라가 한 나라로서의 구실을 제대로 해야만 한다고 생각했다. 스스로 서지 못한 처지에서 남과 협력하기는 어렵다. 그렇게 되면 아직 서지 못한 나라는 이미 서 있는 나라에 예속될 수밖에 없으므로 그의 사관의 골자는 주체의식과 상호부조 정신으로 요약될 수 있다.

그는 파크 대학에서 역사를 전공할 것을 결심했다. 결정적으로 그의 사관에 영향을 준 이는 예일 대학의 종교사학자 라투렛이었다. 그는 성자 같은 경건한 성품의 침례교 출신으로, 박사학위 과정에 있는 백낙준에게 어느 한쪽으로 치우치지 않는 사관의 필요성을 역설했다. 정치사관, 경제사관, 민족사관 그 어느 하나만 가지고는 역사를 옳게 설명할 수 없다. 정치, 경제, 민족, 지리, 기후가 다 역사 발전에 크게 기여한다는 것은 의심의 여지가 없다. 그러므로 어느 한 조건에만 치우치는 것은 역사 이해에 도움이 안 됐다. 라투렛의 사관은 한마디로 기독교적 종합 사관이라 할 수 있었다. 그리고 특히 서양사에서 기독교의 역할을 중시한다는 사실이 그의 제자 백낙준의 사관 형성에 결정적인 영향을 미쳤다. 기독교가 들어오기 전 야만 상태를 면치 못했던 유럽의 여러 나라를 문명 국가로 발전시킨 힘은 기독교였다. 기독교는 유럽의 새로운 문명을 창조했다. 기독교로 인하여 희랍, 로마의 문명도 재생됐다.

그가 한국의 기독교를 연구 과제로 삼은 것은 라투렛의 영향이 있었다. 한국 역사 전반에 필요한 새로운 발전이 기독교에 있다는 결론은 그에게서 민족주의의 재확인 못지않게 중요했다. 이는 그의 학문적 자세를 가다듬게 하는 영감이었다. 그 결론을 다시 홍익인간으로 이어 놓은 것은 그의 천재성이었다. "우리는 중국을 통해 문화를 받았으나 그 문화를 독점하려 하지 않고 이웃 일본에 전달함으로 동양 문화권 성립에 협력했다. 고구려와 백제는 일본을 무력으로 점령하지 않고 문화로 교화했다. 그것이 홍익인간이었다." 그러므로 고조선의 건국 이념이었던 홍익인간은 오늘 한국의 국가 이념으로 승화됐다. 그리고 이는 그가 주창하는 상호의존, 상호부조의 세계관을 뒷받침하는 정신적 내용을 포함했다. 홍익인간은 그의 민족주의와 세계주의가 만나는 곳이며, 동시에 한민족뿐 아니라 모든 민족의 존재 이유로 설정됐다.

그가 이상적 인물로 본 지도자는 윌슨(Willson)이었다. 그가 미국 대학에서 공부하던 당시에 윌슨은 대통령이었다. 그가 제창한 민족자결의 원칙과 "세계를 민주주의로 안전한 곳이 되게"(to make the world safe for democracy) 하려는 윌슨의 꿈은 젊은 그에게도 꿈이 되었다. 그러나 윌슨은 그 꿈을 이루지 못했다. 그의 역사의식이 현실 참여를 강박한 것이다. 그의 현실 참여는 공자와 맹자가 그러했듯이 나중에 실패로 돌아갈 수밖에 없었다.

그러나 정당한 생존을 위해서는 민족주의에서 국제주의로, '나'와 '너'를 찾아야 했다. 우리를 찾는 인류의 운명을 생각할 때, 그가 제창한 홍익인간의 이념이 '나'와 '너'의 합(合, synthesis)으로 이루어졌다. 이것은 귀중한 이념으로, 인류의 역사와 공동 운명체로서의 세계의 방향 설정에서 큰 몫을 했다.

그는 자라면서 기독교 교육을 받았다. 미션 스쿨인 신성중학교를 졸업했고, 교회 주일학교를 다녔다. 그는 훌륭한 기독교인이었다. 이후 그는 목사가 되려고 했다. 그가 중국과 미국으로 유학을 간 것은 단순히 학문을 얻기 위함이 아니라, 나라가 어려워 신앙을 지킬 수 없었기 때문이기도 하다. 중국에서 미국으로 간 것이 1918년이었다.
라투렛이 백낙준의 책 《한국 개신교사》에 쓴 서문은 매우 의미 있다.

> 개신교 선교를 받은 나라 중에는 그 초창기를 넘어선 나라도 있고, 또 다수인이 이룩한 기독교인 사회도 생겨났다. 과도기의 교회는 새로운 문제에 당면하는데, 개중에는 초기에 있었던 것보다 더 위급한 것도 있다. 신흥 교회들이 그 고유한 환경에 적당히 조절하여 비난이 많던 외국 색채를 제거하면서도 기독교의 독특한 성격과 그 전파의 힘을 보존할 수 있을 것인가? 서양과의 접촉에서 생기는 사회 분해가 교회의 현명한 지도 능력을 길러 낼 수 있으며, 나아가 민족의 삶에 견실하고 건설적 요인이 되며 새로운 문화에도 기독교 흔적을 남길 만한 능력의 원천이 될 수 있는가? 이런 문제들은 처음부터 이어진 시대에서 국가 및 교회 성장과 중요한 관계가 있다.
> 한국은 그러한 단계에 있다. 초창기 선교사들은 그 과업을 완수했다. 한국에는 기독교인 사회가 있고, 신앙을 전하고 있으며, 자력으로 교회를 유지하고 있으며, 신앙이 독실한 점에는 따를 곳이 없다. 원시안을 가진 내외국 지도자들은 전도에 임할 환난을 알고 지혜로운 계획과 극진한 성의와 신앙으로 이 민족에게 다가오는 내일의 변천에 대비해야 교회에 대한 기대에 어긋나지 않을 것이다. 앞에 오는 문제를 해결하려면 과거를 알아야 한다. 한국교회의 유래를 자세히 알아야 하고, 그 성격과 특수한 제도가 발생된 이유와 그 장점과 허점도 알아야 한다.
> 한국 교회사를 백 박사와 같은 적격자가 서술한 것은 참으로 다행

이다. 그는 한국인으로서 교회 문제 해결을 책임지려는 마음으로 역사를 서술했다. 또 그는 독실한 기독교인으로 정신적 면에서 선교사들의 후배라는 입장과 그가 쓰는 사기는 동정적 이해에서 기록됐다. 그는 미국에서 교육을 받았다. 미국은 한국에 다수의 선교사를 파송한 나라다. 그러므로 그는 한국에 기독교 신앙을 선포한 인물들의 배경을 알고 있었다. 그는 서양 사학자의 방법 응용에 대한 훈련을 받았으므로 지구력을 갖고 자료를 모았고, 그 자료의 비판과 해석에는 객관적으로 임했다. 그 결과 초기 한국 개신교의 활동을 기록했다. 이 부분의 역사에 대해서는 완벽했다. 한국 기독교사를 연구하는 저술가나 학생은 백 박사의 저작을 숙독해야 한다. 백 박사는 자기가 맡은 과업을 훌륭하게 완수했다. 한국 개신교 전래에 관심 있는 사람은 누구든지 백 박사의 도움을 입게 될 것이다.

그는 이처럼 자신 있게 말했다. 백낙준의 연구가 확실했으므로 결과적 열매로 이 책이 나온 것이었다. 그러므로 이 논문은 한국교회사를 처음 쓴 사람으로서 분명한 결과였다. 오늘도 한국교회사가 저술되고 있으나, 그것은 모두 백 박사의 틀을 인정하고 따라가고 있다. 새로운 창조가 있을 수 있으나 그의 뒤를 따라가는 형태가 바른 것이며, 그렇게 함으로 한국 교회사에 영향을 미칠 수 있다.

그는 그 스승의 역사적 사관에서 논문을 썼다. 그것이 《한국 개신교사》였다. 그는 그 서문에서 몇 가지를 지적하고 있다. 먼저 그는 이렇게 말했다. "개신교가 국내에서 빨리 발전할 수 있었던 데는 개신교 자체의 성격과 그것이 한국 국민의 종교적 욕구에 상응했다는 점, 또 전수(傳授)와 전수 양면의 환경적 작용도 있었다." 그러한 발전의 이유는 기독교의 본질적 신앙과 한국인의 종교성이었다. 또 "기독교 역사는 그 본질이 선교 역사다. 또 선교 역사가 되어야 한다. 교회는 기독교 역사에서 중간 존재다. 우리 주님이 다시 오실 때까지만 존재한다(고전 11:26)"라고 지적한다. 그는 역사의 내용을 바로 지적했으며 교회관을 밝혔다.

"기독교 2천 년 역사에서 교회의 흥쇠는 교회가 행한 전도의 소장(消長)에 있었고, 전도 활동의 소장은 신도들의 신앙 허실에 좌우되었다. 전도는 예수의 최고 명령이다. 개신교가 우리나라에 들어와 그 초기 4반세기에는 우리 국민에게 새 생명을 불러일으키는 힘이 됐다. 그다음 36년은 이족(異族)이자 이교인(異敎人)의 탄압으로 수난기를 지냈다. 민족 해방으로 4반세기 동안 교회는 분열했다. 이제 교회 통일 기운이 감도는 이때 우리 교회는 개신교의 바른 교의적 전승은 물론이요, 개신교 본래의 자유, 자율의 정신에 귀착(歸着)해야 통일과 교회의 진흥(振興)을 기대할 수 있다."

이처럼 그는 교회 역사를 분석하고 미래 방향을 제시했다. 이것은 바른 역사적 예언이었다. 그의 탁월한 역사의식이 이 시대를 보며 예언하게 한 것이다.

백 박사는 어떤 사람이었을까? 몇 가지 특징을 정리하면 첫째, 그는 훌륭한 신앙인이었다. 더욱이 목사였다. 그러므로 그가 교육가로서 분명하게 추구한 것은 기독교 교육이었다. 그리고 그 내용은 전도였다. 그는 연세대학의 존재 가치를 여기에 두었다. 이에 연세대학교에 예배는 반드시 있어야 했다. 그는 연세의 신앙을 중요시했다. 모든 사람이 기독교인이 되기를 바랐다.

둘째, 그는 평생 목사로서 맡은 일에 성실했다. 목회를 하지는 않았으나 그는 정치인, 교육가, 사회운동가로 일할 때도 항상 목사임을 명심했다. 이것이 더욱 그를 목사답게 했다. 이에 한국교회를 위하여 크게 공헌했다. 한국교회가 선교 100주년을 맞이했을 때 그는 "우리는 이제 선교 받은 교회로서 선교하는 교회가 되어야 한다"라고 강조했다. 과거에는 한국교회가 성경 공부 잘하고 전도와 연보하는 것으로 공헌했으나, 이제는 세계 교회에 공헌해야 한다며 세계 선교를 부르짖었다.

셋째, 그는 신앙에 근거한 애국자였다. 그가 중국으로 망명한 것은 애국심 때문이었다. 그리고 미국에서 공부한 것도 나라에 대한 애국심이 그 동기였다. 특히 역사를 공부한 것도 애국심의 발로였다. 애국자란 언제 필요한가? 나라를 잃었을 때 나라를 찾기 위해 애쓴 독립운동가만 애국자인가? 나라의 근대화를 위하여 열심히 연구하고 일하는 사람도 애국자다. 근대화에서 가장 우선되는 것이 교육이었다. 한국의 근대화는 한국인의 교육을 필요로 했다. 교육하는 것이 곧 애국자의 삶이었다.

넷째, 그는 스승을 존경했다. 미국에서 교회사로 박사학위를 받았는데 그 지도 교수가 라투렛 박사였다. 백낙준은 스승의 학문적 깊이와 바른 역사의식에 크게 감동을 받아 그를 존경했다. 그는 또 스승의 인격적 삶을 존경했다. 그는 마치 성자 같았다. 제자를 돌보는 데 시간과 정력을 아끼지 않았다. 또 그는 도산 안창호 선생을 존경했다. 그가 보기에 도산 선생은 거시적 경륜가이며 장기적인 계획을 세운 인물이었다. 그는 참된 애족자였다. 도산 선생은 친절한 대담과 웅변적인 공개 강연에서 자신이 가르친 이론과 공개한 사상을 실천하는 실천가였다. 선생은 당시에도 민족의 위대한 지도자로 존경받았고, 오늘날에도 변함없이 존경받고 있다. 이 지도자에 대한 존경은 그의 사상은 물론 그의 인격과 삶의 모습에서 우러나오는 것이다.

다섯째, 그는 이상을 향해 달리는 사람이었다. 이상은 지난날을 회상하는 데서 오는 것으로 멈추게도 하고, 추진하게도 하는 것이다. 그에게 교육은 큰 이상을 실현하기 위함이었다. 거기에 '새로움'이라는 말이 첨가됐다. 즉, 그에게는 옛것을 지나서 새것을 꿈꾸며 나아감이 이상이었다. 그래서 새 계획을 세우고, 새 결심으로 그 설계를 이룩하려고 새로 출발했다. 이것이 이상을 실현하는 과정이었다. 이상을 계획하고 설계도가 작성되면 그다음은 결단이 필요하다. 인간의 삶은 결단에서 새로운 역사가 창조된다. 머리에만 있는 구상은 현실이 되지 못한다. 마지막에는 실행해야만 한다.

이런 이상을 실현하는 데 사용되는 수단에서 선과 악이 나타난다. 그는 가장 큰 인간의 수단은 성실이라고 했다. "성실이란 덕(德)은 한 포기의 꽃이 아니요, 봄날에 불어오는 동풍과 같아 그 훈훈한 기운과 따뜻한 빛이 백화에 개발을 재촉하는 것과 같다. 성실은 모든 덕의 기본이요, 인간 행동의 표준이다." "성실은 위험이나 곤경에도 그 성실을 희생하지 않으며, 영화로우면서도 절개를 지키는 것은 성실의 한 표현이다." 이를 응용하면 첫째, 개인은 자신에게 성실해야 한다. 둘째, 다른 사람에게 성실해야 한다. 셋째, 일에 성실해야 한다. 영국 문학의 대가 키플링은 일찍이 자기에게는 일곱 명의 친구가 있는데 그것은 곧 'What, Why, Where, When, How, Which, Who'라고 말했다.

마지막으로 그는 자유인이었다. 사람은 처음부터 자유롭게 살도록 기본적 성품을 타고났다. 그러므로 국가는 국민의 자유로운 삶을 보장해야 한다. 어린이는 배울 권리와 보호받을 자유가 있다. 이것이 외적 자유이며, 내적 자유는 죄에서 해방되는 것이다. 내적 자유 없이는 외적 자유를 누리지 못한다. 자유를 얻었다는 것은 한 경우에서 다른 경우로 옮겨졌다는 뜻이다. 해방도 전에 있던 처지에서 다른 처지로 옮겨진 것이므로, 해방은 그 자체가 목적이 아니며 다른 경우로 옮겨 가려는 것이었다. 종을 해방하는 것은 자유인을 만들려는 데 그 목적이 있다. 자유를 얻었거나 해방됐다고 하면서도 새로운 것이 없으면 해방도 자유도 얻지 못한 것이다. 우리 삶에서 뜻이 있고 활동에 목적이 있는 생활과 활동을 하는 것이 참 자유로운 삶이다.

한국교회는 지금 세계 선교를 지향한다. 이것을 예언한 사람이 백낙준 목사였다. 1960년대 이미 한경직 목사와 김활란 박사의 전국 복음화 운동이 태동했다. 그리고 지금 한국교회는 전도를 통해 세계 선교를 이루기 위해 현재의 역사를 성취해 간다. 한국교회는 이미 80년 전 오늘을 정확한 역사관을 통해 진단했다. 지금 이것을 실천하고 있는 우리는 그의 예언자적 역사의식에 대하여 찬사를 보낼 수밖에 없다.

예언자적 역사가는 구약의 예언자와 같다. 예언자의 말은 항상 과거의 역사를 말했다. 죄로 가득했으므로 "회개하라. 그러면 하나님께서 밝은 미래를 주실 것이다"라고 외쳤다. 그러나 백 박사는 죄를 회개하는 것이 아니라 회개한 그리스도인의 성장 과정을 통해 미래를 볼 수 있었다. 오늘날의 교회 역사가는 어떤 과거를 회고하고, 현실을 분석하고 해석하며, 미래를 희망하고 있는가? 적어도 교회 역사가는 하나님의 지시를 받을 수 있는 예언자적 사명이 있어야 한다.

백 박사는 두 가지가 분명했다. 목회자에게 반드시 필요한 것은 먼저 교회관이다. 교회가 무엇인가? 예수의 몸이다. 몸은 머리에서 시작한다. 머리를 중심으로 형성된다. 그리고 몸은 머리의 명령을 받고 활동한다. 교회는 몸이요, 머리는 예수다. 그러므로 교회의 주인이 예수임을 분명히 알아야 한다. 목회자들도 교회관을 잘 알고 있다. 그런데 문제는 그대로 실행하지 못한다는 데 있다.

다음은 역사의식이다. 목회자는 역사를 공부해야 한다. 설교 시간에 기독교 2천 년 역사를 얼마나 자세히 언급하는가? 그리고 한국교회 역사를 얼마나 언급하고 있는가? 역사의식이란 토막 역사를 사건으로 알고 있는 것뿐 아니라, 역사의 흐름을 정확하게 알고 미래를 예측하는 데서 온다. 역사란 사건으로 끝나지 않고 그 사건이 이어지는 것이다. 역사의식이란 그것을 바로 알고, 의지를 갖고 그 길을 모색하며, 역사의 패턴을 믿고 나아가는 것이다.

여기에 하나를 추가하면 '성령의 역사'를 믿는 것이다. 역사는 인간적인 면에서 해석할 수 있다. 그러나 여기에 하나님의 능력이 특별히 나타날 때가 있다. 그것이 성령의 역사다. 기독교는 성령의 역사로 출발했다. 이것은 예수의 승천 후 마가의 다락방에서 일어난 사도행전 2장의 역사였다. 1907년 한국교회에 임하신 성령은 한국교회뿐 아니라 한국 사회와 민족을 변화시켰다. 이것은 한 사람이 회개를 통해 변화됐기 때문이다. 1975년 두 번째 성령 운동은 한국교회를 크게 부흥케 했다. 이에 그리스도인이 1천만 명을 넘어섰다. 그 힘은 이제 세계 선교로 이어지고 있다.

제주의 성실한 믿음의 종
강문호 목사(1899~1986)

    강문호(康文昊)는 1899년 3월 9일 전라남도 대정군 좌면 중문리의 한 유복한 가정에서 태어났다. 열한 살 때까지 한문 공부를 마치고, 이어 초등학교도 다니기 어렵던 때인 1913년 중문리에 있는 중문 사립 개성학교에서 공부했다. 졸업을 앞둔 어느 날 우연한 기회에 전남 강진 출신인 최대현이 전도하는 말을 듣고 찾아가 그의 말을 듣게 되었다. 들을수록 사리에 합당함을 느껴 1914년 가을부터 예수를 믿게 되었다.

 강문호가 돈독한 신앙인이 되자, 유교 사상이 투철한 부친과 친족들이 문중의 장자인 그를 그냥 두지 않았다. 그날 이후로 그는 집에서 내쫓겨 들이나 밭의 돌담에서 쭈그리고 새우잠을 잤다. 그래도 예수교를 믿는 것을 포기할 기세가 보이지 않자, 문중 어르신 한 분이 "왜 예수를 믿느냐? 무엇이 그렇게 좋으냐?"며 "설명을 들어 보고 우리가 믿는 유교보다 더 나으면 나도 믿겠다"고 했다. 강문호는 나름대로 설명했으나 그때는 아는 것이 많지 않아 충분히 설명하지 못했다.

 그러던 어느 날, 강문호는 부모의 완강한 거부에 부딪히자 아버지의 금고에서 80전을 훔쳐 제주 성안교회로 갔다. 성안교회 교우들의 사랑을 받으며 신앙생활을 하다가 1916년 한 교우의 성금으로 선교사들이 운영하는 군산 영명학교에 입학했다.

 1919년 그가 영명학교 고등과 4학년에 재학하고 있던 때, 군산 영명학교 이두열 교사는 민족 대표 33인에게서 입수한 독립선언서와 태극기를 학생들에게 수만 장을 등사케 하여 1919년 3월 6일 군산 서래 장날 시장에 모인 국민과 함께 독립 만세 선언을 할 준비를 하고 있었다. 그런데 이 기밀이 일경에 발각되면서 교사들이 체포돼 경찰서로 끌려갔다. 이때 강문호도 학생들과 함께 태극기를 흔들며 "독립 만세"를 외치고 군중에게 독립선언서를 나눠 주며 시내로 진입하려 하다 체포되어 1주일 만에 풀려났다. 그러나 그는 전혀 아랑곳하지 않고 임피읍 등지로 독립선언문과 태극기를 책보에 숨기거나 어깨에 메는 가방 속에 넣어 장 보러 가는 사람처럼 위장하고 다니면서, 장이 서는 날이면 어디든 가서 사람들에게 몰래 태극기와 인쇄물을 나누어 주며 독립을 위한 대중 운동을 했다.

 그러나 기마 헌병들의 경계가 심해서 뜻을 이루지 못하던 중, 체포됐던 교사들과 몇몇 학생이 군사 재판소 광장에서 재판을 받기 위해 재판정으로 들어설 때 강문호는 1천여 명의 군중이 모여 있는 곳에서 모자를 흔들며 "대한 독립 만세"를 외쳤다. 방청객들이 동시에 "대한 독립 만세!"를 따라 외치게 되었고, 이는 삽시간에 군산 시내로 번져 온통 만세 소리로 진동하게 됐다.

그 자리에서 강문호는 보안법 및 출판법 위반과 만세 주동자로 붙잡혀 대구복심법원에 공소한 후 재판을 받았다. 이때 판사가 "이런 자는 극형에 처해야 한다"고 공소하자 강문호는 "남의 나라를 빼앗은 강도들에게서 빼앗긴 나라를 되찾겠다는데 무슨 죄가 되느냐?" 하고 불복했고, 이로 인해 법정 소란죄가 더해져 1년 6개월이 구형되어 대구 감옥에 수감됐다.

그는 수감 중 갖은 고문에도 결코 굴하지 않았고, 기회가 있을 때마다 "대한 독립 만세"를 있는 힘껏 외쳤다. 그럴 때마다 일경은 그를 거꾸로 매달아 코에 고춧가루 물을 붓는 등의 고문을 가했다. 심지어는 쉬는 시간인데도 그물 깁는 일을 억지로 시키자 강문호는 "내가 왜 너희 나라에 협력해야 하느냐?" 하며 그 말에 따르지 않았고, 또다시 끌려가 고문을 당했다.

한편 그의 부친은 여전히 예수에 미쳐 집까지 버리고 나간 장손인 아들을 영원히 용서하지 않겠다는 마음으로 살아가고 있었다. 그런데 어느 날, 아들이 목숨을 아끼지 않고 나라를 찾겠다고 만세운동에 가담했다가 옥고를 치른다는 소문을 들었다. 또한 감옥 안에서 고문 과정을 담대하게 이겨 내는 모습과 출옥 후에도 약한 모습으로 살아가지 않고 목사가 되기 위한 길을 택해 묵묵히 그 길을 가는 아들을 보았다.

강문호의 부친은 아들이 출옥해 잠시 집에 들렀을 때 아들에게 질책했던 과거의 일은 까맣게 잊고 오히려 아들을 매우 자랑스럽게 여겼다. 그 시로 아들을 따라 그렇게도 배척했던 예수를 믿고 성도가 되었으나, 아들의 목회 사역을 못 보고 1년 후에 세상을 떠났다. 그때부터는 후손들 모두가 예수를 믿어 기독교 집안이 됐다.

강문호는 일제의 강제 신사참배와 일본식 이름 개명에도 불복해 기독교인의 이름을 더럽히지 않았다. 교계의 대다수가 신사에 가서 머리를 숙일 때도 그는 하나님 한 분만을 섬기며 살았다. 해방 전까지의 강문호 목사의 삶은 그 자체가 고독한 독립운동가의 삶이었다. 이는 곧 애국자의 모습이자 참 그리스도인의 모습이었다.

일제가 명령하는 것에는 무엇에든 불복했고, 이에 여러 가지 혹독한 고역을 겪었다. 그뿐 아니라 수시로 가택 수색을 하는 것은 물론이고, 예배를 방해하고 요시찰 인물로 일경들이 항상 뒤따라다녔다. 일경은 강문호가 자신들의 명령에 따르지 않자 그가 일본에서 공부할 때부터 귀하게 소장하고 있는 서적 중 500여 권을 마차 두 대에 실어다 태워 버렸다. 이 일은 강문호에게 가장 가슴에 사무치는 일 중 하나가 되었다.

1922년 8월 그는 서울 용산장로교회 전도사와 경기도의 순회 전도사가 됐다. 그 후 일본 고베(神戶) 중앙신학교 입학과 동시에 일본 병고교회와 대판 동부교회에서 전도사로 시무했다. 졸업을 1년 앞둔 어느 날 문득 교회 일과 공부를 계속 병행하다가는 실력 향상에 지장을 초래할 것으로 생각하여, 1930년 3월부터 교회를 사임하고 남은 1년 동안 오직 공부에만 몰두했다. 이때 과로와 영양 부족까지 겹친 병을 얻었다.

이렇게 허약한 몸이 완전히 회복되기도 전에 맹장염까지 걸려 큰 시련을 겪고 있을 때, 친구같이 지내던 미국인 선교사가 강문호를 돕기 위해 자신의 전도 구역에서 일을 도와주면 학비를 대주겠다고 말했다. 그러나 성격이 꼿꼿하고 의타심이 없었던 강문호는 할 수 있을 때까지는 자기가 하겠다며 거절했다.

한편 고향에 있던 그의 모친은 아들의 몸이 안 좋다는 말을 듣고 밭을 갈아야 하는 소를 팔아 아들에게 보냈다. 돈을 받은 강문호는 아무 영문도 모른 채 감사한 마음으로 받아 남은 학기를 잘 마칠 수 있었다. 그러나 공부를 마치고 고향에 돌아와서는 그 돈의 출처가 소를 판 것임을 알게 됐고, 몸이 약한 아들이 돌아오기만을 기다렸던 어머니의 모습에 감복했다.

1931년 3월 졸업 후 귀국하여 몇 달이 지난 1931년 7월 21일에 강문호는 신영숙과 결혼했다. 신영숙의 본명은 신아기로, 경상남도 거창군 거창면 동동 19번지에서 부친 신극선과 모친 김성인의 외동딸로 태어났다. 신영숙은 평양 간호전문학교를 우수한 성적으로 졸업하고 서울 세브란스병원에서 근무했다. 이때 은사의 주선으로 강문호와 약혼했다. 신영숙은 수간호원이었다.

강문호는 1932년 6월 조선예수교장로회 경기 노회에서 목사 안수를 받았다. 목사가 되어 경상남도 거창, 전라남도 무안, 제주 서귀포와 한림 등지에서 목회했으며, 1940년 일제가 요구한 일본식 이름 개명과 신사참배를 모두 거부했다가 요시찰 인물로 지정되어 수시로 가택수사를 당했다. 강문호 목사는 경기 노회 소속 경기도 양평군 옥천면에 있는 고읍교회에서 목회를 시작했다. 이때 청년 집회를 했는데 일경은 매번 촉각을 곤두세워 필사적으로 이를 저지했다. 심지어 강문호 목사의 수많은 일기 형식의 수첩마저 빼앗아 갔다.

1934년에는 서귀포교회의 순교자 이도종 목사의 후임이 됐다. 그는 서귀포교회뿐 아니라 다른 교회도 돌보았는데, 주일 아침에는 서귀포교회에서 예배를 드리고 오후에는 법환교회에서 예배를 인도했다. 하루에 두세 차례밖에 다니지 않는 버스 시간을 맞추기란 여간 어려운 일이 아니어서 그는 걸어가는 때가 많았다. 법환교회에서 오후 예배를 마치면 저녁이 됐다. 다시 걸어서 중문교회에 가서 예배를 드리고 나면 캄캄한 밤이었다. 어쩔 수 없이 주일 밤은 중문에서 자고 아침에 일어나 특별히 방문할 가정이 없으면 그때서야 집으로 돌아왔다.

이때 제주 노회 제7대 노회장을 맡았으며, 〈기독공보〉에 여러 차례 글을 발표했다. 1935년부터 2년에 걸쳐 발표한 "표준적 신앙생활", "요단 강변 이스라엘", "성탄에 대한 명상 일절", "그리스도의 이상" 등이었다. 당시에는 설교문을 작성하여 설교하는 사례가 흔하지 않았으나 강문호 목사는 늘 설교문을 작성했는데, 그의 문체는 매우 아름다웠으며 논리정연했다.

그는 "그리스도의 이상"이라는 제목의 글에서 이렇게 썼다.

"진정한 평화는 개인이나 국가가 보존할 수 없고, 한편이 평화를 주장해도 다른 편이 적의를 품고 그 평화를 깨뜨릴 때는 그 평화가 불화로 변하니 어찌하랴! 그러므로 참 평화는 세계적이어야 한다. 그리스도교에서만 볼 수 있는 사상은 신은 하늘에 계신 아버지라 함이니, 세계가 하나님을 아버지라 섬기는 정신이 없이는 사해 평화주의는 성립되지 않을 것이요, 형제주의 없이는 봉사주의도 실행되지 않을 것이며, 형제주의와 봉사주의 없이는 세계 평화가 있을 수 없다."

이 글에서 볼 수 있듯, 강문호 목사는 일본이 신사를 신설하고 한국인들에게 강요하는 평화는 독선이며 일방적이라는 점을 지적했다. 그리고 일본과 한국이 동시에 받아들일 수 있는 세계적인 평화는 예수를 통한 공통의 길이라는 것을 은유적으로 강조했다.

그는 서귀포교회 재직 시 강원도의 예수원을 창설한 영국성공회 목사(신부) 대천덕 신부의 할아버지(R. A. Torrey)가 쓴 《우인의 무디관》이라는 책을 번역해, 개인 전도와 경건에 열심히 임할 것을 독려했다. 또 이 시기에 덴마크의 그룬트비의 농촌 운동과 일본의 가가와 도요히코(賀川豊彦)의 농촌 계몽운동을 한국에 소개했다.

이후 강문호 목사는 제주 노회장과 교회를 사임하고 전남 무안교회와 함평읍교회로 갑자기 목회지를 옮겨야 했다. 당시 〈기독공보〉에 설교와 논문을 기고하기 시작하면서 사상적으로 강한 면이 알려지면서 그의 독립운동 활동도 드러났다. 일경들은 그를 따라다니며 목회를 방해했다. 시간이 갈수록 생명에 위협을 느낄 정도로 일경의 협박이 심해졌다. 무엇보다 자신이 시무하던 교회에도 제재가 시작되는 것을 알고, 자신으로 인해 교회와 성도들에게 어려움이 닥칠 것이라 염려해 제주도를 떠날 것을 결심했다.

그러나 그가 어디를 가든지 독립운동했던 전적으로 인해 일경들이 항상 따라붙었다. 설교 내용이 사상적으로 불순하다며 경찰서에 불려가 괴롭힘을 당하는 것은 다반사였다. 그러나 언제 될지 모르는 해방만을 기다리며 목회를 그만둠으로 하나님을 등질 수는 없었다. 이에 상황에 맞게 처신했다. 강문호 목사는 1936년 10월에 전라남도 함평군 함평면 내교리교회에 부임한 뒤 1941년 4월까지 섬겼으며, 1941년 초에 첫 목회지인 경기도 양평군 고읍교회에 다시 부임했다. 고읍교회에서 1년간 사역하고 있는 중에 제주 한림교회로부터 청빙을 받았다.

이때 강 목사는 제주에서 일경들의 끈질긴 압박과 협박으로 쫓기듯 떠나올 수밖에 없었던 일이 떠올랐다. 6년이 지났어도 일제 치하에 있기에 그때와 다를 것이 없었다. 그러나 아무도 모르는 타지에서 목숨을 버리는 것보다 제주인이기에 당연히 제주에서 전도하다 죽는 것이 옳다고 생각하고, 남은 목회를 하나님께 전적으로 맡기며 1942년 5월 제주도 한림교회로 향했다.

일제는 전쟁 말기에 일본말로 기도와 설교를 하라는 지시를 내렸다. 일본말로 설교하지 못하는 목회자들은 무자격자라 하여 추방할 구실을 찾기 위해 일본 경찰들이 교회마다 예배 시간에 뒷자리에 앉아 이를 감시했다. 제주도에는 24개 교회에 13명의 목사가 있었는데, 일본말로 설교할 수 있는 목사는 한림교회 강문호 목사와 서귀포교회 조남수 목사뿐이었다. 이에 이 두 사람을 제외한 11명의 목사는 추방됐다. 강문호 목사는 일제에 굴하지 않고 성도들에게 더욱 강하게 마음을 무장하게 한 후 묵상으로 기도하게 하고 찬송을 부르고 성경을 읽은 다음, 일본말도 사용하지 않고 한국말도 사용할 수 없어서 '침묵 설교'를 했다. 이것은 그만의 특별한 방법이었다. 성도들은 그 침묵 설교에 눈물을 흘리며 감동했다. 그는 그렇게 예배를 마쳤다. 이 일 후 오랫동안 '침묵 설교'라는 말이 세간에 나돌았다. 이후로는 일본 경찰들이 관여하지 않았다.

일제는 전투에 방해되는 사람들은 제주에서 모두 떠나라는 명령을 내렸다. 다른 교회와 마찬가지로 한림교회당도 일본군의 막사로 사용되었고, 군인이 군화를 신고 마음대로 예배당 안을 출입하는 행태가 자행됐다. 그 시기에 미군이 제주도를 초토화한다는 소문이 돌아, 많은 도민이 외지로 피난을 떠났다. 상황이 급박해지자 강문호 목사는 아내와 자녀 5남매를 거창으로 보냈다. 그리고 노모와 함께 "죽으면 죽으리라" 하는 마음으로 모든 것을 하나님께 맡기고 교회와 성도들을 최후까지 지킬 것을 다짐했다.

때마침 3년 후배로 영명학교와 일본 고베신학교 동문인 정동규 장로가 찾아왔고, 그 기회에 총회에 서신을 써서 보냈다. 결사적으로 교회를 지킬 것이니, 혹여 어려운 일이 발생하면 나머지 가족들을 책임져 달라는 내용이었다. 이 편지를 정 장로 부인이 피난 가는 편에 총회에 전달하려 했다. 그러나 정 장로 가족이 탄 배가 도중에 격침되어 편지는 총회에 전달되지 못했다. 가족들을 걱정할 수밖에 없는 인간의 나약함을 아시는 하나님은 그 위기 중에서도 그를 더 쓰시기 위하여 살아남게 했다고 정동규 장로는 훗날 회고했다.

이때의 제주도는 일본의 대미(對美) 작전기지였다. 1945년 7월 6일 오전 10시경 미군은 한림항에 배치된 해방함과 수원에 있었던 일본군의 군기고를 집중적으로 폭격했다. 이 과정에서 한림의 민가들도 폭격을 당했다. 당시 한림교회당과 사택, 수호실을 비롯하여 종각이 파괴되었다. 강문호 목사와 모친, 그리고 손위의 누이가 함께 집에 있다가 강 목사는 부상당하고, 누이는 식사 준비를 하기 위해 부엌에 있다가 그 자리에서 숨졌다. 모친은 노환에다 큰 충격을 받아 회복하지 못하고 폭격 9일 후에 소천했다. 만일 사모와 어린 자식들을 그때 피난 보내지 않았다면 모두 변을 당했을 것이었다.

강문호 목사는 사망한 누이와 노모를 천하오름의 한곳을 정하여 각각 장례를 치렀다. 혼자 몸이 된 강 목사는 그때부터 일경을 피하려고 거주지를 수시로 옮겨 다녔다. 그러면서 7월 22일 장원동에서 당회를 열고, 임시 예배 처소를 장원동 조달호의 집과 수원리 박재옥 집사의 집으로 정했다. 만나는 성도들에게 예배 장소를 서로에게 전하게 했다. 오직 자신이 살아 있어야 성도들을 잃지 않겠다는 생각 하나로 그는 바닷가 바위틈 혹은 산속에서 지냈다. 배고픔은 생각할 겨를도 없이, 충격으로 실망한 성도들을 지키기 위하여 싸웠던 나날들이었다.

한편 거창으로 피난 간 식구들은 한림교회가 폭파되었을 때 강 목사가 돌아가셨다는 풍문을 듣고 슬픔 속에서 지냈다. 해방이 되자 아버지로부터 연락을 받았고 한림의 상황도 알 수 있었다. 사택 수리가 끝나면 다시 연락하겠다는 소식을 끝으로 1년여 동안 아무런 소식도 없었으니, 어린 자식 5남매를 데리고 홀로 피난살이에 지쳐 있던 사모는 기도하면서 다시 돌아갈 날만을 기다리며 살았다.

예배당이 폭파되어 우선 사택을 수리하고 예배 장소로 사용했다. 새벽기도와 주일 예배를 드리며 흩어진 성도들을 심방하니 다시 모여들면서 교회는 활기를 되찾았다. 일제의 탄압이 극에 달했을 때여서 당회로 모이는 장소를 한림교회 혹은 고산교회 사택으로 바꿔가며 일경의 눈을 피했다.

1945년 해방 후 제주에는 목회자가 거의 없었다. 해방과 함께 강분호 목사가 재건 제주 노회의 노회장을 맡았으나, 여전히 교회들 이끌어 갈 목회자가 부족했다. 해방 전에는 1930년부터 제주 출신인 이도종 목사와 김재선 목사가 제주 노회를 이끌어 갔으며, 그 가운데서도 이도종 목사의 역할이 매우 컸다. 그러나 해방 이후에는 강문호 목사와 조남수 목사가 제주 노회를 이끌었다. 한편 강문호 목사는 1945년 광복 후 이승만 대통령이 제주도지사 취임을 종용했으나 목회만 하겠다는 마음으로 거절했다.

강문호 목사는 8·15 해방, 한국전쟁 등 정치적·사회적·사상적 변혁기에 제주 교회의 성장과 진리 수호에 최선을 다했다. 1945년 11월 21~22일 그는 한림교회의 문명옥 장로 집에서 제16회 정기 노회를 열고 향후 대책을 숙의했고, 이때 강문호 목사가 노회장으로 재선되었다.

1946년 1월부터 성경학교를 다시 개강하여 각 교회 청년과 제직 70여 명이 모여 공부하기 시작했다. 강태국 목사가 부흥성회를 이끌었다. 1946년 6월 장로교 단독으로 남부 총회를 조직하여 해방 전 제31회 총회를 승계하는 제32회 총회로 출발할 때 강문호 목사는 제주 노회장으로 이 총회에 참석했다. 사회가 안정되는 조짐을 보이자 1946년 4월에 임기봉 목사가 제주도로 돌아와 서부교회를 담임했다.

　　이렇게 하여 제주도에는 모두 4명의 목사가 있었다. 따라서 이들이 맡아야 하는 교회에서 담임목회자와 더불어 치리 당회장을 맡아야 했다. 강문호 목사는 12개 처, 이도종 목사는 8개 처 교회의 당회장을 맡았다. 목회자들은 제주 교회의 재건과 부흥을 위하여 제주도 전역을 순회하면서 전도 강연회를 개최했다.

　　또 이 시기는 사상이 예민하게 대립하였기에 제주도 내 170여 부락에서 학교, 향사를 빌려 순회하면서 사상 강좌를 했다. 이 순회 강연회는 당시 미군정청 당국의 의뢰를 받고 이루어진 행사였으나, 동시에 복음 전도의 기회로 삼아 임기봉, 이도종, 강문호, 조남수 목사가 복음 전파와 함께 공산주의에 빠지지 말 것을 계속 강연했으며, 보조 강사는 고원숙, 조시병 장로를 비롯한 각 지역의 장로들이 맡았다.

　　1946년부터 1947년 사이에 제주 교회들은 안정세를 회복하기 시작했다. 그 가운데 두드러진 사례가 몇 교회에서 있었다. 먼저는 한림교회이고, 다음은 성내교회였다. 한림교회는 일제 말엽 미국 공습기가 폭격하는 바람에 교회가 불타는 아픔을 겪었다. 이에 문명옥 장로의 집에서 임시로 예배를 드렸다. 강문호 목사의 사택은 예배드리기에는 너무 비좁았기 때문이다.

이러한 상황에서 강문호 목사는 미군정청 내 한국 지원단에서 전쟁으로 인한 피해 복구를 지원한다는 소식을 듣고 한림교회의 피해 상황을 보고하고 복구를 요구했다. 그 결과 미군정청이 일본인 신사 부지 329평을 교회에 무상으로 넘겨주었을 뿐 아니라, 일본 군대가 남겨놓은 건축자재도 무상으로 받았다. 일본군은 1945년 8월 15일 이후 11월에 퇴각할 때까지 산적한 군량미와 자재들을 소각함으로 한국인들이 쓰지 못하게 만들었다. 그 와중에 일부 자재가 남아 있었던 것은 결코 우연이 아니었다.

  이에 한림교회 교우들은 1946년 12월에 예배당 72평과 목사 사택 28평을 신축했다. 신축자금은 구 예배당 대지를 매각한 돈과 헌금으로 충당했다. 건축 공사는 순조롭게 진행되어 1947년 4월에 준공 예배를 드렸다. 이처럼 일제가 남긴 신사 사옥을 해방 이후에 불하 받아서 예배당으로 사용한 사례는 광주 송정리제일교회, 목포 중앙교회, 제주 한림교회 등 전국석으로 여럿이 있었다. 이 모든 성과를 위해 강문호 목사는 쉴새 없이 뛰어다녔다.

  1948년 4월 3일부터 시작된 4·3 사건으로 교회는 다시 타격을 입었다. 1948년에 들어서면서 남한은 단독정부를 수립하기 위한 선거를 5월 10일에 실시하기 위해 준비하고 있었다. 남북 단일정부 수립을 염원하는 세력은 좌익계로 분류됐다. 이들은 제주에서도 선거를 방해하기 위한 무장봉기를 획책했다. 1948년 4월 3일 새벽 2시, 이승진 등 남로당원 350여 명이 무장하고 도내 지서를 급습했다. 24개 경찰지서 가운데 12개 지서가 공격 대상이었고, 제주 전역이 참화에 휩싸였다. 제주 12개 면장들이 4월 3일부터 6월 15일까지 가옥 소실 400여 호, 양민 사망 292명, 경상 98명, 납치 525명 등의 피해 상황을 보고했다.

전국적으로 제헌의원들이 순조롭게 선출됐고, 마침내 그해 8월 15일 대한민국 제1공화국이 출범했다. 그러나 제주도에서는 투·개표가 제대로 진행되지 못했다. 3개 선거구 중에서 한 선거구만 당선자를 냈다. 이 같은 혼미한 상황에서 여수·순천 지역에서 국군 제24연대가 명령에 불복하여 1948년 10월 19일에 반란을 일으켰다. 제주사태를 진압하기 위한 출동 명령을 수행하지 않았던 것이다. 그 겨울 제주에서는 많은 인명이 살상당했다. 이렇게 상황이 점점 더 대결 구도로 가면서 상호 간의 인명 및 재산 피해는 늘어만 갔다. 이러한 상호 교전이 오가는 상황에서 교회와 교인들의 피해도 심각했다.

제주도 기독교계는 4·3 사건으로 인하여 누구보다 크게 손해를 봤다. 우선 4·3 사건을 일으킨 좌익들은 제주 기독교가 정치권에 가깝다고 생각하고 자신들에게 불리한 존재로 여겼다. 이에 여러 교회와 교인들에게 피해를 입혔다. 강문호 목사는 1948년 당시 노회장으로 제주도 교회들의 피해 상황을 파악한 후, 1949년 4월 새문안교회에서 모인 제35회 총회에서 이를 보고했다.

"제주도는 개벽 이래 처음 보는 민족 항쟁으로 처참한 사태에 빠져 사상자가 양민 1,512명, 반도(叛徒)가 수만 명, 가옥 소실은 34,611동, 이재민은 86,757명, 학교 소실은 초등학교 175개, 중등학교 11개, 교회 관계 피해는 피살자가 15명입니다. 이도종 목사는 작년 6월 16일 교회로 가던 도중에 납치된 후 종적을 모르며, 허성재 장로는 중학생에게 살해당했고, 서귀포교회 임 씨는 예배당 청소를 하던 중 폭도에게 피해를 입었습니다. 교회 건물 피해는 서귀포, 협재, 삼양, 조수 등 4개 예배당이 소실되고, 서귀포, 세화 등 2곳의 목사 사택이 소실되었으며, 교인 가옥 소실은 서귀포 1동, 중문 1동, 인성 3동, 협재 6동, 삼양 15동, 제주읍 1동, 외도 3동, 남원 3동 이상

33동이고, 농작물 소출은 경작지의 5분의 1에 불과합니다. 총성이 그칠 사이가 없으므로 민중은 공포에 싸여 실로 생지옥을 이루고 있습니다. 이런 상황에서 중앙정부에서는 반도 진압에 주력함과 동시에 이재민 구호에 힘썼고, 신구 양 선교사 단체에서는 구호 물품을 나누어 주었으며, 진상을 조사하는 활동이 있었으나, 같이 동포된 우리 민족에는 아직 개인이나 단체로서 여기에 대한 여하한 동태도 없음은 실로 유감입니다. 민족의 동맥이 되어야 할 우리 총회는 급속한 시일에 위문단을 특파하여 진상을 조사하시며, 조국의 평화 수립과 아울러 동포의 구령을 위하여 유효한 대책을 강구하여 주시고, 또 총회로서 중앙정부에 종군 목사제도 설치를 건의하여 주시기를 자에 청원하오니 조량하시옵소서."

강문호 목사의 청원으로 총회는 위문단을 파견했고, 총회장 최재화 목사와 서기 유호준 목사가 제주도에 와서 각 교회를 다니면서 교인들을 위로했다. 이때 총회 파송 위문단이 주로 위로한 사람들은 4·3 사건으로 인해 생명을 잃은 희생자 혹은 순교자들에게 집중됐다. 강문호 목사는 피해자를 모두 정리했다.

1948년 6월 화순에서 사망한 사람을 비롯해 무장대와 군경에게 피살된 교인이 16명이었다. 좌우 대립의 혼란으로 제주의 개신교인들은 무장대의 표적이 되었다. 이에 한림교회와 삼양교회 그리고 조수교회가 불에 탔다.

1949년 6월 강문호 목사는 고산교회당에서 제20회 노회를 소집해 '4·3 사건 희생자와 교우들을 위한 추도식'을 집례했으며, 예배당과 사택이 소실된 서귀포, 협재, 삼양, 조수, 세화 등 5개 교회에 각각 20만 원의 복구비를 지원하기로 결의했다.

한편 1947년 조남수 목사가 당시 34세의 젊은 나이로 모슬포교회에 부임하자 교회는 부흥의 일로에 있었다. 그런데 뜻하지 않게 4·3 사건이 발생함으로 그의 생명마저 위태한 상태에 놓였다. 산남 지방에서 많은 희생자가 나왔으며, 특히 산남 서쪽 지방에서 더 많은 희생자가 나왔다. 이는 순전히 당시 교통의 어려움으로 인하여 국군이 신속하게 대처할 수 없었기 때문이다.

1948년 11월 20일 새벽에 조남수 목사는 사택에서 폭도들의 습격을 받았으며, 새벽 5시까지 약 2시간 30분 동안 치열하게 대결했다. 대결이라고는 하지만, 한쪽에서는 무장한 힘으로, 다른 한쪽에서는 하나님께 온전히 매달리는 기도의 대결이었다. 이때 조남수 목사는 당시 철도경찰 소속 응원대의 토벌대장으로 파송됐던 문형순 대장을 찾아가 면담했다. 조남수 목사와 문형순 대장과의 대화를 통해 무조건 자수하는 사람들은 처형하지 않기로 합의했다. 그 후 자수하고 살아난 사람이 3,000여 명이었다.

강문호 목사는 1953년 제주대학에서 종교학을 강의했으며, 1966년 제주 노회 초대 이사장이 되어 문태선 목사와 《제주 선교 70년사》를 편찬했다.

해방 직후부터 장로교단은 분열됐다. 김재준 목사를 따르는 목사와 신도들이 '한국기독교장로회'로 떨어져 나갔다. 제주읍 서부교회와 동부교회 등이 이 교단으로 분리됐다. 그중 예장 통합 계열이 가장 많아 2004년 현재 34개 교회로 증가했고, 1970년 예장 고신파와 총신파를 비롯해 예수교대한성결교회, 기독교대한복음교회 등이 제주로 들어왔다. 1971년 강문호 목사는 은퇴한 후 초대 원로목사로 추대됐고, 1974년 제주 노회 제67회 정기노회에서 초대 공로목사로 추대됐다.

1980년에는 독립유공자로 대통령 표창을 받았고, 1990년에는 3·1

독립운동 공훈으로 건국훈장 애족장이 추서되었으며, 1991년에는 한림교회 신도들이 교회 내에 공적비를 건립했다. 2008년에는 통합 노회의 '제주 기독교 100주년 대상'에서 교회 목회 부문 공헌으로 수상했다.

1980년대 이후 제주 지역의 개신교인은 5,877명으로 1.9퍼센트에 지나지 않았다. 그러나 1980년대부터 빠른 성장을 보여 인구의 9.3퍼센트를 자치했다. 이 수치는 전국 평균에 비하면 절반 수준이지만 제주 지역으로만 볼 때는 엄청난 변화였다. 1970년대 이후부터 이 인원의 절반가량이 제주시에 집중됐다. 반면 1970년대까지 제주 시내에 있는 교회는 전체의 20퍼센트 이하로 제주 전역에 골고루 교회가 퍼졌다.

한편 1945년 8월 15일 해방과 정부 수립 후, 독립운동에 가담하여 옥고를 치렀던 공헌에 포상이 있다는 말을 들었을 때, 강문호 목사는 명예나 보상을 받으려고 만세운동을 한 것이 아니라 국민의 한 사람으로 마땅히 할 일을 했을 뿐이라며 계속 사양하다, 1980년 그의 나이 82세가 되어서야 지인들의 권유로 기미 만세운동 60여 년 만에 최규하 대통령으로부터 대통령 표창을 받았다. 1986년 7월 12일 강문호 목사는 하나님의 부름을 받았고, 제주 노회장으로 장례식이 거행되었다.

1990년에 한림교회는 '강문호 목사 기념사업회'를 창립했다. 그리고 이듬해인 1991년 7월 12일 강문호 목사의 30년간의 사랑과 기도와 숨결이 스며 있는 한림동산에 기념비를 세웠다. 이 기념비는 국가보훈처에서 관리하고 있다. 교회당 안에 국가보훈처에서 관리하는 기념비가 있는 경우는 강문호 목사가 유일하다고 한다.

해방되기까지 여러 차례의 사선을 넘나들며 사역하던 한림교회는 그의 평생의 목회지로, 이곳에서 그는 하나님의 다함 없는 사랑과 은혜를 받으며 늘 하나님과 함께했다. 한림교회에서 목회하는 동안 제주 4·3사건, 한국전쟁 등 국가적 어려움을 몸소 체험했으며, 그 어려움 중에도 강문호 목사는 경건과 청빈의 삶을 실천하여 신앙의 청교도적 모범을 보였다.

한림읍 한림리에 있는 한림교회 앞마당에는 두 개의 기념비가 있다. 좌측은 이 교회에서 30년간 목회하고 제주 노회장을 26년간 맡았던 독립운동가 강문호 목사의 공적을 기념하는 비다. 우측은 2015년에 제막한 한림교회 100주년 기념비다. 본당 입구 좌측에는 종탑이 있다.

한국교회의 대표 목회자
한경직 목사(1902~2000)

　추양(秋陽) 한경직(韓景職)은 1902년 12월 29일 평안남도 평원군 공덕면 간리에서 농부 한도풍과 청주 이 씨의 장남으로 태어났고, 여덟 살에 어머니를 잃었다. 집에서 30리 거리인 진광학교를 걸어서 다녔으며 거기서 신학문과 기독교 신앙을 접했다. 어린 시절 그에게 영향을 끼친 인물은 6촌 간이며 초기 평양 장로회신학교 3회(1910) 졸업생인 한병직 목사와 진광학교 홍기두 선생(평양 대성학교 출신), 자작

교회 우용진 전도사였다.

1914년 진광학교를 졸업하고 그해 김찬빈(1899~1974)과 결혼했다. 1917년 정주 오산학교에 입학하면서 이승훈, 조만식에게 민족주의 교육을 받았으며, 1922년 숭실전문학교 이과에 진학했다.

숭실전문학교 재학 중 그는 블레어(W. Blair, 방위량) 선교사의 비서로 일하면서 공부했다. 1924년 여름 블레어 선교사와 여름 휴양지 황해도 구미포 해변에 있을 때 주님의 부름을 받고 목회자로 헌신할 것을 결단했다. 이듬해 숭실전문학교를 졸업하고 블레어와 윤치호의 도움으로 미국으로 건너가, 캔자스주 미국 장로교가 설립한 엠포리아(Emporia) 대학에서 공부한 다음 프린스턴 신학교에 진학했다. 박형룡, 백낙준이 이 학교를 졸업했고, 그는 최윤관, 김성락, 보켈(Boelkel), 윤하영, 이규용, 김재준, 송창근 등과 함께 공부했다. 그 당시 프린스턴 신학교는 보수신학과 신신학의 분쟁으로 분열되었다.

1929년 신학교를 졸업하고 예일 대학교 대학원에서 박사학위를 위해 공부하려던 중 폐결핵이 발병해 포기하고 뉴멕시코주 앨버커키(Albuquerque) 요양원에서 2년간 투병했다. 이때 그는 "하나님, 제 생명을 3년만 연장해 주시면 고국에 가서 하나님의 말씀을 전하다 주님께로 가겠습니다"라고 기도했다. 그 후 콜로라도주 덴버에서 6개월간 더 요양했다.

1932년 귀국해 조만식 선생 소개로 평양 숭인상업학교 성경 교사로 있다가 숭실대학으로 자리를 옮기려 했으나 총독부의 허락을 받지 못했다. 1933년 프린스턴 신학교 동문인 신의주 제1교회 윤하영 목사의 추천으로 신의주 제2교회에 부임했고, 1934년 안동 제1교회에서 모인 의산 노회에서 목사 안수를 받았다. 1935년 건평 320평의 2층 벽돌 건물로 교회당을 건축했으며, 1939년에는 백지렵, 김응락의 도움으로 보린원을 개설해 고아들을 수용한 후 양로원까지 겸했다. 1941년 태평양전쟁이 발발하자 일제는 미국 유학을 한 데다 신사참배까지 거부한다는 이유로 교회에서 강제 추방해, 그는 해방되기까지 남신의주 보린원에서 아이들과 농사를 지으며 지냈다.

해방 후 윤하영, 이유필과 '신의주 자치회'를 조직했다. 그는 일본인 평북지사의 권유로 이 책임을 맡았다. 9월에는 윤하영과 '기독교사회민주당'을 조직했다. 정치적 야심 때문이 아니라, "누군가가 꼭 해야 할 일인데 할 사람이 없으니 우리라도 해야 한다"는 애국 일념으로 민주적이고 기독교적인 터 위에 새 나라의 건국 기틀을 놓아야겠다는 생각 때문이었다. 이는 해방 후 최초의 정당이었다. 그러나 소련군과 공산주의자들의 방해와 신변 위협으로 그해 10월 초 윤하영 목사와 함께 월남했다.

월남 직후 미군정청의 통역을 맡았고, 조선신학교에서 강의도 했다. 이때 당시 서울 영락동에 있던 천리교 경성분소 건물을 불하해 1945년 12월 2일 베다니전도교회로 27명이 모이기 시작했다. 1946년에는 영락교회로 이름을 바꾸었다. 교회는 1년 만에 재적 교인 4천 명이 됐다. 이는 평안도에서 월남한 그리스도인들이 모여들어 교회가 실향민들의 안식처가 됐기 때문이다. 영락교회는 급성장했다.

한경직 목사는 민주주의에 대한 신념이 있었고, 기독교 복음 위에 나라를 세우려는 꿈을 가지고 있었다. 이에 철저한 반공주의자였다. 이런 점에서 그는 이승만과 일치했다.

한국전쟁이 일어나자 월남한 교역자들이 모여 교회를 사수하자는 결의를 다졌다. 그러나 옆에 있던 사람들의 강력한 권면에 의해 단신 탈출했고, 대전에 가서 교역자들과 구국기도단을 조직했다. 부산에서는 밥 피얼스 목사의 협력으로 교역자 수련회를 1주일간 열었다. 이때 목사들의 사기가 진작되었다.

이후 국군과 함께 다시 서울에 돌아와 보린원에서 가족들과 고아들을 만났다. 그러나 김응락 장로가 교회에서 순교했다는 소식을 듣고 자신의 죄과를 깨닫고 회개했다. 그는 영락교회를 다시 부흥시키는 데 최선의 노력을 다했으며, 눈물로 성도들을 위로하고 성령의 능력으로 교회를 위하여 목회했다.

한경직 목사는 1954년부터 숭실대학 학장을 3년간 역임했으며, 1955년 대한예수교장로회 제40회 총회장, 1956년 한국 기독교협의회(KNCC) 회장으로 선출되었다. 이 무렵 장로교회는 NCC 및 WCC 에큐메니컬 노선과 이에 반대하는 NAE 계통 극단적 보수주의 노선 사이에 갈등이 생겼고, 결국 1959년 제44회 총회에서 분열되었다. 이때 그는 에큐메니컬 운동을 지지하며 이 운동에 대한 NAE 측의 용공 비판에 대한 변호에 앞장섰고, 결국은 현재 통합 측 장로교단 탄생의 주역이 됐다.

영락교회는 1960년대 단일 교회로서는 세계 최대 교회가 되었고, 그가 국내외적으로 유명해졌다. 영락교회 교인 수는 1만 명을 넘어섰고, 1963년부터 한국교회 최초로 주일예배를 3부까지 드렸다. 그리고 영락기도원, 영락보린원, 영락경로원, 모자원 등의 사회사업 기관과 영락중학교, 영락상업고등학교, 영락여자신학원 등의 교육기관을 설립했다. 또 전국의 200여 교회를 직·간접적으로 개척했다. 한경직 목사의 대외적 활동도 두드러져 해외 선교사 파송, 산업 전도, 외항선 선교, 구치소 선교, 방송 선교, 학원 선교, 군 선교 등 사회 각 분야에 대한 복음 전도에도 헌신했다. 또 밥 피얼스와 빌리 그레이엄 목사를 초청하여 대형 집회를 열었으며, 여러 나라에서 직접 전도 집회를 인도했다. 이 같은 폭넓은 활동으로 그는 한국교회를 대표하는 목회자로 세계에 알려졌으며, 영락교회는 한국교회의 대표적인 교회가 됐다.

1973년 27년간 목회했던 영락교회를 박조준 목사에게 물려주고 한경직 목사는 원로목사로 추대되었다. 은퇴 후에도 그는 활발하게 활동했다. 빌리 그레이엄 전도대회(1973), 엑스플로 74 전도대회(1974), 77 민족 복음화 성회(1977), 세계 복음화 대회(1980) 등 국내의 대규모 대중 집회의 대회장으로, 각종 국제 전도대회 및 세미나에서 강사로 초청되었다. 특히 '5천만을 그리스도에게로'라는 신앙 구호로 민족 복음화를 위해 꾸준히 노력했다. 1976년 '고당 조만식 선생 기념 사업회'를 조직했으며, 1982년 '한국 기독교 100주년 기념사업 협의회' 총재로 초교파적 100주년 기념 사업을 지휘했다.

또 서울여자대학교, 숭전대학교, 장로회신학대학원, 영락학원, 대광학원, 보성학원, 아세아연합신학대학원 등 교육기관의 이사장과 아시아전도협의회 위원장(1965), 통일원 고문(1969), 세계기독교선명회 이사장, 홀트양자회 이사장, 기독교방송재단 이사장, 한국복음운동본부 대표, 반공연맹 이사, 운정장학재단 이사, 아세아교회진흥원 원장 등을 역임했다. 1948년 미국 엠포리아 대학에서 명예 신학박사, 1956년 연세대학교에서 명예 신학박사, 1977년 숭전대학교에서 명예 철학박사 학위를 받았다.

2006년 10월 10일 개교 109주년 기념일에 숭실대학교 한경직기념관 앞에 그의 동상 중 하나가 세워졌다. 이 동상 아래에는 "하나님의 선포자, 한국 기독교인의 사표, 숭실 재건자"라는 문구가 새겨졌다. 이 제막식에서 영락교회 이철신 목사는 그에 대해 애국적 기독교인이었다고 소개했다. 진정 한경직 목사는 민족을 구원하기 위해 전국 복음화 운동을 이끌었고, 민족이 잘살 수 있는 길은 오직 기독교 신앙이라고 외쳤다. 이에 1970년 대한민국 정부로부터 국민훈장 무궁화장을 받았다. 1975년에는 교회 설립 30주년 기념으로 한경직 목사기념관을 건축했다.

김재준 목사의 말에 따르면, 한경직 목사는 무엇보다 성공적인 목회자였다. 그의 설교는 영적인 설득력이 있어 청중을 감화시켰으며, 목회 행정이 뛰어나 영락교회를 대교회로 성장시켰다. 그는 교회 설립 초기부터 교회의 3대 목표를 '선교, 교육, 봉사'로 설정했으며, 4대 지도 이념으로 1) 성경 중심의 복음주의 신앙, 2) 경건한 청교도 생활 훈련, 3) 에큐메니컬 정신으로 교회 상호 간의 협력과 연합사업, 4) 교회의 대 사회적 양심의 구현 등을 정립했다.

그의 신학적 입장은 자유주의와 보수주의(근본주의)의 중도인 복음주의였다. 프린스턴 재학 시절 함께 공부한 송창근, 김재준 등의 신학 노선을 이해하고 1934년 어빙돈 주석 사건 때 함께 정죄당한 신신학을 따르는 부류에 들기도 했고 해방 직후 조선신학교에서 강의도 했으나, 그는 성경에 대한 지나친 인본주의적 해석을 거부했다. 이에 1948년 조선신학교의 김재준에 대한 총회의 처단을 반대하면서도 행동으로는 그와 함께하지 않았다. 한경직 목사의 신앙 노선은 김재준보다 온건하고 중도적이었기 때문이다. 비록 개인적으로는 프린스턴 재학 시절 보수신학자 메이첸에게 감화를 받았으면서도, 1950년대 박형룡을 중심으로 한 극단적 보수주의 신앙 노선에는 찬동하지 않았다. 그는 편협한 보수 정통보다는 성경에 근거한 대화와 연합 운동을 역설했고, 그의 이러한 입장은 WCC의 에큐메니컬 운동을 대변했다. 이 같은 입장에서 그는 고려파 운동이나 NAE가 대변하는 보수신앙을 찬성하지 않았다.

그는 국제기구인 동북아시아기독교협의회(EACC), 세계개혁주의 연맹(WARC), 세계교회협의회(WCC)와 교류했다. 한경직 목사에게 연합운동은 교회와 교파 간의 상호 교류를 의미했다. 1950년대 후반 WCC 문제가 제기되었을 때 한국교회가 취한 입장은 세계교회와의 유대와 협력이었다. 신학적인 불일치는 인정하지만 서로 협력할 것은 해야 했다. 그러면서도 그는 자신의 복음주의 신학을 견지했다.

한경직 목사는 늘 실제적인 사례를 들어가며 기독교를 소개하고 전도했다. 그는 대설교가였다. 그가 목회에서 성공한 것은 설교의 역할이 컸다. 그의 설교는 복음적이며 성경적이었다. 신의주 제2교회를 부흥케 한 것도 설교였다. 젊은이들이 몰려든 것은 오직 그의 설교 때문이었다. 영락교회의 부흥을 말할 때도 그의 설교를 빼놓을 수 없다. 그의 설교는 항상 쉽고 감동적이었다. 그는 성도들이 잘 알고 많이 읽는 본문으로 설교했다. 또 그는 세계적인 부흥사로 진정한 부흥사의 표본이었다. 영락교회의 역사는 한경직 목사의 설교를 통해 그 부흥과 발전을 이룩했다. 그의 설교에서 가장 많이 취급된 내용은 역시 '믿음'이었다. 아울러 구원의 확신을 통한 신앙생활을 강조했다. 그리고 선교를 특별히 강조했다. 1960년대에 이미 민족복음화를 위한 조직을 운영했고, 순회 설교자로 전국을 다녔다.

98년의 생애를 살면서 그는 항상 바빴다. 그는 많은 일을 했으며, 또한 바르게 그 일을 했다. 그가 조직한 단체나 그가 맡았던 큰 직책이 40여 개나 되었다. 이는 당연히 개인적인 명예욕 때문이 아니었다. 그는 조직과 단체를 잘 이끌어 가는 훌륭한 지도자였다. 그리고 일의 욕심이 많은 사람이었다. 그 욕심은 자신에게 맡겨진 일은 열심히 한다는 의식으로 인한 것이었다. 그는 목회자로서 교회만을 생각하지 않았다. 고아원, 양로원, 학교, 개척 교회를 설립하는 데도 그 모든 역량을 발휘했다. 여러 단체를 조직한 것도 선교를 위함이었다. 한경직 목사는 모든 것을 화목하게 민주적인 방법으로 성취했다. 또 그는 경건한 신앙인이었다. 그에게는 협력자가 많았다. 당시 사람들 사이에서는 어떤 조직을 만들 때는 반드시 한경직 목사를 모셔야 성공한다는 생각이 암암리에 형성되었다. 그렇게 그는 많은 단체의 회장과 고문을 맡았다. 이로써 그는 많은 사람에게 존경을 받았다.

한경직 목사의 교회론은 영락교회 개척 1주년 예배에서 선포한 설교에 고스란히 담겨 있다. 이 설교에서 그는 분명한 교회관을 드러냈다.

이 집은 살아 계신 하나님의 집이요, 교회는 우리가 볼 적에 인간적인 것 같으나 그것은 실로 신적입니다. 세상의 교회란 사람이 모이고, 사람이 조직하고, 사람의 힘으로 성장하고 변천하며 부흥되는 사람의 기관 같으나, 실은 하나님의 것이요, 모든 것은 하나님이 하십니다. 교회는 본래 희랍어 '에클레시아'인데 이는 교회가 성별된 자의 모임이요, 그리스도의 몸이요, 그리스도의 신부요, 그리스도의 터 위에 세워진다는 뜻입니다. 교회는 가견적(可見的)이나 또한 불가견적(不可見的)인 기관입니다. 교회는 보이는 부분과 보이지 않는 부분이 있으나, 보이는 부분이란 교회로 나누인 모든 지상 교회입니다. 그러나 이는 외적 형상뿐이고, 교회의 실체 곧 그리스도 위에 터를 잡고 열두 사도의 초석 위에 건설된 교회는 눈에 보이지 않습니다. 우리가 모이는 이 지상 교회는 흠도 있고 티도 있고 부패도 하고 분열도 있으나, 불가견적인 영적 교회는 티나 주름 잡힌 것들이 없이 거룩하고 흠이 없습니다. 교회는 국가의 정신적 산성이며, 황야에 헤매는 대중을 위한 진리의 구름 기둥과 불기둥이며, 밤길을 밝히는 광명한 등대이며, 거친 세해(世海)에서 죄악의 파도에 빠져 죽어가는 인생들의 구원선이며, 피곤한 자의 안식처이며, 수난자의 피난처입니다. 교회야말로 인간의 최고 이상의 상징이니, 여기서 인간은 인간 이상의 존재인 하나님의 자녀가 됩니다.

한경직 목사는 은퇴하고 28년을 더 살았다. 말년에는 육신의 고통을 겪었다. 전신 마취 수술을 두 번이나 받고 실어증까지 생겼다. 잠이 오지 않아 수면제를 먹기도 했다. 자신이 치매가 아닌가 하는 의심을 가진 때도 있었다. 사람을 알아볼 수 없는 때는 말도 나오지 않았다. 그래서 미소로 인사하고 손을 흔들었다. 한경직 목사는 1902년에 태어나 2000년에 세상을 떠났다.

한경직 목사는 참으로 예수의 제자였다. 제자 중에서도 요한을 닮았다. 하나님은 폐병으로 죽을 수밖에 없었던 그를 살려 주셨고, 신사참배 거부로 일본인들의 손에 죽을 뻔했던 그를 또 살려 수셨다. 북쪽에 있을 때는 공산주의자들이 늘 그를 체포하려고 했으며, 남한에 와서도 공산주의자들이 그를 암살하려고 따라다녔으나 하나님은 그를 지켜 주셨다.

죽음의 고비가 여러 번 있었으나, 한 세기를 살면서 주님의 충성된 종으로서의 사명을 감당했다. 그가 처음 예수를 믿고 제일 먼저 읽은 성경 구절은 요한복음 3장 16절의 "하나님이 세상을 이처럼 사랑하사 독생자를 주셨으니 이는 그를 믿는 자마다 멸망하지 않고 영생을 얻게 하려 하심이라"였다. 그리고 가장 중요하게 여긴 말씀은 예수의 가장 큰 계명인 마태복음 22장 37-40절의 "네 마음을 다하고 목숨을 다하고 뜻을 다하여 주 너의 하나님을 사랑하라 하셨으니 이것이 크고 첫째 되는 계명이요 둘째도 그와 같으니 네 이웃을 네 자신같이 사랑하라 하셨으니 이 두 계명이 온 율법과 선지자의 강령이니라"라는 구절이었다. 그는 기독교는 사랑의 종교라고 정의했다. 그래서 "그런즉 믿음, 소망, 사랑, 이 세 가지는 항상 있을 것인데 그중의 제일은 사랑이라"(고전 13:13)를 늘 암송했다.

한경직 목사는 몸이 약했다. 사모는 한 목사를 위해 무슨 일이든 했다. 아내로서 때론 경호원으로, 또 때론 비서로 그를 도왔다. 폐결핵 2기로 2년여 지병을 앓은 한 목사에게 복용약의 용량과 섭생, 음식과 수면 등 상식적으로 세심한 주의가 필요했는데, 이에 신경을 많이 썼다. 그녀는 한 목사의 음식을 통제했고, 낮잠 자는 시간을 지켜 주기 위해 밖에서 노는 아이들이 함부로 떠들지 못하게 했다. 또 한 목사를 만나러 온 사람이 있으면, 먼저 사정을 들어 보고 보낼 사람은 보내고 만날 사람은 만나게 했다. 심지어 방문 온 손님과의 대화 시간까지 제한했다.

한경직 목사는 분열을 싫어하는 온유한 성품의 사람이었다. 그래도 평생 굽히지 않는 강한 믿음을 얻어 "세상이 감당할 수 없는" 사람으로 섰다. 그는 항상 잘 참았다. 당회나 제직회에서 의견이 갈라져 서로 비방하고 다툴 때면, 한참 가만히 있다가 일어서서 "이 모두 이 사람이 부덕해서 그렇습니다. 우리 기도합시다" 하며 마쳤다.

한번은 중요한 직분자들이 한 목사의 소극적인 처사에 대하여 조목조목 써서 항의했다. 그러자 한경직 목사는 "어디 그것뿐이겠습니까? 잘못된 것들이 더 있을 것입니다" 하고는, 그 종이에 몇 가지를 더 적었다. 그리고 "여러분, 이 부족한 저를 위해 많이 기도해 주세요" 하며 그들을 다독였다. 이처럼 그는 어떤 상황에서도 인내했다. 그는 조리 있게 설명할 수도 있고, 그들이 잘못 알고 있는 일에 대해서 바로 잡아 줄 수도 있었다. 그러나 교회를 위하여 참았다.

사랑 장인 고린도전서 13장에서 "사랑은"이라는 구절 다음에 나오는 것은 구체적으로 15가지다. 그중 제일 먼저 나오는 것이 "오래 참고"이고, 열한 번째가 "모든 것을 참으며", 마지막도 "모든 것을 견디느니라"이다. 한경직 목사에게 사랑은 이처럼 참는 것이었다. 남한산성 오솔길을 산책하다 속이 많이 썩은 고목을 보고는 "너는 한경직도 아닌데 왜 이렇게 속이 다 썩었니?" 하고 혼잣말을 했다고 한다.

한경직 목사는 매우 헌신적인 사람이었다. 헐벗은 사람을 보면 입은 옷을 벗어 주었고, 병들고 아파하는 사람에게는 도움이 될 수 있는 일을 실행했다. 이에 신의주 제2교회에서 목회할 때 어려운 가정을 많이 방문했다. 한번은 어떤 집에 갔더니 어린 딸은 장애인이요, 아버지는 폐병 환자였다. 그는 교회에서 받은 생활비를 쪼개서 그들에게 주었다. 그리고 아버지가 죽자 장애가 있는 그 아이를 위해 보린원을 설립했다. 어떤 사업 계획에 의해 보린원을 세운 것이 아니라, 이러한 상황이 그 시작이었다. 한경직 목사는 필요한 것이 있을 때 실행했다.

한국전쟁 때 부산에 온 피얼스 목사가 한경직 목사에게 자신이 무엇을 하면 도움이 될지 묻자, 그는 실의에 빠져 있는 목사들을 400여 명 모아 일주일 동안 세미나를 열었다. 이로 인해 목사들은 새 힘을 얻을 수 있었다.

그는 선교 역사를 혼자 공부했다. 그리고 전도가 최고의 사명이라고 여겼다. 이에 숭실대학에서 전도대를 조직해 시골에서 전도했다. 지리산 공비들이 출몰할 때도 그곳에 가서 전도 집회를 열었다. 빌리 그레이엄과 피얼스 목사가 와서 전도집회를 할 때는 통역을 했다. 또 '5천만을 그리스도에게로'라는 슬로건을 걸고 방방곡곡 전도집회를 열었다.

영락교회 주변 묵정동에 유곽 지대가 있었는데 한경직 목사는 영락교회 청년회와 함께 이곳을 집중 전도 대상으로 삼고, "유곽은 지옥의 첫 동네요, 창기는 그 속에 있는 악마니라"라고 적은 전도지를 배포했다. 이것은 도시의 슬럼 지역을 복음으로 새롭게 만들려는 운동이었다. 그리고 개척 전도도 열심히 했다.

이러한 전도 사역이 발전해 영락교회는 해외 선교에도 나섰다. 이는 한국전쟁 이후 한국교회의 첫 해외 선교였다. 영락교회는 1955년 최찬영 목사 가정을 태국에 파송했다. 그 후 계속 선교에 관한 관심은 높아져, 1965년 통합 측 장로교회에서 태국에 선교사를 2명 파송할 때 영락교회가 단독으로 한 가족의 선교비 일체를 책임졌다. 1990년 현재 전 세계 21개 나라에 29개 가정을 파송한 상황이다. 이것이 한국교회 전체에 퍼져 한국은 많은 선교사를 파송했다.

그는 전국 복음화를 위해 그 최선봉에서 섰다. 국내와 세계를 다니며 전도집회를 열었다. 이것이 주님이 명하신 최대의 사명이라고 여겼다. 그의 교회론에 따르면, 교회는 전도하는 공동체인 것이 분명하다.

한경직 목사는 예수의 충성된 종이었다. 종은 자신의 주장이 없다. 주인의 말대로 따른다. 종에게는 자기 소유가 없으며, 몸도 자기 것이 아니다. 한경직 목사는 폐병을 앓은 후 평생 건강하지 못했다. 그래서 목숨을 걸고 목회했다. 그는 신의주 제2교회와 영락교회를 위한 목회만 한 것이 아니었다. 민족과 국가를 위해 그렇게 많은 일을 한 사람은 한국교회 역사에서 전무하다. 그는 명예욕이 전혀 없었으나 교단 총회장과 단체장이나 기관장, 또 대학 총장까지 수없이 많은 직책을 맡았다. 이는 그가 정말 많은 일을 했음을 보여 주는 것이다.

한경직 목사는 첫째로, 그 누구보다 소명감이 확실했다. 그는 다음과 같은 스펄전의 5가지 '소명감 타진법'을 자신에게 적용했다. 1) 내가 목회를 진정으로 원하는가? 2) 하나님은 나에게 이 목회를 감당할 수 있는 재능을 주셨는가? 3) 일정 기간의 목회 후 목회의 열매가 있는가? 4) 일하는 목회 자리에서 목회자 자신을 환영하는가? 5) 목회자가 목회하는 일 자체를 마지못해서 하는가, 아니면 진정 기쁨으로 하는가? 한경직 목사는 하나님이 어떤 사람을 불러 목회자로 삼는다면 반드시 그 일을 감당할 만한 재능을 주시기 때문에, 일단 목회자는 목회하고 싶은 간절한 마음이 있어야 한다고 생각했다.

하나님은 한경직 목사가 수도원 생활을 할 때 그 길을 인도하셨다. 처음 미국 유학 때 그는 폐결핵으로 공부를 포기했고 앨버커키 요양원과 덴버에서 2년 반을 쉬었다. 이때는 목사가 되기 전의 수도원 생활과 같았다. 이 수도원에서 그는 회개했고, 깊이 기도했고, 고독함을 경험했다.

본래 소래 바닷가에서 부름을 받았을 때 하나님은 그에게 민족과 나라를 위해 일하라고 했는데 그는 그것을 스스로 변경시키려고 했다. 그러나 그것은 인간적인 욕망이었다. 하나님께서는 그의 소명에 합당하도록 그것을 조정하셨다. 그래서 결국 그는 "살려 주시면 2~3년만이라도 한국에 돌아가 복음을 외치겠습니다"라고 기도하게 되었다.

그의 두 번째 수도원은 남신의주의 보린원이었다. 1930년대 중반 《어빙던 단권 주석》을 번역할 때 산정현교회에 시무하던 송창근 목사가 번역을 권해서 김재준, 채필근과 함께 번역에 참여했다. 이것이 총회에서 문제가 되어 사과하라는 명령을 받았을 때, 그는 이에 따르지 않고 유감이라는 뜻의 성명서를 〈신학지남〉에 게재했다. 《어빙던 단권 주석》은 신신학자들의 서적이었다. 그런데 자기가 번역한 것은 신신학이 아니었다고 했다. 한경직 목사도 신신학을 인정했다. 그래서 그런 일에 동참했다고 지적한 것인데, 그는 이를 변명했다. 한 목사는 신신학자가 아니었다. 그는 성경 중심의 복음주의 신학자였으며, 신신학과 보수신학의 중간에 서 있었다.

신사참배도 문제시되었다. 한경직 목사가 신사참배를 한 흔적은 없다. 그러나 1938년 제27회 평양 산정현교회 총회에서 신사참배가 가결될 때 반대하지 못했고, 가부를 물을 때 "아니오"라고 말하지 못했다. 이것은 곧 신사참배를 인정한 것이었다. 그리고 1939년 제28회 총회가 한경직 목사의 신의주 제2교회에서 열렸으며, 신의주 제1교회 윤하영 목사가 총회장으로 선출됐다. 만약 신사참배를 지지하지 않았다면 그의 교회에서 총회가 열리지 못했을 것이며, 윤하영 목사가 총회장이 될 수도 없었을 것이다. 이에 한경직 목사는 신사참배를 인정했다고 할 수밖에 있다. 그러나 총회에서 그다음 순서로 이어진 신사참배에는 동참하지 않았다. 결국 윤하영 목사와 한경직 목사는 교회에서 축출되었다. 그래서 해방이 될 때까지 보린원에서 아이들과 함께 농사를 지으며 살았다. 이때 한경직 목사는 노동을 겸한 수도 생활을 3년 넘게 했다. 그러다 해방 후 다시 목회 현장으로 돌아왔다.

세 번째로 그는 영락교회를 은퇴하고 남한산성에서 살았는데 여기가 그의 마지막 수도원이었다. 이 수도원은 개방됐다. 이곳에서 가장 오랫동안 수도 생활을 했다. 아내가 떠난 후 그는 고독하게 살았다. 그를 찾아오는 이들은 그에게서 수도자의 삶을 볼 수 있었다. 그것은 가난이요, 고독이요, 기도하는 삶이었다. 거기서 그가 보여 준 모습은 예수를 닮은 성품 곧 겸손이었다. 그는 스스로 자신을 낮추고 젊은 목사가 와도 정중히 인사하고, 대화할 때도 하대하지 않으며 많이 들어 주며 진실하게 권면했다. 돌아갈 때면 문밖에 나와 멀리 보일 때까지 배웅했다. 그에게 겸손의 본은 예수님이었다. 예수님은 하나님 아버지께 복종하기를 죽기까지 하셨다. 그러므로 예수님을 본받는 것이 진정한 겸손이다. 한경직 목사는 예수님의 겸손을 배웠다. 이는 다른 목사들에게 훌륭한 모범이 되었다.

한경직 목사는 신의주 제2교회(13년)와 영락교회(27년) 두 교회에서 40년간 목회했다. 그의 목회자로서의 삶은 인생의 초기에 이루어졌다. 그는 1954년 10월 27~29일에 장로회신학교에서 가을 부흥회를 인도했다. 그때 주제는 '한국 교역자의 자세'였다. 첫날은 "교역자와 그 자신", 둘째 날은 "교역자와 그 강단", 셋째 날은 "교역자와 그 교회"라는 제목으로 설교했다. 이것은 곧 한경직 목사의 목회학이었다.

첫날의 "교역자와 그 자신"이라는 제목의 설교 본문은 디모데전서 4장 16절과 디모데후서 2장 15절이었다. 그 내용은 다음과 같다.

"교역자에게 가장 중요한 것은 '무엇을 하느냐?'(To Do)보다 '무엇이 되느냐?'(To Be)다. 즉 어떤 사람이 되느냐, 어떤 그리스도인이 되느냐가 중요하다. 좋은 열매를 맺는 것보다 먼저 좋은 나무가 되어야 한다.

첫째로, 자신이 중생해야 한다. 영국의 목회자 스펄전은 '달란트를 얼마 받았느냐가 아니라, 나 자신이 중생했느냐?'가 더 중요하다고 했다. 남의 병을 고치기 전에 내 병을 먼저 고쳐야 한다.

둘째로, 소명자라야 한다. 구원받았거나 중생했다고 모두 교역자가 될 수 있는 것은 아니다. 교역자는 그들 가운데서 특히 하나님이 종으로 택해 세운다. 모세, 이사야, 예레미야, 아모스, 에스겔과 여러 선지자, 특히 예수의 열두 제자는 한 사람 한 사람을 불러 세웠다. 바울도 그렇다. 목회자는 이런 부름을 받아야 하며, 누구나 소명자로서 자각해야 한다. 단 부름의 방법은 다르다.

셋째로, 영안(靈眼)이 밝아야 한다. 이는 'spiritual sight' 즉 비전을 말한다. 교역자가 상대하는 범위는 항상 보이지 않는 영계이기 때문에 통찰력이 있어야 한다. 모든 일에서 보이지 않는 하나님의 뜻을 볼 줄 아는 눈이 밝아야 한다. 모세는 '보이지 아니하는 자를 보는 것같이 하여'(히 11:27)라고 했다. 목사는 1) 보이지 않는 거룩한 하나님을 뵈옵고, 2) 그 자신의 더러움을 보고 3) 자기 사명이 무엇인가를 볼 수 있어야 한다. 교역자는 이 세 가지를 꼭 볼 줄 알아야 한다. 언제나 교역자는 1) 어떤 교회를 지어야겠다는 분명한 비전이 있어야 한다. 2) 그 교회를 세울 밭을 볼 줄 알아야 한다. 3) 자기 세대를 내다볼 줄 알아야 한다. 또 교역자는 항상 신문에서 눈을 떼지 말아야 한다. 이 신령한 눈은 1) 기도로 얻으며, 2) 마음이 청결한 자는 신령한 눈을 얻어 하나님을 볼 수 있다.

넷째로, 교역자는 항상 성장하도록 힘써야 한다. 육신은 성장하다 어느 단계에서 멎는다. 그러나 정신력은 계속 성장한다. 교역자의 성장은 1) 세대가 요구한다. 2) 교인이 요구한다. 3) 자신이 요구한다. 성장은 생명의 원천이다. 4) 그리스도가 요구하신다. 그리스도께서는 열매 없는 가지는 찍어 불에 던지신다. 그러므로 영적으로 성장해야 했다. 영적 성장을 이끄는 것은 기도다. 도덕적으로도 성장해야 한다. 도덕적 성장은 그리스도의 품성으로 성장하는 것을 말한다. 지적으로도 성장해야 한다. 항상 독서의 습관으로 다방면의 지식을 많이 얻어야 한다. 사회적으로도 성장해야 한다. 인간을 이해하고 동정과 긍휼을 베풀어야 한다. 이를 위해 심리학을 공부해야 한다. 예술, 문학에 대한 독서를 열심히 해야 할 것이다.

다섯째, 교역자는 성령을 충만히 받아야 한다. 사도들은 3년 동안 예수에게 실제적으로 교육받고 많은 경험과 교훈을 얻었다. 그들은 예수의 십자가를 목격하고 부활을 목격했으나, 이런 경험이 그들을 완전한 사도로 만들지는 못했다. 그들이 완전한 교역자가 된 것은 오순절의 성령을 받고 나서다. 참 교역자는 성령이 충만해야 했다. 결론으로 한 가지 특별히 교역자에게 부탁할 것은 유혹을 삼가라는 것이다. 교역자에게 오는 유혹 중에는 세상 사람 일반이 당하는 돈, 정욕, 허영, 권세 같은 유혹도 있으나, 특별히 교인들이 받지 않는 유혹이 있으니 곧 영적 교만과 가식과 독선이다. 가장 넘어지기 쉽고 가장 방임하기 쉬운 유혹이기에 항상 스스로 겸손해야 할 것이다."

둘째 날의 제목은 "교역자와 그 강단"으로 본문은 디모데후서 3장 14절이었다. 내용은 대략 다음과 같다.

"교역자는 항상 강단의 중요성을 알아야 한다. 강단은 복음을 전하는 곳이며, 양을 먹이는 곳이며, 선교의 유산이다. 설교자가 꼭 기억할 것은 1) 설교는 성경적이어야 한다. 강단(講壇)은 연단(演壇)이 아니다. 강단은 하나님의 말씀을 선포하는 곳이요, 내 이상이나 상식을 웅변하는 곳이 아니다. 성경 중심은 곧 그리스도 중심이다(고후 4:5). 2) 설교는 항상 목표가 있어야 한다. 여러 가지 설교 목표가 있으나 가장 큰 목표는 '인간의 영혼 구원'이다. 설교는 영혼을 구원해야 한다. 3) 설교는 실존적이어야 한다. 현재 남한에 있는 서울 시민에게 적합한 설교를 해야 한다. 적절한 때 적절한 음식으로 먹이려면 충성과 지혜가 필요하다. 각양의 인간이 사는 이때 교인들이 분명한 교리를 세울 수 있도록 설교해야 한다. 나는 프린스턴 신학교를 졸업할 때 외국인으로서는 처음으로 '설교 상'을 받았다.

'윤리적 설교'는 기독교인의 생활에 반드시 필요하다. 나는 설교를 진리에 기초한 윤리적 생활의 교훈이라고 여긴다. 목사는 윤리적 설교를 해야 한다. '일상생활을 취급하는 설교'는 교인들의 질병, 생활고, 우월감, 열등감 부분을 간섭 혹은 위로하는 설교다. 이 설교는 심방으로 자료 수집이 가능하며 위로받을 자에게는 위로하는 설교, 싸매 주어야 할 자에게는 싸매 주는 설교가 절실하다. 설교할 때는 권위가 필요하다. 1) 권위는 하나님 말씀 그대로 전하는 것에서 온다. 항상 성경 말씀을 근거로 해야 한다. 항상 주격은 하나님이어야 한다. 2) 권위는 언제나 확신에서 온다. 베드로는 오순절 설교에 큰 확신으로 말씀을 전했다. 3) 권위는 항상 경건한 생활에서 온다. 4) 권위는 인간 영혼을 구원하겠다는 강한 정열이 있을 때 생긴다. 5) 권위는 언제나 성령이 충만할 때 생긴다. 그러므로 설교를 준비할 때는 항상 기도해야 한다.

강단에 오르기 전 꼭 기억할 것은 1) 설교는 죽을 사람이 죽을 사람에게 주는 하나님의 말씀이라는 것이다. 2) 혹 이 시간이 내게 마지막 기회가 될지도 모른다고 생각하고 언제나 설교할 때는 마지막 메시지처럼 전해야 한다. 3) 나를 위해 설교하지 말고 그리스도께 맡겨서 그가 하시게 하라. 즉 그리스도가 주체가 되게 하고, 설교자는 기계임을 기억해야 한다."

셋째 날의 주제는 "교역자와 그 교회"로 본문은 에베소서 4장 1-7절과 베드로전서 5장 1-4절이었다. 그 내용은 대략 다음과 같다.

"교역자는 양을 먹이며 양을 치는 의무가 있다. 양을 치는 교역자의 세 가지 자세는 1) 목회행정가로서의 자세다. 가장 관계가 많은 치리회가 있는 것이 당회다. 당회에는 치리 장로와 목사가 있다. 당회의 목사와 장로는 치리자로서는 동등하고, 다른 면은 목사는 설교하고 장로는 사회를 본다는 것이다. 목회행정가로의 목사는 무엇보다도 당회를 잘 이끌어야 한다. 만일 당회에서 의견 대립이 생기고 심적 갈등과 충돌이 생기면 이 적개심이 제직회에 퍼지게 되고, 제직회에서 전 교우에게 퍼져 마침내 교회는 분열하며 목사를 싫어하게 된다. 한국교회의 목사들이 당회 행정을 잘못하여 실패하는 경우가 많다. 당회 분규는 목사의 책임만은 아니다. 장로와 책임이 반반이다. 오히려 장로의 책임이 더 클 수도 있다. 목사는 이 방면에 교육을 전문적으로 받았으나, 장로는 임직 외에는 별로 훈련이 없었다. 그러나 우리가 생각할 것은 항상 '그리스도의 종'이라는 의식이다. 사도들은 항상 자기를 소개할 때 '그리스도의 종'이라고 했다. 우리는 흔히 '내 교회'라는 말을 한다. 교회는 '내 교회'가 아니라 '그리스도의 교회'다. 이런 의식을 가지고 있어야 교회는 목사의 교회도, 장로의 교회도 아니라고 생각할 수 있다. 그리스도의 뜻을 따라 행정을 해야 한다. 예수는 하나님 아버지께 순종하셨다.

2) 당회는 성령이 하나 되게 한다는 것을 믿어야 한다. 내가 하나 되게 하는 것이 아니라 성령께서 '샬롬'의 은총을 주신다. 이것이 하나님의 뜻에 순종하고 하나 되게 한다. 성령의 하나 되게 함을 지키겠다는 결의가 필요하다. '주 안에서 갇힌 내가 너희를 권하노니 너희가 부르심을 받은 일에 합당하게 행하여 모든 겸손과 온유로 하고 오래 참음으로 사랑 가운데서 서로 용납하고 평안의 매는 줄로 성령이 하나 되게 하신 것을 힘써 지키라'(엡 4:1-3)고 말씀하셨다.

3) 참는 교역자가 됐을 때 교회 발전을 가져올 수 있다. 서울의 교회는 웬만큼 큰 예배당을 지어 놓고 3년만 계속 싸움이 없으면 크게 부흥된다. 서울의 교회가 안 되는 것은 싸움 때문이다. 싸움은 있을 수 있다. 당회의 싸움은 언제나 자기 의견만 주장하기 때문에 생긴다. 성격이 다른 자들끼리 하는 회합인 만큼 인내가 없으면 충돌이 일어난다.

다음으로 심방하는 교역자의 자세는 3가지다. 1) 심방의 목적은 잃은 양을 찾는 데 있음을 잊지 말자. 심방의 첫째 목적은 개인 전도다. 그러니 전도할 만한 집을 택하여 심방하라. 2) 약한 자의 가정을 심방하라. 심방의 우선순위는 약한 가정에 있다. 3) 헌금은 내 교회에 하되 다른 교회에 무관심하지 말라. 다른 교회도, 다른 교단도 하나님의 교회다. 이것이 교회 연합이다. 예수 그리스도를 위해서 더 대국적으로 교회를 이끌어 가야 한다. 구교가 성도 교제를 위한 운동에 적극적인 관심을 보이는 지금 우리 신교의 철저한 각성이 필요하다.

여기서 내가 대전 노회 목회자 수양회에서 제공한 '목사 십계명'을 소개한다. 1) 잃은 양을 찾고 남의 양을 도적질하지 말라. 2) 새 교회 설립은 좋으나 기존 교회를 분열시키지 말라. 3) 새 교회당 건축은 좋으나 이웃 교회 가까이 세우는 일은 피하라. 4) 어떤 목장에서 부르심을 받든지 그곳에서 충성하고 남의 울타리를 넘겨다보지 말라. 5) 반대하는 교회에 억지로 머물지 말고 환영하는 교회에서 억지로 떠나지 말라. 6) 가정 심방은 좋으나 '이웃 돌이'는 절대 삼가라. 7) 남의 비밀 누설은 절대 금하라. 8) 금전 거래는 분명하게 하라. 9) 남녀 교제는 공명정대하게 하라. 10) 교역자가 서로 화목하라."

한경직 목사는 경건했다. 그래서 자신을 '청교도'라 했다. 성경에서 말하는 경건은 분리주의적 혹은 이원론적 삶의 형식이 아니라, 일상 현실에서 기독교적 가치를 실현하는 것을 의미했다. 한경직 목사는 결코 분리주의자가 아니었다. 피난민에게 거처를 제공하고, 주린 자에게 먹을 것을 주고, 약한 자에게 도움을 주는 삶을 살았다. 또 한경직 목사는 청빈했으며, 경건한 삶의 모범을 보였다. 이는 그의 신념이었다. 그는 자신의 설교대로 실천했다. 이론과 실제가 다른 가르침은 허위다. 이것이 한경직 목사의 특징이었다. 한국교회 역사에서 가장 훌륭한 목회자는 한경직 목사라고 해도 과언이 아니다.

한경직 목사는 2000년 4월 19일 하나님의 부름을 받았다. 그는 유언으로 다음의 다섯 가지를 남겼다. "가난하게 살아라. 전도하라. 베풀라. 좋은 사업은 열심히 하라. 선한 씨앗을 심어라."

고려신학대학교 역사과 교수 이상규는 그의 책 《한국 장로교회의 역사와 신학》 제15장 "한경직 목사의 생애, 목회 활동, 유산"에서 이렇게 말했다.

"한경직 목사는 한국 개신교를 대표하는 인물이라는 점에 이의를 제기할 사람은 아무도 없다. 또 한국교회 인물 중 한국 사회와 교계 전반에 그만큼 광범위하게 영향을 끼친 인물도 없다. 그는 한국 근대 역사와 함께 살아온 역사의 증인인 동시에 한국 개신교회를 형성해 온 중심인물이었다. 그는 한국교회의 지도자이자 한국교회를 대표하는 목회자였다."

한경직 목사는 중앙일보사 "광복 50주년 한국을 바꾼 100인" 중 한 사람으로 선정됐고, 건국 60주년을 기념하여 "대한민국을 세운 사람"의 한 사람으로 선정됐다. 1970년대 후반 김수환 추기경이 천주교를 대표했다면, 한경직 목사는 개신교를 대표하는 인물로 인식됐다.

한경직 목사는 한국 장로교회, 대한예수교장로회 통합 교단의 시원과 발전, 정체성 결정에 깊이 관련되어 있다. 그는 1900년 전후 출생한 박형룡, 김재준, 김교신, 이용도, 함석헌, 한상동과 때로는 협력하고 때로는 대립하면서 상호 영향을 끼치며 한국교회를 형성했다. 한경직 목사에게는 그림자처럼 그를 도운 선배가 있었다. 바로 윤하영 목사다. 그는 한경직 목사를 신의주 제2교회에 추천했고, 해방 후 '신의주 자치회'와 '기독교 사회민주당' 조직과 월남 또한 한경직 목사와 함께 했으며, 영락교회 개척자 중 한 명이었다. 이러한 관계는 프린스턴 동문인 데서 시작됐다. 그리고 신의주에서 월남할 때 함께한 이들이 있었다. 백경보, 이창로, 최창근, 김치복, 김치선 등이 그들이다. 이들은 예수의 제자처럼 한경직 목사와 늘 함께 다녔으며 한경직 목사의 목회와 사회활동에 함께했다. 한경직 목사가 훌륭한 목사로 세워지는 데 최선의 협력자였다.

한국 교회에서 그의 영향력이 컸으므로 생존 시부터 그에 대한 다양한 논구가 있었다. 여러 차례 그의 설교집과 전기 혹은 평전이 출간됐다. 물론 한경직 목사에 대한 비판도 있었다. 대게 이런 내용이었다. "그는 신사참배를 하고, 해방 후 친일 세력과 야합하며, 한국전쟁 때 양들을 버리고 도망하고, 5·16 쿠데타 혁명을 두둔하고, 사회정의를 외면했으며, 신학의 회색분자였다.

한국 개신교 기자 135명의 설문 조사에서 이만열 교수는 "한경직 목사에 대한 좋은 평가는 그를 좋아하는 이들이 한 것이다. 아직 한 목사에 대해 평가하는 것은 이르다"라고 말했다. 여기서 한 가지 짚고 넘어가야 할 것이 있다. 한번은 사회정의를 부르짖는 청년과 학생들이 한경직 목사에게 도움을 청했다. 이때 한경직 목사는 이렇게 말했다. "여러분이 데모하면 북한 정권이 좋아한다. 사회가 혼란하면 적화통일을 부르짖는 그들이 남침하게 된다. 그 빌미를 주지 말라." 미국에 가서 5·16 쿠데타를 설명할 때도 쿠데타 세력이 철저한 반공주의자들이라고 했다. 한경직 목사는 이처럼 철저한 반공주의자였다. 그는 이렇게 말하기도 했다.

"1848년 칼 마르크스와 엥겔스가 발표한 공산당 선언 첫 구절은 이런 말로 시작한다. '한 괴물이 유럽을 횡행하고 있다. 곧 공산주의란 괴물이다.' 저들의 말 그대로 공산주의야말로 일대 괴물이다. 이 괴물이 지금은 삼천리강산에 횡행하며 삼킬 자를 찾는다. 이 괴물을 벨 자 누구냐? 이 사상은 묵시록에 나오는 붉은 용이다. 이 용을 멸할 자 누구냐? 사람이 떡으로만 살 것이 아니라 하나님의 입으로 나오는 말씀으로 산다"(박용규, 《한국기독교회사》 2권, p.850).

한경직 목사는 북한 공산주의자들에게 밀려서 남한으로 탈출했다. 북한 공산주의는 기독교를 처리하지 않으면 북한의 공산화는 불가능하다는 사실을 발견하고 교회 탄압·말살 정책을 추진했다. 이 일은 세 단계로 용의주도하게 진행되었다. 첫 단계는 기독교인들이 정치적인 자유를 확보하기 위해 정치적인 기구를 조직하는 것을 막았고, 이를 위해 공산당은 1946년 한경직을 중심으로 한 신의주 사회민주당과 김화식이 중심인 평양의 기독교자유당을 잔인하게 박해했다. 김화식과 그 동료들은 옥사하거나 소리 없이 사라졌다. 두 번째 단계는 기독교연맹을 통해 교회를 예속화하는 일이고, 마지막 단계는 기독교를 완전히 말살하는 것이었다. 먼저 종교 단체가 가지고 있는 토지와 건물을 몰수하여 경제적 기반을 붕괴하고, 기독교연맹을 통해 교회 조직을 분열시키거나 종교 활동을 조정하고 의도적으로 종교 활동을 방해하고 성직자와 지도자들을 납치하거나 학살했다(박용규,《한국기독교회사》 2권, p.812).

한경직 목사는 철저한 자유 민주주의자였다. 이것은 공산주의와 정반대 사상이다. 그는 기독교가 자유 민주주의에 기반한다고 믿었다. 한국교회는 선교 초기부터 민주주의를 배웠고 실천했다고 주장했다. 민주주의는 기독교적이라고 했다. 그런데 민주주의가 방해를 받는 일은 자본주의를 잘못 이해하고 실천했기 때문이다. 현재 공산국가들의 사상은 공산주의요, 경제는 자본주의로 가고 있다. 이것은 모순이다. 공산주의는 철저한 경제 사회주의다. 공산주의와 자본주의는 잘못된 연결 관계다.

한경직 목사는 한국교회를 세 가지 면에서 바른길로 인도했다. 첫째, 한국교회를 복음주의 신앙 공동체가 되게 했다. 이것은 대한예수교장로회 통합 측 신앙이다. 교리에 집중하는 정통주의와 신학을 앞세우는 좌 편향주의를 배격했다. 둘째, 한국교회를 민족 선교와 해외 선교의 공동체가 되게 했다. 이것은 한국교회에 주신 주님의 가장 큰 사명이었다. 셋째, 공산주의가 한국교회의 적임을 깨닫게 했다. 공산주의는 북한의 예배당을 모두 파괴했고, 목사들과 성도들을 모두 처형했으며, 지금은 지하교회와 강제노동 수용소, 정치범 수용소에 가두고 있다. 이런 공산주의를 배격하는 한국교회로 형성했다. 그가 한국교회 목사들에게 남긴 유명한 말이 있다. "목사 여러분, 예수 잘 믿으세요." 장차 한국교회를 짊어지고 나갈 지도자들이 반드시 기억해야 할 말이다.

한국기독교 역사의 소명자

김양선 목사(1907~1963)

매산(梅山) 김양선(金良善)은 1907년 2월 22일 평북 의주군 피현면 상두동에서 김관근 목사의 셋째 아들로 태어났다. 1913년 1월 26일 부친이 별세한 뒤 김양선은 1922년 아버지가 세운 중원학교와 1926년 선천 신성중학교를 졸업한 후 숭실전문학교 문과에 진학했다.

1929년 김양선은 배민수, 문학린과 비밀 결사대 '청구회'(靑丘會)를 조직해 항일운동을 했다. 그리고 그해 11월 광주학생운동 때 평양 시내 학생들의 궐기를 주도한 혐의로 8개월간 옥고를 치렀다. 이후 신사참배 강요에 저항하다 투옥됐다.

1935년 평양 장로회신학교에 입학해 1938년 33회로 졸업하고 목사가 됐다. 1942년 곽산 장로교회에서 목회했고, 1943년 정주 중앙교회에서 시무하다가 평동 노회장이 됐고, 1944년 일제의 탄압으로 교회가 폐쇄되자 구성에 은거했다. 1945년 10월 정주에 평동중학교를 설립, 교장에 취임했다. 1946년 한때 〈기독공보〉 주필을 맡았으나, 교회사학자로서의 사명에 충실하기 위해 1948년 4월 신·구교의 공동 협력으로 박물관 설립 계획을 추진하다가 천주교 측의 이탈로 무산되었다.

김양선의 가문은 한국 기독교 제1세대였다. 외조부가 백홍준 장로요, 아버지 김관근 목사요, 뒤를 이어 그 자신도 목사가 됐다. 그가 세운 한국기독교박물관도 외조부와 선친의 한국교회 초기 성경과 찬송가 및 각종 기독교 문헌을 자연스럽게 모음으로 시작되었다.

한국교회사 관련 자료 수집 및 연구

김양선은 숭실전문학교에 다닐 때부터 교회사나 고고학에 열정을 갖고 사료와 유물을 수집했다. 1945년 해방 후 38선으로 남북이 나뉘자 소장품들을 남한으로 옮겼다. 특히 가족들의 헌신적인 노력이 뒷받침이 되었는데, 부인 한필려는 남북을 세 차례나 오가며 사료를 가져오다 해주 앞바다에서 차녀 경숙과 함께 피격당해 사망했다. 한국전쟁 때 이 소장품들을 일본 국제기독교대학에 보관했고, 일부는 미국에 이송해 보관하기도 했다. 1954년 2월 한국전쟁으로 소실된 박물관을 혼자 꾸려서 개관함으로 다시 기독교 관계 사료들을 정리·보존했다.

그는 역사학계에도 크게 공헌하여 국보, 명승고적, 천연기념물 보존위원과 애국가 작사자 조사위원, 경주 국립공원 위원, 한국사학회 이사, 안중근 의사 선양회 이사, 서울특별시 문화재보호위원, 한국 독립운동 사료 조사위원 등을 지냈다. 고고학 분야에서는 서울 역삼동 주거지 발굴, 서울 암사동 주거지 발굴 등을 지휘했다. 1967년에는 한국 고고학협회 부회장을 맡아 활동했다. 1954년 숭실대학교 교수로 취임해 한국기독교박물관을 숭실대학에 이전, 개설하면서 그 소장품 3,660점을 기증했고 관장을 맡았다.

김양선 목사는 대학에 강사로 출강하며 고고학을 가르치고, 신학교에서는 한국 교회사를 가르치면서 교회를 맡아 섬겼다. 그의 주된 관심은 고고학과 국학 연구, 한국교회 관련 유물 및 문헌 자료의 보존을 위한 수집에 있었다. 그는 24세부터 역사의식을 가지고 이 일에 뛰어들었다.

그가 한국교회사 관련 자료 수집에 관심을 기울이기 시작한 것은 숭실전문학교 3학년 때 양주동 박사의 서재에서 국문학에 대한 고서들을 본 때였다. 국문학과 영문학의 대가였던 양주동 박사가 선조들의 얼이 담긴 노래를 살려 민족의 얼을 찾아내고 국문학 연구에 전력하는 것을 보고, 한국 교회사 자료들을 모아 연구하고 정리하겠다는 역사의식을 갖게 되었다.

"나는 한국교회 최초의 신앙 가정에서 태어나, 손으로 만져 보고 귀로 들은 이야기를 기록하고 연구하겠다는 자의식이 싹텄다. 주위에 흩어져 있고 널려져 있는 초기 자료들을 모으고 연구하기 시작한 것이 기독교박물관의 정신적·신앙적 뿌리가 됐다. 여름방학 때 고향 외조부 백홍준 조사 집 여기저기 널려져 있는 문서들과 서책들을 모아 깨끗하게 정리했다. 외조부가 만주에서 존 로스 목사에게 받았던 성경과 기독교 관련 문헌, 아버지가 소유했던 문헌까지 정리하니 모두 500여 종이나 됐다. 이렇게 하고 보니 마음이 흐뭇하고 기쁘기 그지없었다. 이렇게 시작해서 보이는 것과 보이지 않는 고고학 자료들까지 수집하니 8·15 해방 당시까지 약 5,000여 종이나 됐다."

숭실대학교에 있는 한국기독교박물관은 김양선 목사가 숭실대학교 사학과 교수로 재직하면서 그의 사재로 1948년 남산에 최초로 세웠던 박물관을 옮겨온 것이다. 이후 전쟁으로 휴관과 개관을 거듭하다가 김양선 교수가 1967년 숭실대학교 개교 70주년을 맞아 이 학교에 유물을 기증했고 숭실대 부속 기독교박물관으로 재개관했다. 그리고 2000년 유물 보존과 신축 이전으로 임시 휴관한 이후 현재 숭실대학교에 있는 한경직기념관과 인접한 곳에 새로운 박물관 건물로 이전 개관했다.

새 건물에서 개관한 한국기독교박물관은 지하 2층, 지상 3층에 소장 유물 약 7,300여 점, 전시 유물 1,000여 점의 규모를 갖추었다. 국보 141호 '다뉴세문경'과 231호 '청동기 용범' 등 국보를 비롯해 보물 및 한국 기독교 관련 자료, 고대 중국과 로마 시대 유물까지 다양한 자료를 소장하고 있다. 지하에는 수장고와 발굴 유물실, 고서실, 사진 자료실, 연구실 등이 있으며, 일반인에게는 지상 1층부터 3층까지 전시실을 개방하고 있다.

1층 전시장은 본 박물관 내용을 확인할 수 있는 '한국기독교사실'로 꾸며졌다. 이곳에는 한국 기독교의 전(前) 역사에 해당하는 경교(景敎, 네스토리우스교)의 역사를 확인할 수 있는 자료와 초기 천주교의 수용과 박해, 자생적 천주교의 성장 과정을 알려 주는 자료가 전시되어 있다. 또 한국 개신교의 수용 과정과 선교사의 활동에 관한 자료가 있으며, 특히 이곳에서는 '경교 석재 십자가'(景敎 石材 十字架), '십자 무늬 장식', '마리아상' 등 통일 신라 시대에 이미 기독교가 이 땅에 전래되었을 것으로 추정되는 유물들을 확인할 수 있다. 또 초기 천주교 역사의 다양한 자료와 한글 보급에 크게 공헌한 기독교에 관련된 여러 문서를 발견할 수 있다.

'한국기독교사실'은 한국의 기독교는 선교사가 공식적으로 입국하기 전에 이미 한국어로 성경을 번역, 출판하여 읽었다는 점을 강조하면서, 한국이 자생적 기독교 수용 역사를 간직하고 있음을 말하고 있다. 전시된 최초의 한글 성경 및 기타 자료를 통해 이를 확인할 수 있다.

2층과 3층으로 이어지는 전시실은 한국의 기독교가 영향을 끼친 민족 근대화와 민족운동의 역사, 고고 미술과 기독교 정신으로 세워진 숭실대학교의 역사로 구성돼 있다. 2층의 '근대화와 민족운동사실'에는 실학의 발생과 전개, 외세의 침략과 민족의식의 성장, 일제강점과 독립운동의 흐름을 살필 수 있는 유물이 전시되어 있다. 한국 교회와 기독교인들이 주도적인 역할을 한 3·1 독립운동과 임시정부 및 일제의 독립운동 탄압 등에 관한 자료를 확인할 수 있다.

'고고 미술실'은 1960년대부터 발굴 조사로 수집된 토기류, 석기류, 금속기류, 유리 제품 등 600여 점의 유물이 전시되어 있다. 이 유물들은 질적, 양적으로 우수한 유물로서 국보와 보물을 포함하고 있다.

국내 유일한 기독교 박물관으로 현대적인 전시 시설을 갖춘 새로운 건물에서 재개관한 한국기독교박물관은 한국 기독교 역사와 기독교가 사회에 끼친 영향을 확인할 수 있는 한국 기독교의 보고임을 스스로 증명했다.

한국기독교 역사의 소명자 김양선 목사(1907~1963)

한국기독교박물관은 독특한 특징을 지닌 박물관이다. 다양한 기독교 자료를 비롯해 서양 과학과 실학 자료 등 이른바 서학 자료가 풍부하다. 본 박물관의 자료 중 90퍼센트 이상이 김양선 교수가 순교를 무릅쓰고 수집한 소중한 자료다. 가장 특징적인 자료는 기독교가 한국 사회에 미친 공헌을 보여 주는 것들이다. 박물관이 개관할 때에는 김양선 목사가 설립자 겸 초대 관장에 취임했다.

한국 기독교 해방 10년사

김양선 목사는 일제 때 항일운동을 하다가 투옥됐다. 1956년에 그가 쓴 《한국 기독교 해방 10년사》는 1956년 9월 15일 대한예수교장로회 총회 종교교육부가 해방 이후부터 1956년 초까지 10년간의 한국 개신교 역사를 출판한 서적이었다. 이 책은 간행 직후 총회의 비난이 쇄도해 고난을 겪었다. 해방 10년사에 등장하는 인물들이 생존해 있었기에 사학자의 평가에 피해의식이 발로됐기 때문이다. 당시 총회 종교교육부 총무 안광국 목사는 이 책을 출판한 후 책임론과 구설에 올라 모든 책임을 지고 사퇴했다. 그러나 저자 김양선은 한 발도 물러서지 않고 사가의 소신을 끝까지 지켰다.

해방 후 약 10년간은 남북 분단과 민족상잔, 남북 이산가족의 양산과 교회 분열 등 복잡한 사건이 일어났다. 당대의 역사가는 이러한 역사에 대해 자기 시대의 역사 흐름에 따라 역사적인 조명으로 답해야 하는 책임이 있다. 저자 김양선은 자기 시대의 역사로 이에 답하고자 했다. 그는 한국인 최초의 세례자 중 한 명이었던 백홍준의 외손자이며, 그의 부친을 이어 목사의 길을 걸은 인물이었다.

이 책은 숭실대학 교수요 기독교박물관 관장이었던 김양선 목사가 다른 이들이 다루기 힘든 당대의 역사를 자신의 기록과 경험으로 교회의 '재건'과 '부흥'의 관점에서 집필한 것이다. 해방 후 한국교회의 모습에서 김양선은 한국 역사와 교회 신앙에서 그 사례를 찾아볼 수 없는 사건들을 기록했고, 사료를 바탕으로 한국기독교박물관을 세웠다. 한국전쟁 중에 자료가 유실되기도 했으나, 한국 선교 70년을 기념하여 한국기독교연합회로부터 한국 기독교 역사의 집필을 의뢰받고 집필했다.

그가 원래 계획한 것은 한국 기독교사 전래, 포교, 부흥, 수난, 재건(한국 기독교 해방 10년사), 총 다섯 권으로 정리하려 했으나, 마지막으로 나올 책이 먼저 출판됐다. 내용은 해방 직전의 교회 상태, 북한의 교회 재건, 남한의 교회 재건, 북한 교회의 수난, 장로교회의 자유주의 신학 사상의 대두, 해방과 자유주의 신학의 발전, 보수주의 신학의 고수 운동, 보수주의 신학의 확립을 위한 교권의 발동, 자유주의 신학의 확립을 위한 교파 분열, 대한기독교장로회 총회의 성립 등을 다루고 있어, 해방 이후 장로교회 내 보수-자유 양 신학 사상의 충돌과 기장의 분열이 큰 비중을 차지하고 있다.

해방 후 북한 교회

한국교회 역사에서 뚜렷한 기록은 평양지역이 기독교 중심지가 됐다는 것이다. 평양 선교의 주역인 마펫 목사는 "그 전란에 예루살렘의 최대 교회가 로마의 박해로 여러 지방에 분산된 것과 흡사한 경우가 됐다"고 기록했다. 평양의 교회는 지방 깊숙이 스며 들어갔다. 그리고 평양을 개신교의 중심지로 만들었다. 오늘날 기독교가 중요하게 발전하게 만든 숭실파도 바로 이 평양에서 비롯됐다. 피와 땀으로 얼룩진 우리나라의 교회사를 보면 훌륭한 신앙인들이 평양을 중심으로 많이 배출됐다.

한국전쟁 이후 이북 교회에 대해 짐작되는 것이 없는 것은 아니나 더러는 궁금할 수 있다. 스탈린의 압박에도 아직도 러시아에 정교회가 남아 있는 것을 볼 수 있다. 정치와 종교의 어간에서 이해하기 힘든 대목이 없지 않다. 그래도 러시아의 전통 깊은 그 정교회는 오늘까지 정중한 미사를 드리며 여러 가지 종교의식도 그대로 지키고 있다. 물론 이는 교회를 유지할 만한 신도들이 있기 때문이다. 이런 사정은 북한의 종교 상황에 대해 어떤 희망을 버리지 않게 했다.
　그러나 한적대표단이 평양을 방문해 북한 교회가 황막한 지경임을 파악한 것은 안타까운 일이다. 지금 우리의 귀에도 낯설지 않은 목사 강양욱은 대동강을 굽어보는 만경대에 서서 오늘의 초토화된 북한의 기독교를 자랑스럽게 이야기하고 있다. 그리고 교회까지 파괴하게 놔두는 신을 믿으려 하는 사람은 없다고 말한다. 지극히 단순하고 이기적인 신관이다. 고희에 가까운 이 황혼의 인생이 생각하는 신은 과연 어떤 것일까? 우리는 강양욱 목사의 궤변을 들으면서 적막감에 빠진다. 인간의 내면에 호소하는 종교까지도 뿌리를 캘 수 없게 된 그 토양은 어떤 것인가? 한편 순교를 무릅쓰던 기독교인들의 그 불타는 신앙은 어디로 사라지고 말았는가? 북한의 현실은 거듭 착잡한 감회뿐이다.

교회 재건 운동

　특히 이 책에서는 일제 말기 친일과 신사참배에 대해 해방 이후 예수교장로회 총회가 여러 번 참회한 것을 두고, "총회가 신사참배의 범과를 통절히 뉘우치지 못했다는 증거 이외에 아무것도 아니다"라고 비판하며, "교권주의자의 자기 명예를 위한 제스처에 불과하다"라고 예리하게 혹평했다. 즉 《한국 기독교 해방 10년사》는 장로교 총회의 신사참배 취소 결의 그 어디에서도 진정한 참회와 고백을 찾을 수 없다는 사실을 정면으로 비판했다.

이에 장로교는 1958년 제43회 총회에서 이 책이 교단을 모독했다며 출판 금지를 결정하는 등 친일 청산 비판마저 차단했다. 이들은 "총회를 모독한 것이며 총회를 비난한 것으로 인정된다"며 일제 말기 친일인사로 알려진 전필순 목사를 위원장으로 하는 '한국 기독교 해방 10년사 위원회'를 조직해, 이 책에 대한 출판 금지 결정을 내리는 등 총회 내의 친일 비판을 교권으로 억눌렀다. 한편 이 책은 클라크(A. D. Clark)에 의하여 《History of the Korean Church in the Ten Years Since Liberation, 1945-1955》로 영역되어 미국에서도 간행되었다.

김재준 목사와 신학 논쟁

이 책에 기록된 내용 중 보수주의 신학의 고수 운동에 관한 것이 있다. 이른 봄 김재준 교수의 자유주의 신학 사상에 불만을 품은 조선신학교 학생 51명이 같은 해 4월 18일 대구에서 열린 제33회 장로회 총회에 김재준 교수에 관한 내용을 명시한 진정서를 제출했다. 학생들의 호소는 총회의 관심을 끌어, 총회는 심사위원 8인을 선정하여 사실 여부를 조사하게 됐다. 조선신학교는 심사위원 조사에 대처하기 위해, 김재준 교수에게 총회에 제출된 학생들의 진정서에 대한 답변 진술서라는 명목으로 발표하게 했다.

이 진술서는 주로 성경관과 교리 문제에 대한 변명과 해석으로 되어 있었는데, 일반의 오해를 사지 않으려고 온건하게 설명했으나 자유주의 신학자로서의 태도를 엄폐하거나 부인하지 않으며 학자의 양심을 지켰다. 심사위원회는 이 진술서를 검토한 후 김재준 교수와의 직접 문답을 요청했다. 진술서에 나타난 그의 성경관으로는 성경의 정확무오설에 대한 입장을 명백히 알 수 없었기 때문이다. 김 교수는 성경의 정확무오설을 주장함에서 먼저 그 입장을 천명할 필요가 있었다. 즉, 그에게 성경은 구원의 진리를 계시함에서는 정확무오하지만, 결단코 자연과학이나 역사과학의 지식 부문에서까지 정확무오한 것은 아니었다. 그의 답변은 성경이 종교적으로는 무오(無誤)이나 과학으로는 유오(有誤)라는 결론에 도달하게 되었기에, 위원회는 필경 김 교수는 성경의 무오함을 부인한다는 심사 보고서를 전체 이사회에 제출했다.

5월 28일 심사위원회의 보고를 받은 전체 이사회는 김 교수를 불러 성경관에 대한 설명을 요구했다. 김 교수는 심사위원회에서 설명한 것과 마찬가지로, 성경 무오를 입증하는 데 필승을 기할 방법은 성경이 구속을 위한 특별한 계시라는 가장 견고한 지반에 서 있는 것 이외에 다른 방도가 없음을 말했다. 이사회는 김 교수에게 성경관에 관한 성명서를 가장 온건한 언사로 발표해 주기를 요구했다. 그것은 일반 교계의 오해를 풀자는 목적이었다.

이때 심사위원회나 전체 이사회는 좀 더 근본적인 문제, 즉 "내가 성경 연구에서 비판적 방법을 채용했다는 것은 사실입니다"라는 진술서에 있는 그의 자유주의 신학 사상에 근거해, 자유주의 신학자가 총회 직영 신학교의 주임교수가 될 수 있는가 하는 문제를 규명해야만 했다. 다만 분규의 책임을 묻는 정도의 총회장의 질문에 대해 그는 까닭을 설명하며 사과의 뜻을 표시한다는 것을 언명했을 뿐이다.

그해 7월 김 교수는 글로는 흠잡을 데 없는 성경관에 관한 성명서를 냈다. 이때부터 조선신학교 김재준 교수와 정실 관계가 많은 사람들이 신학교 문제는 신학의 문제가 아니라 교권 싸움이며 지방 싸움이라며 그릇 선전하게 됐다. 이러한 그릇된 생각은 후일 한국 신학 수립에 큰 장애를 주는 안타까운 결과를 가져왔다.

〈성명서〉

개혁교회는 성경에 절대 권위를 두고 그 위에 세워진 교회입니다. 성경은 천계(天啓)와 영감(靈感)으로 기록되었다는 초자연적 성경관을 우리는 유지합니다. '신·구약 성경은 하나님의 말씀이니 신앙과 본분에 대하여 정확무오한 유일의 법칙이니라'라는 신조 위에 조선장로교회가 서 있고, 이 신조는 조선교회 안에서 영원히 보수되어야 할 우리의 가장 순수하고 복음적인 신앙고백입니다.

그러나 우리는 불타는 소명감에 몰려 장로교 총회 직영 신학교인 조선신학교에 적을 두고 성경과 신학을 배우기 시작한 지 1년여 우리가 유시(幼時)부터 믿어 오던 신앙과 성경관이 근본적으로 뒤집히는 것을 느꼈습니다. 이러한 현상은 우리 지식의 유치(幼稚) 미발(未發)의 소치가 아니겠습니까? 신학 교양의 부족에 기인하는 바이겠습니까? 그러나 신앙은 신앙입니다. 우리의 신앙은 성경 이외의 아무 곳에도 기인될 수 없습니다. 우리 신앙의 유일한 기준은 오직 성경입니다. 이 성경이 하나님 말씀의 권위를 잃을 때 우리 신앙은 근본적으로 파괴당하고 말 것입니다. 그러므로 우리는 먼저 "신앙은 보수적이나 신학은 자유"라는 조선신학교의 교육 이념을 수긍할 수 없습니다. 근대주의 신학 사상은 성경의 고등비평에 항거합니다. 자유주의 신학과 합리주의 신학을 배척하는 것입니다.

저들은 성경의 고등비평이나 자유주의 신학은 결코 신앙을 파괴하지 않는다고 변명하나, 사실에 있어 파괴당하고 있는데 어찌하겠습니까? 이 같은 사조로 인하여 현 세계는 점점 비신앙 상태로 들어가고 있습니다. 그 때문에 독일과 일본이 망한 것을 우리는 보고 있지 않습니까? 그러므로 온 세계가 이 자유주의 신학 사조에 흘러간대도 우리는 단신 순복음의 전사가 되어 전 세계를 향해 도전하는 것을 부끄러움으로 여기지 않습니다. 교회사상 삼위일체나 기독론이나 기타 성경적 교리가 투쟁 없이 제정되거나 완성된 것은 하나도 없습니다. 무너져 가는 우리 교계도 같은 진리의 사람이 일어서야 할 때가 왔습니다.

루터와 같은 굳센 신앙의 용사가 일어나야 할 때입니다. 이날 우리는 온갖 비난과 욕설과 방해를 무릅쓰고 이 중대한 신학 교육 문제 전 선교회에 호소하는 바이오니 제위(諸位)는 이 어린것들의 맑은 신앙 양심에서 솟아오르는 가련한 호소를 물리치지 마시고 받으셔서 양찰하신 후 선히 지도해 주시옵소서.

1947년 4월
서울 조선신학교 정통을 사랑하는 학생 일동 근백(謹白)

경교 전래의 흔적

사실 김양선 목사가 없었다면 기독교인들이 잠시라도 경교가 신라 시대 전래되었을 가능성 때문에 흥분과 설렘의 나날을 보낼 수 있었겠는가! 기독교가 한반도에 1,000년 전에 이미 전래 되었다니! 비록 이러한 흥분이 단지 젊은 날의 호기심으로 그치는 경우가 있더라도!

| 신라 시대 기독교 전래의 증거

오래전 방영된 KBS 역사드라마 〈장보고〉의 드라마 전투 신 중 염장과 한 병사가 싸우는 장면이 캡처된 것을 본 적이 있다. 그 사진을 자세히 보니 한 병사가 목에 십자가를 걸고 있었다. 이같이 신라 시대에 기독교가 전래되었다는 확실한 증거가 있다니! 그러나 현실은 그렇지 않다. 이 드라마는 소설이고, 기껏해야 '옥의 티'의 항목에 들어갈 일이지 세상을 놀라게 할 만한 역사적인 발견은 아니다. 김양선 목사가 경주 혹은 불국사에서 귀한 보물들을 발견하기 전까지는 말이다.

김양선 목사는 주말에 숭실대학교 사학과 학생들과 전국 각지로 탐사 여행을 다녔다. 그는 경주 말고도 여러 곳을 답사했고 많은 유물을 발굴했다. 그러다 1956년 경주에서 통일신라시대 경교 유물로 보이는 몇 가지 귀중한 보물들(돌십자가, 돌로 만들어진 십자 무늬 장식 2개, 마리아 상)을 채집했다.

10년 후 이러한 유물들과 여러 가지 방증 그리고 몇 가지 역사적인 증거(통일신라 시대의 능묘 제도의 호석이 부조된 십이지상, 능묘 앞에 배치된 페르시아 무인상, 석굴암 전실 양 벽에 부조된 팔부 신장 중 2개의 조상이 페르시아 무인상으로 되어 있는 것, 석굴 내벽에 부조된 십일면관음상, 십나한 상 범천과 제석천 상의 의문(衣紋)과 샌들, 손에 든 유리관)에 근거해, 김양선 목사는 통일신라 시대에 경교가 전래됨을 주장했다. 이로 인해 김양선 목사는 대한불교조계종과 사학계, 심지어 일부 기독교계에서 극심한 비난을 받았다.

문제는 이 유물들의 역사적 가치를 지지해 줄 만한 근거, 즉 이 유물들이 언제, 어디서, 어떤 경로로 발견됐는지는 여전히 의문으로 남았다는 것이다. 김양선 목사와 함께 발굴에 참여했던 사람의 증언에 따르면, 돌십자가는 불국사의 우물터에서 발굴됐다고 한다. 하지만 김양선 목사가 어떻게 그러한 유물들을 발견했는지 기록한 문서를 김양선 목사 자신이 없애 버렸다는 이야기만 들을 수 있었다. 사실 한국 기독교 역사상 가장 중요한 증거인 유물에 대한 발굴 경위가 남아 있지 않은 것은 매우 애석한 일이며, 또 이상한 일이다. 이와 관련된 진실은 아직까지 밝혀지지 않았다.

경교가 당태종 9년(635) 공인된 종교로 수용되던 당시는 신라 선덕여왕, 고구려 영류왕, 백제 무왕 때였다. 이로부터 100여 년 후 신라 경덕왕 10년에 불국사가 창건됐다. 이때는 당현종 때(712~756)였다. 그런데 그 경내에서 경교 유물이 발견되었으니 얼마나 놀랍고 충격적인 일이었을까? 그 후 기독교인들에게는 꿈 같은 사실로, 불교도들에게는 매우 불쾌한 주장으로 남게 됐다.

김양선 목사는 《한국기독교사 연구》에서 경주에서 발견된 유물은 불교에 흡수된 기독교 유물로 생각된다고 말했다. 김양선 목사의 말은 무슨 의미일까? 말 그대로 불교와 유사한 형태로 제시된 기독교 유물이라는 의미일까? 지금도 숭실대학교의 한국기독교박물관에 보존된 유물들이 통일신라 시대 것이라는 증거는 너무 박약하다. 당시의 불교도나 고고학자들의 견해처럼 일반적인 고대 형태로의 십자가와 유사하나 기독교와 아무런 관련이 없는 유물들일 수도 있다. 신라 시대에 경교가 전래돼 왜곡되었다는 말인가? 신라 불교가 경교 형식을 흡수했다는 말인가? 어떤 이유로 불국사나 경주에 그러한 유물들이 선물이나 기념물 등의 형식으로 존재하게 됐는가는 아직도 쉽게 풀리지 않는 수수께끼로 남아 있다.

그러므로 우리는 유사한 유물이 국내에서 발견되고 신라의 이러한 유물을 입증하고 방증해 줄 만한 문헌들이 발견된다든지, 삼국 시대에 특별히 신라에 경교가 전래되거나 영향을 주었다는 더 명확한 증거들이 발견되기까지 기다려야 할 것이다.

마리아 관음상 혹은 성모상의 정례에 대한 논란

십자가 모양으로 생긴 유물들이 기독교의 유물이거나 기독교의 영향을 받았을 것으로 보는 데는 아무런 문제가 없다. 한반도 내에서만 문제지, 중국과 만주 지역, 그리고 일본에서는 무수한 십자가가 발견되기 때문이다. 그러나 소위 마리아 관음상이라고 불리는 소상의 경우에는 어떤가? 사실 이것은 마리아 관음상이나 성모상보다는, 한 여인이 아이를 안고 있다는 점에서 성모자상이라고 불러야 더 합당할 것이다.

이에 대해서는 그 이후 오랫동안 더 자세한 연구가 진행되지 못했다. 사실 이 소상은 불교의 관음상으로 보기에는 어려움이 많다(이와 관련해 지나가는 이야기지만, 초기에 관음상은 남성으로 묘사됐는데 언제 무슨 이유로 여성으로 묘사되기 시작했는지가 의문이다. 어떤 사람들은 관음보살의 여성화를 인도의 시바 여신의 영향이라 보는데 과연 그럴까 하는 의문이 든다). 소위 성모자상의 문제는, 그것이 불교의 관음상처럼 생기지 않았다는 점이며, 관음상에서 일반적이지 않은 형태로 어린아이를 안고 있다는 것이다.

현재 남아 있는 기독교적 측면에서 이와 유사한 형태는 일본에서 발견되는데, 1638년 이후 기독교 박해 시대에 천주교인들(카쿠레 키리시탄)이 감시의 눈초리를 피하려고 관음상과 같이 생긴 성모자상을 만들고 관음상처럼 사람들을 속였다고 한다. 이는 비밀리에 자신들의 신앙을 유지하기 위해 만든 성모 관음상에서 찾아볼 수 있다. 그러나 경주에서 발견된 성모 관음상과 일본에서 만들어진 성모 관음상은 1,000년 가까운 시간적인 간격이 있다.

신라에 경교 전래의 증거가 박약하다는 것이 한반도에 경교가 영향을 끼치지 않았다는 결정적인 증거가 될 수도 없다. 그러기에 우리는 직접적이고 결정적인 자료를 찾으며 그것이 나타나기를 기다리고 있다.

당나라 때 경교가 한반도에 전래됐을 가능성에 대한 간접적인 증거는 있다. 삼국시대를 지나 고구려와 백제가 멸망한 후 성립된 신라와 발해의 남북조 시대에 발해의 고토에서 발견된 경교 유물은, 이 시대에 경교가 한반도에 영향을 끼쳤을 가능성을 시사한다. 특히 발해의 솔빈부 아브리코스 절터에서 십자가가 출토됐다. 동경 용원부가 있었던 현재 중국 훈춘의 한 사찰에서 발견된 십자가를 목에 걸고 있는 형태의 삼존불상(三尊不祥)의 존재도 그러한 가능성의 증거로 이해할 수 있다. 불행하게도 이 삼존불상의 경우는 일제가 만주국을 세우고 중국을 지배하던 때 일본으로 반출되어, 현재 훈춘의 박물관에는 그 사진만이 진열되어 있다고 한다.

한국기독교박물관

김양선 목사는 수많은 자료를 모아 《한국기독교 전래사》,《한국기독교 해방 10년사》(1956)《간추린 한국교회사》,《세계선교사》,《한국기독교사 연구》(1971),《한국 성서 번역사》,《간추린 한국교회사》,《장로교 여전도대회 소사》,《이수정과 성서번역사》,《6·25 사변과 기독교 문화재의 수난》,《고고학 개론》,《邪學 懲義에 관하여》 등 50여 권의 저서를 남겼다.

매산이 한국교회에 남긴 가장 큰 선물은 기독교 박물관이다. 오늘날 한국교회사를 연구하는 후학들은 1950년대 한국교회 분열사를 연구하기 위해 당시에 발표된 성명서 내용과 김양선 목사의 평가를 외면하고는, 이후 예장 합동과 통합뿐 아니라 고려파와 기장파의 분열 요인을 정확하게 파악하기 어렵다. 한 가지 아쉬운 점은 김양선 목사가 원래 계획했던 1955년 이후 1960~1970년대의 한국교회 역사를 끝내 정리하지 못하고 1963년 10월 11일 작고했다는 것이다.

김양선 목사의 또 하나의 한국교회사적 공적은 저서들만이 아니라, 현재 숭실대학교 내에 있는 한국기독교박물관 그 자체에 있다. 이 박물관은 한국 기독교의 산 역사를 눈으로 보고 배울 수 있는 유물과 문헌은 물론, 조선조의 역사 문헌 및 고고학과 국학에 관련된 것들과 과학기구에 이르기까지 방대한 유물이 핵심 콘텐츠를 이루고 있다. 그의 꿈이 바로 이 한국기독교박물관이었다 해도 과언이 아니었다.

이 박물관의 유물은 우리나라의 운명이 일제의 침탈과 한국전쟁이라는 전쟁의 소용돌이 속에 놓이면서 부산, 일본, 미국으로 피난해야 하는 상황에서 여러 곳으로 흩어졌을 때에도 살아남은 것들이다. 또 38선이 갑자기 막혀 북한에 있는 유물을 남으로 옮기던 김양선 목사의 부인 한필려 사모와 그 딸이 서해상에서 인민군에게 순교하는 등의 어려움을 통해 보존된 것들이다.

한편 한필려는 1906년 평양 선교리에서 고무신공장을 하던 한상호 씨의 1남 3녀 중 막내로 태어났다. 평양 숭의여자중학교를 졸업하고 정신유치원에서 일하다 김양선과 결혼했다. 김양선은 숭실전문학교를 졸업한 후 평양신학교에 재학하고 있었다. 어려운 신학생을 만나 생활을 꾸리는 데 핍절했다.

김양선은 사학자로서 기독교 사료만 보면 돈을 꾸어서라도 사서 수집했다. 최초의 한글 성경인 《예수셩교젼서》, 최초의 찬송가인 《찬셩시》, 최초의 교회 신문인 〈그리스도인 신문〉 등이 김양선이 신학교 시절 수집한 자료들이다. 김양선은 기독교뿐 아니라 일반 희귀 사료도 수집했다. 병인양요 때 대원군이 어용희 장군에게 보낸 전쟁

지휘서 100통, 홍경래의 난 때 정부 쪽 기록인 '순무영 등록' 같은 것이 그것이다. 김양선은 선교사들과의 두터운 교분으로 구문 사료까지 어렵게 수집했다.

1943년 목사가 된 김양선은 섬기던 정주중앙교회에서 신사참배 반대로 쫓겨났다. 축출된 것만이 아니라 목사의 생명인 강도권(講道權)도 박탈당하고 금족령까지 받았다. 일제가 김양선에 대해서 이렇듯 가혹했던 것은 전문학교 때부터 '청구회'를 조직해 항일운동을 한 경력 때문이었다. 이때 김 목사는 옥고를 치렀다.

김 목사가 평북 구성에 있는 신시에 들어가 해방 때까지 은둔 생활을 한 것은 한필려 사모의 조언 때문이었다. 한 사모는 김 목사가 생명만큼이나 귀중히 여기는 사료들을 소중히 보관했다. 3·1 독립운동 때 스코필드 박사가 촬영한 사진 30매는 베개 속에 넣었고, 안중근 의사의 옥중 육필과 태극기는 이불 속에 감추었다. 폐교당한 숭실학교의 대리석 간판은 다리미판 같이 만들어 보관에 신경을 썼다.

그런데 김 목사가 수집한 기독교 사료가 북한에 있었기에 한 사모가 38선을 넘어가 귀중한 문헌들을 가져왔다. 두 번째도 월북해 자료를 가지고 무사히 왔다. 그러나 1947년에는 38선 경비가 강화됐고, 한 사모가 자료들을 머리에 이고 해주 앞바다에서 막 배에 오를 때 인민군 경비병이 나타나 따발총을 쏘아 댔다. 한 사모와 둘째 딸은 관통상을 입고 쓰러졌고, 의료시설이 없었던 배 안에서 숨을 거뒀다. 한 사모는 죽어가면서도 유물들을 꼭 안고 있어 그녀의 진한 피가 유물에 스며들었다. 1948년 4월 1일 한필려 사모는 42세에 순교했다.

1948년 4월 20일 김양선 목사는 남산에 기독교 박물관을 개원했다. 출품된 자료 중 어떤 것에는 얼룩이, 어떤 것에는 한필려 사모의 핏물이 배어 있었다.

기독교 박물관이 숭실대학교에 설립되기 전(1967. 10. 10. 기증) 많은 국학 자료가 신촌 연세대학교에 있었다. 숭실대와 함께 연세대도 기독교 박물관 설립에 관심이 있어 매산과 협의한 결과, 현재의 숭실대 기독교 박물관에 있는 유물을 연세대로 옮기기로 결정했다. 김 목사가 연세대에 제시한 조건은 세 가지였다. 첫째, 캠퍼스 내에 박물관 건물을 먼저 세워 줄 것, 둘째는 자신이 교수로 일할 수 있도록 배려할 것, 셋째는 자신의 생존 시 박물관장으로 임명해 줄 것이었다.

그런데 연세대 측에서는 박물관 건축에 착수하지 않고 이를 차일피일 미뤘다. 당시 연세대는 박물관 건물 건축보다 이공대 건물 신축이 급했기 때문이다. 학교 측이 이공대 건물 신축 후 박물관을 짓겠다고 하자 김 목사가 약속 위반이라면서 연세대와 맺은 약속을 파하고, 같은 조건을 수락한, 자신의 모교요 자신이 교수로 있는 숭실대로 유물을 다시 옮겨간 것이 후일 밝혀졌다.

숭실대학교 한국기독교박물관

이 박물관은 1948년 4월 서울 남산에서 교회사가인 김양선 목사가 설립한 우리나라 최초의 기독교 전문 박물관으로 출발했다. 여기에 고고학 관계 자료, 미술 자료들을 따로 전시한 매산 고고관(梅山考古館)을 병설했다.

개관 직후 한국전쟁으로 귀중한 진열품의 반수 이상을 분실했고, 본관과 부속 건물이 모두 소실되었다. 미국 북장로교 선교회의 원조로 파괴된 건물을 수리하여 1954년 다시 개관했다. 1951년 1·4 후퇴 시에는 미국군과 북장로교 선교회의 호의로 진열품 일부를 일본에 보내 보관하기도 했다. 이 무렵 국립박물관 소장품도 부산 창

한국기독교 역사의 소명자 김양선 목사(1907~1963)

고로 옮겼으나, 안전을 위하여 미국으로 옮기는 문제가 문교부 장관 백낙준과 미국 국무성 사이에 계속해서 논의되었다. 1950년대 중반에 이미 이 박물관은 국립박물관, 이왕가 미술관과 함께 한국 3대 박물관의 하나로, 한국의 역사 전(前) 문화와 고대문화에 관한 자료와 한국 기독교 문화, 즉 신문화에 관한 진귀한 자료, 그리고 우리나라 독립운동에 관한 진귀한 자료들을 수장하고 있는 특색 있는 전문 박물관으로 자리 잡았다. 그러다 1958년 박물관 부지가 국회의사당 부지로 선정되어 박물관을 철수하고 박물관은 10여 년 동안 휴관하게 됐다.

그 후 1967년 서울 동작구 상도동 숭실대학교에 소장 자료 3,600점을 기증해 숭실대학교 부설 한국기독교박물관이 됐다. 이후 1976년 대학 교정에 연건평 1,836제곱미터의 건물을 마련했다. 소장물로는 국보 141호 다뉴세문경(多紐細文鏡), 국보 231호 석제 청동기 제작 용범(鎔范), 보물 883호 청동제 지구의 등 각종 문화재를 비롯해 독립운동 관련 사료, 기독교 관련 사료 및 유물이 있다. 또 이 박물관에는 1603년 마태오 리치가 만든 세계지도 양의현람도(兩儀玄覽圖)를 포함해 6,800여 점의 자료가 소장되어 있다.

한국기독교박물관은 고고 자료실, 실학 자료실, 독립운동 자료실, 한국교회사 자료실로 구분되어 있다. 한국교회사 자료실에는 천주교 자료로서 《경교 성경》, 《천주실의》, 이승훈의 《몽천유교》(蒙川遺稿) 등 교리 서적과 초기 천주교 박해와 관련된 서신들이 있다. 개신교 관계 자료는 이응찬, 서상륜, 백홍준 등 초기 개신교인들이 만주에서 매킨타이어 목사와 함께 번역 출간한 《마태복음》(1882), 《제자행적》(1884), 《예수성교견서》(1887) 등이 전시되어 있다.

국내 유일의 기독교 박물관으로 현대적인 전시 시설을 갖춘 새로운 건물에서 재개관한 한국기독교박물관은 한국 기독교 역사와 기독교가 끼친 문화를 한눈에 확인할 수 있는 한국교회의 보고다. 다양한 기독교 자료를 비롯해 서양 과학과 실학 자료 등 이른바 서학 자료가 풍부하다. 본 박물관의 자료 중 90퍼센트 이상이 고 김양선 목사가 순교를 무릅쓰고 수집한 소중한 자료들이다. 이 박물관에서 발견할 수 있는 가장 큰 특징은 '기독교가 한국 사회에 끼친 공헌'의 측면이다. 즉, 신앙으로 바라보는 기독교가 아닌, 한국 사회의 발전에 큰 영향을 끼친 기독교의 역할을 부각했다. 자생적 발생으로 인한 기독교의 영향을 받은 한국 사회의 세계관의 변화와 민족의식 성장에 전시의 초점을 두고 있다.

한국인의 친구
오다 나라지 목사(1908~1980)

　오다(織田楢次, 한국명 전영복)는 1908년 1월 18일 일본 효고현에서 사무라이의 후손으로 10남매의 막내로 태어났다. 일본 오사카에서 그리 멀지 않은 효고현(兵庫縣) 아시야(芦屋)에서 성장했다. 남자가 많은 가정이라 부모의 사랑을 많이 받지 못했다. 아버지는 무사의 가문인 스즈키(鈴木) 가정에서 태어났으며, 어머니는 일본의 유명한 오다(織田)의 마지막 후손으로 태어났다. 오다 집안의 마지막 후손으로 태어난 그녀는 오다 가문의 무남독녀였다. 그래서 그의 아버지가 오다 가문으로 들어가 그녀의 어머니가 아버지를 양자로 맞았고, 이에 오다 나라지는 어머니의 오다 성을 갖게 됐다.

전영복 목사 부부

오다의 아버지는 토건업을 했는데 철저한 불교 신자로 상창원이라는 절을 세웠고, 오다의 여섯 번째 형은 불교 교육을 받은 다음 상창원의 주지가 됐다. 이런 연유로 오다도 자연히 상창원에서 생활하며 이다미중학교를 졸업했다. 오다는 절에서 살면서 학교에 다녔기 때문에 늘 승복을 입었다.

하지만 오다는 승려가 되기 위해 수련하면서도 항상 회의를 느꼈고, 결국 17세에 승복을 입은 채로 절간을 뛰쳐나왔다. 고베 시내를 방황하다 노방 전도 하는 전도 대원을 따라 승복을 입은 채 고베 그리스도교회에 들어갔다. 때마침 호리우치(堀內) 목사를 만나 그 자리에서 예수를 구주로 믿고 10일간 신앙 교육을 받은 후 세례를 받았다. 오다는 하나님에 대한 진리를 깨닫고 감사해서 전도자가 되기 위해 호리우치 목사의 권유로 관서성서학사에 입학했다. 관서성서학사는, 영국의 선교사 박스톤과 윌크스가 일본인 다케다(竹田)의 협력으로 1903년 일본 복음화를 위해 일본 전도대를 조직했는데, 그 전도대에 필요한 일본 전도인을 양성하기 위해 창설된 곳이다.

한국 전도

오다는 관서성서학사에서 신앙 훈련을 받았다. 특히 호리우치 목사는 훌륭한 설교가로 유명했다. 호리우치는 원래 일본 경도(京都)에 있는 동지사대학 신학부에서 신학을 공부했다. 그러던 어느 날 영국성공회 선교사 박스톤의 강연을 듣고 그 자리에서 전도인이 됐다. 호리우치는 4명의 동지사 신학부 신학생과 복음화를 위해 힘을 모았다.

오다는 호리우치 목사의 사사로 성경을 배우면서 급우들과 노방 전도를 했다. 이러한 훈련이 훗날 그의 한국 선교에 큰 영향을 미쳤다. 신학교 졸업을 앞두고 교장이 "오다는 어디로 전도하러 가겠는가?" 하고 물었다. 당시 그는 아프리카 전도 전기를 읽으며 감동을 받았기에, 새벽마다 동산에 올라가 이렇게 기도했다. "하나님, 아프리카에서 죽어 가는 영혼들을 구원하기 위해 저를 보내 주세요."

그러던 어느 날 기도 중에 하나님의 음성이 들렸다. "아프리카보다 한국이 있지 않으냐? 한국으로 가거라. 너는 이방인을 위한 나의 택한 그릇이다." 그때 그의 나이 21세였다.

오다는 노방 전도와 교회 봉사를 열심히 했다. 어느 날 그는 한국에서 온 유학생을 교회에서 만나게 되었다. 그리고 그의 아버지가 3·1 운동 때 만세를 부르다 일본 경찰이 쏜 총탄에 맞아 그 자리에서 즉사했다는 이야기를 들었다. 오다는 일본이 한국에 대해 많은 죄악을 범했다는 것을 깨닫고, 일본인의 잘못을 사죄하기 위해서 스스로 한국에 나가 전도하기로 했다.

한국에서 선교하겠다고 다짐한 오다는 100일 동안 작정하고 산에서 기도했다. 그는 오직 한국 선교를 위해 하나님께 간절히 호소했다. 기도에 응답을 받은 오다는 성서학사 교장인 사무라(澤村) 목사에게 인사하러 갔다. 이때 사무라 목사는 깜짝 놀라면서, 한국 선교에 유능한 성직자가 많으므로 애송이 전도사가 전도하겠다고 한들 누구도 반기지 않는다고 했다. 또 한국에서 자행하고 있는 일본인들의 횡포를 보고 누가 예수를 믿겠느냐고 말했다. 사무라 교장만이 아니라 그의 집에서도 반대했다. 그의 가정은 대대로 불교를 숭상해 온 가문일 뿐 아니라, 형님 가운데는 상창원의 주지도 있었기에 한국에 전도하러 간다는 것에 반대했다.

그러나 오다는 이러한 반대에도 우선 병역 문제를 해결하기 위해 신체검사를 받았다. 신검을 마쳤을 즈음 일본은 제1차 세계대전이 끝나면서 불황에 허덕이고 있었다. 그래서 많은 군인이 필요 없게 되었다. 이때 오다는 제비를 뽑아 군 복무를 면제받았다. 오다는 하나님의 뜻으로 알고 한국 선교를 준비했다.

오다는 고베항에서 목포로 가는 화물선을 탔다. 고베에서 부산까지 정기 여객선이 있었으나 뱃삯이 너무 비싸, 목포로 가는 화물선을 타고 며칠 지나 한국 남단 목포에 도착했다. 화물선에서 사귄 한국 청년의 집에서 하룻밤을 지냈으나, 친구는 그 부친에게 일본 사람을 집에 데리고 왔다고 호된 꾸지람을 들었다. 오다는 그 집에 계속 머물지 못하고 며칠을 걸어서 광주에 있는 일본인 광주교회 다나카(田中義一) 목사를 찾아갔다. 광주교회에 도착한 그는 정문에서 쓰러지고 말았다. 다나카 목사는 오다를 거실로 데려가 3일간 잘 대접해 주었다.

오다는 다나카 목사에게 질문했다. "왜 일본인에게만 전도하고 한국인에게는 전도하지 않습니까?" 다나카는 "정복자인 일본인이 피정복자 조선인에게 '회개하라', '원수를 사랑하라' 할 수 있겠는가? 강도가 물건을 도둑질하고는 물건 주인에게 '용서하기를 일곱 번씩

일흔 번이라도 하라' 할 수 있겠는가?"라고 답했다. 일본인의 침략적 행위에 연대 책임을 느껴 죄책감에서 한 말이었다.

그는 서울에 있는 와까쿠사죠교회 요시가와(吉田) 목사를 소개해 주면서 여비로 2원을 주었다. 오다는 서울까지 기차를 타고 갈 만한 여유가 없었다. 그래서 서울을 향해 걷기 시작했다. 때로는 남의 집 처마 밑에서 잠을 자기도 하고, 또 때로는 다리 밑에서 걸인들과 같이 자기도 했다. 그렇게 서울까지 오는 데 24일이 걸렸다. 서울에 도착했으나 막상 그를 기다리는 사람은 아무도 없었다. 그는 광천에서 받았던 소개장을 가지고 와까쿠사죠교회를 찾아갔으나 요시가와 목사는 만나지 못하고 그 교회 하마다(禾田) 장로를 만나 그의 배려로 그의 집에서 며칠을 지냈다.

서울에 온 오다는 요시가와 목사의 배려로 교회 청년들과 사귀었고 한국어를 배우기 시작했다. 그러나 일본인들이 모여 사는 와카쿠사죠에서는 한국어를 배우기가 어려워, 오다는 한국인이 많이 사는 종로통에 나가 한국어로 말을 연습했다. 그러다 그것으로는 성에 차지 않아 일본인이 적은 함경도 지방에 가서 전도하기로 했다.

북한 지방 전도 여행

오다는 초등학교 1학년 한국어 교과서를 사서 배낭에 넣고, 기차를 타고 원산으로 해서 함흥을 거쳐 길주까지 갔다. 때로는 기차가 안 다녀 걸어서 갔다. 몸은 피곤하지만 우선 한국어를 배워야 했기에, 글 읽는 소리만 나면 무조건 그곳으로 가서 한글을 배웠다. 길주에서 얼마 동안 머물러 한글을 배웠고, 다시 조용한 주을(朱乙)로 갔다. 그는 탄광지대를 찾아 나섰다. 날이 점점 어두워지자 산중에 있는 굴을 발견하고 그곳에서 성경을 펴들고 기도와 찬송으로 추위를 이겨 냈다. 그런데 그 굴속에 있으면서 뜻하지 않게 한국어로 기도를 할 수 있게 되고, 또 설교까지 하게 됐다. 그는 너무 기뻐서 그 길로 주을로 내려와 십자가가 있는 곳을 찾았다. 때마침 수요일 밤이라 교회 종소리가 귀에 쟁쟁하게 들렸다. 그 종소리를 따라가니 조그마한 주을교회가 보였다. 뜻밖의 손님을 맞이한 그 교회 전도사는 일본인 전도자를 하나님이 보내신 사자로 알고 그에게 기쁜 마음으로 강단을 허락했다. 그리고 풍성한 저녁 식사까지 대접했다.

주을교회에서 처음으로 설교한 오다 전도인은 성령의 도움으로 한국어로 설교를 1시간 정도 했는데, 이때 일본말은 한마디도 나오지 않았다. 자신감을 얻은 오다는 청진으로 가서 교회를 찾았다. 하나님은 청진 신암교회를 준비하셨다. 그는 신암교회 목사의 특별한 배려로 1개월간 새벽 제단을 맡아 인도했다. 또 다른 시간을 이용해 청진에 있는 여러 교회에 다니며 신앙을 간증했다.

그런데 함북 노회에서 문제가 생겼다. 일본은 불교 나라로 일본인이 복음을 전한다는 것은 있을 수 없는 일이라며 그를 의심했고, 한국교회의 강단에 세우지 않기로 했다. 신암교회 여전도회는 오다에게 송별회를 베풀어 주었다. 그는 할 수 없이 청진을 떠나 함경남도 함흥으로 내려왔다. 이곳에서도 그를 맞이해 줄 사람은 아무도 없었고, 그는 너무 지쳐 눈 속에 쓰러지고 말았다. 그러나 다시 힘을 내고 일어나 장풍리 탄광을 찾아갔다. 그곳에서 광부로 일하면서 한국인에게 전도하고, 그곳에 교회를 세워 본격적으로 목회를 시작했다.

장풍리 탄광에는 사람이 많이 필요했다. 오다는 쉽게 일자리를 구하고 그곳에서 광부로 일했다. 그런데 어느 날 갱내에서 일하는 중에 천정이 무너졌다. 같이 일하던 한국인이 죽을까봐 두려워 어찌할 바를 모를 때 그의 손을 잡고 기도했다. 그들은 다행히 구조대에 의해 살아났다. 그 한국인은 즉시 예수를 믿기로 했으며, 이 사람을 교인으로 만든 오다는 탄광촌에 처음으로 교회를 세웠다. 오다 전도인의 탄광 생활은 힘들었으나 그는 광부들에게 복음 전하는 것을 기뻐했다.

전도 마차를 타고 다닌 오다

탄광에서 전도하던 오다는 24세가 되자 전도사 생활을 해도 사람들이 인정해 줄 것 같아서 전도용 마차를 만들려고 탄광에서 모은 돈으로 조랑말 한 필을 샀다. 마차는 그에게 먹고 잘 수 있는 안식처가 되었다. 이 조랑말이 끄는 마차로 오다 전도사는 찬송을 부르면서 마을이 있는 곳에서 노방 전도를 하고 강연도 했다. 이런 식으로 2년 동안 함경남북도를 거의 다 돌았다.

오다 전도사는 한국에서 전도하는 일이 기뻐서 만주와 한국의 국경지대까지 다니면서 전도했다. 한만 국경지대에는 일본 경찰과 헌병들의 경비가 삼엄했다. 오다 전도사는 종종 이들에게 의심받아 조사를 받곤 했다. 그들은 한국 독립군을 돕고 있는 사람이라며 그가 전도하는 일을 반대하고 나섰다. 이런 일 때문에 곤욕을 치른 오다는 주님이 자신과 일본인의 죄를 사해 주시기 위해서 십자가에 돌아가신 일을 생각하면 자신의 고통은 아무것도 아니라 생각하고 다시 전도하기 위해 나섰다.

일본 순사와 헌병들은 그를 감시했고, 또 한국인은 한국인대로 그를 냉대했다. 사람들이 자신을 침략자의 앞잡이로, 또 한국인의 땅과 몸을 착취해 가는 사람으로 여겼기에 전도한다는 것은 여간 힘든 일이 아니었다. 더욱이 한만 국경지대는 겨울만 되면 살을 도려내는 듯한 추위가 몰아닥치는 곳이었다. 그러나 오다 전도사는 추위와 싸우면서 더 열심히 전도했다.

그러다 무산에서 또 사건이 일어났다. 무산 장날, 모퉁이에서 전도 강연을 하고 있는데 난데없이 일본 순사가 오더니 아무 말도 없이 손에 수갑을 채워 무산경찰서에 수감했다. 몇 시간이 지나 일본 형사가 호명하기에 석방되는 줄 알고 따라나섰는데, 형사는 그를 취조실로 데려가더니 겨울 눈 위에 신고 다니는 세쯔다라는 신으로 짐승 패듯이 그를 사정없이 내리쳤다. 얼굴 곳곳에서 피가 흘렀다. 이때도 오다는 입을 꾹 다물고, 예수께서 십자가에서 피 흘려 돌아가심을 생각하면서 그 고통을 참아 냈다. 그런데 일본 경찰은 입을 다물고 참는 그 모습을 보고 무엇을 주절댄다며 또 한 차례 고문을 가했다. 이러한 고문이 얼마 동안 계속됐다. 일본 형사들이 교대로 심문과 고문을 해 마치 죽을 것만 같았다.

그러나 하나님은 그런 가운데서도 오다를 살려 주셨다. 사실 당시 일본인 형사에게 붙들려 가면 살아 나온 사람이 거의 없었다. 특히 한만 국경에는 많은 독립군이 드나들기 때문에 독립군과 관련된 사람은 잡혀가면 거의 죽었고, 또 이 일대에서 근무한 일본 경찰과 헌병들은 일본에서도 제일 악한 사람들이었다. 이런 사람들에게 고문을 받은 오다는 여간 곤욕이 아니었다. 형사들은 신분이 밝혀질 때까지 계속 그를 무산경찰서 유치장에 감금했다.

더 괴로웠던 일은 이제라도 기독교를 버리라는 강요했던 것이다. 그러나 오다는 더 열심히 전하면서 자신의 신분을 확인하려면 경성 본정통 경찰서 고마츠(小松) 서장에게 연락하라고 했다. 고마츠 서장은 진실한 기독교인이었기에 오다는 더 고생하지 않고 풀려나왔다. 이때 고마츠 서장의 어머니는 오다가 고생하고 있다는 소식을 듣고 자기 아들에게 빨리 풀려나와 자유롭게 선교할 수 있도록 손을 쓰라고 했다. 오다 전도사는 고마츠 서장의 어머니를 할머니라고 불렀고, 그의 사랑을 받았다.

무혐의로 풀려난 오다를 혹독하게 고문했던 일본인 형사는 그에게 사죄하는 뜻에서 그를 자기 집으로 데려가 상처를 치료해 주었고, 그는 거기서 며칠을 지냈다. 그리고 〈함북일보〉에 오다 전도사가 독립운동에 관여해 감옥에 구속됐다고 신문에 발표되자, 의아심을 가졌던 한국교회는 그 모든 의심을 풀었다.

병자를 신유로 고쳐 준 오다 전도사

무산경찰서에서 오랫동안 고문에 시달렸기에 오다는 몸이 몹시 상했다. 그러나 하나님의 은혜로 몸이 회복되어 무산을 빠져나와 백두산을 바라보면서 혜산진을 행해 전도 여행을 떠났다.

그런데 그곳은 한만 국경지대라 길이 험하고 자동차도 없었다. 일본 병사들이 국경을 넘나들며 독립자금을 모금하고 다니는 한국 독립군을 감시하고 있는 것이 눈에 띄었다. 그곳은 지방이고 산간지방이었으나 교회는 여기저기 있었다. 교역자라도 있는 교회는 신앙을 유지해 가고 있었지만, 그렇지 못한 교회는 이웃 교회 교역자가 시간을 내서 예배를 드려 주는 식이었다. 그리고 성례를 거행하려면 선교사 당회장이나 한국인 목사 당회장이 1년에 한 차례라도 와야 할 수 있었기에 교인들은 안타까운 마음으로 교역자를 기다렸다.

더군다나 부흥회는 꿈도 꾸지 못했다. 워낙 오지 산골이라 교역자가 귀해서 부흥회는 말만 들었을 뿐이었다. 그런데 일본인 오다 전도사가 이 혜산진 지방에 가면서 여기저기 있는 교회를 찾아 자비량 부흥회를 인도했다. 그런데 모두들 오다 전도사의 한국어 설교에 놀라워했다. 더구나 영적인 힘이 나타나 많은 사람에게 감화를 주었다. 이 산간지방에서는 병이 들면 큰일이었는데, 병원이 없어서 병자가 많이 있었다. 그런데 신기하게도 오다 전도사의 집회에 많은 환자가 모여들었다.

하루는 부흥회 중에 어떤 여인이 어린아이를 안고 벌떡 일어나 "하나님, 하나님" 하고 연방 불러 댔다. 그러면서 사람들에게 말했다. "우리 아이 오른발이 소아마비였는데, 이 아이의 발이 나았어요." 이때 부흥회에 참석했던 사람들은 너무 기뻐서 모두 "아멘! 할렐루야"를 외쳤다. 오다 전도사가 많은 환자의 병 낫기를 위해서 열심히 기도하자고 하자, 신도들이 밤을 새워 함께 기도했다. 이때 오다 전도사는 신유 은사를 받았고 이로써 병으로 고생하던 많은 병자를 고쳤다. 어떤 아이는 이질로 죽을 지경이었으나 그것도 고쳤다.

이 소식이 이웃 교회로 퍼지자 혜산진으로 가는 길에 있는 모든 교회에서 그를 초청해 신유 은사 집회를 열었다. 산간 교회에서 모처럼 열린 부흥회였기에 그는 최선을 다해 말씀을 전했다. 여기에 신유의 은사로 병까지 고치니 그 이상 감사한 일이 또 어디 있겠는가?

그는 마침내 목적했던 혜산진에 도착했다. 그 험준한 산을 넘는 동안 그에게는 더 큰 힘이 생겼다. 그것은 기도의 능력이었다. 역시 혜산진교회에서도 자진해 전도 집회를 열었다. 그런데 젊은 부인들이 모두 아기를 업고 왔다. 얼굴에는 근심이 가득했다. 모두들 아이의 건강 때문에 고생했기 때문이었다. 그런데 여인들은 오다 전도사의 말씀을 듣는 순간 구원의 확신을 얻었다. 젊은 여인들도 은혜를 받고 신앙이 아니면 병을 고칠 수 없다고 믿고 기도하자 등에 업고 온 아이들의 병도 나음을 받았다.

이렇게 부흥회를 인도하면서 의주, 신의주, 위원, 벽동, 삭주 지방을 거쳐 어느덧 평안북도를 일주였다. 그는 가는 곳마다 한국말로 부흥회를 인도했다. 더구나 한복에 두루마기까지 입고 다녔기에 처음 그를 대하는 사람은 모두 그를 한국 사람으로 착각했다.

가끔 일본 사람과 대화하다 보면 일본인이 이렇게 질문하곤 했다. "선생님, 언제 일본어를 배웠기에 이렇게 유창하게 잘하십니까?" 오다 전도사는 정주에 도착했을 때 오산교회에서 부흥회를 인도하고 싶은 마음이 있었다. 오산교회와 오산학교는 민족 대표 33인 중 한 사람인 이승훈 장로가 세운 곳이었기에 이 학교와 교회는 한국 민족의 긍지로 신앙인을 키웠다. 다른 데서는 오다 전도사의 인기가 대단했으나, 오산학교와 오산교회는 그를 환영하지 않았다. 당시 이 학교에서는 무교회주의자로 알려진 함석헌 선생이 학생들을 가르쳤는데, 첫날 집회는 함석헌 선생의 도움으로 무사히 넘겼다. 그런데 이상하게도 다른 곳에서 집회를 인도하면 열기가 대단했는데, 오산교회만은 냉랭했다. 오다 전도사는 자신의 기도가 부족한 줄 알고 열심히 기도했다.

둘째 날이었다. 집회를 인도하기 위해 강단에 올라가 기도하고 막 고개를 들고 청중을 바라보는 순간 누군가가 허수아비를 흔들고 있었다. 그 허수아비 앞에는 '오다'라는 이름이 크게 적혀 있었다. 그 허수아비를 흔드는 사람이 소리를 질렀다. "일본놈 목사를 죽이자!" 이때 모여 있던 모든 청중이 삽시간에 소리를 지르면서 "일본놈 목사를 죽이자"라고 외쳤고, 이 소리와 때를 같이하여 밖에서 웬 사람이 불붙은 신문지를 교회당 안으로 던졌다. 이 불이 어느 여자의 머리에 떨어졌다. 실내는 갑자기 소란해졌으며 그는 집회를 중단하고 숙소로 돌아갔다.

그런데 그 길에도 청년들이 논두렁에 숨어 있었다. 오다 전도사는 옛날 중학생 시절에 익혀 두었던 검도를 발휘해 위험을 막아야겠다고 생각했다. 오다 전도사의 생각대로 청년들이 나타났다. 오다 전도사는 이들과 대항해서 겨우 생명을 건질 수 있었다.

한번은 평안북도 어느 교회에서 설교할 때였다. 갑자기 일본 순사가 강단 앞까지 나와 오다를 노려봤다. 오다는 태연하게 설교를 끝냈고 이어 봉헌 시간이 됐다. 갑자기 순사가 마룻바닥을 구두 발꿈치로 치면서 고함을 질렀다. "바가야로(나쁜 놈들), 중지!" 헌금위원들은 이 소리에 깜짝 놀랐고 교인들도 질색했다. "도대체 누구의 허가를 받고 기부 행위를 하는 거야? 누가 허가했단 말이냐?" 순사는 자기의 의무를 다한 것처럼 차고 있던 칼로 마룻바닥을 치면서 의기양양하게 소리 질렀다.

이때 오다가 큰 소리로 말했다. "여보시오. 당신 일본 경찰이지? 기부 행위란 말은 또 뭐요? 경찰관이 돼서 이 나라 헌법도 모르오? 헌법 제7조에 종교의 자유가 나와 있지 않소? 이것은 기독교의 종교 의식으로 예배 순서에 있는 신성한 헌금이란 것이오. 대단히 미안하지만 황송하게도 이 일은 천황폐하께서 승인한 일본 헌법이 정한 엄연한 사실이오." 천황폐하란 말에 순사는 즉시 부동자세를 취하더니 예배당 밖으로 나갔다.

오산교회와 오산학교는 3·1 운동 때 만세를 불렀다 하여, 일본 경찰이 학교에 진입해 닥치는 대로 기물을 파괴하고, 그도 모자라서 학교와 교회에 불을 질렀다. 이에 학교와 교회는 불에 탔고, 많은 학생이 감옥에서 곤욕을 치렀다. 이런 관계로 이 지역의 사람들은 일본인에 대한 감정이 좋지 않았다.

셋째 날 밤에도 역시 청년들이 교회 밖에서 서성대고 있었다. 이때 이 교회에 집사이면서 오산학교 졸업반 학생인 오윤태가 있었다.

집회가 끝나자 또 당할까 오윤태와 같이 숙소까지 갔고, 밤중에 또 무슨 변을 당하지 않을까 하여 오윤태는 오다 전도사와 같이 하룻밤을 지냈다. 이것이 인연이 되어 오윤태와 평생 친형제처럼 지냈다.

오윤태가 재일 대한기독교 총회장으로 활동할 때 오다는 그를 도와 서기로 오랫동안 활동했다. 오윤태는 오산학교를 졸업하고 일본에서 장로교 계통인 일치신학교에 입학하여 신학 수업을 받았으며, 다시 일본 동경신학대학에 편입하여 종교학을 공부했다. 일본의 패망으로 오윤태는 재일 대한기독교 총회를 재건할 때 오다와 같이 힘을 합해 활동했다. 오윤태는 동경교회를 담임하면서 동경지방에 있는 교포들의 정신적 지도자가 됐으며, 오다는 경도교회를 담임하면서 관서지방의 정신적 지도자가 됐다.

한국인의 민족의식은 강했다. 일본인이라 무조건 배격한 것이 아니라 그들에게는 그럴 만한 이유가 있었다. 나라를 송두리째 빼앗은 일에 대해서는 말할 것도 없고, 농촌 어디를 가든지 일본 지주들과 순사들이 한국 처녀들을 농락했다. 예쁜 처녀가 있으면 강제로 추행하는 일이 다반사였다. 농촌에 있는 한국인은 일본인에 대한 적개심이 많았다. 그래서 오다 전도사가 어디를 가든 환영받는 일은 상상할 수도 없었다. 그러나 모든 것을 감수하면서 한국 전도에 임했기 때문에 그는 어디든 갈 수 있었다.

한번은 함경남도 명천에 있을 때였다. 명천교회에서 첫날 부흥회를 마치고 한 중국집에서 저녁 식사를 하게 되었다. 그런데 그날 밤 건장하게 보이는 청년 13명 정도가 그곳을 차지하고 있었다. 한 청년이 오다 전도사에게 다가와 말을 건넸다. "야, 너 뭐하러 한국에 왔냐?" 야유가 얼마 동안 계속됐다. 그때 누군가가 돌을 던지면서 동시에 석유램프를 던졌다. 갑자기 방이 어두워지면서 구타가 시작되었다. 오다 전도사는 있는 힘을 다해 도망쳤으나 여기저기 상처가 났다. 그럼에도 오다는 모든 것을 참고 더 열심히 한국인을 위해서 일해야겠다는 의지를 갖고, 그 무서운 밤을 보냈다.

경성복음교회와 경성성서학교

오다는 어려운 환경에서도 낙심하지 않고 어떻게 하면 한국인에게 복음을 더 잘 전할 수 있을지 고민했다. 일본 조합교회 와다세 목사는 식민지 전도에 앞장섰으나, 오다는 그 사람과는 신앙이 전혀 달랐다. 오다는 한국인 교역자들과 친교하고 협력해 복음을 전하고 또 성경을 더 연구하고 싶어서 1932년 현 서울신학대학의 전신인 경성성서학원에 입학했다. 또 하나의 목적은 목사 안수를 받기 위함이었다.

그러나 서울에 거처를 장만할 만한 돈이 없었다. 그래서 그때 제일 가난하게 사는 서대문 형무소 건너편 현저동에 사글세 방을 얻어서 자취를 했다. 그리고 수원과 안성 지방을 다니면서 노방 전도와 개인 전도를 했다. 학교를 졸업하자 곧 한국인을 위해 경성복음교회를 세웠다.

경제적으로 도움을 받는 기관이 없었던 경성 복음교회의 운영이란 매우 어려웠다. 교인이 어느덧 30여 명으로 증가했으나 모두 가난한 영세 상인들이었다. 새벽기도회가 끝나면, 인천에서 생선을 사다가 시장에 팔고, 또 동대문이나 남대문 시장에서 행상하는 사람들이었다. 그런데 뜻하지 않게 경성 홀리네스 일본인 교회 목회자 릿기마루 목사가 귀국하면서 일본 교인 30여 명을 오다에게 인계했다. 그래서 오다는 주일이면 더 바빴다. 오전에는 한국인 예배를 인도했고, 오후에는 일본인들을 데리고 예배했다.

그러다 목회에 열중하던 오다에게 뜻하지 않은 기쁜 일이 생겼다.

결혼을 하게 된 것이다. 당시 일본 홀리네스 대회가 동경에서 개최된다는 소식을 들었다. 오다는 이 대회가 개최되는 기간에 목사 안수를 받았고, 안수 기념으로 일본 홀리네스 교회의 열렬한 신자인 가시코와 결혼했다. 사실 오다에게 이 두 가지 일은 평생 잊을 수 없는 벅찬 일이었다. 모두 하나님의 크신 은혜요, 축복이었다.

오다는 목사가 된 뒤 먼저 한국으로 돌아와 현저동에 있는 복음교회에서 계속해서 목회했다. 부인은 얼마 후 남편이 사는 현저동으로 와서 함께 살게 됐다. 부인이 남편이 있는 곳까지 찾아왔으나 그들은 당장 끼니를 이을 식량조차 없었다. 집에는 빈대가 들끓어, 신문지로 바른 종이 사이를 뚫고 다니는 지경이었다.

너무 사정이 어려워 오다 목사 부인은 일본에 편지를 했고, 편지를 받은 이모가 20원을 송금했다. 그러나 오다 목사는 이 돈을 가정에 쓰지 않고 모두 헌금했다. 교회에서는 오다 목사에게 한국인에게 전도할 수 있도록 천막을 사도록 허락했다. 오다 목사는 너무 기뻐서 곧장 시장에 나가 5백 명을 수용할 수 있는 천막을 샀다. 그리고 그 천막을 손수레에 싣고 전도 여행을 떠났다.

개성에 도착한 오다 목사는 공터에 천막을 치고 전도 강연을 시작했다. 5일 동안의 전도 강연은 풍성한 열매가 있었다. 다시 북쪽으로 가면서 사리원, 황주, 평양까지 이르러 복음을 증거 했다. 역시 돌아오면서도 천막 집회를 했다. 그 먼 거리를 오가며 큰 천막을 손수 끌고 다닌다는 것은 보통 힘든 일이 아니었다.

그는 복음교회에 돌아와 그동안 여러 성도가 드린 헌금을 집계했다. 그런데 놀랍게도 헌금이 45원이나 됐다. 이 헌금을 오다 목사 혼자 쓸 수 있었으나 그 역시 교회에 모두 헌금했다. 이 헌금으로 경성 복음교회는 갑자기 부자가 됐다. 온 교인들은 무척 기뻐하며 그 돈으로 교회를 수리했다. 복음교회 주위에는 가난한 한국인들이 많이 살았는데, 오다 목사는 그들을 찾아다니면서 식량을 나눠 주었다. 이 양식을 받은 한국인들은 현저동에 있는 복음교회가 비록 일본인 목사의 교회이지만, 오다 목사만은 참으로 한국인을 위해서 그 일을 하는 것으로 알고 너도나도 복음교회로 몰려왔다. 오다는 즐겁게 목회를 하면서 한편으로는 복음학교를 열어 한국인 청소년들에게 성경을 가르쳤다. 여기서 성경을 배운 청소년들이 복음교회의 교사로서 여러 분야에서 활동했다.

그런데 복음교회에 첫 시련이 찾아왔다. 차 씨라는 사람이 교회에서 주일학교 학생을 모아 놓고 일본 사람과 한국 사람은 다르다고 가르쳤다고, 서대문 경찰서에서 고등계 형사가 와서 그를 연행해 갔던 것이다. 이 일이 일어나고 얼마 후 평양 교역자들이 오다 목사에게 신사에 대한 강연을 부탁했다.

신사는 일본 종교다

1937년 일본 경찰은 한국교회 신사참배를 앞두고 몹시 고심했다. 이 신사참배 문제로 미국 북장로교회 소속 미션 학교와 미국 남장로교 소속 미션 학교들이 모두 자진 폐교했다. 이 일이 있고 얼마 후 곧 일본 경찰이 교회로 밀려올 것을 생각해, 평양의 목사와 신도들이 숭실대학 강당에 1천여 명이 모여 오다 목사의 신사에 대한 강연을 들었다.

원래 평양은 기독교가 강한 곳으로, 모인 사람들은 모두 열심히 오다 목사의 신사 강연을 들었다. 강당에 1천여 명이 모였다는 소식에 평양경찰서는 놀라 초비상을 걸고 모두 노트를 들고 강당으로 달려갔다. 20여 명의 형사가 5일 동안 오다 목사의 강연을 노트에 옮겨 적었다.

숭실대학 강당은 신사참배 반대 열기로 뜨거웠다. 그의 강연은 매우 감동적이었다. "여러분! 도미다 목사는 거짓입니다. 그에게 속지 마십시오. 신사참배는 종교의식입니다. 이는 하나님 외에 다른 신을 섬기지 말라는 십계명 첫째와 둘째 계명을 어기는 행위입니다"라고 역설했다. 숭실대 학생과 목사들은 그의 강연을 경청했다. 그러나 오다 목사가 일본인으로서 직접 신사는 일본 종교라고 규정짓자 여기저기서 함성이 터졌다. 5일간의 강연을 마치고 내려오자 20여 명의 형사가 오다 목사를 연행해 강연 내용을 모두 쓰게 했다. 평양의 겨울은 매우 추워서 고충이 심했다. 교시를 받은 후 풀려났으나 그는 곧 일본으로 추방됐다. 일본인으로서 일본을 돕지 않고 한국인들을 선동했기 때문이었다.

오다 목사가 평양에 와서 신사참배 반대 강연을 하기 전, 일본 기독교 대표 도미다 목사와 히가다 목사가 평양 교계 지도자를 초청하여 강연 및 간담회를 했었다. 이들은 이때 신사는 종교가 아니고 국민의 예의로 생각하고 신사참배에 협력해 달라고 부탁했다.

무죄 석방과 추방

오다 목사는 수원경찰서에서 갖은 고문을 당하면서 5개월간이나 재판도 받지 못하고 경찰서 어두컴컴한 감방에서 살았다. 재판을 받기 위해 재판소가 있는 서울로 이감되어 다시 포승줄에 묶여 서울로 갔다. 이때 서울에 있는 복음교회 성도들은 오다 목사의 석방을 위해 기도하고 있었다. 오다 목사는 복음교회 교인들이 열심히 기도하기 때문에 자기는 분명히 석방되리라고 확신했다. 게다가 비록 서대문 형무소에 수감됐으나 교회 가까이 와 있는 것이 오다에게는 큰 힘이 됐다.

오다 목사는 10일간 미결수 감방에 있으면서 하나님께 더는 일본 경찰이 한국 목회자들을 탄압하지 못하게 해달라고 기도했다. 그리고 모든 한국교회의 교인들이 더 열심히 전도해서 한국인 스스로 독립할 수 있는 날이 속히 오게 해달라고 기도했다. 그러던 중 10일이 지난 어느 날 나가자키 검사의 호출을 받고 검찰청에 출두했다.

나가자키 검사는 수원경찰서에서 온 서류를 뒤적거리면서 오다 목사를 응시했다. 이때 오다 목사는 수원경찰서에서 너무 심한 고문에 못 이겨 거짓말을 했으며, 자신은 한국 독립운동을 한 일이 없다고 했다. 자신이 한 일은 전도였으며, 평양에서는 신사참배 반대 강연을 했음을 시인했다.

이때 검사는 얼마 동안 상념에 잠겨 있다가 눈을 뜨고는 오다 목사에게 청했다. "한국에서 전도하지 않겠다고 각서를 쓰면 지금 곧 석방하겠습니다." "검사님, 전도하지 말라는 말은 곤란합니다. 저는 검사님이 오라 해서 한국에 오고, 가라 해서 한국을 떠나는 사람이 아닙니다. 그러나 하나님이 이제라도 한국에서 전도하지 말고 일본으로 가라시면 곧 떠납니다."

오다 목사가 감옥에 있을 때 어느 날 서장이 그를 불러냈다. 서장이 말했다. "오다 선생은 한국교회에서 대단한 호응을 얻고 있는데 일본인으로 한국 민중을 선동해 훌륭한 일을 해주십시오." 무슨 말인지 몰라 쳐다보는 오다 목사에게 서장은 다시 말했다. "이제 얼마 있으면 전쟁이 일어날 것입니다. 일선에 우리 일본 국민을 보낼 수는 없지 않습니까? 오다 선생이 선두에 나서서 한국민을 전쟁에 내보낸다면 전사해도 우리 일본에는 별 손해가 없을 것이고, 오히려 그만큼 일본의 힘을 과시할 수 있지 않겠습니까?" 이 말을 들은 오다 목사는 책상을 치며 벌떡 일어났다. "나는 한국 민족을 사랑합니다.

한국인이고 일본인이고 모두 인간이라는 것은 변할 수 없는 사실입니다. 나는 그리스도의 정신으로 모든 인간은 평등하다고 생각합니다. 일본인이 중하면 그만큼 한국인도 중하게 여겨야 합니다."

오다 목사는 다시 감방으로 끌려가면서 "하나님, 도와주시옵소서. 한국 민족이 전쟁 소모품이 된다면 이보다 더한 민족의 설움이 어디 있겠습니까? 한국 민족을 살려 주시옵소서" 하고 기도했다.

나가자키 검사는 몇 차례나 오다 목사에게 전도는 하지 말라고 요청했으나, 끝내 이루지 못하고 오다 목사를 무죄로 석방했다. 5개월간 온갖 고생 끝에 석방된 오다 목사는 너무나 감사해서 몇 차례나 "하나님 감사합니다"라고 중얼거리면서 현저동 복음교회로 돌아왔다.

막상 석방은 됐으나 서대문경찰서 고등계 형사들이 교회와 오다 목사의 집에 상주하다시피 했다. 오다 목사는 형사를 볼 때마다 마음에 충동이 일어나서 자연히 형사들과 언성을 높였는데, 한두 번이 아니었다. 그래서 오다 목사는 가족과 함께 수원 근교에 있는 반월로 피신했다. 반월에는 야마다 씨가 경영하는 농장이 있어서 이곳에서 몸도 요양하고 기도하면서 앞으로 나아갈 길을 찾으려 했다.

1938년에는 오다 목사에게 너무나 괴로운 일들이 많이 발생했다. 그것은 바로 그렇게 자신이 신사참배를 반대하고 나섰으나, 장로교 총회에서는 일본 경찰 강압에 못 이겨 신사참배를 결의했으며, 또 이에 반대하다 감옥에 갇힌 한국교회 목회자들이 여기저기서 수난을 당하고 있었기 때문이었다. 오다 목사는 한국인 목회자와 일부 신도들이 신사참배를 반대하다 옥고를 겪는 일이 너무 가슴 아팠다. 그래서 그는 수원에서 은둔생활을 했다.

재일 한국인 교회와 오다 목사

결국 오다 목사는 일본으로 추방됐다. 그는 동경에 머물면서 신학을 더 연구하고자 동경신학대학에 편입하여 공부했다. 한편, 학교가 방학을 하면 다시 한국에 나와서 전도했다. 1941년 12월 신학교를 졸업하고 다음 해 정월에 한국인만 다니는 미가와지마교회의 청빙을 받아 다시 한국인을 위해 일할 기회가 생기자, 오다 목사는 한국에 나가지 않고 일본에서도 한국 동포들에게 말씀을 전하게 되어 감사했다.

오다 목사는 한국에서 온 불쌍한 노동자들을 모아 위로하면서 목회했다. 처음에는 일본인 목사라고 그를 별로 달갑게 여기지 않았다. 그러다 오다 목사의 진실한 마음을 안 한국인들은 그를 도우면서 열심히 신앙생활을 했다. 특히 교회에서 오다 목사에게 잊을 수 없는 큰 행사를 준비했다. 1944년 5월 오다 목사의 한국 전도 15주년 기념식을 거행한 것이다. 전쟁 말기여서 사람들의 마음이 강퍅했으나, 미가와지마교회 한국 교인들만은 그렇지 않았다.

이를 위해 교포들은 돈을 모으고 집행위원회를 구성했다. 오다 목사가 더 열심히 일할 수 있도록 축하회를 성대하게 거행했다. 오다 목사는 한국인들로부터 많은 사랑을 받고 더 열심히 일하려 했으나, 뜻하지 않게 그해 7월 15일 해병대로 입대하라는 소집 통지가 왔다. 전쟁으로 많은 인명이 죽었고 건물이 파괴됐다. 이때 비단 이 교회만 잿더미가 된 것이 아니었다. 당시 동경에는 5개 처의 한국인 교회가 있었는데 폭격 때문에 모두 불타 없어졌으며, 한국 동포가 제일 많이 사는 오사카도 마찬가지였다. 일본 천황이 항복해서 전쟁은 끝났으나, 히로시마와 나가사키에 투하된 원자폭탄으로 많은 생명이 삽시간에 잿더미로 변해 버렸다.

오다 목사는 히로시마 해병대 소속이었으나, 원자폭탄을 피해 생명을 건질 수 있었다. 천황이 항복했다는 소식을 들은 오다는 일주일 후 제대 특명을 받고 잠시 그의 부인이 피난하고 있는 다게하라 집에 가서 부인을 만나고 다시 동경에 있는 미가와지마교회로 돌아갔다.

후쿠오카교회와 전영복(田永福) 목사

전영복이라는 이름은 후쿠오카에서 목회할 때부터 사용하였다. 전영복 목사는 일본의 패전으로 군에서 돌아와 동경에 있는 미가와지마교회를 재건했다. 그런데 이 무렵 동경에 있는 한인교회의 재건은 매우 어려운 일이었다. 이에 전영복 목사는 동경 시내에 흩어져 있는 한국인을 모아 동경 시내 요요기역 근처에 빌딩 하나를 얻어 국제 그리스도교회로 동경교회를 시작했다.

해방을 맞이한 한국인들은 조국 대한민국에 돌아가기 위해 시모노세키항으로 모여들었다. 그도 그럴 것이, 강제로 끌려갔던 한국의 젊은 청년들은 농토를 빼앗기고 생명을 부지하기 위해 고향을 등지고 일본 땅 북해도로, 또 구주 남단 가고시마까지 가서 살아야 했으므로, 하루속히 고향에 가고 싶은 것은 당연했다.

시모노세키에 갑자기 사람이 많이 몰리자 한국에 가는 배가 있는 날이면 아비규환이었다. 일본에 주둔한 미군은 할 수 없이 시모노세키항을 폐쇄했다. 고국에 돌아가는 것만을 살길로 알았던 귀환동포들은 시모노세키에서 멀지 않은 하카타에 모여들었다.

전영복 목사는 귀국하려고 모여든 사람들로 혼잡한 후쿠오카로 가서 교회를 세우고 귀국길에 오른 한국인의 뒷바라지를 했다. 그는 우선 밀려오는 한국 귀환 동포를 위해 후쿠오카 부두에서 창고를 빌려 잠을 자도록 했다. 여기에 모여든 이들은 양식도 문제였거니와

위생시설은 더욱 엉망이었다. 이 때문에 사람이 하루에도 수십 명씩 죽고 있었다. 장례 집례하기도 바쁠 정도였으니 전영복 목사의 일이 얼마나 어려웠을지 가히 짐작이 간다.

또 산모들의 출산도 도와야 했다. 끼니때가 되면 먹는 것도 문제였다. 다행히 식량을 맡고 있던 사이토 원호장관이 일본 YMCA 총무였기에 그의 도움을 받아 해결했다.

그런데 한국으로 가는 연락선은 1개월 만에 오는 것도 있었고, 어떤 경우에는 그 이상 시간이 걸렸기 때문에 하카타 항구는 한국인으로 장사진을 이루었다. 전영복 목사 혼자서 이 일을 감당하기에는 무리였다. 그래서 후쿠오카교회 교포 청년들도 함께 봉사했다. 배가 들어오는 날이면 미군이 완전무장을 하고 질서를 지키게 한 다음 이들을 승선시켰다. 그런데 여기서 총기가 난사되는 날은 불쌍한 한국인만 희생됐다.

이런 일이 한동안 계속됐다. 그러면서 근 2년 동안에 새로운 사건이 벌어졌다. 한국인들이 부산과 후쿠오카를 다니면서 밀수 무역을 했던 것이다. 이러한 밀수 무역을 하다 발각되면 곧 체포되어 후쿠오카 경찰서나 형무소로 끌려갔다. 이들의 상담자로 나설 수 있는 사람은 역시 전영복 목사였다. 그러던 어느 날 한국인 가정을 심방하다 한국인에게서 큰 충격을 받았다. 그것은 그의 이름 때문이었다. 늘 같이 생활할 때는 민족 감정이 없다가도 이름을 부르다 보면 한국인의 마음에 오다 목사는 일본인이라는 생각이 들기에, 이름을 한국식으로 바꿔 주었으면 해서 이름을 전영복으로 바꿨다.

그의 성(姓) '織田'이라는 두 자 중 '田'(전)을 택했다. 특히 '田'은 항상 입(口)으로 십자가(十)를 전하는 모양이라면서 '전(田)' 씨라고 정했다. 그리고 '영'(永) 자는 영원히 하나님의 말씀을 전하라는 뜻에서 가져오고, 또 '복'(福) 자는 '福岡'에서 '福' 자를 따 '전영복'(田永福)이라 지었다. 이후로 그의 본명인 오다 나라지라 하면 모르는 사람이 많았다.

경도교회에서 22년간 목회한 전영복 목사

패전 후 귀환 동포를 위해 애쓴 전영복 목사의 소식은 일본에 사는 한국인에게 널리 알려졌다. 경도교회에서는 전영복 목사를 청빙하려고 했으나 이루지 못했다. 사실 전영복 목사 개인으로는 대단한 자리였으나, 후쿠오카에 모여든 귀환 한국인을 그냥 두고 갈 수가 없었다.

그러나 경도교회는 포기하지 않고 계속 청빙을 교섭했고, 1년 만에 전영복 목사는 이를 허락했다. 1948년 제5대 목사로 부임한 전영복은 가족과 함께 경도로 왔다. 사실 경도교회는 전영복 목사를 이미 1943년에 청빙했던 일이 있었다. 이때 제직회에서 그를 담임목사로 청빙하기로 하고, 그 교회의 제직원장 율재 집사가 각 가정을 방문해 제직 서명을 받고 있었다. 그런데 이 사실을 안 일본 경찰이 전영복 목사가 경도교회를 담임하는 일에 반대했다. 전영복 목사가 일본인이긴 하나 그는 한국에서 신사참배 반대 때문에 추방된 사람이었기에 일본 경찰에게 전영복 목사는 요시찰 인물이었다.

여기에 1935년 어을빈 여자 선교사가 일본 동지사 대학 음악 교수로 활동하다 귀국할 무렵 자신의 전 재산을 경도교회에 헌납한 일이 있었다. 경도교회 교인들은 그의 뜻이 고마워 그의 기념 교회당을 짓기로 하고 5년간에 걸쳐서 아담하게 72평 교회당을 완공했다.

그러나 어을빈 기념 교회당 헌당식을 하고 예배를 드리려고 할 때 일본 경찰은 예배를 드리지 못하도록 그만 자물쇠로 교회 문을 잠갔다. 이때 동지사대학 총장 마키노(牧野虎次) 목사의 협력으로 교회 문을 열고 예배를 드릴 수 있게 되었다. 바로 이런 때 전영복 목사를 청빙하여 신앙의 힘으로 일본에서 살아 보려 했던 것인데, 일본 경찰이 그 한국인의 의지를 무참하게 짓밟고 말았던 것이다.

이런 일이 있었기에 전영복 목사가 부임한 일은 여간 감사한 일이 아니었다. 전영복 목사는 이곳에서 열심히 목회했다. 일본 사람들도 전영복 목사가 한국인 교회에서 목회하는 일은 한일 양국의 가교 역할을 하고, 피차 민족이 다르지만 서로 이해하고 협력할 좋은 기회라 생각했다. 한국인 교인들은 전영복 목사가 목회에 전념할 수 있도록 최선을 다했으며, 또 일본인 전영복 목사도 자기 민족이 저지른 죄를 속죄하는 마음으로 한국인을 사랑하면서 목회했다.

1956년, 수난의 산 중인 어을빈 기념 교회당을 헐고 현재의 경도 교회당을 건축하기 시작했다. 3년 만에 입당해서 예배를 드릴 수 있게 됐고, 9년 만에 208평의 현대식 교회당을 완공하고 헌당식을 거행했다. 전영복 목사는 교회당을 짓기 위해 미국과 한국으로, 또 일본 국내 여러 일본인 교회와 한국인 교회를 방문해 모금했다. 또 전영복 목사는 교회에서 목회만 하지 않았다. 그는 유아원을 경영하면서 일본인과 교포 자녀들이 어려서부터 철저한 신앙 교육을 받을 수 있게 했다.

전영복 목사는 재일 대한기독교 총회를 재건하고, 총회에서도 17년간이나 서기로 봉사했다. 서기로서 활동하는 것은 전영복 목사에게는 가장 좋은 위치였다. 일본에 있는 한국인 교회였기에 총회나 개교회에서 일본 정부와 일본인 각종 단체에 보낼 공문은 물론, 활동하는 데 있어서도 일본인인 전영복 목사가 가장 적임자였으므로 그는 총회장이 될 때까지 그 직책을 감당했다.

전영복 목사가 총회장으로 선임된 것은 그 의미가 자못 컸다. 일본

교회 선교 100주년을 맞이하여, 재일 대한기독교 총회장이 일본인이면서 한국인 교회 대표로 그 대회에 출석하여 내빈의 자격으로 축사했을 때, 본인은 물론이려니와 한국인 교회로서도 큰 영광이었다.

비단 이 일만 그런 것이 아니었다. 22년간 경도교회에서 목회한 것은 본인의 자랑도 되지만 경도교회 한국 동포들의 자랑이기도 했다. 그러했기에 그는 한국에서 온 젊은 홍동근 목사에게 경도교회의 자리를 물려주고, 스스로 재일 대한기독교 총회 전도국 총무로서 개척 전도자로 나섰다. 그의 가장 큰 공이라면 교포가 사는 곳마다 한국인 교회를 세우고, 교역자가 없는 교회에서 목회한 일이었다.

그는 일본 국내만이 아니라 다시 한국에서도 여러 교회를 순회하면서 부흥회를 했으며, 남미와 북미까지 복음을 전했다. 그는 하나님의 부르심을 받은 해에도 한국교회에서 집회를 하기로 많은 일정을 짜놓았으나 그 일을 다 하지 못하고, 1980년 9월 27일에 결국 하나님의 부르심을 받았다. 일본에서 민족을 찾아 모인 큰 단체는 재일 대한기독교회였다. 그중 경도교회는 매 주일 한국어로 설교하고 예배 순서도 전부 한국어로 진행되었다. 경도교회에는 부설기관으로 신명학교가 있었다. 이 학교는 교포와 일본인까지 한국어를 배우는 학교였다.

경도에서는 경도교회와 남부교회가 발전하는 교회였다. 사실 200여 명이 모이는 경도교회에서 남부교회에 80명 교인을 분리해 보낸다는 것은 큰 결단이었다. 남부교회 지역은 한국 동포가 밀집해 있고, 또 조총련계 교포가 많은 지역이었다. 이런 지역에서 남부교회는 120명이 모이는 교회로 성장했고, 노인복지 시설까지 갖추려고 노력하고 있다.

십자가 신앙인
방지일 목사(1911~2014)

방지일 자신은 자기 일생이 무난하지 않았다고 했다. 어떤 이가 그를 욥에 비유한 글도 있었다. 객관적으로 보았을 때도 그러한데, 스스로 알지 못하게 흘린 눈물의 양은 헤아릴 수 없을 것이라고 했다. 반면 자신에게 베푸신 은혜는 너무 커서 말로 다 표현할 수 없다고 했다. 노년까지 자신의 삶에 여호와 이레로 베푸신 은사는 다 기록할 수 없을 정도였다. 성경에서 다윗이 고백했던 "땅의 어느 한 나라가 주의 백성 이스라엘과 같으리이까"(삼하 7:23)라는 말은 곧 그의 말이기도 했다.

방지일(方之日)은 1911년 5월 21일 평북 선천읍에서 방효원 목사의 장남으로 태어났다. 그의 호(號)인 '곽송(郭松)'은 뻐꾸기 '곽'(郭)과 소나무 '송'(松)으로, 뻐꾸기가 아름다운 소리로 하나님의 말씀을 소나무에 전하는 형상이다. 당시 보통 남자는 10대에 장가를 갔는데, 그의 할아버지는 가난해서 30대에 장가갔다. 그래도 5남 1녀를 두었고, 장남인 효원은 25세 때 지일을 얻었다. 가문의 첫 아이라 집안의 총애를 받았다. 그러나 생모가 해산 후 곧 세상을 떠나서 그는 할머니의 손에서 자랐는데, 할머니는 밤을 먹여 가며 그를 키웠다.

아버지는 그가 다섯 살이 되었을 때 조부에게 맡기고 중국 선교사로 갔다. 그래서 지일은 중학생이 될 때까지 아브라함 같은 할아버지 밑에서 그의 부지런함과 철저한 신앙생활의 본을 보며 자랐다. 그의 부모는 누이 순길을 낳자 세 식구만 중국 선교사로 떠났다. 그렇게 10남매 중 순길 아래 동생들은 모두 중국에서 났다.

할아버지는 기독교가 들어오자 장광선 조사를 찾아가 그에게 여러 가지를 물은 뒤 예수를 믿기로 했고, 집에서 20리 떨어진 철산읍 교회에 다녔다. 온양 방씨들이 살던 곳은 철산읍 여한면 원세평동인데 반전반답(半田半畓)의 논밭이 고루 있는 촌락으로, 큰 부자도 못사는 사람도 없는 살기 좋은 동리였다. 방씨만 250여 호가 있었는데, 자성일촌(自性一村)이라 사상이 고루했고 기독교 신앙에 거족적으로 반대했다. 이에 효원의 신앙은 반대를 받았다. 그는 어렸음에도 자신에게 행패를 부리는 집안 어른들에게 항의하며 부자가 기독교를 믿었다. 이에 교회 다녀오는 길에 습격을 받기도 했다. 그때 마침 할아버지가 부친상을 당하여 교회 예식으로 장례를 치르자, 제사를 지내지 않으려는 배반자라며 아예 그 지방에서 30리 밖으로 쫓아내기도 했다.

추방된 촌은 여러 성씨가 사는 곳이었다. 그러나 속칭 예수쟁이로 축출당해 왔으므로 여기서도 비난을 받았다. 소작농을 해야 하는데, 예수쟁이는 일하기 싫어서 주일에는 일하지 않는다고 아무도 농토를 주지 않았다. 여러 집을 다니며 농터를 주면 소출을 많이 내겠다고 약속했으나 응하는 이가 없었는데, 어떤 사람이 코웃음 치며 어느 산 아래 아직 개간되지 않은 돌이 가득한 불모지를 개간하려면 해 보라며 빌려줬다. 그는 그 땅을 옥토로 가꿨다. 퇴비를 많이 주니 다른 농토 못지않게 산물이 많이 났고, 그 산물의 반을 지주에게 돌려주니 주변 사람들이 놀라며 그가 믿는 신이 복을 주셨다고 소문을 냈다. 그러면서 차차 믿는 일이 보장되며 전도가 되고 결국 교회까지 세웠다.

그의 할아버지와 할머니는 으레 새벽에 일어났는데, 예수 믿은 후 새벽기도를 빠지지 않았고 종일 열심히 일했다. 여름에는 마를 심어 아주 가는 베 실로 좋은 제품을 만들었다. 할머니가 짠 천을 이어 놓으면 몇만 킬로미터가 될 정도로 길었다. 할머니는 맏며느리로 시동생 넷을 장가보내 분가시켰다. 그리고 자녀 6남매를 길렀고, 그 많은 가족의 옷도 다 손수 짜서 입혔다. 지일이 장가들 때도 예복을 손수 짜주었다.

할머니는 근면했다. 온 가족의 옷을 만들어 줄 뿐 아니라, 손수 짠 천을 팔아 가계에 큰 힘이 됐다. 조부 내외는 밤낮없이 일해서 농사도 으뜸으로 짓고, 할머니가 짠 천도 팔아 농토를 장만했다. 소작농에서 자작농이 된 것이다. 결국 자영농으로 다 감당할 수 없을 정도로 지주가 되었고, 이 일은 다른 동리에까지 퍼져 신앙의 본이 됐다.

조부모가 살던 연수에서 철산읍교회까지는 꽤 먼 거리였는데, 어느 날 집안 식구들이 모두 삼일기도회에 가고 할머니만 집에 있을 때였다. 강도 둘이 들어와 할머니가 짜서 장롱 안에 가득하게 채워 둔, 지게로 두 짐이나 되는 천을 몽땅 털어갔다. 그날 밤 가족들이 돌아올 때까지 할머니는 울면서 꼼짝없이 묶여 있었다. 항상 아침저녁으로 가정예배를 인도했던 할아버지는 그날도 예배를 드리면서 강도들을 위해 기도하셨다. 할머니는 서운해서 예배 후에 "그들을 저주해도 모자라는데 축복기도를 하세요?" 하고 말했다. 이 일은 지일이 태어나기 전 일인데, 후에 연수에서 조부모가 거주하던 집을 산 장학선 장로가 들려준 이야기였다.

할아버지는 동리에 교회를 세웠고, 학교도 세워 교장이 됐다. 그 후 자녀들의 교육을 위하여 선천읍으로 이사해 그의 아버지가 선천 신성학교 제1회 졸업생이 됐다. 당시에는 중학교 졸업도 귀했다. 할아버지가 선천에서 영농으로 참외밭을 했는데, 가장 좋은 참외는 사과참외였다. 크기는 작아도 꿀같이 달고 유명해서 잘 팔렸다. 그 참외밭에는 삼촌들이 못 들어가게 하고 손수 관리했다. 그런데 참외를 딸 수 있는 기간이 그리 길지 않았다. 할아버지는 토요일이면 주일을 지키기 위해 집으로 돌아왔다. 다른 때는 밭에 얼씬거리지도 못하던 삼촌들이 주일이면 자기들 세상이라며 친구들과 같이 밭에 들어가 엉망을 만들었다. 월요일에 할아버지가 밭에 나가면 모양새가 너무나 한심했고 손해가 컸으나, 아랑곳하지 않고 성수 주일을 했다. 지일은 그 품에서 중학교를 졸업할 때까지 자랐다.

언젠가 그의 아버지가 70세 가까이 되신 할아버지를 중국에 모시고 갔는데, 할아버지는 그곳 말도 모르면서 전도지를 가지고 다니며 매일 열심히 전도했다. 그 후 돌아와서도 내내 전도했다. 누구를 만나든지 붙잡고 성경의 이야기를 조목조목 들려주면서 전도했다. 할아버지는 철저하게 십일조를 드렸다. 농사할 때 타작하면 바로 10분의 1은 하나님의 것으로 따로 내놓았다. 할아버지 평생의 삶을 회고하면, 몸은 약하고 배운 것 없이 가난했으나 비범했다.

그의 아버지 방효원은 일찍이 친척들이 예수 믿는 부친을 핍박하는 데 반발해 예수를 믿었다. 지일이 아버지와 보낸 기간은 짧았다. 평양 장대현교회에서 시무할 때 안식년으로 와있으면서 잠깐 상해교회 건축 헌금 모금을 위해 집에 들르곤 했다. 그 후 상해교회에서 사역할 때 가서 집회를 한 일이 있었고, 나중에 일경에게 구금되어 신의주에 갇혔을 때 신의주에서 얼마 동안 있으면서 면회할 기회가 있었다. 아버지가 3년 형을 받았을 때 지일이 상고를 위해 일경을 만나고 아버지 면회를 했다.

방효원 목사의 원만한 포용력이나 어른 됨은 형제 중에서 가장 훌륭했다. 당시 상해교회는 전국적 교회요, 모든 교인이 다 애국자요, 주관이 뚜렷한 인물들이 모인 곳이라 목회가 단순하지 않았다. 임시정부에 있는 동창들이 방 목사가 필요하다고 총회에 청원해 외지 선교에서 내지 전도목사로 전임했으며, 실제로 방효원 목사가 있는 동안 그 교회는 화합됐고 교회당 건축 기틀도 마련했다.

하지만 그는 일제 말 한국에 왔다가 구금되어 일제가 죄목을 찾는 동안 신의주에서 몇 개월간 심문을 받았다. 그러나 아무리 죄를 찾아도 찾을 수 없었다. 중국에서 부자 2대에 걸쳐 선교하면서 반일, 항일한 죄를 찾는다고 가택 수색을 하고, 수십 년 동안의 일기장과 온갖 것을 다 압수했다. 그러나 아무리 찾아도 선교에만 열중했으므로 흠을 찾지 못했다.

방효원 목사를 담당한 선견 부장이 방 목사의 일기장에 적힌 내용 중 남경에 갔던 일을 큰 사건으로 몰아붙이며 상해 밖으로 나간 일이 없다던 말의 반증을 얻었다며 득의만만했다. 지일이 이 사실을 아버지께 말해도 얼른 생각을 해내지 못했다. 남경에 간 일이 전혀 없는데 어떻게 일기장에 썼는지 곰곰이 생각하다 전날 일기를 보았는데 여기서 답이 나왔다. 전날 일기는 상해에 있던 기록이었고, 그다음 날도 상해의 기록이었다. 상해에서 남경이면 천 리 길이라 가는 데 하루, 돌아오는 데 하루가 걸리는데 어제도 상해, 오늘도 상해라는 기록으로 미루어 볼 때 남경을 갔다 온다는 것은 말이 안 됐다. 그래도 일경은 왜 남경이라는 글귀가 있느냐고 다그쳤다. 알고 보니 '남경 로'라고 적는다는 것이 '로' 한 글자를 빠뜨린 것이었다. 다행히 그다음 날 일기에 남경로에 갔던 일이 생겼다는 내용이 적혀 있어서 설명이 되었고, 이로써 한 고비를 넘겼다.

다음 죄는 횡령이었다. 그 말은 듣고 지일은 웃었다. 방효원 목사가 목사인데 횡령죄라니 그게 무슨 말이냐고 물었다. 한국교회 헌금은 상해로 가야 하는 것인데 그것을 갖고 있었으니 횡령이라는 것이었다. 지일은 쓴웃음을 지으며 아버지가 그곳의 책임자니 아버지께서 가지고 있는 것이 당연하지 그게 말이 되느냐고 했다. 그래도 그들은 억지를 부리면서 그 죄가 횡령에 해당한다고 했다. 지일은 이런 억지를 보다 못해 상고했다. 그때 교계에서 상고해도 그 처리 과정이 3개월에서 3년도 걸리니 차라리 형을 지는 것이 낫다고 했으나 그래도 상고했다. 그 결과 평양 복심법원에서 무죄로 판결됐다.

방효원 목사는 효자였다. 맏아들의 본분을 잘 감당했고, 조부모도 그에 마땅한 대우를 했다. 동생들도 맏형을 대할 때면 아버지를 모시듯 깍듯했다. 아버지와 같이 오래 지낸 시간은 없었으나 그의 한마디를 잊지 않고 그대로 순종했다.

지일은 신성중학교를 졸업하고 평양 숭실전문학교 영문과에 진학했다. 공부하면서 야간 학교를 열었고, 19세인 1929년 정오리교회를 개척했다. 1931년 김진홍, 박윤선, 유병식과 자비로 월간지 〈겨자씨〉를 창간했다. 3년 학업을 마치고 졸업한 후 아버지의 대를 이어 목사가 되어야 한다는 하나님의 소명 받아 장로회신학교 3년을 마치고 1937년 3월에 졸업했다. 그리고 1931년 평양 장대현교회 전도사로 시무했는데, 길선주 목사가 눈이 잘 보이지 않아 그의 손을 잡고 다녔다. 그러면서 특히 길선주 목사의 말세론 강의를 열심히 들었다.

그가 장대현교회에 있을 때 길선주 목사는 이미 은퇴한 후였다. 그러나 그의 철저한 가르침의 영향을 많이 받았다. 장대현교회는 서도의 첫 교회라 여기서 실천신학을 배웠다. 1933년에는 전대천교회 전도사로 시무했고, 1937년 4월 평양 노회에서 목사 안수를 받았다. 그는 신학교를 졸업하고 박윤선 목사가 유학을 떠난 뒤, 김진홍 목사와 웨스트민스터신학교에 진학하기 위해 모든 준비를 마친 상태였다.

그때 총회의 지시를 받고 선교사로 갔다. 그의 나이 27세에 아버지 방효원 목사의 선교지인 중국 산동성으로 파송받았다. 중국말도 못 하면서 아버지가 개척한 교회 교인들을 만났다. 아버지가 세례를 준 이들은 모두 한결같이 아버지를 하나님의 사자로 믿고 존경하며 신앙의 아버지로 모셨다. 공관청에서도 그를 방효원 목사의 아들, 중국말로는 쌍궁(雙宮)이라며 특별히 대우했다. 교인들은 말할 것 없고, 일반 외인들도 방효원 목사를 존경했다. 그에게는 크나큰 배경이었다. 아버지가 그곳에서 근 20년 동안 선교하고 있었으나 중국 선교의 대를 이어갈 계획이 없었으므로 중국말도 몰랐고 생소한 곳으로 여겼는데, 막상 가 보니 아버지의 후광이 컸고 하나님께서 하신 일이 너무 훌륭했다.

방효원 목사는 후덕한 사람이었다. 그래서 누구와도 담을 쌓지 않았다. 급하게 일하지 않았고 대기만성의 전형적 표본이었다. 그가 한국 목회를 시작한 곳은 철산 영동교회였는데, 그곳에는 쟁쟁한 장로들이 여럿 있었고 후에도 목사와 장로가 많이 배출됐다.

방지일 목사는 청도(靑都) 교민회 외교부장과 학부부장 및 청도 한국학교 교장을 역임했다. 그는 전혀 중국어를 모르고 갔으나 중국인들과 하나님의 말씀대로 살려고 애썼다. 그는 무엇보다 성경을 강조했다. 글자를 모르는 사람들에게 성경으로 글을 가르쳤다. 각자 형편에 맞게 도리반(道理班)이라는 단기 성경학교를 개설해 성경 66권을 철저히 익히면서 하나님의 마음을 알도록 집중했다. 성경 10권 이상을 마친 이에게는 교회학교 교사나 도리반 초급반 교사 자격을 주었다. 신·구약을 다 습득하면 성경학교 졸업과 동등한 자격을 주어 전도사에 응시할 수 있도록 했다. 성경을 제대로 익힌 교인들은 지역사회의 지도자가 되고 자연스럽게 사회 계몽운동에도 앞장섰다. 교회는 생명체이므로 언제나 살아 움직일 수 있어야 한다. 그럴 때 인재 양성이 가능하다.

당시 방지일 목사가 총회에 보낸 편지가 있다. "중국인들은 기독교를 환영했다. 특히 조선 선교사를 환영했다. 조선인은 지식이 풍부하고 그것을 시기 적절히 사용했다. 선교사로서는 매우 좋다고 했다. 조선 사람이 서양에 가면 천대받고, 조선 농부가 가난한 나라에 가면 좋은 대우를 받지 못하나, 복음을 들고 가면 환영받는다. 세상에서 세월을 보내지 않고 복음을 전한다."

아울러 그는 중국 선교 지망생에게 이렇게 충고했다. "중국인, 중국 문화와 역사를 전혀 모르는 채 떠나지 않기를 바란다. 중국은 한국보다 앞서 복음을 받았을 뿐 아니라, 중국인의 신앙심이 매우 깊다는 것을 알아야 한다. 이를 가볍게 여기지 말 것이다. 주고받는 '균형적' 선교관이 중요하다. 주기만 할 때는 예속적 신앙이 된다. 아울러 배우는 자세가 필요하다. 한평생 배우며 알고자 할 때 발전한다. '세 사람이 길을 가면 반드시 스승이 있다.' 지식과 경험이 나보다 못한 사람에게도 배울 점이 있다는 뜻이다. 배우려는 자세는 상대방에게 호감을 준다. 또 마음으로 대화하면 좋겠다."

방지일 목사는 어려서부터 속병(가슴앓이)이 있었다. 소화가 안 되고 일주일에 두 번씩 죽었다 깨어날 정도로 심한 고통을 겪어 할머니가 병을 보살피는 데 고생했다. 온갖 약을 쓰고 치료했으나 낫지 않았다. 그런데 믿음으로 낫기를 결심하고 선천의 숙청고개에 한 자리를 정하고 10리 되는 곳에 매일 다니면서 성경을 읽고 기도했는데, 어느 날인지 그 속병이 깨끗이 나았다. 이 체험 후 그는 항상 열심히 기도했다.

그는 어려서부터 수학이며 과학에 관심도 많고, 글을 줄줄 외웠다. 동네 어른들은 해가 지면 그를 불러 글 외우게 하는 것을 좋아했다. 그래서 집안 어른들은 그가 세브란스의과대학에 가서 의사가 되기를 원했다. 그런데 그는 이미 신학을 공부하기로 스스로 정했다. 어른들은 서운했으나 그 후 의학 공부를 하라고는 하지 않았다. 어릴 때 생명 자체를 건지지 못하리라 했는데 몸을 낫게 하신 하나님을 알기에 다른 말을 하는 이가 없었으니, 이것이 하나님께서 부르셨다는 증거였다.

1937년 장대현교회에서 선교사 파송식이 있었다. 참으로 엄숙하고 경건했다. 전별 기도를 한 후 김인서 장로가 "중국에 가서 중국 사람이 되어라. 거기서 죽고 돌아오지 마라. 죽어 곤륜산에 묻혀라"라고 쓴 현수막으로 마음에 큰 힘을 실어 주었다. 스승 심인곤 선생은 기쁜 미소를 지으며 "저들에게 공맹의 도를 받았더니 이제 생명의 말씀으로 갖게 됐군요. 참으로 감사한 일이외다. 가서 다른 것 말고 성경 말씀을 바로 전하시오"라고 격려해 주었다.

그러나 선교지의 생활은 너무나 힘들었다. 언어 장애가 그렇게 불편할 줄 몰랐다. 당시 큰아이가 다섯 살이었는데 하루는 유리창 밖으로 중국 아이들이 노는 것을 보다가 파리 한 마리가 유리에 붙었다 떨어졌다 하는 것을 보며 "파리야, 파리야, 너도 중국말 하니?" 하는 것이었다. 그는 아비를 따라와 말을 몰라 답답해하는 아이가 측은했다. 외국에서 자녀를 출산하고 키워야 하는 사모의 고충은 말로 할 수 없었다. 주거 문제, 교육, 의료 등 어느 것 하나 제대로 해결하기가 쉽지 않았다.

1913년부터 1916년 봄까지 박태로, 강영훈, 서병순 목사 가정은 한 집에서 함께 기거했다. 1916년 봄, 박 선교사가 몸이 아파 귀국한 뒤에는 두 선교사 가정이 한 집에 살았으며, 1년 정도가 지나자 각자 사택을 마련할 수 있었다.

산동성은 1921년 조선예수교장로회가 창립된 기념으로 선교사를 파송했으나 실패한 지역이었다. 그러나 방효원 선교사는 1916년 총회 파송을 받고 선교 사역을 성공적으로 감당했다. 그런데 방지일 선교사가 부임하고 얼마 안 되어 1937년 7월 7일 일제가 중일전쟁을 일으켰고 중국은 혼란에 빠졌다. 이러한 사실을 알았던 방지일 선교사는 어려운 중에서도 중국인에게 복음을 전했다. 하지만 일제가 일으킨 전쟁으로 큰 타격을 받았다.

1941년 12월 8일 태평양 전쟁을 일으킨 일제는 곧 승리할 것으로 생각했으나 갈수록 일제의 패전 소식이 들려왔다. 일본은 '대동아선교회'를 만들고 가입을 강요했으나 그는 거절했다. 일본인 목사들은 방지일 목사를 비롯한 한국인 선교사를 비방하고 고발했다.

국민당 장개석과 공산당 모택동이 일치하여 일제와 싸웠는데, 결국 미국이 승리했다. 이로써 미군이 산동성에 진주했다. 미군은 통치권을 국민당 장개석 정부에 이양했는데, 모택동에게 밀려 모택동이 산동성을 통치했다.

방지일 선교사에게 산동성 선교는 큰 십자가였다. 일제강점기에는 항일운동가로 지목받았고, 일제가 패망하고 공산당 정권이 중국을 장악하자 반공주의자로 지목받아 수없이 고통당하고 추방됐다. 그러나 그는 모든 일을 하나님께 맡기고 중국에 거주하는 한인 동포를 본국으로 귀환하는 일에 나섰다. 해방 후에는 중국 내 독립군, 학도병, 징용자 등 교포를 수십 차례나 귀국시켰다. 미군과 교섭해 많은 동포가 인천까지 귀국하도록 끝까지 남아서 그 일을 했다. 이 일로 많은 동포가 고국으로 돌아왔다.

한편, 떠나지 못한 사람들을 위해 청도에 한국인 학교를 설립하고 교장으로 일했다. 그러나 방지일 선교사는 그 일을 장기간 할 수 없었다. 공산당은 선교사들에 대해 선교하러 온 것이 아니라 자기 국가를 위해 정탐하러 온 것이라고 억지를 썼다. 방 목사에게도 그렇게 몰아서 처리하려 했다. 중국 교인들이 아니라고 반발하자 결국 추방령을 내렸다. 당시 중국에 서양 선교사가 6천 명 가까이 있었는데 마지막까지 남은 선교사는 방지일 목사뿐이었다.

결국 그도 1957년 9월 23일 중국 공산당에게 홍콩으로 추방당해 본국으로 돌아왔다. 중국에 뼈를 묻으라는 권면을 지키지 못하고 돌아와 그는 마음이 한동안 힘들었다. 다시 중국으로 돌아가려 했고 두고 온 교인들이 그리웠다. 본국의 지원도 끊긴 상태에서 그때 겪은 고통은 이루 형언할 수 없었다.

마지막 중국에서 떠나야 한다고 할 때 그는 보내 주는 곳으로 가겠다고 했다. 그러면서도 서울이라는 말은 하지 않았다. 유엔에서도 그의 안부를 물으니 공산당 맘대로 보내지 못하고 홍콩으로 추방했다. 그러나 그의 홍콩행은 순조롭지 않았다. 5명의 가족이 산동성에서 홍콩으로 나오는 데 1주일이 걸렸다. 심천에 와서 공산당 인사가 홍콩으로 건너가라고 해도 그들의 말을 믿을 수가 없었다. 영국 땅을 밟고 나서야 "이젠 됐구나" 안심했는데, 수중에 차비조차 없었다. 상해 임시정부 때부터 아는 사람이 있어 영국 비자를 갖고 있기는 했는데, 아무도 마중 나온 사람이 없었다. 그는 홍콩 중국 기관에 찾아가 사정을 말하고 구룡(九龍)까지 데려달라고 했다. 차비는 한국 영사관에 가서 갚겠다고 약속했다. 구룡에 도착해 겨우 총영사와 연락이 닿았는데, 그날은 일이 있어 못 나온다고 했다. 하는 수 없이 임시정부 사람의 집으로 택시를 타고 가서 빌린 차비를 갚았다. 거기서 한 달간 머물다 배편으로 부산에 돌아왔다.

1958년 6월 방지일 목사는 영등포교회 담임으로 부임했다. 그리고 은퇴할 때까지 변함없이 목회 철학을 실천했다. 그는 21년 동안 영등포교회에서 시무하면서 정기 당회를 무려 200회, 임시 당회를 100여 회로 열어 대소사 일들을 처리하고 가결했으며, 시간이 늦어지면 정회하고 속회한 일도 있었다. 그는 사회만 보고 교리나 신앙의 기본 문제 이외의 발언은 거의 하지 않았다. 물론 능숙한 당회원들이라 모두 일을 잘 처리했으나 고집을 부리는 이도 있었다. 그러나 시간이 가자 모두 해결됐다. 그는 언제나 장로들의 장점을 말했다. 단점을 말한 적이 거의 없었다. 안색이 좋지 않으면 그는 자신의 부족함을, 자신의 단점을 솔직하게 말했다. 그때마다 모든 문제가 매우 빠르게 풀렸다.

그의 설교는 간단명료한 것이 장점이었다. 그래서 접속사를 피했다. 그러다 보니 문체는 단조로우나 감화력은 기도에 비례했다. 설교자가 명심할 것은 주신 말씀에 치중해야지, 자신의 사상이나 견해, 주장을 전달하면 안 된다고 생각했다. "그들이 듣든지 아니 듣든지 너는 내 말로 고할지어다"(겔 2:7)라는 말씀을 늘 기억했다. 설교자는 수도의 관과 같이 수원지에서 압력으로 흘러나오는 물을 보내는 통로일 뿐이다. 물론 바울은 바울의 냄새가 있었고, 베드로도 그 나름의 품위가 있어 그 설교의 전달 방식이 달랐다. 그러나 말씀의 주체는 언제나 하나님으로 그의 말씀을 받아 전달할 뿐이다. 흔히 설교자들이 서두에 "생각해 보기로 합시다"라며 어떤 풀이를 하자는 식으로 자기 사상, 자기 견해, 자기중심적 생각을 전달하려 하는데 그것은 잘못이다. 이런 착오에서 설교가 웅변이 되기도 하고, 강연이 되기도 하고, 강의가 되기도 하는 것이다. 그는 또 "그렇다고 나는 생각합니다"라는 식의 표현, 즉 자기 주견이 강조되는 어구도 스스로 금했다. 강단의 메시지는 이미 계시된 말씀을 근거로 받아 전달할 뿐이다. 그러기에 설교자는 전하는 자이나 교인들과 함께 듣는 자가 되어야 한다. 그는 설교를 시작하기 전 "오늘 주신 말씀을 같이 듣겠습니다"라는 표현을 사용했다. 이 말은 교인들로 설교자의 말이 아니라 하나님의 말씀을 들어야 함을 경각시켰다. 설교의 중심은 십자가에 있었기에 복음의 강령 일부에 치중했다.

영등포교회가 오늘의 모습으로 성장한 데는 방지일 목사의 뚜렷한 교회관과 투철한 목회 철학이 큰 역할을 담당했다. 그는 자신의 목회 철학을 종교개혁의 네 기둥 중 하나인 '오직 말씀'이라고 단정했다. 영등포교회 교인들은 방지일 목사가 있어서 행복했고, 방지일 목사는 영등포교회 교인들이 있어 행복했다. 이렇게 그들은 하늘나라를 미리 맛보며 사는 축복을 누렸다. 방지일 목사는 오직 십자가에 못 박힌 예수 그리스도에게 붙들려 살았다. 동시에 피 묻은 손으로 십자가를 붙든 삶이었다.

교회 행사는 간결하고 깨끗하게 했다. 기도도 간결하고 깨끗했다. 행정 회의도 간소하게 요건만 다루었다. 그에게 지저분하게 늘어놓거나 공연히 시간만 끄는 일은 없었다. 그는 외부에서 축사할 때도 원고를 써서 1분을 넘기지 않았다. 축사의 길이는 짧으나 내용은 놀라웠다. 그는 글에도 말에도 군더더기가 없었다.

또한 그는 월요 성서 연구 모임을 이끌었다. 영등포교회 사택에서 시작된 이 모임을 거쳐간 목회자가 수천 명에 달했다. 은퇴 후에는 여의도 자택에서 모였다. 50년이 넘게 이어져 온 이 모임에서는 성경 강해 뿐 아니라 목회자들에게 필요한 소명감, 자질, 예배 원리, 목회자와 설교, 심방 요령, 교회행정 등을 두루 강의했다.

그는 교회 행정에서도 탁월한 능력을 보였다. 예장이 분립되기 전 경기 노회 노회장을 두 차례나 역임했으며, 총회 전도부장과 부회장을 거쳐 1971년 인천 제일교회 총회에서 제56회 총회장에 피선됐다. 총회장 재임 시 그는 한국선교 100주년을 향한 장기 계획을 수립하고 준비위원을 선임하는 등 선교 100주년을 위해 준비했다. 그리고 목사 70세 정년을 결의했다. 총회 전도부장을 18년간 맡아 선교와 전도에 열심을 다했다. 국내 화교 교회 설립에도 실질적인 산파 역을 했으며 재한 중화기독교 유지재단 이사장 등을 맡았다.

또 1981년까지 총회 유지재단 이사장을 맡았고, 1982년 대한성서공회 재단 이사장을 역임했다. 1996년 12월 2일 국민일보 주관 세계선교 부문 대상을 받았고, 1998년 숭실인상 추양 목회 대상을 받았다. 그리고 1998년 8월 28일 대한민국 정부가 국민훈장 모란장을 서훈했고 2003년 10월 28일 제3회 언더우드 선교상을 받았다. 이어 2004년에는 장신대 명예 신학박사로 추대됐고, 그 후 한국교회 연합 명예회장이 됐다.

총 100권이 넘는 서적을 출간한 방 목사는 집필가로서도 그 면모가 뛰어났다. 특히 그가 펴낸 《피의 복음》은 중국어로 번역돼 중국 가정교회 교재로도 사용되고 있으며, 1992년에는 성경 66권 강해서를 완간했다.

1934년부터 2년간 평양 장대현교회에서 사용한 주보의 영인본이 출간됐다. 장대현교회 주보 영인본은 1934년부터 장대현교회 전도사로 시무하던 당시 방지일 목사가 손수 만들어 보관해 오던 것으로, 예배 순서를 비롯한 기도 내용과 교회 소식, 예배 인원, 주일 헌금 등이 기록되어 있어 한국 기독교 역사 연구에 귀한 사료가 된다. 또 당시의 교회 직분자들의 이름과 주소 등 오늘날의 권찰록의 전신이라 할 수 있는 기록도 한눈에 찾아볼 수 있다.

주보 영인본 발간과 관련해 방지일 목사는 "장대현교회는 역사적인 교회요, 조직의 규모에서도 상당히 큰 교회였다. 23세의 어린 나이에 전임전도사로 부임해 많이 배울 수 있었고 생애에 굵은 선이 남는 시간이었다"라고 고백했다. 그는 이어 "당시 채필근 담임목사는 주일 강단만 지키고 한 해 뒤에 숭실대를 사임하고 교회에 부임했기 때문에 주보도 손수 만들어야 했고 교회 행정도 거의 맡게 됐다. 장대현교회에서의 1년은 실천신학을 학습하는 장이었다"고 당시를 회고했다.

직접 주보를 만들면서 모아 1년씩 정리해 두었던 것을 영인본으로 출판하게 됐다고 밝힌 그는 "당시의 주보는 단순히 예배 순서만을 기록한 것과 차이가 있다. 교계에 참고될 수 있기를 바란다"고 덧붙였다. 한편, 방지일 목사와 김진홍 목사 등이 평양 숭실대학 기숙사에서 아침마다 말씀을 읽고 나누던 내용을 글로 정리해 동인들과 나눴던 〈겨자씨〉 영인본도 함께 출간됐다. 창간호부터 2년간의 기록을 담은 〈겨자씨〉 영인본은 남궁혁, 박형룡, 채필근, 주기철, 김인준, 김홍전, 김진홍, 박윤선, 방지일 등 초기 한국교회와 사회 저명인사들의 원고가 포함돼 있다. 〈겨자씨〉 영인본과 관련 그는 "초기 등사로 시작된 〈겨자씨〉가 활판 인쇄를 하면서 비용이 많이 들어 집 한 채를 팔아 가며 재정난을 감당했다. 일제하에서 주기철 목사의 '일사 각오' 원고 때문에 2천 부 전량을 압수 폐기당하고 고등계에 불려 다니기도 했다"며 당시를 회고했다.

　방지일 목사는 언론사와의 인터뷰에서 오늘날 선교사와 목회자에게 가장 요구되는 자질에 대해 이렇게 말했다. "세례 요한과 같이 자기를 부인하는 것이 필요하다. 그는 자신을 메시아로 여기는 사람들에게 '내 뒤에 오시는 분은 흥해야 하고 나는 쇠해야 한다'고 분명히 말했다. 자기는 예수 그리스도의 길을 닦는 광야의 목소리에 불과하다고 강조했다. 이처럼 자신에 대해서는 '아니오'라 하고, 하나님에 대해서는 무조건 '예'라 하는 자세가 필요하다. 목회자와 선교사들은 자신을 부인하고 겸손해야 한다. 우리는 우리의 경험담과 인위적인 해석을 설교의 중심으로 둘 때가 많다. 육의 감동이 아니라 영적 감동을 줄 수 있는 말씀을 선포해야 한다. 설교자가 주체가 되면 안 된다. 죄를 깨닫고 회개하고 구원으로 이끌 수 있는 설교만이 필요하다." 그는 또한 "믿는 사람은 '묵시에서 계시로' 살아야 한다. 구원의 확신을 주는 묵시는 일생에 한 번 받는다. 그러나 하나님의 계시는 매 순간 우리에게 전해진다. 예배할 때, 기도할 때마다 계시를 받아야 한다"고 항상 강조했다.

한편 방지일 목사는 중국 교인들을 만나고 싶었지만 자신을 만나면 교인들에게 큰 고충이 따를 것이기에 만날 수 없어 마음 아파했다. 그들에게 피해를 주지 않으려고 공동묘지에서 맘 놓고 교인 하나하나를 그리며 기도했다. 감사한 것은, 당시에 태어나지 않았던 교인 자녀들이 공산 치하에서도 신앙을 이어받아 목사가 되고 신앙인이 되어 지금도 연락하고 찾아오고 있다는 것이다. 이처럼 선교는 성령께서 하셨다.

그는 전 세계에 흩어져 말씀을 전하는 선교사들을 기회가 닿는 대로 찾아가 격려하고, 그를 필요로 하는 곳이면 어디든 가리지 않고 찾아가 말씀을 전했다. 비행기를 수십 번 갈아타고 몇만 킬로미터를 달려가 전도했다. 그는 못 말리는 '영원한 전도인'이었다. 그는 "주님은 나 없이 못 사시고, 나는 주님 없이는 절대 못 사는, 떼어놓을 수 없는 사랑 때문에 생명도 내놓고 걸어왔다"고 말하곤 했다. 조니 워커는 이를 "내가 붙들었고, 동시에 내가 붙들림을 당했다"라고 표현했다.

그는 1957년 귀국해 영등포교회에서 목회했다. 반백 년 한 교회에 있을 수 있었던 것은 하나님의 은혜였다. 온 교회가 지대한 관심을 가짐에 감사할 뿐이었다. 은퇴 후 1년의 반은 출국해 있었다. 50년간 이어온 초교파적 월요 성경 읽기 모임은 은퇴 이후에도 한 주도 거르지 않았고, 여러 강단에서 말씀을 전할 수 있으니 그에게는 감사할 뿐이었다.

그가 제의해서 4대 목사와 4대 장로 표창을 했다. 그때 추천된 이로는 림인식 목사 4대 목사, 장대현교회 이재후 4대 장로였다. 그리고 장로교 100주년은 자랑이었고, 행사들은 큰 감격이 넘쳤다. 최근에는 목사 안수 70주년 기념 감사예배도 드렸다. 그에게는 이 모두

가 하나님의 은혜였다.

그는 100수를 넘긴 후인 2013년 102세의 나이에 한국교회 부활절 연합예배 설교자로 한국교회 화합과 도약을 강조했으며, WCC 제10회 부산 총회에서 복음의 중요성을 설교했다. 그는 이때까지도 초청하는 곳이면 언제 어디든 달려가 하나님의 말씀을 전했다. 그는 성경 읽기와 기도를 평생 계속했다. 이것이 그의 신앙생활이요, 또 그가 전파하는 내용이었다. 오직 십자가를 전함으로 그는 자기 신앙과 신학을 뚜렷이 했다. 그의 신앙생활은 말씀을 읽은 대로 가감하지 않고 전하고, 또 그대로 사는 것이었다. 이웃에게 예수의 사랑을 베풀며 어려운 사람들을 위해 기도하고 말씀을 가르치는 것이 그에게는 최고의 삶이었다.

방지일 목사는 1979년 은퇴할 때 후임을 묻기에 미국에서 목회하던 김승욱 목사를 추천했다. 은퇴 후에는 교회 행정과 설교를 하지 않고 평신도로 후임 목사를 모셨고, 모든 일정을 후임 목사에게 보고했다.

한국교회는 개화기 이후 독립과 근대화에 공헌했다. 3·1 독립운동 때 기독교의 역할이 컸고, 한글 보급에도 기독교가 많이 공헌했다. 성경과 찬송을 비롯해 책과 잡지도 교회에서 많이 냈고 문맹 퇴치에도 공로가 있다. 1940~1950년대 건국한 나라 중 한국같이 잘사는 나라가 없다. 모두가 하나님 은혜다. 그런데 지금은 대형 교회가 되면서 가난한 마음을 잊어버렸다는 말들을 한다.

최근 한국교회가 부흥해서 큰일을 많이 하고 있다. 지난해 한국교회가 민영 교도소를 만들었다. 교도소 개소식에 일본 의원이 왔는데 "일본은 생각지 못하는 일을 한국교회가 했다"며 부러워했다. 대형 교회가 아니면 이런 일을 할 수 없다. 나쁜 점을 파헤치려 하지 말고 좋은 점을 봐야 했다. 존경하는 선배 목회자들을 잡는다면서 일제에 신사참배를 반대하고 감옥에서 돌아가신 주기철 목사였다. 설교는 영어로 "메시지" 즉 하나님 말씀을 전달하는 것이다. 주 목사는 하나님 말씀 전하는 일에 충성했다. 교회는 육신으로 못하고 영으로 하는 것이다. 헌금 많이 하고 이름나는 명예를 얻는 것은 신앙이 아니다. 장사꾼이다.

지금 교회는 영과 육으로 볼 때 영으로 들어갔다가 육으로 나오기 쉽다. 그러지 않으려면 매일 잘못한 것을 자복해야 한다. 기도는 죄를 찾는 행위이다. 보통 눈으로 안 보이는 죄도 500배 현미경으로 보고 다음 날은 5,000배 현미경으로 보면 찾아진다. 하나님 앞에 머리 숙이면 잘못한 것만 생각할 수 있다.

방지일 목사는 거실에 걸려 있는 '格山德海'(격산덕해) 글씨를 가리켰다. 88세 생일 때 누가 '壽山福海'(수산복해) 라는 글씨를 선물로 줬다. 그는 말했다. "오래 살면 뭐 할건데? 복받으면 뭐 할 건데? 인격이 산처럼 높고 덕이 바다처럼 넓어야 하지 않겠는가?" 그러고는 다시 써 달라고 한 것이다. 덕이란 남에게 베푸는 것이다.

방지일 목사가 말한 건강 비결은 "새벽 5시쯤 목욕하고, 이메일 체크 하고, 누가 어디 가자고 하면 간다. 운동은 젊었을 때 여의도에서 영등포교회까지 왕복 6킬로미터 걷는 게 전부였다"라고 했다. 지금은 월요일과 목요일에 목회자 20여 명과 성경 공부하고 주일에는 이곳저곳 설교하러 갔다"며 2월 말까지 일정이 꽉 찼다고 했다. "닳아서 죽을지언정 녹이 나서 죽지 않겠다"라는 게 그의 좌우명이었다.

영등포교회에 부임한 뒤 세월이 지나 원로가 된 김승욱 목사는 그 후에도 계속 방지일 목사를 모시고 다녔다. 그는 "방지일 목사님은 한국교회의 '욥'이다"라고 했다. 속병으로 두 번이나 죽었다 깨어났으며, 중국 선교사로 가서 다섯 차례나 정변을 겪으면서 9년 동안 공산주의 아래 고통을 겪었기 때문이다. 그는 마지막까지 외국 선교사로 남아 있었으며 결국 공산당에게 추방당했다.

그에게 가장 가슴 아픈 일은 딸 선혜를 앞서 보내고, 또 귀한 둘째 아들 선림을 잃었던 일이다. 그러나 딸의 시체를 앞에 놓고도 강단을 비우지 않았다. 그는 자신에게 물었다. "신경이 둔해서인가, 아니면 책임감이 강해서인가?" 그는 어느 편이든 상관없었다. 그는 성역에 손해가 되어서는 안 된다는 심정으로 몸이 닳을 때까지 할 것을 다짐했다.

이처럼 그는 그런 고난 중에서도 하나님께 받은 직분을 한순간도 소홀히 하지 않은 충성된 종이었다. 모든 슬픔과 고통을 가슴에 묻고 하나님을 향한 열정으로 승화했다. 지금 그의 큰아들 선주와 큰딸 선자는 미국에서 산다. 한 번도 알려진 일이 없어 아무도 그 속 내용을 알 수 없으나 방 목사의 사모로 인한 고통과 눈물은 누구에게도 토설할 수 없고, 오직 하나님께만 기도로 욥처럼 기도할 뿐이었다. 욥은 "내 가죽이 벗김을 당한 뒤에도 내가 육체 밖에서 하나님을 보리라"(19:26)라고 고백했다.

김승욱 목사가 '한국의 욥'이라는 이름을 그에게 붙인 것은 그가 겪은 고난과 또 그 후에 받은 하나님의 은총과 복을 말로 표현할 수 없기 때문이었다. '눈물의 사람' 되기를 원해서 "예레미야처럼 울게 해주세요" 하고 기도했던 방 목사는 하나님의 은혜에는 감격하며 그 사랑을 지금도 아낌없이 이웃에게 나누고 베풀었다. 언제나 누구에게 폐를 끼치지 않으려고 조심스럽게 처신한 영국 신사였다.

방지일 목사는 후손들에게 두 가지를 교훈했다. "첫째, 어린이가 부모 없이 살 수 없듯이 사람은 하나님 없이 살 수 없다. 둘째, 복음은 내가 똑똑해서 알아차리거나 배워서 아는 것이 아니라 성령님을 통해서 주시는 것이다."

방지일 목사는 2014년 10월 10일 자정쯤 의식을 잃었고, 고려대학교 안암병원에 입원했다가 103세를 일기로 하나님의 품으로 돌아갔다. 10월 14일 오전 10시 한국교회 100주년 기념관에서 한국교회장으로 장례를 치렀고, 강원도 춘천 가족묘지에 안장됐다. 대한민국 정부는 1998년 국민훈장 모란장을 추서했다.

그는 한국 개신교의 위기론에 대해 걱정하지 않았다. "밥 굶는 목사의 대를 아들이 이어 가고, 영적으로 갈증 나서 갈팡질팡하는 양들을 목사들이 먹인다면 문제 없다"고 했다. 그는 '역사적 인물'이었으나 마지막까지 현역이었다. "닳을지언정 녹슬지 않겠다"는 신조로 원로 중의 원로임에도 왕성하게 활동했다. 100세까지도 부르는 곳은 어디라도 마다하지 않았다. 고령에도 이메일로 일정을 체크하며 어디든지 가서 말씀 전하고 축도했다.

목사 세습에 대해서는 이렇게 말했다. "목사의 아들이 목사가 된다면 기쁜 일이다. 내 아들이 금년에 80인데 목사 되길 그렇게 원했다. 그런데 아이들 말이 우리 집안에 목사가 너무 많아서 평신도도 필요하다고 했다. 큰 교회에서 다른 사람에게 교회 주기 아까우니까 내 아들에게 주겠다 하는 것은 말이 안 된다. 교회는 유산이 아니다. 전에 다른 언론사에서 한국교회 교인이 줄고 있는데 어떻게 생각하느냐고 하길래 내가 얘기했다. 결코 교인 수는 줄지 않았다고. 요즘 줄었다고 하는 이유는 젊은 사람들이 아이를 안 낳으니까 그런 것이다. 옛날에 영등포교회 강단이 비었다고 오라고 해서 갔더니 어른이 200명, 아이들이 600명이었는데, 이제는 어른이 1,000명 모이는데 주일학교가 200명이라고 한다. 젊은 사람 중 결혼 안 하는 사람도 많으며, 결혼해도 겨우 하나밖에 안 낳으니까 그렇다. 부부가 둘인데 하나밖에 안 낳으면 안 된다. 셋은 낳아야 한다. 이처럼 아이들이 주는 것이지 교인이 주는 것이 아니다."

방지일 목사는 할아버지의 신앙을 이어받아 진정한 예수의 제자가 되어, 사도 바울처럼 목숨을 걸고 세상의 모든 것을 뒤로하고 십자가의 길을 따라간 충성된 전도자였다. 생명은 하나님이 주시고, 또 거두어 가신다. 그는 이것으로 그의 복음 사명을 감당했다. 방지일 목사는 100세가 넘도록 항상 얼굴에 미소가 있었고 기억과 정신과 발음이 또렷했으며 자세의 흐트러짐이 없었다. 그의 설교는 언제나 명쾌한 어조와 선명한 복음으로 만인에게 감동을 주었다.

안동교회의 선한 기틀을 세운
김광현 목사(1913~2006)

'안동 김씨' 동은(東隱) 김광현(金光顯)은 1913년 9월 23일 경북 의성군 봉양면 삼산동 김형동 장로와 이남이 권찰의 장남으로 태어났다. 교육은 희원학교에서 시작했으나 졸업할 때는 희도보통학교 제1회로 졸업했다. 그리고 대구 계성중학교에서 중등 교육을 받고 일본에 가서 관서지방에서 법학 공부를 하던 중 일본 자유성결교회 노방 전도대의 이노우에(井上)가 들려준 간증에 감동을 받아 회심했다. 그 후 고베 중앙신학교 재학 때 하나님의 특별한 소명을 받아 목회에 뜻을 품었다.

조선으로 돌아와서는 평양 숭실전문학교를 거쳐 평양신학교에 입학했다. 당시 일제가 신사참배로 교회학교를 탄압하여 1936년 평양 숭실전문학교와 1938년 평양신학교가 폐교되기 전, 최병준 목사가 목회하던 광주 중앙교회에서 김창국 목사의 주례로 결혼했다. 그리고 일본 고베 중앙신학교에서 공부하고 졸업했는데 아내도 오사카에 있는 란바스 여자학원(지금의 세아와 여자대학)에 편입하여 같은 해 졸업했다. 신학교를 졸업하고는 일생에 세 교회에서 목회하기로 결심했다. 처음엔 2년간 노련한 목사 밑에서 연습한 후, 단독 목회자로 3~4년간 소신껏 실습한 다음, 세 번째 교회에서 목회자의 여생을 보내기로 계획했다. 친구들은 이것을 '삼단 뛰기 계획'이라고 불렀다.

신학교 졸업 후 몇 교회에서 그를 초청했다. 평양신학교가 폐쇄된 후 후속 신학교가 있었으나 교계의 호응을 얻지 못했다. 그는 첫 번째로 청해 준 교회에는 관심이 없었다. 오히려 문제가 많은 교회가 좋았다. 그렇게 결정한 곳이 부산 초량교회였다. 초량교회는 그곳에서 시무하던 주기철, 이약신, 한상동 목사 3명과 여전도사 2명이 옥고를 치렀다. 교회에서는 분쟁이 계속됐다. 노회가 수습하려 했으나 실패했다. 직원을 모두 파면했고, 김만일 목사를 노회가 전권으로 파송했다.

그는 초량교회를 첫 목회지로 정하고 그동안 여러모로 자신을 도와준 현거선(H. H. Handerson) 계성학교 교장을 찾아갔다. 그는 혼란한 곳에 가서 목회하려는 제자를 애처로워했다. 그러면서 이렇게 말해 주었다. "사나운 개가 있어도 공연히 돌을 던지지 마라. 그러면 개가 덤빈다. 겁을 내는 기색도 보이지 마라. 그러면 수상히 여겨 가만두지 않는다. 태연하고 예사로이 지나가라. 그러면 개도 그냥 보아 넘길 것이다." 그리고 서재에서 하지(Hodge)의 《조직신학》과 샤프(Shaff)의 《교회사》를 주었다.

초량교회와 약속한 날 대구에서 부산으로 이사했고, 초량교회에서는 교회 구내 목사관을 쓰게 했다. 당회장 목사는 근처에서 병원을 개업한 아들 집으로 갔다. 초량교회로 간 후 송창근 목사가 찾아왔다. "어찌 이런 복잡한 교회에 왔느냐, 잘못되면 목회에 상처를 입기 쉬운데." 젊은이를 좋아하고 아껴 주는 그의 인정에 마음이 끌렸고, 그는 "견습하려는 교회를 찾다 보니 이렇게 되었습니다" 하고 변명했다.

그해(1941) 12월 경남 노회에서 초량교회 부목사로 안수받았다. 본래 외국에서 신학을 마치면 평양신학교에서 1년간 수학한 후 안수를 받아야 했다. 그러나 평양신학교에서 공부하다가 일본으로 간 것과 이미 반년 이상 전도사로 지낸 것을 참작해 안수를 허락했다. 초량교회로 간 이듬해 12월 안동교회 김재성 장로가 찾아왔다. 김 장로는 시무하던 목사가 은퇴하여 당회에서 김 목사를 청빙하기로 의결해서 왔다고 했다. 그리고 지금 경안 노회가 안동교회에서 열리고 있으니 지금 가면 노회 승인을 받을 수 있으니 바로 같이 가자고 했다. 말씀이 비약했으나 지금 가면 다음 노회까지 기다리지 않고 바로 승인을 받을 수 있다는 말에 동의했다. 마침 계획한 2년의 견습기간도 지났으므로 결정은 가서 내리기로 했다.

안동교회는 부지가 넓고 석조 2층으로 교회 건물이 초량교회보다 컸다. 안동교회 제직들이 모두 반겨 주었다. 김광현 목사는 초량교회에 사표를 냈다. 그가 초량교회에 부목사로 취임했던 1월 셋째 주일을 그곳에서 보낸 후 안동교회로 왔다.

두 번째 교회에서의 담임목회가 시작됐다. 단독 목회를 하게 되니 책임감이 커졌다. 또 이곳은 소도시로 목사의 일거수일투족이 그대로 노출되었다. 말 한마디, 옷차림, 행동거지를 신중히 해야 했다. 안동교회가 민족의 혼란기에 백성의 벗이 되어 주었기에 그들의 소망과 꿈이 교회로 몰린 것은 당연했다.

1920년, 기독청년회가 조직됐으나 적당한 지도자가 없어 오래 지속되지 못했다. 안동 선교부에서는 그 지역에 있던 젊은 선교사 안대선(W. J. Anderson)이 앞장서서 당시 미국을 위시한 전 세계 교회에서 일어난 면려청년회(Christian Endeavor)를 안동교회에서 조직했다. 면려회는 '그리스도와 교회를 위하여'라는 표어를 내세워, 믿음으로 청년을 지도해 교회를 위해 봉사하게 하는 단체였다. 청년의 신앙 지도는 물론 금주, 금연, 국산품 애용을 전개해 사회적 공헌도가 커져 그 조직이 전국 교회로 확산되엇다.

김광현 목사는 1943년 1월 17일 안동교회 제7대 목사로 부임했다. 안동교회는 시무하던 김영옥 목사가 고령으로 귀가 어두워 대화가 어려워졌기에, 일경이 상부 지시를 수행하기 위해 당회원과 때로는 제직들도 찾아오는 바람에 교인들의 사기가 위축되고 교세도 축소된 상황이었다. 그런 때 김 목사가 부임했다.

그는 안동교회의 사정을 살폈다. 그리고 제직회를 모아, "이후 경찰에서 여러분에게 교회 일을 묻거든 목사에게 미루시오. 그러면 여러분도 덜 시달리고, 나도 여러분이 무슨 말을 했는지 몰라도 되니 대처하기 쉬울 것이오. 그리고 문제에 따라 여러분과 의논할 것이오. 한결 쉬울 것입니다"라고 말했다.

위축된 교회의 사기에 대해서는 당회에서 의논했다. 그래서 경건성을 높이기로 했다. 주일예배를 오후 2시에서 오전 11시로 하고, 엄숙과 긴장감을 더하려고 예배를 주보에 따라 사회자 없이 진행하고, 성가대를 더 강화하여 많은 순서를 담당하게 했다. 그리고 설교 때를 제외하고는 모두 꿇어앉아서 예배했다. 모두가 기꺼이 이 예배의식을 따랐다. 그리고 성찬식은 1년에 네 번, 세례식은 성탄일과 부활주일에 거행했다. 특별할 때만 모이던 당회나 제직회 또한 매달 모였다. 또 읍내에 있는 교회와 기도실을 통폐합하여 안동교회로 모았으므로 서로 일체감이 부족할 것으로 여겨 임시직은 새로 임명하고 항존직은 신임 투표를 했는데 모두 재선됐다. 그동안은 회계가 재정을 지출했는데, 미리 예산을 짜고 그에 따라 각 부서장이 회계에게 받아서 쓰게 했다.

그때 안동교회 군내(郡內)에는 교회가 30곳이었는데 시무 목사는 김 목사뿐이었다. 더구나 노회가 해산된 상태여서 안동교회 당회장은 혼자 모든 교회를 순회하며 돌보았다. 안동교회 당회장권은 후임 목사가 허락받았으므로 여러 일을 처리했다.

김 목사는 안동 태생이 아니었고, 그곳에서 자라지도 교육받지도 않았다. 그러나 '안동 김씨'라는 것, 그리고 안동교회 목사라는 직책으로 안동에 대한 책임감과 애착심이 생겼다. 이것은 신자뿐 아니라 교회 안팎의 모든 사람이 인정하고 존중해 주었다. 당시 동역자인 권옥영 전도사는 주위에서 인정받는 집안 딸로 일찍이 혼자 되었다. 그는 김 목사보다 5년 연장자로, 매우 건강하고 예절 바르고 겸손해서 김 목사 목회에 큰 힘이 됐다. 그는 동서남북으로 안동 지역을 거의 매일 심방했다.

일본은 예배 때 일본어를 쓰도록 강요했고, 결국 교회에 와서 예배 시간에 일본말만 사용하라고 했다. 일본말을 못 한다고 할 수 없었다. 고민 끝에 "우리가 일본말로 예배하게 하려면 교인에게 일본말을 가르칠 수 있도록 교회에 사설 학원을 허가해 달라"고 요구했다. 그때는 있던 학원도 폐쇄하는 상황이었다. 그런데 허가해 주었다. 이렇게 해서 위기를 모면했다. 그는 지혜를 주신 하나님께 감사했다.

1945년 2월경 전쟁이 일본에 불리하게 돌아갔고, 일본군이 안동 교회당을 군영으로 사용했다. 교회는 예배당을 빼앗기고 선교사의 빈 집에서 예배를 드렸다. 여름이 되면서 일본의 전세는 더 불리해졌다. 군인들이 많이 와서 선교사의 집도 군영이 됐다. 게다가 김 목사는 예비 검속으로 수감됐다. 교회는 예배 처소를 잃었고, 목사는 수감됐다.

1945년 8월 7일 김광현 목사는 교회 일로 대구에 갔다가 기차가 연착되어 늦게 돌아왔다. 내릴 때 역에 많은 경찰관이 있어 의아했으나 무사히 집으로 돌아왔다. 막 잠자리에 드는데 경찰관 한 사람이 찾아와 연행해 수감됐다. 뒤에 안 일이나, 그날 밤 열차에 도 경찰국 과장 한 사람이 중앙에서 지명수배자 명단을 가지고 왔다. 거기에 김 목사의 이름이 있었다. 1945년 8월 8일 기독교 목사 구금 명령으로 일본 경찰은 김광현 목사를 안동경찰서에 구속했으나, 7일 만에 해방을 맞고 8월 17일 석방됐다.

김 목사의 감방에는 안동 농림학교 학생 사건으로 학생 몇 명과 그 주모자로 지목된 이승태가 있었다. 이 씨는 "민족지도자들이 들어온다고 하더니 목사님이 들어오셨군요" 하며 정중히 인사했다. 조금 후 월곡 이대용이 들어오고, 그 이튿날엔 풍산 이준태, 임동 유연술, 도산 이원호가 들어왔다. 감방에 있는 동안 그의 아내는 도시락을 신문지로 싸서 넣어 주었다. 그래서 그는 매일 사식을 할 수 있었고, 또 그날의 신문을 감방에서 읽었다. 후에 한양대학교 체육대 학장이 된 오영호가 학병을 가지 않으려고 경찰관이 되어 그가 갇혀 있던 감방의 간수로 있었는데, 그가 집과 연락할 수 있게 해주었다.

8월 15일 정오, 그는 감방에서 해방을 맞았다. 경찰서 직원이 급히 서장실로 몰려갔다. 떨리는 목소리였으나 무슨 소리인지는 몰랐다. 조금 후 그들이 제자리로 돌아갔고, 그가 있던 감방으로 오 씨가 왔다. 오 씨는 나직한 목소리로 일본 천황이 항복하는 방송을 들었다고 했다. 너무 갑작스러운 일이라 얼떨떨했다. 그는 갑자기 눈물이 흘렀다. 감방에 있던 학생들을 부둥켜안고 함께 하나님께 감사기도를 했다. 그리고 마음을 가다듬어 앞으로 해야 할 일을 생각했다. 한편, 최후의 한 사람까지 싸운다던 일본이 이렇게 쉽게 항복했나 싶었다.

뒤에 안 일이나, 그의 아내는 그날 그가 대구로 호송될 것이라는 오 씨의 말을 듣고 그의 행방을 알려고 군청 앞 걱정나무 밑에서 기다렸으나 천황의 항복 방송으로 호송되지 않았다고 했다.

1945년 8월 15일 정오, 일본이 무조건 항복했다. 서울의 정치범은 8월 16일 풀려났으나, 안동은 17일 정오에 풀려났다. 이날 서장을 위시한 일인들은 자취를 감췄다. 사법 주임인 장 씨가 예비 검속으로 들어온 5명과 농림학생 사건 학생 약 20명을 연무관으로 인도했다. 정 주임은 눈물 흘리며 용서를 빌었다. 당시 감방의 분위기는 석방되어도 평온하지 않을 것 같았다. 그래서 그는 평소에 설교하던 대로 말했다. "우리는 해방되었다. 우리의 감정대로면 일본인을 모두 없애 버려도 시원치 않을 것이다. 그러나 그런들 무엇이 시원하겠는가? 가만둬도 저희는 손 들고 돌아간다. 저희는 우리를 괴롭혔으나 우리는 저희를 선으로 돌려보내자. 지금 우리는 해방됐다. 일본인이 가졌던 모든 것은 다 우리나라 것이다. 유리 한 장, 종이 한 장 깨버리거나 찢으면 우리 것을 없애는 것이다. 그러니 우리는 그와 같이 어리석은 짓을 하지 말자." 석방된 학생들은 한 사람도 난동을 부리지 않았다.

모두가 감방에서 나왔다. 그날은 소낙비가 한줄기 내린 후라 온 세상이 깨끗했다. 아내와 같이 마중 나온 교인들과 함께 교회로 돌아오는 길에 그는 사방에 붙어 있는 "일본인을 선대하자"라고 쓴 벽보를 보았다. 교회에서 붙인 것이었다. 그는 어쩌면 목사와 장로들이 이렇게 마음이 같을까 했다.

드디어 해방이 되었다. 독립된 새로운 국가가 건설된 것이다. 그는 가슴이 벅찼다. 그때 그가 믿은 것은 "여호와를 자기 하나님으로 삼는 백성은 복이 있도다"(시 144:15)라는 말씀이었다. 또 앞으로 이 땅에 세워질 나라는 군주국가가 아닌 진정한 민주국가이길 소망했다. 하나님 앞에서 만인이 평등하다는 것이 바로 민주국가의 기본 이념이다. 그런 국가가 이룩되어야 민족 만대에 복을 누리고 잘살게 될 것이라고 믿었다.

김광현 목사는 군정청에서 비장에 군정 고문을 선거하는 기회를 이용하여 안동에 우익단체를 조직했다. 그 후 민선 고문이 되어 국가 헌법 제정에 참여했다. 그러나 곧 교회로 돌아와 건국 완수 새벽기도회를 시작했다. 이것을 시민들에게 알리고 이 정신을 고취하기 위해 서울에서 저명한 인사를 초청해 강연회를 열었다. 물론 교회가 직접 정치에 나서지는 않았다. 그렇다고 정치에 대하여 등한시하지도 않았다. 그런 믿음으로 일으킨 '독립촉성국민회'는 안동에서 애국 운동을 하는 단체가 되었다. 안동 국민회는 안동군만이 아니고 경북 각 군 국민회 조직으로, 경북에서도 가장 강한 국민회가 되었다. 이로 인해 안동은 다른 지역보다 우익 세력이 강한 지방이 되었다.

한편, 전도집회도 열었다. 특히 일제에 수감됐던 이원영 목사가 경안 노회를 순회하며 일제에 의해 폐쇄된 교회 문을 다시 열었다. 일제가 폐합한 시내 교회들을 다시 동부, 서부, 용상, 태화로 나눴다. 그리고 장로교만으로 안동을 기독교화할 수 없으므로 감리교, 성결교, 구세군 등 다른 교파도 영입했다. 그중에서 안동 감리교회는 안동교회에서 분립한 교회였다. 교육기관으로는 안동유치원, 경안성서학원, 경안학원을 세우고 의료기관으로 성소병원, 사회사업기관으로 신육원, 신행원, 모자원, 성로원을 설립했다.

한국의 장로교회는 해방 이후 여러 차례 분열했다. 고신파, 한신파, 총신파 등으로 분열되었고 그럴 때마다 전국 모든 노회는 분열되었으나 경안 노회는 당시까지 분열되지 않았다. 오늘날 안동교회의 성장은 그런 분열에 휩쓸리지 않고 하나로 유지해 온 경안 노회의 덕이었다. 전국에 있는 교회가 부러워하는 것도 이 때문이었다. 물론 안동에도 합동, 고신, 기장 교회가 있다. 이 교회들은 경안 노회에서 분열된 것이 아니라 후에 자체적으로 세워졌다. 이것이 안동교회의 발자취였다.

1947년 4월 대구 제일교회에서 모인 총회 때 조선신학교 학생 51명이 "김재준 교수가 고등비평 하는 것이 있으니 시정해 달라"는 진정서를 접수했다. 총회는 조사위원 7인을 선정했다. 마침 조사위원장이요 총회장인 이자익 목사가 이 문제를 해결하려는 지혜를 묻고자 30대 중반의 젊은 김광현 목사를 찾아 그 험하고 먼 곳까지 왔다. 그는 소신껏 답했다.

"한국교회가 정통신앙을 지키려고 하는 것은 아름다운 일이다. 그러나 폐쇄된 마음으로 남이 나와 같지 않다고 무조건 질타하면 안 될 줄 안다. 모든 사람이 다 같을 수는 없다. 한 번 분열되면 또 분열한다. 지금은 김재준 목사 한 사람이나 한 번 나뉘면 학문적 견해뿐 아니라 지역과 정실이 작용하여 총회에 큰 분열이 일어나게 된다. 자식에 대한 훈계도 품 안에 있을 때 해야지 품 밖으로 벗어나면 못 한다. 총회 밖으로 내쫓으면 일시적으로 총회의 권위는 서겠으나, 당사자에 대한 굴레가 없어지는 결과가 된다. 굴레가 없어졌으니 앞으로 제 입 가지고 말하고, 제 손으로 글을 써내는 것을 누가 막을 수 있겠는가. 못마땅한 데가 있을수록 내 손이 미치는 곳에 두고 다스려야 한다. 그가 교실에서 무슨 말을 어떻게 했느냐 하는 것을 밝히려 하지 말라. 교회가 염려해야 할 점은 그가 성경 말씀을 하나님의 말씀으로 믿느냐, 예수의 신성을 믿느냐, 부활을 믿느냐, 동정녀 탄생을 믿느냐 하는 것이다. 그에게 그것을 되물어 주었으면 좋겠다."

그리고 덧붙여 말했다. "총회장께서 총회장 이름으로 전국에 알리는 말씀을 발표하면 좋겠다. '김재준 교수가 성명서에 발표한 대로, 우리 장로교회의 신조를 모두 그대로 믿는 것이 분명하므로 염려하지 말라' 하고, '앞으로 교회가 걱정하지 않도록 철저히 감독하겠다' 하며 약속을 해주셨으면 좋겠다. 그리고 그가 구약을 가르치다가 문제를 일으켰으니 당분간 구약을 가르치지 말고, 총회 개회일이 가까워지거든 한 2년간 신학 연구 차 미국에 보내면 좋겠다. 지금 가게 하면 처벌당한 것으로 알고 응하지 않을지 모르나, 총회 직전이면 1년이나 지난 후이므로 아마 응할 것이다. 그러면 총회가 열려도 당사자가 없으니 문제를 제기하는 사람도 별로 없을 것이다."

총회장은 "김 목사 외에도 여러 사람의 의견을 들었으나 김 목사처럼 말하는 사람은 없었다. 다른 사람들이 모두 이 말에 동의할지 모르겠다"고 말했다.

다음 해인 1948년 4월 새문안교회에서 열린 총회 때 폐회 무렵에 조사위원이 이에 대해 보고했다. 그 내용은 위원장과 김재준 목사가 일문일답한 것, 김재준 목사의 성명서, 김재준 목사를 1년간 도미하게 하고 새로운 교수진을 편성하는 것이었다. 김광현 목사가 위원장께 건의한 것과 비슷한 데가 많았으나, 그 실제 방향은 다르게 나타났다. 이일선 같은 학생은 '빌라도의 법정'이라 고함을 지르며 총회장 석으로 뛰어나가기까지 했다. 총회장 이자익 목사는 급히 비상폐회를 선언하고 뒷문으로 빠져나갔다.

김재준 목사는 1952년 제37회 장로교 총회에서 제명 처리됐다. 이는 '어빙던 사건' 때의 박형룡과 어빙던 사건과도 연류되었다. 조선신학교 학생 51명의 진정서는 결국 1952년 총회에서 이 같은 결론을 맺었다.

김광현 목사는 직접 한국전쟁을 경험한 사람으로 분명한 자신의 견해를 갖고 있었다. 한국전쟁의 결과는 국토의 분단이었다. 북에는 소련, 남에는 미국이 진주하면서 분단됐다. 다음은 한국전쟁이 가져온 엄청난 파괴였다. 한국의 피해는 차마 말로 다할 수 없을 정도였다. 그리고 중국과 세계 16개국 유엔군이 피해를 입었다.

그러나 대한민국은 하나님이 보호하셨다. 한국전쟁은 북한이 남한으로 침공해 엄청난 사상자를 냈다. 북한은 남한을 적화 통일하려고 전쟁을 일으켰다. 그러나 하나님께서 구해 주셨다. 통일은 자력으로 해야 하는데 그 책임은 그리스도인에게 있다. 일제에서 벗어나려고 기독교가 나선 것처럼 대한민국 통일에도 기독교가 앞장서야 했으나, 평양신학교가 설립되어 목회자를 양성한 곳, 성령 운동이 시작된 평양이 공산주의의 수도가 되었다. 그 평양이 한국교회가 찾아야 할 터전이다.

민주주의는 한국 기독교에서 나왔고, 한국 기독교는 대한민국을 민주 공화국으로 이끌었다. 국호 '대한민국'은 대한제국에서 왔다. 민주주의는 기독교에서 발생했다. 이념의 근저가 성경에 있고, 성경대로 믿고 나아가는 데서 출발했다. 우리나라에 민주주의가 도입된 것은 기독교 전래와 때를 같이한다. 국민은 교회와 기독교인의 생활에서 민주주의를 보았고, 선각자들은 서양 문물을 접하면서 기독교에서 발생한 민주주의를 배웠다. 선교사에게서 민주주의를 배웠기에 교회 정치는 민주주의에 근거하고 있다. 국가적으로는 초대 이승만 대통령이 이를 심었다.

일제나 북한이 한국 기독교를 가장 장애로 여겨서 박멸하려고 한 것을 우리는 잘 알고 있다. 그들은 교회가 민주주의를 국가의 기본으로 여기므로 교회를 박멸하려는 계획을 세웠다. 북한은 많은 기독교인을 제거했고 예배당을 파괴했다. 그런데 몇 곳에는 예배당을 세웠다. 국제적인 창구 때문이다.

한국전쟁 때 남한에서 얼마나 많은 목회자와 교인들을 납치해 가서 죽였는가? 그러나 지하에 숨겨둔 하나님의 선지자들이 있으며, 앞으로 더 많은 그리스도인이 북한을 복음화시키기 위해 통일을 위해 싸울 것이다. 여기에는 탈북민도 있다. 이들은 통일 후 진정 대한민국을 위해 일할 수 있는 일꾼들이다. 이를 위해 하나님이 남한으로 탈출하게 하셨다.

한국전쟁이 우리에게 교훈한 것은 자유였다. 한국전쟁은 공산주의에 대한 인류의 첫 투쟁이었다. 전에는 공산주의의 실체가 흐렸다. 지식인들은 공산주의에 열광했다. 하지만 한국전쟁으로 그 가면이 벗겨졌다. 한국민은 비로소 자유라는 국가적 정체성을 온몸으로 깨달았다. 세계도 눈을 떴다. 16개국 4만여 유엔군의 피가 한반도 대지를 적셨다. '자유의 의무'를 위한 숭고한 헌신이었다. "너희가 빚진 것은 없다. 자유 없는 북녘과 세계 자유를 찾아 주고 지키는 것이 이제 대한민국의 의무다."

하나님께서 우리를 이 땅에 태어나게 하셨다. 그리고 조국 대한민국을 발전하게 할 책임을 맡기셨다. 애굽에서 이스라엘 민족을 탈출시키는 데 모세를 지도자로 세우신 것처럼, 대한민국에는 1980년대에 1천만 명의 기독교인을 세우셨다. 그 지도자로 목회자들이 있으며, 또 많은 그리스도인이 있다. 대한민국을 위해 3·1 독립운동을 한 민족 대표 33인 중 16인이 그리스도인이었다. 그리고 많은 기독교인이 독립을 위해 거리로 나섰고, 국외로 망명했다. 이제 그들이 돌아왔다. 우리는 남은 뿌리다. 이제부터 우리는 대한민국의 통일을 위해 싸울 군인이 필요하고, 다윗처럼 외적을 물리치고 국가를 통일할 하나님의 일꾼임을 자각해야 한다.

어느 특정한 인물만이 아니라 모든 그리스도인이 군사로 싸워야 한다. 3·1 독립운동 때에는 200만이 넘는 국민이 나섰다. 오늘날에는 전체 대한민국 국민이 나서야 한다. 그 앞에는 예수 그리스도가 있고, 그 뒤에는 그리스도를 따르는 1천만이 있다. 누가 예수 그리스도의 제자인가? 그 제자가 바로 자신이라고 믿는 사람이다. 오늘날 대한민국 통일의 일꾼은 모든 그리스도인이며, 모든 국민이다. 대한민국 민주주의를 해하는 세력은 공산주의다.

1951년 성탄절이었다. 성탄 축하 예배를 마친 후 장교 두 사람이 김광현 목사를 찾아와 특무대장이 뵙기를 청한다고 말했다. 경찰서로 가니 서장이 기다리다 무조건 함께 나가자고 했다. 그를 따라 밖으로 나가니 지프 몇 대와 눈을 가린 사람을 태운 트럭이 있었다. 무슨 일인지 알 만했다. 그는 특무대장과 함께 차에 탔다. 안막동 고개를 넘어 조금 내려가다 차에서 내려 논두렁 길을 따라 건너편 산으로 갔다. 그는 하필이면 성탄일에 이게 무슨 일인가 싶었다. 그의 언짢은 기분을 느꼈는지 대장은 "인생이 불쌍하지 않습니까?"라고 말했다. 그 말을 들으니 그의 마음이 달라졌다. 눈을 가린 사람 중에는 곧 죽으러 가면서도 담배 한 대를 달라는 사람도 있었다. 무덤가에서 모두 발걸음을 멈췄다. 헌병 장교가 수형자들의 이름과 생년월일, 주소를 확인했다. 수형자들은 빨치산이었다.

점검이 끝난 후 특무대장이 그에게 말씀을 부탁했다. 그는 간단히 말했다. "나는 기독교 목사입니다. 오늘에야 여러분을 만나게 된 것이 한스럽습니다. 오늘이 여러분의 마지막 날이 될 것입니다. 대한민국이 너무 좁아 여러분이 유할 곳이 없나 봅니다. 대한민국이 편협해서 용납하지 못하는 모양입니다. 그러나 저 하늘나라에는 여러분이 있을 곳이 얼마든지 있습니다. 하나님은 너그러우셔서 여러분을 용납하십니다. 주 예수께서 십자가에 달리실 때 그 옆에 함께 달린 강도 하나가 '예수여 당신의 나라에 임하실 때에 나를 기억하소서'(눅 23:42)라고 했습니다. 예수는 그때, '내가 진실로 네게 이르노니 오늘 네가 나와 함께 낙원에 있으리라'(눅 23:43)고 하셨습니다. 여러분, 오늘은 나와 여러분을 구원하기 위해 예수께서 세상에 오신 크리스마스입니다. 마침 좋은 날입니다. 여러분을 용납하지 못하는 이 나라를 원망하지 말고 여러분을 얼마든지 용납하는 저 하늘나라를 바라보십시오."

김 목사는 말을 끝내고 하나님께 "이들의 영혼을 받아 주소서" 하고 기도했다. 특무대장이 그들에게 마지막 할 말이 있느냐고 했다. 한 사람은 자기가 죽은 것을 집에 알려 달라고 했다. 또 한 사람은 "목사님, 고맙습니다" 하고 말했다.

잠시 후 헌병이 그들의 눈을 가리고 산 밑 골짜기로 데려갔다. 형을 집행하려고 구덩이에 한 사람씩 세웠다. 사격 명령이 내려지고 총성과 함께 그들은 구덩이로 떨어졌다. 돌아오는 길에 헌병 장교의 말이, 여러 번 형을 집행했으나 오늘처럼 조용히 죽는 것은 처음 보았다고 했다.

1959년 9월 대전에서 열린 장로회 총회에서 김광현 목사는 서기 겸 총무로 피선되어, 교파 분열이 있던 가장 어려운 시기에 중책을 맡아 총회 임원회와 평화 위원회에서 수습에 힘썼다. 1960년 2월 17~19일 새문안교회에서 통합 총회를 거친 뒤, 9월 22~26일 영락교회에서 총회가 모였는데 이때 다시 서기로 피선됐다. 이때는 합동 측과 분열된 후여서 혼란한 때였다. 1961년 9월 총회에서 서기 겸 명예총무로 피선되었고, 1962년부터 1964년까지는 서기의 중임을 감당했다. 1958년 5월 6~8일 제63회 경안 노회에서 그는 선교협의회 위원으로 피선됐고, 그 외에도 연세대학 이사, 경안성서신학원 이사장, 성소병원 이사, 장로회신학대학 이사, 숭실대학 이사 등 활동 영역이 넓어졌다.

1966년 9월 22일 대한예수교장로회 제51회 총회가 서울 남대문교회에서 열려 김광현 목사가 총회장으로 선출됐다. 그가 총회 분열 후 성장 일로에 선 통합 측 발전의 주역을 담당하여 한국 교계를 이끌어가게 된 일은 경안 노회로는 영광이요, 자랑이었다.

안동지방은 교통이 매우 불편했다. 구안(邱安) 도로에 자동차가 처음 다닌 것이 1917년이고, 안동과 김천 간 경북선이 개통된 것이 1931년, 중앙선이 개통된 것이 1942년이었다. 초창기 선교사들이 이곳에 올 때는 걷거나 조랑말을 탔고, 짐을 소나 지게에 싣고 왔다. 그리고 큰 물길 때는 소금 배도 이용했다.

당시 안동에는 질병이 많이 발생했다. 흔히 안동은 공기가 맑고 식수가 좋은 고장으로 알고 있다. 그런데 안동에 온 선교사 중에는 풍토병으로 다른 곳으로 가거나, 아예 본국으로 돌아간 사람도 있었다. 최초의 안동 주재 선교사 소텔(Sawtell)이 초도 순시 길에 장티푸스에 걸려 죽었고, 초대 성서학원 원장인 로저 윈(Lodger Winn)은 이질에 걸려 죽었다. 그 뒤 아이들도 여럿 죽었다. 김광현 목사는 전염병으로 죽은 젊은 선교사들에 대해 안타까워했다.

또 전쟁의 두려움이 있었다. 특히 신사참배 후 한국의 역사는 비참했다. 그때 선교도 전쟁의 역사요, 위압과 쫓김의 역사였다. 한국인도 전쟁을 두려워하는 때에, 언제 전쟁이 날지 모르는 한국에 들어와 선교한다는 것은 순교 정신이 아니면 어려운 일이었다. 오늘날 안동에 이만큼이나 기독교가 뿌리내린 것도 어려움을 감내한 선교사들의 순교 정신이 있었기 때문이다.

김광현 목사가 권세열(F. Kinsler) 명예교수 추대식에서 했던 축사가 있는데, 그 내용이 유명하다.

권세열 박사는 일생을 그리스도와 한국에 바쳤다. 그는 자신의 자질과 준비한 것을 그리스도와 한국을 위해 바쳤다. 그는 미국의 남장로회 명문인 메리빌 대학과 프린스턴 신학교를 졸업했다. 특히 어학에 능하여 한국에서 익힌 평안도 사투리는 단연 압권이었다. 그가 강의하면 학생들은 그의 강의에 매료됐다. 한국에서 처음으로 숭실전문학교에서 성경을 강의했다. 그리고 성경 구락부를 시작했다. 당시 초등 교육을 받지 못한 무학의 소년·소녀에게 성경을 교재로 한글과 일본말과 산수 등 순서에 따라 4년제로 가르쳤다. 평양 시내 10여 곳에서 그는 수천 명의 소년·소녀를 가르쳤다. 이 구락부는 문맹 소년들의 교육기관이요, 전도 기관이었다. 이 구락부의 지도교사는 학비 조달을 위해 나선 숭실전문학교, 평양신학교 학생들이었다. 이 구락부는 무학 소년들을 위한 기관이요, 가난한 학생들을 돕는 기관이었다. 후일 이들 중에서 교계에 저명한 지도자가 많이 배출되었음은 권 박사의 큰 자랑이었다.

신사참배 문제가 야기되자 그는 숭실전문학교에서 평양신학교로 옮겼다. 그리고 나부열 교장을 잇는 교수가 되었다. 제2차 세계대전으로 잠시 귀국했다가 해방되자 다시 돌아와 신학교의 교수로 섬겼다. 마포삼열과 나부열의 '열'(烈) 자를 딴 '권세열'이라는 이름에서 알 수 있듯이, 그의 신학 사상도 마펫-나부열 라인이었다. 이 '3열(烈)'은 우리 한국 장로교회의 신학 사상을 이끌어 오는 데 지대한 공헌을 했다.

그가 서울에서 다시 시작한 성경 구락부는 전국으로 확산되었다. 그러나 점차 해방 후 안정되고, 또 의무교육 제도로 초등 구락부는 부진했다. 그는 초등 구락부를 중등 구락부로 발전시켜 다시 활동함으로 많은 곳에서 교회를 개척하는 방편이 됐다. 그리고 그 후 중학교로 발전한 곳도 많다. 영락교회가 세운 영락 상업중고등학교, 해방교회와 남대문교회가 세운 중등 구락부도 있었다.

그 외에도 많은 일을 했다. 신학교 교수이면서 교회들을 돌보았는데 평양에서는 강서지방 교회들을, 서울에서는 약한 교회들을 돌보았다. 겸하여 여러 기관의 이사로도 일했다. 바쁜 와중에도 많은 저서를 냈는데, 그중 요한복음과 로마서 주해는 대표적이다.

그는 일생을 그리스도와 한국에 바쳤다. 많은 인재를 길렀고, 유창한 한국말로 심원한 진리를 평이하게 풀어 주는 강의를 했다. 많은 어린 문맹자들의 눈을 뜨게 했을 뿐 아니라, 그들을 그리스도께로 이끌었다.

그의 모교는 한국과 그리스도를 위한 헌신을 높이 평가하여 명예 신학박사 학위를 그에게 수여했다. 우리 정부도 그에게 국가 유공

훈장을 수여했고, 오늘 우리는 그를 명예 교수로 추대했다. 물론 이 것은 그가 바친 희생과 쌓은 공에 비하면 작은 표시이나, 이후 하늘 보좌에서 그는 빛난 의의 면류관 쓸 것을 믿어 의심치 않는다. 우리도 이렇게 믿음의 본을 보여 준 권 박사 같은 선생의 뒤를 이을 것이다. 믿음의 본을 보여 준 이들이 우리 곁에 있다는 것은 우리에게 좋은 격려였다. 현실이 어렵고 힘들어도 믿음의 선한 싸움을 힘써 싸워 우리도 우리 믿음의 선배들처럼 의의 면류관을 쟁취할 수 있도록 해야겠다.

또 총회를 대표하여 마삼락(Samuel H. Moffett) 박사의 환송사를 했다.

평양에서 태어난 마삼락 박사는 처음에는 중국 선교사로 갔다. 한국에는 한국전쟁 이후에 왔는데 초임지가 안동이었다. 우리가 처음 만나 서로 소개할 때 내가 그에게 "나는 Conservative Faith에 Liberal Mind를 가지고 있다"고 나를 소개하자, 그는 "나는 Orthodox Theology에 Ecumenical Church"라고 했다. 비록 처음 만나는 사이임에도 오랜 지기 같은 느낌이 들었다. 이렇게 우리는 서로 그 생각의 바탕이 비슷해서인지 함께 협력하며 일하기가 쉬웠다.

마삼락 박사는 온화하고 대인 관계가 부드럽다. 판단력 빠르고 남이 말할 때는 잘 들어준다. 그러므로 그를 만나는 사람은 누구나 그를 좋아하고 존경한다. 한국인뿐 아니라 새로 온 젊은 선교사들도 그러했다. 그런 연유로 그의 회갑연 축사 때 홍현설 박사는 그를 학(鶴)에 비유했다.

김광현 목사는 전도자를 높이 평가했다.

김수만 장로는 1902년 경북 안동에서 태어났다. 어릴 때부터 기계를 좋아했던 그는 일본에 갔다 온 후 자기 마을에 조그만 기계 방앗간을 차리고 일하며 살았다.

어느 날 그는 자전거에서 낙상하여 무릎관절을 다쳤다. 점점 악화하여 결국 다리 하나를 절단했는데, 그때 그의 나이가 40세였다. 그는 밤마다 뒷산 한적한 곳에서 "하나님, 내 다리 내어 주십시오. 걷게 해주세요. 걷게만 되면 열심히 주님의 일을 하겠습니다" 하고 기도했다. 그러던 어느 날 저녁 꿈인지 생시인지 환상을 보았다. 그가 산으로 올라가는데 비탈진 곳에 나무가 하나 있었다. 그 나무의 가지 하나가 유난히 눈에 띄었는데, 그 가지는 다시 위로 갈라져 있었다. 그리고 왠지 그 하나를 잘라서 지팡이를 하고, 밑으로 뻗은 것은 자기의 다리 길이에 맞춰 자르고, 위로 뻗은 남은 가지에 자기의 상한 다리를 고정하고 지팡이를 잡고 일어서면 일어설 것 같기도 하고, 걸을 수도 있을 것 같았다.

이튿날 꿈에서 본 산으로 기어 올라갔다. 놀랍게도 전날 저녁 본 곳과 같이 비탈진 곳에 똑같은 나무와 가지가 있었다. 그는 사람을 시켜서 그 가지를 잘랐다. 그리고 전날 저녁에 환상 중에 했던 대로 아래위를 잘라 그의 상한 다리에 걸고 일어섰다. 그리고 그대로 걷게 되었다.

그는 너무나 기뻤다. "걷게만 해주시면 주님의 일을 하겠다"고 약속했으나 그때는 아직 일제 말이었다. 그 후 해방이 됐다. 그도 감격하기는 마찬가지였다. 그해 가을에 지붕에 이엉을 얹으려고 엮고 마지막 끝맺음으로 새끼를 꼬는데 이상한 음성이 들렸다. "네가 지금 무엇을 하고 있느냐?" 그는 놀랐다. 꼬던 새끼를 이엉과 함께 내던지고 벌떡 일어나 그 길로 자기가 사는 마을과 가까운 개곡의 교회가 없는 마을로 가서 전도했다. 이상하게 그의 전도를 듣고 믿는 사람이 생겼다. 그동안 전도는 목사나 장로가 하는 것이지, 자기같이 배움이 적은 사람은 할 수 없다고 여겼으며 해도 안 될 줄 알았다. 그런데 전도가 되니 놀랍고 기뻐서 자신감을 얻었다. 그는 날마다 개곡에서 전도해 결국 교회를 세웠다.

그가 길안에서 전도한 것은 그 후였다. 안동에서 길안으로 뚫린 길은 80리였는데 그곳에 교회는 한 곳뿐이었다. 안동교회가 이곳에 전도를 계획하고 전도자를 찾는 중에 그때 눈에 띈 사람이 바로 김수만이었다. 그렇게 그를 전도자로 정하고 그 일대를 맡겼다. 그는 집안일을 돌보지 않고 오직 복음을 전했다. 그가 죽기까지 세운 교회는 길안, 금소, 신덕, 금곡, 백자, 임하, 송사, 묵계 등 여덟 교회였다. 그가 안동교회에 오기 전에 세운 두 교회까지 하면 모두 열 교회였다.

그는 여러 마을을 동시에 전도했다. 농촌은 호수가 적었는데, 한 동리만 다니는 것은 그의 열정에 못 미쳤다. 그는 교인이 생기면 예배를 드렸고, 예배를 드리면 예배당 건축헌금을 했다. 그리고 목수 일도, 미장 일도 직접 해서 건축비를 절감했다. 실제로 그의 헌신으로 인해 저렴한 건축비로 예배당을 지을 수 있었다. 멀쩡한 두 다리에 많은 교육을 받고도 한 교회도 세우지 못하는 사람이 많은데 그는 불편한 다리로 열 교회를 세웠다.

그가 전도에 성공한 비결은 첫째, 그는 평소에는 온유하고 관대했으나 신앙에는 고지식했다. 매일 가정예배를 드렸다. 다른 지장받는 일이 있어도 아랑곳하지 않았다. 해방 후 군정 때 교장들이 일제 강점기 일장기에 하던 대로 국기에 대하여 배례를 시키는 이가 있었는데, 그의 아들이 다니는 남후초등학교 교장도 그랬다. 그의 자녀들은 배례하지 않았다. 그래서 퇴학을 당했다. 그때 마침 경북 도지사가 안동군 출신으로 김 목사와 안면이 있어서 이 문제를 완화할 것을 요청했다. 사실 안동에서만이 아니라 다른 곳에서도 국기 배례 반대 운동이 일어나고 있었다. 그래서 마침내 대통령이 배례 대신 주목으로 하도록 허락했다. 일은 그렇게 잘 해결됐다. 이처럼 믿음에 관해서는 고지식하여 결국 그는 국기 배례 방식을 바꾸게 한 원인을 제공한 사람 중 하나가 됐다.

둘째로, 그는 온전히 헌신했다. 그는 한 다리는 없으나 남은 한 다리를 주님께 바쳤다. 전도에 30년을 바쳤고, 또 생명 전체를 바쳤다. 그가 금송동에서 전도할 때면 동네 아이들이 그의 절뚝거리는 모습을 흉내 내며 그의 집에 돌팔매질을 하거나 담에 불을 지르기도 했다. 여름이 되어 천방(川防, 냇가)에 사람들이 많이 나가므로 거기 서서 전도를 했는데, 그때 불량한 청년들이 밀어서 넘어뜨리기도 했다. 그러나 그는 계속해서 전도했고 결국 예배당을 세웠다. 목수 일, 미장 일도 자기 손으로 다 했다. 벽도 발랐다. 사람들은 이 모습을 보면서 "이 어른은 그리 볼 어른이 아니다" 하게 되었고, 오히려 전도의 문이 활짝 열렸다.

셋째로, 그는 구하면 주신다고 믿었다. 실제로 하나님께 구해서 다리를 받았다. 이것이 그의 신념이었다. 그가 길안에서 전도할 때 현하 동네의 어느 잘사는 집 2대 독자가 중병에 걸렸는데, 병원이나 여러 의원에서 약을 썼으나 병은 낫지 않았다. 그래서 김 장로에게 기도를 부탁했다. 부모는 기도해 달라고 했으나, 그는 "이 집에는 미신 섬기는 물건이 너무 많아서 기도를 할 수가 없다. 내가 병을 낫게 하는 것이 아니라, 하나님이 기도를 들어주셔야 한다. 미신의 물건이 있으면 하나님이 기도를 들어주지 않는다"고 말했다. 마음이 급했던 그들은 손으로 써 붙인 것, 조리에 담아 놓은 것, 단지에 넣어 둔 것 등을 다 가져와 깨버리고 태웠다. 그래도 그는 기도하지 않았다. 그는 "아이의 부모가 아직 교회에 나오지 않는데 어찌 아이를 위한 기도를 들어주시겠느냐?"고 했다. 그 부모는 다음 주일에 꼭 교회에 나갈 테니 제발 기도해 달라고 애원했다. 그는 그들에게 다시 다짐을 받고 기도했다.

"하나님, 제가 이 집에 잡신 섬기는 것이 있어서 기도하지 않겠다고 했습니다. 이제 다 없앴습니다. 부모가 교회에 나와야 기도하겠다고 했습니다. 이제 교회에 나오기로 약속했습니다. 이제는 제 기도를 들어주십시오. 제 기도를 들어주지 않으시면 제가 미친놈이 될 것이요, 하나님이 우습게 되십니다."

얼마나 우스운 기도이며 생억지 기도인가! 그러나 기적이 일어났다. 아이의 병이 그 자리에서 깨끗이 나았다.

넷째로, 그는 스데반처럼 주를 믿었다. 그가 처음 전도한 개곡동은 해방 후 군정 때라 치안이 어수선했다. 각처에 있던 청년 동맹, 농민 조합이 그의 전도를 방해했다. 전도하던 그를 때려 그가 실신하기도 했다. 경찰이 조사하며 그에게 물었다. "누가 당신을 쳤느냐?" 말하면 당장에 체포될 판이었다. 그러나 그가 생각하기에 자신이 이곳에 온 것은 전도를 하기 위함이지 고발하기 위함이 아니었다. 그래서 "하도 맞아 정신을 잃었으니 그것을 어떻게 알겠느냐?" 하며 끝까지 함구했다. 그가 함구하자 사건은 종결됐다. 고독동에서는 그가 지은 예배당에 불이 났다. 혼란기여서 그 화재 원인이 밝혀지지 않았다.

그 후 한국전쟁 때 그는 피난을 가지 못했다. 인민군도 처음에는 그를 병신이라고 내버려 뒀다. 그는 주일이면 예배당에서 종을 치고 혼자 찬송하고 예배를 드렸다. 인민군은 그를 인민재판에 세웠다. 그러나 그를 해하자는 사람이 하나도 없었고, 결국 풀려났다. 그 후 가족은 모두 개곡동으로 이사했고, 그는 교회 장로가 됐다. 그의 맏아들이 대를 이은 장로로 교회를 섬기며 농사를 짓고 방앗간을 했다.

그는 1972년 병으로 세상을 떠났다. 그가 세운 열 교회 중 아홉 교회는 예배당을 지었으나 마지막 묵계동에는 예배당을 못 지었다. 실은 못 지은 것이 아니라 김 목사가 못 짓게 했다. 그곳은 다른 마을과 달리 더 준비해서 잘 짓고 싶었기 때문이다. 김 목사는 그가 이야기한 대로 더 준비해서 잘 지어야겠다고 생각했다. 그래서 그곳에 김 장로의 기념 예배당을 짓기로 했다. 묵계동은 안동 김씨의 중시조인 보백당 김계행 선생이 은거했던 곳이다. 400여 년 전 살았던 선생의 서원이 대원군 때 불탔으나, 남아 있었다면 기세 좋게 쏟아지는 20여 척 되는 폭포 옆에 말년에 쉬었다고 전하는 만휴정이 있어, 그 아름다운 경관을 더해 주는 경치 좋은 마을이었다.

이렇게 아름다운 곳에 그 동네의 믿는 형제들과 안동교회가 거둔 200여 원을 가지고 시멘트로 깨끗하고 아담하고 튼튼한 20여 평의 예배당을 지었다. 김 목사는 교회명은 동네 이름을 따라 묵계교회로, 예배당은 '김수만 장로 기념 예배당'이라 하고 싶었다. 그래서 예배당 머릿돌에 "1975년 절면서 열 교회를 세운 故 김수만 장로를 기념하여 이 예배당을 짓는다"라고 새겼다. 그러면서 앞으로 이 예배당을 통해 무지와 미신에 사로잡힌 마을에 복음의 빛이 비치고 하나님께 큰 영광을 돌릴 수 있기를 간절히 기원했다.

전도는 누구나 할 수 있다. 하나님의 크신 영광은 특별한 사람을 통해서 나타나는 것이 아니다. 누구든 하나님의 권능을 믿는 확신을 가지고 부족한 것이나마 주께 드리면 기적이 일어난다.

김광현 목사가 은퇴를 결심한 것은 1967년 독일 교회 초청으로 루터 종교개혁 450주년 기념식에 참석하고 돌아올 때였다. 그는 그 기념식에 가는 길에 미국 오리건주 포틀랜드시 루이스 앤드 클라크 대학(Louis and Clark College)에서 설립 100주년으로 명예 신학박사 학위를 받았다. 그때 '우리 총회에서 70세 정년제를 실행하고 있으나, 나같이 한 교회에서 오래 시무한 목사에게는 65세도 무방하다'고 생각했다.

　그런데 막상 65세가 되었을 때 그는 자신이 그 나이가 된 줄 몰랐다가 어느 날 문득 깨달았고, 그다음 당회에 자신의 취지를 설명하고 은퇴 의사를 발표했다. 당회는 갑작스러운 일이라 놀라며 만류했다. 그는 할 수 없이 한 해 보류하고 그동안 후임을 물색해 달라고 부탁했다.

　그 후 청빙위원들은 증경 총회장이요, 신학대학 이사장인 목사가 시무하던 교회에서 청빙하면 누구나 응해 주리라 생각하고 신학교 교수나 평이 좋은 목사를 교섭했다. 그런데 모두가 사양했다. 연말이 되어도 정하지 못하게 되자 김 목사에게 추천을 요청했다. 그는 응할 수 없었다. 그러자 위원들은 당회에 보고했고, 추천을 의뢰했다. 이렇게 되니 그도 계속 고집할 수 없었다. 그래서 그다음 주일 당회에 말했다. "안동교회는 경안 노회의 중심 교회니 안동교회 목사는 교회만이 아니라 노회의 지도자도 될 수 있어야 한다. 그래야 교회나 목사에게 유익하다. 나는 이런 점을 고려해서 여러분이 잘 아는 김기수 목사를 추천한다. 여러분은 내가 추천했다고 부담스러워하지 말고 냉정히 결정하기 바란다." 마침 그날 장로 두 명이 결석해 그다음 주일에 투표를 했다. 김기수 목사가 당회원 3분의 2의 찬성으로 결정됐다.

　김 목사는 1979년 12월 마지막 주일로 안동교회 시무를 끝내고 1980년 1월 첫 주일부터는 김기수 목사가 목회했다. 그는 그날부터 교회의 어떤 일도 간섭하지 않았다. 김기수 목사가 무슨 일이든 소신껏 하도록 했다. 그는 예절 바르고 솔직하며 성실하여 곧 온 교회의 사랑과 존경을 받았다.

그다음 노회 후 공로가 인정되어 안동교회 원로목사가 됐다. 김기수 목사는 1994년 총회장에 피선됐다. 한 교회에서 총회장이 둘이 나온 예도 귀하고, 전임 목사가 증경 총회장으로 생존하는데 그 후임이 총회장에 피선된 예는 한국교회사에서 처음이었다. 김기수 목사는 훌륭하게 목회했고, 총회원 모두의 사랑을 받았다.

김광현 목사가 은퇴하자 교회에서는 거처할 집을 마련해 주었다. 그곳에서 어머니를 모시고 부부가 함께 살았다. 어머니 소천 후에는 아내와 두 식구가 살았다. 그는 그동안 고생한 아내를 위한 위로 여행으로 설악산, 경포대, 낙산사, 경주, 부여, 공주, 은진, 계룡산, 내장산, 제주도, 부곡 등을 다녔다. 그리고 미국에 갔다. 그때 맏아들이 LA에 살고 있었고, 막내가 볼티모어에서 살고 있어서 다니기가 편했다. 라스베이거스에서 최병린 목사가 개척 전도 하는 모습을 보았는데, 그의 애씀이 눈물겨웠다. 그 외에도 여러 곳을 여행했다. 필라델피아에서는 셀던 목사와 그 교회를 방문했다. 웨스트민스터 신학교와 워싱턴 대통령의 캐피탈 하우스와 자유의 종을 본 뒤 그는 프린스턴으로 가서 마삼락 박사를 만났다. 가는 곳마다 한국교회가 있고, 교회마다 장신대 출신들이 환영 모임을 열어 줬다.

김광현 목사의 부인 최의숙 권사는 1982년부터 2005년 90세가 될 때까지 25년간 한국어, 영어, 일어 3개 국어로 신·구약성경을 4회 필사했으며, 90세에 3개국 언어로 실시간 성경 말씀을 모두 암송해 화제가 됐다. 김광현 목사는 저서로는 《기독교는 무엇을 믿는가?(사도신경에 대한 해설서》(1976) 《김광현 설교집》(1978), 《이 풍랑 인연하여서》

(회고록, 1993), 《동은 김광현 목사 논설집》(제51대 총회장 기념 논설집, 2000) 등이 있다.

김광현 목사는 해방 후 이 나라의 주인을 키워야 한다고 생각해, 1953년 11월 24일 제54회 경안 노회에서 안동에 기독교 고등학교 설립을 허락받고, 1954년 2월 20일 재단법인 인가를 받았다. 또 일본이 폐원한 성소 병원을 해방 후 1968년 10월 1일 재단법인 설립 초대 이사장으로 맡아 오늘의 성소 병원으로 성장시켰다.

후임자인 김기수 목사도 원로로 은퇴하자 김광현 목사는 상원로, 김기수 목사는 원로라 불렀다. 현재 목회자 김학수와 3대가 한 동리에서 살기도 했다. 이렇게 서로 화목하고 사랑했다. 안동교회는 역사적으로 세습이 없었고, 교회가 분열된 일이 없었다.

김광현 목사는 은퇴 후 26년째인 2006년 12월 10일 소천했다. 그의 장례식은 2006년 12월 13일 안동교회에서 총회장으로 엄수됐다. 유가족으로 장남 김서년 목사(흑석동 벧엘교회 원로목사), 차남 김준년(마산 문창교회 장로), 삼남 김무년 목사(안동의료원 원목), 외손자 박준호 박사(엘크로 USA CORP 대표이사)가 있다.

김광현 목사는 철저한 소명의 종이었다. 해방 후 정치계로 진출하라는 요청도 마다하고 목회에 집중했다. 김광현 목사는 선교사들을 매우 사랑했다. 선교사들의 노고를 잘 알았다. 그처럼 선교사를 칭찬하는 사람은 없었다. 그는 또한 교회, 노회, 총회를 위해 최선을 다했다. 끝까지 분열을 막으려고 눈물로 호소하고 상대를 달랬다. 그는 참 지혜의 사람이었다. 일제의 탄압과 공산주의자와의 접촉 과정에서 참 지혜로 위기를 모면했다. 하나님께서 지혜 주심을 그는 늘 감사했다. 김광현 목사는 또한 후임자를 사랑하고 믿었다. 그는 마지막으로 아내와 70년 가까이 해로하고 동역자로 협력했다.

신구약 전권을 강해한
이상근 목사(1920~1999)

정류(靜流) 이상근(李相根)은 1920년 3월 5일 대구시 중구 인교동 98번지 울타리도 없는 마당도 없는 단칸 초가집에서 부친 이연우(李淵雨)와 모친 서부잡(徐扶雜) 사이 5남매 중 3남으로 출생했다. 그의 부친은 종교가 없었고 모친은 불교인이었다. 그는 수창보통학교를 졸업한 후 몸이 허약하여 상급 학교에 진학하지 못했다. 그러나 학구열은 대단하여 1935년 9월 18일 만 15세 되던 가을, 이상근은 중

등과 과정의 자격을 얻어 냈다.

이상근은 가족 중 가장 먼저 교회에 출석했다. 계성중학교 학생이었던 친구를 따라 대구중앙교회 예배에 참석했는데, 훗날 그의 회고록에서 자신이 교회에 나가게 된 이유를 두 가지로 말했다. 첫째는 자신의 존재에 대한 고민 때문이었다. 지구가 작은 행성에 지나지 않는다는 사실을 배우고 '만일 누군가가 저 태양이나 우주 높은 데서 지구를 내려다보며 나를 본다면 나는 얼마나 미미한 존재일까, 또 이토록 미미한 내가 이런 생각을 하고 있으니 나를 내려다보는 그분은 무어라 하실까?' 등을 생각했다. 인생의 신비성을 해결하기 위해 절에 가서 승려의 거동과 말에서 무언가를 얻으려 했으나 승려들은 세속적으로 느껴졌고 그들에게서는 아무것도 얻을 수 없었다. 둘째는 보통학교 졸업 후 중학교에 입학하여 공부하는 친구들을 만났을 때 느끼는 열등감과 초조감, 불투명한 미래에 대한 불안감이 있었기 때문이었다.

이상근은 교회에 다니기 시작한 후 매우 열심히 예배드렸다. 당시 주일에만 있었던 새벽기도회부터 시작하여 주일 낮과 밤 예배, 수요 기도회는 물론, 그 외에도 교회의 모임이 있다는 광고만 들으면 참석했다. 자신이 나가지 않아도 되는 모임에 갔다가 되돌아온 적도 있었다. 당시에는 정규적인 새벽기도회나 철야 기도회가 없었기에, 홀로 아침 일찍 일어나 달성공원 서북쪽으로 인가도 없는 들길을 30분씩 걸어가서 높은 언덕 위에 있는 나무 아래서 기도했다. 이런 기도 생활은 이후로도 계속되었다.

언젠가는 40일을 작정하고 기도했으며, 억지로 채운 100일 기도는 그를 병상에 눕게 했다. 그러나 그의 일생의 방향을 확정해 주었다. 발이 아파서 오랜 세월 병상에서 보내면서 오른쪽 발은 기형이 되었고 자주 앓곤 했다. 그러나 이상근은 그 당시를 회고하며 그것이 자신에게 은혜의 도구가 되었다고 했다.

이후 중앙교회와 연락이 끊어졌고, 병상에 누워 있는 동안 모친이 신정교회에 나가게 되어 그도 자연스럽게 신정교회 교인이 되었다. 그렇게 지낸 1년이 넘는 투병 기간은 이상근의 신앙을 정착시켜 주고 진로를 밝혀 준 소중한 기간이었다.

이상근은 병상에서의 모든 시간을 성경 읽기와 기도로 보냈다. 끊임없이 성경을 읽어 12일 정도면 신구약 전체를 통독할 정도였다. 또한 기도 생활에도 매달렸다. 아침부터 온종일 기도하는 자세로 지냈고 무수히 기도했다. 시간마다 기도했고, 성경을 읽다가 깨달은 바가 있으면 기도했고, 자다가도 잠이 깨면 침상에 엎드려 기도했다. 그리고 그는 하나님 앞에서 자신의 죄를 철저히 회개하고, 사람들에게도 죄를 고백하는 편지들을 보냈다. 부친이 아들이 정신 이상을 일으켰다고 걱정할 정도였다. 이상근은 당시를 회상하며 신비주의적 체험이었다고 말했다.

1944년 1월 3일 설귀연과 결혼한 그는 1945년부터 평양신학교에 부설된 여자부의 전임 강사로 후학을 가르치기 시작했다. 조선총독부 학무국의 인가를 받은 학교인 평양신학교를 1944년 12월 20일에 제4회(통산 39회)로 졸업했으며, 1945년 4월 일본기독교조선장로교단 평남교구에서 목사 안수를 받았다. 그 후 영남대학교 영문과를 졸업했고, 1948년에는 미국 뉴욕 유니온 신학교와 프린스턴 신학교에서 1년간 연구 생활을 했다. 1955년 5월 23일 미국 뉴욕 신학교 대학원에서 신학 석사 학위를 취득한 후, 1955년에는 프린스턴 신학교에서 수학했다.

대구제일교회는 1893년 미국 북장로교 선교사인 배위량(William

M. Baid) 목사가 설립했으나, 그는 안의화(Edward Adams) 선교사에게 모든 책임을 맡기고 평양 선교부 설립에 힘을 쏟았다. 이상근은 1957년에 대구제일교회의 청빙을 받은 후 그 교회에서 은퇴할 때까지 시무했다.

1945년 4월 25세에 목사 안수를 받고, 신학교의 종교 교육 목사 겸 장대현교회의 주일학교 담당 부목사로 사역했다. 1945년부터 1946년까지 평양 능라도교회에서 목회했으며, 1946년 3월 26일 능라도교회에서의 마지막 설교를 마친 후 월남하여 1946년부터 1948년까지 칠곡 옥계교회에서 목회했다. 1948년 8월에는 대구 대봉교회를 창립, 목회했다.

1955년 9월부터 1957년 9월까지 대구 고등성경학교장을 역임했으며, 1956년과 1959년부터 1976년까지 영남신학교 교장으로 활동했다. 또한 근 20년간 영남신학대학의 이사장으로 봉직했다. 1959년부터 1961년까지는 대구 계명대학교 강사로 활동하는 한편, 1961년 봄부터 1964년까지 서울 장로회신학대학의 강사로 활동했다. 특별히 그의 독특한 경상도 사투리 때문에 다른 지역 출신 신학생들은 그의 강의를 놓칠세라 열심히 들었다.

1959년 5월 12일 미국 달라스 신학교 대학원에서 신학박사 학위를 취득했고, 이후에도 그의 신학 여정은 계속되었다. 1966년 10월에는 독일 하이델베르크 대학에서 수학하였고, 1967년에는 영국 에든버러 대학에서도 수학했다.

1959년에는 대구 지방에 합동 측과 통합 측의 극심한 분열이 있었다. 이상근 목사는 어느 쪽이 대구제일교회의 정서와 세계교회와의 유대를 가질 수 있는지에 대해 고심했고, 뿌리를 지켜야 한다면서 대구제일교회를 통합 측 소속으로 이끌었다. 이에 대구 지방의 많은 교회가 이상근 목사의 노선을 따라 통합 측에 소속되었다. 이상근 목사는 역사를 바로 인식했다. 자신이 학위를 받은 미국 정통주의 학교인 미국의 달라스 신학교의 신학 노선이 바로 통합 측이 가야할 길이란 것을 알았기에 흔들림 없이 그 길을 택했다. 또한 그는 달라스 신학교에서 신약학을 전공했기에 서울의 장로회신학대학에 출강하였다. 1963년 1월에는 총회신학교 제9대 학장으로 취임하여 활동하였다.

대구제일교회에서는 그의 실력을 인정하여 1966년 10월부터 1967년 3월까지 약 5개월간 성지순례를 할 수 있도록 배려해 주고 학문의 길을 넓혀 주기도 했다. 그의 설교는 더욱 은혜가 넘쳤으며 매 주일 새로운 신자가 모이는 등 교세가 날로 성장해 갔다.

그의 목회 여정에서 가장 중요하게 언급할 수 있는 것은 대구제일교회에 부임하여 1991년 2월 16일까지 담임목사로 봉직한 것이다. 1991년 2월 17일에 원로목사에 추대되었고, 1999년 6월 1일 향년 80세로 소천하기까지 대구제일교회의 원로목사로서 목회와 후학 양성에 힘썼다. 대구제일교회에서 그는 총 34년간 목회를 하였다. 그는 1959년과 1964년에 대한예수교장로회 경북노회장을 역임했고, 1974년에는 대한예수교장로회 제59회 총회장을 역임했다.

이상근 목사는 교회를 위한 교회의 신학자였다. 그는 열정적인 목회자요 설교자이면서, 동시에 신학자로서 교회와 신학의 조화와 균형을 그의 삶으로 보여 주었다. 그의 신학적 업적 중 최고봉이라 할 수 있는 《신구약성서와 외경 주해》는 그의 목회와 신학이 철저히 성서 중심이었음을 보여 줬다. 그는 사변적 신학의 한계를 성서 주해를 통해 극복한 신학자였다.

그의 이러한 신학적 입장은 수차에 걸친 해외 석학들과의 교류를 통해 형성되었다. 이상근 목사는 1966년 10월 20일부터 1967년 3월 6일까지 약 5개월간 서구의 신학 대학들과 성지를 순례하였는데, 1966년 10월 25일부터 11월 4일까지 베를린에서 모인 제1차 세계전도대회에 한국 대표로 참석한 것을 시작으로 서구의 여러 기독교 국가를 순방하며 저명한 신학자들과 교류했다. 베를린에서의 전도대회가 끝난 후 하이델베르크 대학교의 슐링크(Edmund Schlink, 조직신학), 겐지켄(Gengikenn, 학장), 폰 라드(Gerhard von Rad, 구약), 토마스 쿤(Thomas Kun, 신약), 웨스터반(구약), 군터 보른캄(Günther Bornkamm), 마인츠 대학의 볼프하르트 판넨베르크(Wolfhart Pannenberg) 교수의 조수인 코흐(Koch), 튀빙겐 대학교의 에른스트 케제만(Ernst Käsemann, 신학), 게르하르트 에벨링(Gerhard Ebeling, 조직신학), 네덜란드 암스테르담 자유대학교의 베르그(Berg, 윤리학) 등과도 교류했다.

그해 12월 31일부터 2월 6일까지는 영국의 에든버러 대학교에서 수학하며 학장 포튜스 앤더슨(Portus Anderson, 신약), 톨랜스(Tollens, 조직신학)의 강의를 듣고 글래고스 대학교에서 주석학자 윌리엄 바클레이(William Barclay, 주석가)와 교류했다. 또 이듬해의 2월 13일에는 당대 최고의 신학자 칼 바르트(Karl Barth)와 그의 제자 오토(Rudolf Otto, 조직신학)를 만났다.

이러한 신학적 여정은 이상근 목사로 하여금 세계의 신학적 흐름을 파악하게 했고, 그의 신학적 입장과 신학 방법론을 형성하는 데 도움이 되었다. 그는 그러한 신학적 이해를 바탕으로 1986년에 '대한예수교장로회 신앙고백서' 작성 위원장 겸 초안자로서 활동하면서 교단의 신학과 신앙의 핵심을 정리했다. 이 신앙고백서는 1986년 제71회 총회가 공포함으로 대한예수교장로회의 최초 신앙고백서가 되었다.

그는 또한 정열적인 설교가였다. 1957년 4월과 5월에 대구 동산기독병원, 서울 연희전문학교에서 부흥회를 인도한 이후, 여러 곳에서 부흥회 인도 요청이 쇄도했다. 그의 설교는 성서 중심이었다. 대구제일교회에 부임한 후 그는 수요예배 시에 요한복음 강해를 시작하면서 강해 설교라는 새로운 형태의 설교를 선보였다. 이상근 목사의 강해 설교는 많은 이들에게 뜨거운 호응을 받았다. 그리하여 그 시간은 물론 주일 예배 시간에도 이상근 목사의 설교를 들으러 오는 교인들의 수가 계속해서 증가했다. 대구제일교회 100년 역사의 3분의 1에 해당하는 재임 34년간, 그는 국내외의 수없이 많은 곳에서 집회를 인도했는데, 국내에서 열린 큰 집회만 해도 총 278회를 인도했다.

그의 활동 영역은 국내에 국한되지 않았다. 미국을 위시하여 일본, 대만, 중국, 브라질, 호주, 태국, 싱가포르, 캐나다 등 매우 광범위했다. 특별히 일본에서 열린 케직 사경회에 6회나 강사로 활동했다. 원로목사로 추대된 이후에도 국내외의 여러 단체에서 집회와 특강을 인도했는데, 일본의 케직 사경회는 물론 모스크바 대학, 캐나다와 미국, 체코슬로바키아, 대만 등에서 활발하게 집회를 인도했다.

이상근 목사는 성서에 근거한 설교가였다. 그는 대구제일교회에서 목회하는 동안 《신약성서 주해》를 완성했다. 2차 미국 유학에서 돌아온 후 1960년 9월 14일에 《요한복음 주해》에 착수하여 1975년 1월까지 15년에 걸쳐 12권으로 완성했다. 계속해서 그는 《구약성서 주해》에 들어갔다. 1987년에 《창세기 주해서》를 발간한 이후 지속해서 구약성서의 주해서 집필에 힘쓴 결과 1998년 12월 26일 《역대기상·하》를 발간함으로써 15권의 구약 주해를 완료했다. 이상근 목사는 정경 주해에서 머물지 않고 신구약 외경 주해에 착수했다. 1998년 4월 12일 《구약 외경 주해서》를 발간하고, 동산병원에 입원

중이던 1998년 9월 27일에 《신약 외경 주해서》를 발간했다. 1997년 2월 18일 대구에서 그리고 3월 7일 서울에서 교계 지도자들이 참석한 가운데 완간하여 감사예배를 드렸다. 이로써 이상근 목사는 세계에서 유일하게 정경과 외경을 모두 주해한 놀라운 기록을 갖게 되었다.

이상근은 강해 설교가요, 목회자요, 성경학자요, 개혁신학에 투철한 신학자로서 종교개혁자들과 개혁가들의 신앙과 신학을 계승하여 철저하게 교회를 새롭게 하였다. 더 나아가서 한 사람의 신앙인으로서 칼뱅의 가르침을 적용하여 '하나님 앞에서' 진실한 삶을 통해 개혁가의 삶을 살았다. 또한 그는 철저하게 종교개혁자들과 개혁가들의 연구 결과들을 참고하여, 당시로는 누구의 저작과도 비교할 수 없는 정상급 수준의 강해 설교와 신약 주해를 완성하였다.

이상근의 개혁신학과 신앙을 살펴보면 강해 설교와 신약 주해에 나타난 개혁 신앙과 종교개혁자들과 개혁가들인 루터, 칼뱅, 웨슬리, 멜란히톤(Philipp Melanchthon), 에라스무스(Desiderius Erasmus) 등에 관한 언급을 추적하고자 했다. 이러한 작업을 통하여 개혁신학의 핵심인 성경 이해와 성경 배경사에 관한 지식을 토대로 그의 교회론과 신앙생활에 관한 이해를 살펴보았다.

이러한 이상근 목사 강해 설교와 신약 주해를 참고하여 그가 얼마나 종교개혁자들과 개혁가들의 신앙과 신학에 굳게 서서 목회자로서 강해 설교를 하고 현장 목회를 했으며, 또한 신약성서 신학자로서 방대한 신약 주해를 하였는지 그 의의를 살필 수 있다.

이상근 목사의 산상보훈 평화 사상 이해를 보면, 전체 한국교회의 산상보훈 이해를 대변하는 것은 아니지만, 오랜 시간 한국교회의 영향력 있는 목회자로 또 신학자로 산 그의 해석을 연구함으로써 당시 한국교회 신학의 한 단면을 볼 수 있다. 우선 정류의 산상보훈 평화 사상 이해를 살펴보기 위해 평화, 원수 사랑, 용서의 내용을 담고 있는 마태복음 5장 9절, 38-48절, 6장 12절에 대한 정류의 주해와 강해를 살펴본다.

다음으로는 정류의 산상보훈 해석에 나타난 몇 가지 해석학적 특징을 다음의 세 가지로 제시했다. 첫째는 하나님과의 관계 우선주의, 둘째는 그리스도 신앙 중심, 셋째는 그리스도인, 신자의 윤리다. 정류의 산상보훈 해석은 하나님의 선행하는 은혜와 구원, 그리스도를 통한 속죄를 강조하는 경향이 있다. 그러다 보니 마태 고유의 신학적 경향인 제자들을 향한 윤리적 요구의 급진성과 절대성이 약화되고 마태만의 가진 윤리적 언명의 특징이 제대로 전달되지 못하는 한계를 가졌다.

예수께서는 그 따르는 제자들에게 비유를 사용하면서 자신의 말씀을 쉽게 이해할 수 있도록 해주셨듯이 오늘의 설교자들에게도 설교를 준비할 때 적절한 예화는 빠질 수 없을 만큼 중요했다. 이상근 목사의 《목회 칼럼》은 선교에 필요한 예화로 사용할 수 있는 맛깔스러운 양념의 글들로 가득 차 있다. 설교자들에게는 아주 유용하게 사용할 수 있는 알찬 메시지이며 목회에 필요한 영감을 받는 데 충분한 양서라 생각했다. 설교자들에게는 설교에 필요한 양념을, 성도들에게는 신앙 성장을 도모하고 은혜받기에 합당한 책이었다.

이상근 목사의 신앙과 개혁신학을 되돌아보는 한국개혁신학회 제33회 정기 학술 심포지엄이 연동교회에서 모인 일이 있었다. "칼뱅의 시각으로 본 정류 이상근 목사"를 주제로 강연에 나선 권호덕 교수는 그의 삶을 인격 형성 과정, 목회자로의 삶, 신학자로의 삶, 신학 사상 등으로 분류해 발표했다.

권 교수는 "이상근 목사의 일생은 한마디로 하나님이 그의 삶에 개입해 교유시키고 사역을 감당하게 한 기간들로 채워져 있다", "그의 몸에 찔린 가시는 그로 평생 주님만 의지하는 사역으로 그를 이끌었다"라고 말했다. 이어 "일생 제네바 교회에서 담임한 칼뱅을 떠올리게 하는 그는 성경신학자로서 성경 본문을 이성으로 판단하는 역사적·비평적 방법보다는 문법적·역사적 해석 방법을 택했다"라고 설명했다. 또 "극단으로 치우치지 않은 이상근 목사의 성경신학은 기독교 강요와 성경 주석 상 조화를 추구한 면에서도 칼뱅과 유사한 면모를 보인다"라고 분석했다.

이상근 목사의 아쉬운 부분에 대해서는 "매 설교에서 성도에게 교훈을 실현할 방법으로 성령의 기능을 설명하는 내용이 없어 성도들이 성경적 바른 삶을 영위하는 부분에서 부족한 면이 보였다"고 전했다. 또 "존재론적 사고방식도 한계로 볼 수 있다"고 말했다. 하지만 권 교수는 "이상근 목사의 삶은 교회를 위해 매 순간 최선을 다해 시간을 사용한 모범자로서, 그의 삶은 교회 연합 운동에 협력한 칼뱅을 다시 한번 떠올리게 했다"고 말했다.

이상근 목사의 설교에 나타난 개혁 사상에 대한 발표도 이어졌다. 전 숭실대 기독교학대학원 원장 김영한 교수는 "그의 설교는 이신칭의, 인간의 무능, 그리스도의 대속, 성화의 삶과 같이 철저한 개혁주의 사상을 바탕으로 하고 있다"라며 특별히 "그의 설교집《성숙의 길》에는 성숙한 신앙의 길로 이끄는 설교를 만나볼 수 있다"라고 전했다. '영원한 세 가지', '오늘의 세 가지', '제3단계 인생', '그리스도와의 일치' 등의 설교에서, 그는 신앙에 있어 영원한 요소는 믿음, 소망, 사랑이며 오늘날 우리가 해야 할 일은 기뻐하고 기도하고 감사하는 일이라고 정리했다.

또한 그는 신앙을, 복음을 듣는 단계, 교회에 나가는 단계, 마음으로 믿고 헌신하는 제자의 단계, 그리스도와 연합하고 일치하는 단계 등 4단계로 분류하며 신자로서 성숙한 삶을 살 수 있도록 성도를 양육했다고 말했다. 김 교수는 이날 "정류 이상근 목사의 삶은, 탁월한 주석가이자 위대한 설교가로서 신자들을 위대한 은혜의 바다로 가서 하나님과 연합해 살게 도운 목회자의 삶이었다"라고 규정했다.

오후 제1분과 시간에는 장신대 최윤배 교수와 총신대 유창형 교수, 웨신대 박성환 교수가 각각 이상근 목사의 구원론과 칼뱅 주석과의 비교, 이상근 목사의 설교 분석을 주제로 발표했다. 같은 날 제2분과 발제자로 나선 국제신대 이강택 교수와 장신대 소기천 교수, 영남신대 배재욱 교수도 이상근 목사의 마태복음 중심의 성경 해석학, 개혁신학으로서 성서학적 기초, 이상근 목사의 마태복음 주석에 대한 소고 등을 주제로 발표했다.

이상근 목사는 신학과 영성을 겸비한 목회자, 교회 미래학자, 세계에서 유일하게 신구약 성경 전권과 외경을 주석한 목사로, 그는 평생 잔소리를 하지 않았고 꼭 필요한 말만 했다. 말씀을 절제하며 많이 하지 않았다.

이상근 목사는 '절제' 또 '절제'였다. 검소하게 생활할 뿐 아니라 말과 감정까지 절제하여 기쁨, 슬픔 심지어 아픔까지도 표현하지 않았다. 1950년대 이문희 장남의 미국 유학을 도왔으나 정작 차남인 이성희 목사가 미국 유학을 갈 땐 "네 힘으로 공부해 봐라"고 했다. 성경주석 책을 펴내서 받은 인세로 땅을 샀다가 목사 안수 40주년을 맞아 전 재산을 대구제일교회에 기증했다. 교회는 은퇴 목회자 양로원을 지었고 이성희 목사의 모친은 이곳에 살고 있다.

절제에 대한 이상근 목사의 철학을 보여 주는 일화가 있다. 장발이 유해하던 때 누군가 '목사의 머리카락 길이는 어느 정도가 적당한가?'를 물었다. 잠지 묵상하던 이상근 목사의 대답은 "목회자의 머리카락은 교인들에게 관심의 대상이 되지 않을 정도의 길이여야 합니다"였다. 말씀 외에 어떤 것도 교인의 관심을 끌어선 안 된다는 뜻이었다. 가슴에 새긴 그의 설교 준비는 주일예배 설교를 마칠 때 비로소 끝났다. 목회자는 하나님의 음성을 듣기 위해 쉼 없이 애써야 한다는 뜻이었다.

이성희 목사는 "선친의 거의 모든 유품이 영남신학교와 대구제일교회에 보내졌으나 마지막까지 보내기 싫은 것이 하나 있었는데 아버지가 남긴 2,000여 편에 달하는 설교 원고였다"라면서 "교회에 보내기 전에 설교 원고를 어떻게 하면 가장 의미 있게 하는 것일까 생각하다가 몇 편의 설교 원고를 설교집으로 출간하였다"라고 말했다.

이상근 목사 설교집 출판 기념 예배에서 림인식 목사는 설교를 통해서 "우주는 하나님의 계획과 목적, 명령으로 창조됐다. 하나님의 명령은 사람이 수정하거나 변경하거나 취소할 수 없다", "설교는 시간과 장소를 초월해 하나님의 말씀, 복음을 증거하는 것"이라며 "우리 인생의 목표는 하나님의 뜻에 순종하기 위함이다. 그런데 현대에 들어와 순종이 없어졌다. 순종이 어렵다고 생각하는, 병들고 죽음에 이른 마음을 갖게 됐다. 하나님의 말씀과 뜻에 순종하는 것이 설교의 의미"라고 강조했다.

주선애 교수는 "북한에서 온 탈북자로 어떻게 해야 할지 모를 때 이상근 목사님께서 여러 가지 방향을 제시해 주셨다. 나를 최초의 여성 기독교 교육자이자 학장이라고 하시는데, 감당하기가 어렵다. 나는 그저 이상근 목사님이 말씀하신 것 그대로 했을 뿐"이라며 "이 목사님은 내게 뉴욕의 초교파 복음주의 학교에서의 기독교 교육을 소개해 주셨고, 에큐메니컬 안에서 복음주의로 살라고 하셨다"라고 회고했다.

이상근 목사는 허약한 몸에도 불구하고 미국, 대만, 호주, 싱가포르 등 많은 지역에 가서 말씀을 증거하며 복음을 전하며 생애를 바쳤다. 상난과 그 외의 장소 어디에서든 성성석이고 복음적인 말씀을 전하며 '순종하는 믿음'을 주는 설교를 하셨다. 한국교회에 큰 영향을 끼친 귀한 하나님의 종이셨다. 하나님의 복음을 전하는 설교와 순종하는 믿음을 한국교회에 증진해 나가며 남북 복음 통일이 이루어지는 날까지 매진하길 바랐다.

정장복 목사는 "거장이 남긴 주옥같은 설교가 우리 손에 들렸다. 이상근 목사는 성경 본문을 중심으로 하셨고, 텍스트와 콘텍스트의 분석을 통해 해석과 적용의 절절한 균형을 훌륭하게 지켰다. 또 전통적 설교를 끝까지 고수하신 분이었다. 이상근 목사는 존경하는 목사이자 학자로 우리의 큰 존경과 사랑받기에 부족함 없는 우리의 자랑이었다."라고 전했다.

또한 산상보훈을 철저히 교회를 위한 윤리적 강령으로 읽음으로써 산상보훈의 윤리적 교훈이 가진 보편성과 사회·정치적 적용의 가능성이 크게 부각되지는 않는다. 하지만 정류는 산상보훈을 실현 불가능하다거나 단지 마음의 문제를 말하는 것으로 보지 않고 신자가 지켜야 할 행동 강령임을 명확히 했다. 그리고 그 내용이 많지는 않으나 산상보훈의 평화, 사랑, 용서 본문을 일상에서의 사람들 사이의 갈등 문제, 국가 사이의 분쟁과 전쟁과 연결하여 물어 간다. 이러한 점은 그의 해석이 교회 중심적이기 하지만 그 지평이 교회에만 국한된 것은 아니었다는 점을 알려 줬다.

또한 이상근 목사는 복음주의 신학자로서 에큐메니컬 복음주의를 지향했다. 장로교회가 통합과 합동으로 분립된 뒤 60년대 중반에 대구에 기반을 두고 있던 임마누엘 교단이 합동을 위했을 때 조건 없이 합동에 동의했으며, 합동 측과의 분리 이후 교계의 융화가 어렵던 중 1979년 4월 21일에는 합동 측과 협력하여 '대구교회 협의회'를 구성하여 연합부활 예배를 주장하도록 확정했다.

그는 교계 내의 일치 운동은 물론 사회 활동에도 적극적이었다. 그는 근 40여 년간 대구시의 자문위원으로 활동했으며 국가 조찬 기도회에서도 두 차례 설교를 했다. 또한 그는 1973년 9월 30일 제58회 총회장에 피선되었을 때, 1975년 5월 13일부터 17일까지 미국 신시내티에서 모인 미국 연합장로회 총회(PCUSA)에 명예회원으로 참석하여 "한국의 국민과 교회를 위해 미군이 계속 주둔해야 할 것"이란 결의안 통과에도 역할을 했다. 1977년에 다시 미군 철수 문제가 불거졌을 때도 미군 철수 반대 민간인 외교 사절로서 미국 교계를 통하여 활약했다.

다양한 면에서 다양한 역할을 해왔던 이상근 목사는 그의 삶을 마무리하는 단계에서도 모든 이들에게 감동을 주었다. 그는 동포 교역자들과 사회의 복지에 협력했는데, 1991년에 은퇴하면서 성역 40주년을 기념하여 전 재산을 헌금하여 당시 한강 이남에서 유일한 은퇴 교역자들의 쉼터인 '대구제일교회 부설 대구 기독교 원로원'을 경산에 세웠다.

이상근 목사는 대구 목회자 원로원을 지었는데, 전국의 목회자들이 그의 주해서를 사 주어서 들어온 돈이니 교역자들의 것이라며, 이에 교역자들에게 돌려주어 그분들의 노후를 위해 쓰이게 하자는 뜻이었다. 그는 자식에게 한 푼도 유산으로 남겨주지 않았다. 대구제일교회에서는 교역자 원로원을 잘 운영하고 있다. 그곳에는 어르신들이 사는 곳이라 높게는 못 지었으며, 지금 20여 가정이 살고 있다.

한국교회 목회자들은 버클레이 주해서와 이상근 목사의 신약성경 주해서를 많이 읽었다. 사실 총회에서 내놓은 주석이나 강해서가 없었기 때문에 그의 주해서가 장로교의 신학에 가장 합당하다고 여겼기 때문이었다. 그러므로 많이 팔렸다는 이상근 목사의 말은 정직한 고백이었다.

이상근 목사는 개울물 흐르는 소리를 좋아했다. 그 속에서 하나님의 음성을 들었다. 영혼에도 늘 고요히 흐르는 물이 있다고 했다. 침묵과 묵상은 일과 중 하나였다. 실제로 그의 삶은 굉장히 목적 지향적이었다. 하나님의 음성을 깊이 듣는 삶이었다. 그의 삶은 한없이 가난했으나 한없이 풍요로웠다.

이상근 목사의 아내는 자녀 교육에 큰 정성을 들였다. 삶으로 보여 주며 "주일에 공부하는 것 아니다"라고 하며 교육했다. 그래서 주일에 단 1분도 공부한 적이 없을 정도로 가정 교육이 철저했다.

이상근 목사는 소천하기 1년 전부터 뇌종양으로 투병했는데, 병상 생활 1년 동안 재미있는 이야기를 많이 들려주었다. 병상에서 생활한 지 5개월쯤 때부터 여러 번 천국을 경험하기도 했다. 한번은 천국을 본 말씀을 했다. 계시록에 기록된 그 광경이었다. 하나님의 보좌가 있고, 아름다운 시내가 있고, 갖가지 실과들이 주렁주렁 열려 있고, 감미로운 노래가 있는 곳이라고 하며 너무너무 좋은 곳이란 말도 했다. 그곳에 가고 싶으냐고 했더니 "아니, 더 있다 갈란다. 천국은 아무리 좋아도 죽음은 인간이 살아 있는 동안에는 숙제다"라고 했다. 큰아들은 목사가 되기를 원했고 작은아들은 의사가 되기를 원했는데, 반대로 큰아들은 실험심리학자가 되어 뉴욕에서 미 장로교회 장로로서 뉴욕 노회장을 지내면서 미국 교회와 한국교회의 가교 역할을 담당하고 있다. 작은아들 성희는 목사가 되어 아버지를 이어 총회장까지 했다.

그는 시각장애인을 위한 안구은행에 안구를 기증함으로써 생의 마지막을 사랑의 삶으로 마감했다.

2021년 6월 8일 오전 10시에 경산시 진양읍 봉황길 7-28에 있는 대구기독교 원로원에서 정류 이상근 목사 대구기독교 원로원 설립기념비 제막 예식이 거행되었다. 정류 이상근 목사의 대구기독교 원로원 설립기념비의 비문은 아래와 같다.

> 본 원로원을 설립한 이상근 목사는 1957년 3월 대구제일교회에
> 부임하여 34년간 시무하였으며, 1991년 2월 은퇴하고 원로목사로
> 추대되었다. 1985년 4월 목사 안수 40주년을 맞아 전 재산을
> 대구제일교회에 헌납하여 평소 숙원이었던 은퇴 목회자를 위한
> 대구기독교 원로원을 이곳에 설립하였다.
> 이에 감사하는 마음을 모아 이 기념비를 세워 공적을 기리고자 한다.
>
> 기공 1994년 6월 봉헌 1995년 11월
> 2021년 5월
> 대한예수교장로회 대구제일교회

대구기독교 원로원은 부지의 총면적이 4,529평으로 건축 연면적은 577평의 3층 건물이다. 이 3층 건물에 거주할 수 있는 은퇴 목회자 가족은 20가구(28평형 14세대, 19평형 6세대)이다. 대구기독교 원로원 설립은 1985년 4월에 대구제일교회 당회장 이상근 목사가 원로원 설립을 목표로 대구제일교회에 사재 3필지, 약 3,700평을 헌납함으로

써 이루어졌다. 1988년 12월에 원로원 부지 매입을 하려다가 경산군 진양면 봉회리에서 토지 8,910평을 매입하여 1994년 6월 2일에 기공 예배를 드린 후 공사를 시작하여 1995년 11월 14일에 봉헌 예배를 드렸다. 그것을 기념하여 2021년 6월 8일 이상근 목사 대구기독교 원로원 설립기념비 제막예식을 거행하였다.

정류 이상근 목사와 관계된 기관으로 정류 이상근 목사 아카데미가 있다. 정류 이상근 목사의 신학과 사상을 연구, 개방하여 현대 시화와 교회에 새롭게 적용하기 위하여 2009년부터 배재욱 교수가 중심이 되어 정류 신학을 연구하고 체계화하는 작업을 시작하였다. 2006년 5월 21일 토요일 서울 남대문교회 손은학 목사의 알렌 기념관 1층에서 제1회 이상근 연구 작은 학술 모임을 열었다. 2018년 12월 17일 월요일 대구 고산 동부교회에서 정류 아카데미 창립 예배를 열어 정류 신학을 연구하는 정식연구기관이 창립되었다.

정류 아카데미에서는 지금까지 11회의 이상근 학술대회와 1회의 이상근 국제학술대회를 열어 정류 신학의 뼈대와 체계를 세우기 위해 애쓰고 있다. 이번 대구신성교회에서 1천만 원의 연구 기금을 내서 동참하여, 그것을 계기로 정류 신학을 연구하고 체계화하는 앞에 박차를 가할 수 있는 추진력을 얻었다. 2021년에는 코로나바이러스 감염증 영향으로 학술 모임은 지양하고 이상근 구약성경주석의 총론 부문을 타자로 친 후 책별로 정리하여 정류 이상근 박사 구약총론을 편집하는 일과 출판을 준비했고, 정류 이상근의 생애와 사상 형성과 지성의 집필을 마무리하는 일에 집중하였다.

이상근 목사는 "신학은 교회를 위한 신학이어야 한다", "목회자는 연구해야 한다"라고 했다. 정류의 가르침을 찾고 따르기 위해 노력하는 일에 동참과 기도를 부탁했다.

이상근 목사는 대구제일교회가 70년사를 발간할 때 편집자에게 신령한 은혜, 법과 규율을 앞서는 사랑의 윤리, 교회와 사회에 대한 청지기 의식에서 나온 봉사 정신을 교회의 지도 이념으로 밝혔다. 이것은 이상근 목사의 삶이자 이상근 목사 자신의 목회 철학이며 동시에 신앙과 신학의 기준이었다.

이상근 목사는 1920년대에 태어나서 1999년 향년 80세로 별세하기까지 평생을 목회와 신학 연구에 헌신했다. 영남대학교 영문과와 평양신학교를 졸업하고 미국 뉴욕 신학대학교, 달라스 신학대학교에서 공부했으며 이후 독일 하이델베르크 대학교와 영국 에든버러 대학교에서 수학했다. 1945년 평양에서 목사 안수를 받았고 평양 능라도교회, 경북 칠곡 옥계교회, 대구 대봉교회를 거쳐 1959년부터 34년간 대구제일교회에서 시무했고, 1981년 이 교회 원로목사로 추대됐다. 영남신학교 교장, 예장 통합 총회장을 역임하고 구약, 신약, 외경 주해서, 신약성서 개론 등 다수의 저서를 집필했다.

그의 저서로는 《신약성서 주해》 12권, 《약주 신약성서》, 《구약성서 주해》 15권, 《이상근 주해 성경》, 《신구약 외경》 2권, 《작은 복음》, 《한 가지 실족》, 《마음의 천국》, 《집 모퉁이의 머릿돌을 찾아서》, 《내가 믿습니다》, 《요한복음 강해》, 《목회 서신》이 있으며, 자서전으로 《등대가 있는 외딴섬》을 출간했다.

이상근 목사는 생전에 장로회신학대학으로부터 장한 동문상(1987년)을 수상했다. 이상근 목사는 슬하에 3남 1녀를 두었다(문희, 성희, 경희, 신희). 이상근 목사의 맏아들 이문희 장로는 30여 년 동안 미국 장로교 소속으로 있으면서 현재 스태튼아일랜드 연합장로교회에 출석하고 있다. 부친은 그가 목사가 되기를 원했으나 장로로서 열심히 교회를 봉사하고 있다. 그는 평양에서 태어났으며 한국을 거쳐서 미국에 와서 공부하여 실험심리학자가 되어 대학교수를 역임했다. 미국 북장로회 제83차 총회장 출마를 선언했다.

이성희 목사는 이상근 목사의 차남으로 연세대 철학과와 장로회신학대학교 신대원을 졸업했다. 풀러 신학교와 샌프란시스코 신학원에서 목회학과 교회 행정학을 전공해 신학박사 학위를 받고 많은 저서를 집필했다. 예장 통합 제101회 총회장으로 섬겼으며, 현재 연동교회 원로목사로 있다.

이 사람을 아십니까? 3

1판 1쇄 인쇄 _ 2023년 7월 18일
1판 1쇄 발행 _ 2023년 7월 25일

지은이 _ 이승하
펴낸이 _ 이형규
펴낸곳 _ 쿰란출판사

주소 _ 서울특별시 종로구 이화장길 6
편집부 _ 745-1007, 745-1301~2, 743-1300
영업부 _ 747-1004, FAX 745-8490
본사평생전화번호 _ 0502-756-1004
홈페이지 _ http://www.qumran.co.kr
E-mail _ qrbooks@daum.net / qrbooks@gmail.com
한글인터넷주소 _ 쿰란, 쿰란출판사
페이스북 _ www.facebook.com/qumranpeople
인스타그램 _ www.instagram.com/qrbooks
등록 _ 제1-670호(1988.2.27)
책임교열 _ 이화정·최찬미

ⓒ 이승하 2023 ISBN 979-11-6143-860-3 93230

책값은 뒤표지에 있습니다.
이 출판물은 저작권법에 의해 보호를 받는 저작물이므로 무단 복제할 수 없습니다.
파본(破本)은 구입처에서 교환해 드립니다.